365

AMANECERES INMERECIDOS

Viviendo de la misericordia de Dios

Otto & Milky Mañón

Un devocional para amanecer con esperanza

365 AMANECERES INMERECIDOS

Viviendo de la misericordia de Dios

Otto & Milky Mañón

Edición en español publicada por
Mañón-Rossi Ministries
Douglasville, Georgia

Otto Mañón & Milky Mañón

ISBN: 979-8-9934128-4-9

Primera edición: 2026
Printed in the United States of America

DDC 242 — Literatura devocional cristiana
LCC BV4800–BV4897 — Obras de devoción y meditación
BISAC REL012020 — Religion / Christian Living / Devotional
BISAC REL012040 — Religion / Christian Living / Inspirational

Salvo indicación en contrario, las citas bíblicas se toman de la versión Reina-Valera 1960.

Permisos y reproducción:
manon.rossi.ministries@gmail.com

Mañón-Rossi Ministries es un ministerio de enseñanza y publicación dedicado a producir recursos bíblicos, pastorales y cristocéntricos para la edificación del pueblo de Dios.

365 Amaneceres Inmerecidos nace como una invitación a vivir cada día bajo la luz de la misericordia divina. Este devocional fue escrito para acompañar al lector durante un año completo, recordándole que cada mañana es un regalo inmerecido, una evidencia de la paciencia de Dios y una nueva oportunidad para volver el corazón a Cristo.

Más que ofrecer pensamientos breves para comenzar el día, este libro busca confrontar, consolar, corregir y animar con la verdad de las Escrituras. Nuestro deseo es que estas páginas lleven al lector a una comunión más profunda con Dios, a una dependencia más sincera de Cristo y a una vida vivida con mayor reverencia, gratitud y esperanza.

Todo lo que produce Mañón-Rossi Ministries forma parte de un mismo compromiso: glorificar a Jesucristo, servir a su iglesia y sostener que la única y suficiente autoridad para la fe y la vida es la Palabra de Dios.

ÍNDICE

DEDICATORIA

A todos los miembros de Iglesia Casa de Bendición Inc., que han caminado con nosotros en días buenos y días duros, y han seguido creyendo que Dios todavía hace nuevas todas las cosas.

A nuestros tíos, hermanos y primos, por el amor, la paciencia y la historia compartida que Dios ha usado para formarnos.

A nuestros hijos, la herencia más cercana en esta tierra, para que nunca olviden que la misericordia del Señor es más fiel que cualquier amanecer.

Y a esos amigos y cómplices de memorias de infancia, de campamentos de verano, aventuras y risas viejas, que por la gracia de Dios han permanecido en la fe y siguen buscando el rostro del Señor cada día.

Que este devocional sea un abrazo sencillo: una invitación a volver a Cristo, una mañana a la vez.

PRÓLOGO

CADA AMANECER: REGALO Y ADVERTENCIA

Pr. Huáscar Martín De Salas M.

Señor, digno eres de recibir la gloria y la honra y el poder; porque tú creaste todas las cosas, y por tu voluntad existen y fueron creadas.

Apocalipsis 4:11

Cayó en mis manos el libro "365 Amaneceres Inmerecidos" de Otto y Milky Mañón, y fue de mucha edificación a mi vida. Después de leer muchos y buenos devocionales, creo que este viene a llenar una necesidad de encontrarse con Dios cada mañana de una manera breve, concisa y comprensiva.

Este libro representa la vida y ministerio de Otto y Milky durante 15 años ministrando Iglesia Casa de Bendición Inc., con sus luchas, aflicciones y triunfos, guiados por la soberana mano de Dios. Su contenido fresco, fácil de leer y entender, consistente en un pasaje bíblico, una aplicación para ese día, una oración guiada, con una pregunta de meditación, nos acerca más a Dios, en la persona de Cristo, y por la guía de su Santo Espíritu.

En palabras de sus autores: "Cuando la Biblia habla de misericordias nuevas cada mañana, no está describiendo un paisaje poético; está señalando una realidad incómoda: cada amanecer es, al mismo tiempo, un regalo y una advertencia. Regalo, porque sigues aquí. Advertencia, porque no estarás aquí para siempre. Y entre esos dos extremos, hay una pregunta que no se puede seguir esquivando: ¿qué lugar ocupa Dios de verdad en tu vida, más allá de las frases bonitas?" Eso nos lleva directamente a pensar en Dios, y nuestra relación con Él.

Ya sea que hayas o no nacido de nuevo, este libro promete llevarte a una decisión por Dios. Quiera Dios que sea abrazar, en arrepentimiento y fe, a Aquel que es digno "de recibir la gloria, el honor y el poder, porque tú creaste todas las cosas, y por tu voluntad existen y fueron creadas".

Apocalipsis 4:11

Huáscar Martín De Salas M., *Pastor Asociado*
Iglesia Fundamento Bíblico
Santo Domingo, República Dominicana.

INTRODUCCIÓN DE LOS AUTORES

365 OPORTUNIDADES ENVUELTAS EN GRACIA

Por la misericordia de Jehová no hemos sido consumidos, porque nunca decayeron sus misericordias; nuevas son cada mañana; grande es su fidelidad. Lamentaciones 3:22–23

Hay momentos en que uno da ciertas cosas por seguras hasta que, sin aviso, comienzan a romperse: la salud falla, el trabajo desaparece, el cuerpo pierde fuerzas, la voz se apaga y la mente se nubla. Entonces descubrimos, a veces demasiado tarde, que muchas de las cosas que llamábamos "normales" eran en realidad regalos.

Sin embargo, hay algo que vuelve cada día sin pedirnos permiso: el amanecer. No importa si estamos de buen ánimo, si fuimos disciplinados, si oramos mucho o si ayer hicimos un desastre. El sol sale. Y cada vez que la luz entra por la ventana, Dios parece recordarnos algo que el orgullo detesta admitir: seguimos vivos por gracia, no porque nos hayamos ganado otro día.

La Biblia no presenta a Dios como un gerente celestial revisando una tabla de rendimiento para decidir si merecemos respirar. Lo presenta como un Dios santo, justo y misericordioso, que extiende nuestros días aun sabiendo perfectamente quiénes somos. Cada mañana anuncia dos verdades al mismo tiempo: somos frágiles y Dios sigue siendo paciente.

El problema es que la costumbre vuelve ciego al corazón. Uno se acostumbra al café, al teléfono, a las noticias, a las prisas, a las cuentas y al ruido. Respirar se convierte en algo automático. Amanecer deja de parecernos un milagro y pasa a ser simplemente "otro lunes". Y así empezamos a vivir como si la próxima semana estuviera firmada, sellada y garantizada por notario.

Hacemos planes, aplazamos decisiones, posponemos conversaciones y hasta negociamos con Dios: "Más adelante me pondré serio contigo". Pero los días no se almacenan. Se gastan. Uno detrás de otro. Y mientras pasan, el alma rara vez se detiene a preguntar qué está haciendo con la misericordia recibida.

Cuando la Biblia declara que las misericordias del Señor son nuevas cada mañana, no está colocando una frase bonita sobre una fotografía del amanecer. Está diciendo algo mucho más serio: cada día nuevo es un regalo inmerecido y una advertencia silenciosa. Regalo, porque todavía respiramos. Advertencia, porque no respiraremos aquí para siempre.

Por eso la pregunta no es si creemos que Dios existe. La pregunta es qué lugar ocupa realmente en nuestra vida. Porque se puede mencionar a Jesús cuando llega la crisis y guardarlo nuevamente cuando vuelve la calma. Se pueden conocer versículos, himnos y doctrinas, y aun así vivir con el corazón en piloto automático.

Dios no observó nuestra ruina desde lejos. Envió a su Hijo a cargar una deuda que jamás podríamos pagar y a abrir un camino que nosotros mismos habíamos cerrado. Jesús no vino simplemente a mejorar nuestra rutina espiritual. Vino a reclamar lo que siempre le ha pertenecido: la mente, el corazón, la voluntad, la familia, el presente y la eternidad.

Este prólogo no intenta resumir un libro. Intenta despertarnos. Ninguno sabe cuántos amaneceres le quedan. Podemos discutir de religión, criticar iglesias y señalar las fallas ajenas, pero llegará el día en que el pecho dejará de subir y bajar y ya no habrá otro mañana en esta tierra.

Mira tu vida a través de la cruz, no a través de tus excusas. Mira tu pecado a través del sacrificio de Cristo, no a través de tus intentos de justificarte.

Mira tu tiempo desde la eternidad, no desde la agenda.

Si estas palabras logran que hoy hagas una pausa y le digas al Señor: "He vivido como si mi vida fuera mía. Ten misericordia de mí. Restaura lo que he roto y acércame de verdad a Cristo", entonces esta introducción habrá cumplido su propósito: recordarte que no existe regalo más serio que seguir con vida, ni asunto más urgente que tu relación con Jesús mientras sus misericordias continúan amaneciendo sobre ti.

NUESTRO MENSAJE PARA ENERO

365 DÍAS QUE NO MERECES

OTTO & MILKY MAÑÓN

Enséñanos de tal modo a contar nuestros días, que traigamos al corazón sabiduría.
Salmo 90:12

Enero suele llegar cargado de promesas. La gente compra agendas nuevas, hace listas, organiza presupuestos, promete rebajar, caminar más, gastar menos, leer la Biblia completa y convertirse, por fin, en esa persona disciplinada que diciembre nunca conoció. El problema no está en hacer planes. El problema comienza cuando creemos que una hoja nueva en el calendario puede producir un corazón nuevo.

Moisés no pidió: "Señor, enséñanos a organizar mejor el año". Pidió: "Enséñanos a contar nuestros días". No estaba buscando una técnica de productividad, sino una sacudida espiritual. Quería recordar que el tiempo es limitado, que la vida es breve y que cada día debe vivirse bajo la mirada de Dios.

Contar los días no significa caminar asustado mirando el reloj. Significa dejar de vivir como si tuvieras tiempo ilimitado para obedecer. Hay conversaciones que no deben seguir esperando. Hay pecados que no necesitan otra excusa. Hay rencores que ya han cobrado demasiado alquiler dentro del corazón. Hay decisiones que Dios te señaló hace tiempo, pero continúas posponiendo mientras te entretienes ordenando lo secundario.

Enero puede convertirse en una fábrica de resoluciones bonitas que mueren antes de febrero. Uno promete cambiar, pero conserva las mismas prioridades. Cambia de agenda, pero no de altar. Cambia la contraseña, el teléfono o los muebles de lugar, pero sigue dejando a Cristo en la esquina de la vida, como visita respetable a quien se saluda los domingos y se ignora el resto de la semana.

La sabiduría bíblica no consiste en llenar cada hora de actividades. Consiste en aprender qué merece ocupar el corazón. Puedes terminar muchas tareas y, aun así, desperdiciar el día. Puedes responder mensajes, pagar cuentas, cumplir compromisos y llegar agotado a la noche sin haber escuchado a Dios, amado bien a los tuyos, pedido perdón o agradecido la misericordia que te sostuvo.

Este año no necesita comenzar con una versión exagerada de ti mismo. Necesita comenzar con una rendición sincera. Dios no está esperando un espectáculo de entusiasmo religioso. Está buscando verdad en lo íntimo. Quiere que llegues delante de Él sin disfraces, sin discursos aprendidos y sin esa costumbre de prometerle mucho cuando estás emocionado para luego ofrecerle migajas cuando la rutina regresa.

Quizá enero te encuentra cansado, endeudado, preocupado, enfermo o intentando recoger pedazos de algo que terminó mal. Tal vez no tienes ánimo para grandes metas. No importa. La fidelidad no siempre comienza corriendo; muchas veces comienza arrodillándose. Un corazón quebrantado delante de Cristo puede avanzar más que una agenda llena de proyectos nacidos del orgullo.

Jesús no vino a ayudarte a administrar mejor una vida que seguirá gobernada por ti. Vino a darte vida nueva y a ocupar el trono que nunca debiste usurpar. Por eso, antes de preguntarte qué deseas lograr este año, pregúntate quién gobernará tus días. Porque puedes alcanzar tus metas y perderte a ti mismo en el camino.

No cuentes este año solamente por meses cumplidos, cheques cobrados, libras perdidas o proyectos terminados. Cuéntalo por obediencias, reconciliaciones, oraciones sinceras, pecados abandonados, actos de amor y pasos dados hacia Cristo.

El año apenas comienza, pero ninguno tiene garantizado diciembre. Por eso, no le prometas a Dios un futuro que no controlas. Entrégale este día. Entrégale tu voluntad. Entrégale el corazón completo. Y cuando mañana amanezca, vuelve a hacerlo.

DÍA 1 — 1 DE ENERO

EMPEZAR MIRANDO HACIA ARRIBA

"Si, pues, habéis resucitado con Cristo, buscad las cosas de arriba, donde está Cristo sentado a la diestra de Dios. Poned la mira en las cosas de arriba, no en las de la tierra."

Colosenses 3:1–2

Un año nuevo da sensación de página en blanco, pero el calendario puede estrenar fecha mientras el corazón sigue cargando lo mismo de ayer. Por eso, la pregunta más importante al comenzar no es: "¿Qué voy a lograr este año?", sino: "¿Desde dónde voy a vivirlo?".

Pablo no dice: "Si tuviste un buen año, busca las cosas de arriba". Dice: "Si habéis resucitado con Cristo". Si de verdad perteneces a Jesús, Él no puede ser un accesorio religioso colocado junto a tus planes. Es Señor y Salvador. Tu punto de partida no son tus metas, sino Cristo sentado a la diestra de Dios.

"Poned la mira" implica decisión. No es mirar al cielo por unos segundos y volver a vivir como si todo dependiera de ti. Es ajustar el enfoque. Sabemos lo que significa vivir mirando solo hacia abajo: obsesión con el dinero, la imagen, las opiniones, los logros y las comparaciones. Todo eso agota porque convierte lo temporal en trono.

Mirar hacia arriba no te desconecta del mundo; coloca el mundo en su lugar. Cristo está sentado. Su obra está consumada y su autoridad no está en discusión. Por eso puedes atravesar este año sin creerte dueño del universo ni víctima del caos. No eres Dios, pero tampoco eres un juguete abandonado. Perteneces al Cristo que venció la muerte.

La vida cristiana no consiste en ser buena gente con un poquito de fe añadido. Consiste en vivir aquí abajo con el corazón anclado allá arriba. Eso transforma cómo trabajas, respondes cuando te ofenden, administras el tiempo, lloras, celebras y decides. Este año también terminará. Cristo no.

APLICACIÓN PARA HOY

Escribe las tres cosas que más ocupan ahora mismo tu mente. Preséntalas delante del Señor y dile: "Quiero mirar esto desde tu trono, no desde mi miedo". Luego pídele que te muestre una decisión concreta con la que puedas poner hoy primero lo de arriba.

ORACIÓN

Señor, muchas veces he vivido con la mirada pegada al suelo, dominado por mis planes, temores y deseos. Ajusta mi enfoque, endereza mis prioridades y recuérdame que pertenezco al Cristo resucitado que reina sobre todo. En el nombre de Jesús. Amén.

PARA MEDITAR:

Si alguien pudiera ver en qué pienso durante el día, ¿diría que mi mirada está puesta en Cristo o solamente en las cosas de la tierra?

DÍA 2 — 2 DE ENERO

COMENZAR POR EL CORAZÓN

"Sobre toda cosa guardada, guarda tu corazón;
porque de él mana la vida."
Proverbios 4:23

Cuando pensamos en organizar el año, solemos comenzar por la agenda, el presupuesto, la dieta, el gimnasio y los proyectos. La Biblia empieza por otro lugar: "Guarda tu corazón". Antes que la cuenta bancaria, el cuerpo o la lista de tareas, cuida el centro desde donde nace tu manera de vivir.

Guardar el corazón no significa encerrarte ni desconectarte del mundo. Significa vigilar qué está dejando raíces dentro de ti. Lo que repites en la mente termina influyendo en tus manos. Lo que alimentas con los ojos termina guiando tus pasos. Lo que permites en tus afectos acaba tomando decisiones por ti.

Por eso es peligroso pedirle a Dios que cambie tus circunstancias mientras tú proteges un corazón desordenado. Puedes tener un calendario impecable y un alma en ruinas. Puedes parecer disciplinado y, al mismo tiempo, alimentar resentimiento, envidia, lujuria, orgullo o una necesidad enfermiza de aprobación. Nadie lo ve, pero ya está trabajando por dentro.

Dios no queda impresionado con nuestra eficiencia si no hay obediencia. El Señor vuelve a poner el dedo en la llaga: antes de organizar tu agenda, revisa quién está sentado en el trono del corazón. Porque aquello que gobierna dentro terminará manifestándose fuera.

El evangelio no comienza maquillando la conducta. Cristo no vino a mejorar tu imagen, sino a darte un corazón nuevo. Esa obra no se produce con frases motivacionales, sino mediante arrepentimiento, fe y la gracia del Hijo de Dios que murió y resucitó para hacerte una nueva criatura.

Este año no necesita solamente mejores hábitos. Necesita un corazón rendido. No basta con controlar lo visible mientras protegemos lo secreto. El Señor no quiere una versión más organizada de tu vieja vida; quiere gobernarla.

APLICACIÓN PARA HOY

Escribe qué cosas están ocupando más espacio en tu corazón: temores, deseos, pecados, personas o proyectos. Pregunta con honestidad: "Señor, ¿qué está ocupando el lugar que solo te pertenece a ti?". Escoge una acción concreta: confesar, cortar con algo o entregar una preocupación específica en oración.

ORACIÓN

Señor, tú conoces lo que escondo, justifico y disfrazo. He cuidado muchas cosas y he descuidado mi corazón. Límpialo, ordénalo y gobiérnalo. Derriba todo lo que compita contigo y haz de tu presencia el centro de mi vida. En el nombre de Jesús. Amén.

PARA MEDITAR:

¿Estoy guardando mi corazón para Dios o solamente administrando mejor mis apariencias?

DÍA 3 — 3 DE ENERO

EL PASADO NO TIENE LA ÚLTIMA PALABRA

"De modo que, si alguno está en Cristo, nueva criatura es; las cosas viejas pasaron; he aquí todas son hechas nuevas."

2 Corintios 5:17

Hay dos maneras equivocadas de mirar atrás: idealizar el pasado o quedar preso de él. Algunos viven suspirando por "los tiempos de antes", como si Dios solo hubiera sido bueno en otra etapa. Otros arrastran decisiones malas, pecados vergonzosos, heridas profundas y fracasos que parecen hablar más fuerte que la cruz.

Este texto no promete amnesia; promete transformación. No dice que olvidarás todo, sino que en Cristo las cosas viejas ya no tienen autoridad para definirte. Delante de Dios, tu identidad no descansa en el archivo de tus pecados, sino en la justicia perfecta de su Hijo.

Muchas veces la memoria se alinea más fácilmente con la voz del acusador que con la del Redentor. El enemigo susurra: "Tú eres lo que hiciste". El evangelio responde: "Tu identidad está en lo que Cristo hizo por ti". Eso no significa negar el pasado ni fingir que no dolió. Significa entregarlo al Señor para que se convierta en testimonio de gracia y no en instrumento de condenación.

También existe el peligro contrario: vivir de glorias antiguas. Algunos cuentan siempre lo que Dios hizo hace veinte años, pero no caminan con Él hoy. Se aferran a experiencias viejas como quien guarda fotografías de un fuego que ya no arde. Cristo no fue solamente tu Salvador aquel día. Sigue siendo tu Salvador ahora, y su Espíritu continúa obrando en ti.

Aferrarte al pasado para castigarte o para exaltarte termina desplazando a Jesús del centro. Tus fracasos no son más poderosos que su sangre, y tus mejores momentos tampoco sustituyen la comunión presente con Él.

APLICACIÓN PARA HOY

Escribe dos o tres cosas del pasado que todavía te persiguen: un pecado confesado, una herida, una pérdida o una etapa que idealizas demasiado. Preséntalas al Señor y declara: "En Cristo soy nueva criatura. Mi pasado no tiene la última palabra".

ORACIÓN

Señor, conoces toda mi historia y nada de ella te sorprende. Gracias porque en Cristo me has dado una identidad nueva. Hoy pongo a tus pies mis culpas, heridas y nostalgias. Enséñame a mirar más la cruz que mi archivo, y a vivir como alguien alcanzado por tu gracia. Amén.

PARA MEDITAR:

¿Qué voz estoy creyendo más hoy: la del acusador que me encierra en el ayer o la de Cristo que me llama a caminar en novedad de vida?

DíA 4 — 4 DE ENERO

FIEL EN LO POCO

"El que es fiel en lo muy poco, también en lo más es fiel; y el que en lo muy poco es injusto, también en lo más es injusto."
Lucas 16:10

Nos encanta soñar con cosas grandes: ministerios, proyectos, cambios, oportunidades. Sin embargo, Dios suele examinar primero lo pequeño. No porque desprecie lo grande, sino porque sabe que lo grande se sostiene sobre decisiones sencillas que casi nadie ve.

Ser fiel en lo poco es llegar a tiempo cuando nadie te vigila. Es decir la verdad en un documento que quizá nadie revisará. Es apagar la pantalla cuando sabes que estás a un clic de mirar lo que desagrada a Dios. Es honrar a tu cónyuge en conversaciones privadas. Es cuidar cómo hablas de alguien cuando esa persona no está presente.

El carácter no aparece de repente el día de una gran prueba. Se va formando con elecciones pequeñas. Cada decisión secreta coloca un ladrillo. Algunos construyen integridad; otros levantan una habitación oscura donde esperan que Dios no entre. Pero Él ya está allí.

Dios no está buscando celebridades espirituales. Está formando siervos fieles. Esa fidelidad se demuestra en el púlpito, pero también en la cocina, la oficina, el celular, el dinero, el tráfico y los momentos muertos. Lo que haces cuando nadie te aplaude revela cuánto vale para ti la mirada de Dios.

Cristo fue fiel hasta la muerte, y muerte de cruz. Su grandeza no consistió solamente en los milagros que las multitudes vieron, sino también en su obediencia al Padre, su mansedumbre, su compasión y su pureza cuando no había escenario. Mirándolo a Él comprendemos que la verdadera grandeza se vive a ras del suelo.

No desprecies hoy la responsabilidad pequeña, la llamada pendiente, la palabra que debes cumplir, el dinero que debes administrar bien o la tentación que debes cortar. La fidelidad no siempre hace ruido, pero Dios la ve.

APLICACIÓN PARA HOY

Identifica tres áreas pequeñas donde el Señor te está pidiendo fidelidad: un hábito secreto, una responsabilidad descuidada o una relación que necesita atención. Elige una acción concreta y hazla hoy sin esperar reconocimiento.

ORACIÓN

Señor, he despreciado lo pequeño mientras soñaba con lo grande. Gracias porque Cristo fue fiel en todo. Ayúdame a honrarte donde nadie me ve y a cuidar lo que has puesto en mis manos. Que mi vida privada confirme el evangelio que confieso en público. Amén.

PARA MEDITAR:

¿Mis decisiones pequeñas están construyendo el carácter que le pido a Dios para las pruebas grandes?

DÍA 5 — 5 DE ENERO

QUIETUD ANTES DE LA CARRERA

"Estad quietos, y conoced que yo soy Dios."
Salmo 46:10

Vivimos acelerados. Queremos comenzar el año corriendo: resoluciones, reuniones, proyectos, redes y compromisos. En medio de esa carrera, el mandato "Estad quietos" suena casi ofensivo. No es una invitación a la pereza, sino un llamado a recordar quién gobierna de verdad.

Antes de salir a hacer muchas cosas para Dios, necesitamos estar con Dios. Él no necesita nuestra hiperactividad, pero sí reclama nuestro corazón. La quietud bíblica no es evasión; es rendición. No consiste en desconectarte de la realidad, sino en detener la ansiedad para recordar que tú no eres dios de tu propia vida.

Mientras corres sin parar, puedes llegar a creerte imprescindible. Cuando te detienes delante del Señor, descubres que Él continúa sosteniendo el mundo sin pedirte ayuda. Esa verdad no te vuelve irresponsable; te devuelve a tu lugar.

Muchos temen el silencio porque allí las voces interiores se escuchan con claridad: culpas, temores, heridas, dudas y preguntas que el ruido mantiene escondidas. Es más fácil llenar cada minuto que permitir que el Espíritu Santo toque aquello que llevamos tiempo evitando. Pero el Señor dice: "Estad quietos, y conoced". Hay cosas de Dios que no se aprenden corriendo.

Jesús mismo se apartaba a lugares solitarios para orar. Tenía multitudes esperando, enfermos que sanar, discípulos que formar y una misión que cumplir. Sin embargo, escogía la comunión con el Padre antes que la tiranía de lo urgente. Si el Hijo de Dios no trató la quietud como pérdida de tiempo, nosotros tampoco deberíamos hacerlo.

Detenerte no significa abandonar tus responsabilidades. Significa impedir que tus responsabilidades ocupen el lugar de Dios. La agenda puede esperar unos minutos. El alma también necesita sentarse.

APLICACIÓN PARA HOY

Aparta quince minutos sin música, celular ni interrupciones. Lee despacio un salmo. Habla con Dios sin frases preparadas. Luego guarda silencio y repite en tu corazón: "Tú eres Dios; yo no".

ORACIÓN

Señor, mi mente corre aun cuando mi cuerpo está quieto. Ayúdame a detenerme, respirar en tu presencia y descansar en tu soberanía. Quita de mí la ilusión de control y enséñame a confiar más en ti que en mis planes. En el nombre de Jesús. Amén.

PARA MEDITAR;

¿Qué intento evitar mediante el ruido, y qué podría comenzar Dios a sanar si finalmente me detengo delante de Él?

DÍA 6 — 6 DE ENERO

EL MIEDO NO PUEDE GOBERNARTE

"No temas, porque yo estoy contigo; no desmayes, porque yo soy tu Dios que te esfuerzo; siempre te ayudaré, siempre te sustentaré con la diestra de mi justicia."
Isaías 41:10

El miedo no siempre grita. A veces susurra: "¿Y si no puedes?", "¿Y si vuelves a fallar?", "¿Y si te abandonan?", "¿Y si Dios no responde?". Y mientras parece una simple preocupación, termina tomando decisiones por ti. Te hace aceptar lo que no deberías, evitar conversaciones necesarias y retroceder justo donde Dios te está llamando a avanzar.

Isaías no niega que existan motivos para temer. Lo que hace es colocar una verdad más grande delante del miedo: "Yo estoy contigo". La respuesta de Dios no siempre consiste en quitar de inmediato la oscuridad, sino en recordarte que no la atraviesas solo. Un niño puede cruzar un pasillo oscuro si lleva la mano de su padre. La oscuridad sigue allí, pero ya no gobierna la escena.

Muchas veces disfrazamos el miedo de prudencia. Decimos: "No es el momento", "Tengo que pensarlo mejor" o "Estoy siendo realista", cuando en el fondo sabemos que estamos evitando obedecer. La prudencia escucha a Dios y avanza con sabiduría. El temor, en cambio, inventa razones respetables para quedarse paralizado.

El evangelio no te convierte en una persona sin emociones. Te presenta a un Salvador que entró voluntariamente en el valle más oscuro. Cristo enfrentó la cruz, cargó nuestro pecado y venció la muerte. Por eso, aunque todavía tiemble la carne, la fe puede obedecer. El miedo puede viajar contigo, pero no tiene derecho a conducir.

Cuando el miedo manda, todo se reduce: la obediencia, la esperanza y la visión de Dios. Cuando Cristo manda, el temor ocupa su lugar correcto: no en el trono, sino a los pies del Señor.

APLICACIÓN PARA HOY

Identifica una decisión, conversación o responsabilidad que has evitado por miedo. Preséntala delante de Dios y pregúntate: "Si creyera de verdad que el Señor está conmigo, ¿qué paso de obediencia daría hoy?". Luego da ese paso, aunque sea pequeño.

ORACIÓN

Señor, tú conoces los temores que escondo detrás de palabras seguras. Recuérdame que estás conmigo, que me fortaleces y me sostienes. Dame valor para obedecerte aun cuando tiemble. Que la victoria de Cristo sea más fuerte en mí que cualquier voz de temor. Amén.

PARA MEDITAR:

¿Qué está gobernando hoy mis decisiones: el miedo a lo que podría pasar o la confianza en el Dios que ya está conmigo?

DÍA 7 — 7 DE ENERO

DOMINGO NO ES OPCIONAL

"No dejando de congregarnos, como algunos tienen por costumbre, sino exhortándonos; y tanto más, cuanto veis que aquel día se acerca."
Hebreos 10:25

Vivimos en una época donde casi todo se trata como opcional. Si hay ganas, se hace. Si aparece algo más atractivo, se cancela. Y esa mentalidad también ha entrado en la vida cristiana. Algunos tratan la congregación como quien evalúa un restaurante: van cuando les conviene, consumen lo que les gusta y desaparecen cuando algo les incomoda.

Pero Hebreos no presenta la reunión de la iglesia como un entretenimiento religioso. La presenta como una necesidad espiritual. Congregarnos no nos salva; Cristo salva. Sin embargo, quien ha sido unido a Cristo también ha sido unido a su pueblo. No fuimos llamados a seguir a Jesús como francotiradores espirituales, cada uno escondido en su propia montaña.

La iglesia local es imperfecta porque está compuesta por personas imperfectas, comenzando por nosotros. Allí habrá diferencias, torpezas y heridas que deberán tratarse con verdad, gracia y perdón. Pero precisamente en medio de esa comunidad incompleta, Cristo forma nuestro carácter. Allí aprendemos a servir cuando nadie aplaude, a escuchar cuando preferiríamos hablar y a amar personas que no siempre se parecen a nosotros.

El aislamiento parece cómodo porque nadie te confronta, nadie te pide cuentas y nadie altera tus planes. Pero también te deja sin exhortación, sin acompañamiento y sin la oportunidad de usar tus dones para bendecir a otros. Un miembro separado del cuerpo no solamente deja de recibir; también deja de cumplir su función.

El texto añade urgencia: "tanto más, cuanto veis que aquel día se acerca". Mientras el mundo se vuelve más frío y confuso, no necesitamos menos comunión, sino más. No necesitamos una fe doméstica fabricada a nuestro gusto, sino una vida comprometida con Cristo y con su pueblo.

El domingo no es el único día para adorar, pero sí es una oportunidad especial para reunirnos, escuchar la Palabra, cantar, orar, servir y recordar juntos que Jesús viene.

APLICACIÓN PARA HOY

Examina tu relación con la iglesia. ¿Te congregas como consumidor o como miembro de una familia? ¿Solo buscas recibir, o también servir y animar? Si te has alejado, toma una decisión concreta para regresar y habla con tus líderes.

ORACIÓN

Señor, gracias por tu iglesia. Perdóname cuando he tratado la congregación como algo secundario. Renueva mi amor por tu pueblo y enséñame a servir con humildad, paciencia y fidelidad. Amén.

PARA MEDITAR:

¿Qué revela mi compromiso con la iglesia acerca del lugar que Cristo ocupa realmente en mi vida?

DÍA 8 — 8 DE ENERO

CUANDO NO TENGO GANAS DE ORAR

"Y de igual manera el Espíritu nos ayuda en nuestra debilidad; pues qué hemos de pedir como conviene, no lo sabemos, pero el Espíritu mismo intercede por nosotros con gemidos indecibles."
Romanos 8:26

Hay días en que la oración fluye. Las palabras salen, el corazón se abre y hasta las lágrimas ayudan. Pero también hay días en que orar parece hablar un idioma que olvidamos. Nos sentamos, miramos al techo, repetimos frases conocidas y la mente se escapa por veinte caminos diferentes.

En esos momentos, el enemigo aprovecha para susurrar: "Dios no quiere escucharte", "Tu oración no sirve" o "Primero arregla tu vida y después vuelve". Romanos 8:26 derriba esa mentira. Dios no se sorprende de nuestra debilidad para orar; ya la conoce. El texto incluso reconoce que no sabemos pedir como conviene.

La buena noticia es que nuestra torpeza no cancela la ayuda divina. El Espíritu Santo intercede por nosotros. Cuando no encontramos palabras, Él conoce el dolor detrás del silencio. Cuando apenas logramos decir: "Señor, ayúdame", Él no desprecia esa oración sencilla. Dios no necesita discursos adornados para entender a uno de sus hijos.

La oración cristiana no es una presentación para impresionar al cielo. Es el acercamiento de una persona débil a un Padre misericordioso, por medio de un Salvador perfecto. No oramos porque somos dignos, sino porque Cristo abrió el camino. No esperamos sentirnos espirituales; venimos porque necesitamos gracia.

Jesús también conoció la angustia. En Getsemaní oró bajo un peso que ninguno de nosotros podría cargar. Luego fue a la cruz, resucitó y ahora intercede por los suyos. Tu oración pobre no está sola: el Espíritu obra dentro de ti y el Hijo intercede por ti delante del Padre.

Por eso, cuando no tengas ganas de orar, ora sin ganas. Dile a Dios exactamente cómo estás. La sinceridad quebrantada vale más que una elocuencia vacía.

APLICACIÓN PARA HOY

Aparta unos minutos y habla con Dios sin frases preparadas. Dile si estás cansado, seco, confundido o molesto. Luego descansa en esta verdad: el Espíritu te ayuda precisamente en tu debilidad.

ORACIÓN

Señor, muchas veces no sé qué decirte. Gracias porque conoces mi corazón y no desprecias mi debilidad. Enséñame a acercarme como estoy, confiando en Cristo y en la ayuda de tu Espíritu. Amén.

PARA MEDITAR:

¿Estoy esperando sentirme digno para orar, en lugar de acercarme al Dios que ya conoce mi condición?

DÍA 9 — 9 DE ENERO

DIOS Y MIS CUENTAS

"Mas buscad primeramente el reino de Dios y su justicia, y todas estas cosas os serán añadidas."
Mateo 6:33

Pocas cosas revelan tanto el estado del corazón como la manera en que manejamos el dinero. Podemos decir que amamos a Dios, pero nuestras cuentas suelen hablar sin maquillaje. Allí aparecen nuestras prioridades, nuestros temores y también los pequeños ídolos que tratamos de esconder detrás de la palabra "necesidad".

Jesús habló mucho del dinero porque sabía que fácilmente deja de ser una herramienta y comienza a comportarse como amo. Promete seguridad, respeto y control, pero nunca se sacia. Siempre pide un poco más. Y si no vigilamos el corazón, terminamos trabajando para sostener una vida que ya no tenemos tiempo de disfrutar.

Buscar primero el reino de Dios no significa abandonar responsabilidades ni esperar que las cuentas se paguen mediante milagros administrativos. Significa reconocer que Dios es dueño de todo y que nosotros somos administradores. Eso afecta cómo ganamos, gastamos, ahorramos, damos y hasta cómo nos endeudamos.

El Señor conoce el precio de la renta, el supermercado, la medicina y la gasolina. No es indiferente a tus necesidades. Pero tampoco quiere que el miedo financiero se convierta en tu pastor. El dinero puede pagar una casa, pero no puede fabricar paz. Puede comprar una cama, pero no descanso. Puede cubrir una factura, pero no puede limpiar la conciencia.

Cristo nos ofrece una identidad que no depende del salario, del crédito ni de la cuenta bancaria. Fuimos comprados con su sangre. Desde esa seguridad aprendemos contentamiento en la escasez, responsabilidad en la abundancia y generosidad en ambas.

Poner el reino primero significa que Dios no recibe solamente lo que sobra después de satisfacer todos nuestros gustos. Significa preguntarle desde el principio: "Señor, ¿cómo puedo honrarte con lo que has puesto en mis manos?". Las finanzas también son un altar.

APLICACIÓN PARA HOY

Revisa en qué gastaste más dinero el último mes. Pregunta qué revela eso sobre tus prioridades. Luego identifica un cambio concreto: eliminar un gasto innecesario, organizar una deuda, comenzar a ahorrar o dar con mayor generosidad.

ORACIÓN

Señor, todo lo que tengo viene de ti. Perdóname cuando he confiado más en el dinero que en tu cuidado. Dame sabiduría, disciplina, contentamiento y un corazón generoso. Que mis finanzas también declaren que tú eres mi Dios. Amén.

PARA MEDITAR:

Si mis gastos hablaran, ¿dirían que busco primero el reino de Dios o la comodidad personal?

DÍA 10 — 10 DE ENERO

LUZ EN MI CASA

"Pero yo y mi casa serviremos a Jehová."
Josué 24:15

Josué no estaba creando una frase bonita para colgarla en la sala. Estaba tomando una decisión en medio de un pueblo tentado a mezclar la adoración a Dios con los ídolos de su tiempo. Su declaración fue firme: "Yo y mi casa serviremos a Jehová".

Hoy quizás no tengamos estatuas de piedra en el comedor, pero sí existen ídolos modernos y bastante bien conectados al wifi. Pantallas que gobiernan, horarios que nunca dejan espacio para Dios, ambiciones que convierten la familia en una estación de paso y entretenimientos que hablan más fuerte que la Palabra.

Decir que una casa sirve al Señor no consiste en colocar un versículo en la pared mientras dentro se vive con gritos, indiferencia, orgullo o falta de perdón. Significa permitir que Cristo transforme la manera en que hablamos, manejamos el enojo, usamos el tiempo, tomamos decisiones y tratamos a quienes conviven con nosotros.

La frase comienza con "yo". Josué entendía que no podía exigir una dirección espiritual que él mismo no estuviera dispuesto a seguir. Tampoco nosotros podemos pedir a los hijos devoción mientras nos ven tratar a Dios como una cita dominical. La influencia espiritual comienza con el ejemplo, no con el volumen de la voz.

No existe familia perfecta. Hay hogares heridos, matrimonios cansados, hijos distantes, padres ausentes y relaciones que necesitan restauración. Pero aun en medio de ese desorden, la gracia de Dios puede comenzar una obra nueva. Cristo no entra a una casa para decorar sus problemas con lenguaje religioso. Entra para salvar, confrontar, sanar y enseñar a perdonar.

Tal vez no puedas controlar las decisiones de todos bajo tu techo, pero sí puedes decidir qué clase de persona serás tú delante de ellos. Puedes orar, pedir perdón, hablar con mansedumbre y abrir espacio para la Palabra. La luz comienza muchas veces con una lámpara pequeña que alguien decidió encender.

APLICACIÓN PARA HOY

Escoge una acción concreta: orar juntos, leer un versículo, apagar las pantallas durante una comida o pedir perdón por una actitud. No esperes que el ambiente sea perfecto. Comienza tú.

ORACIÓN

Señor, conoce las luces y sombras de mi hogar. Empieza tu obra en mí. Cambia mi manera de hablar, reaccionar y amar. Trae salvación, restauración y hambre por tu Palabra. Que Cristo sea verdaderamente la luz de nuestra casa. Amén.

PARA MEDITAR:

¿Mi familia solamente escucha que soy cristiano, o también puede ver a Cristo en mi manera de vivir?

DÍA 11 — 11 DE ENERO

LA TENTACIÓN NO ES MÁS FUERTE QUE LA GRACIA

"No os ha sobrevenido ninguna tentación que no sea humana; pero fiel es Dios, que no os dejará ser tentados más de lo que podéis resistir,
sino que dará también juntamente con la tentación la salida, para que podáis soportar."
1 Corintios 10:13

La tentación siempre intenta convencerte de que tu caso es especial. En el momento crítico, la mente comienza a negociar: "Esta vez es diferente", "Dios sabe cómo estoy", "Yo controlo", "Después me arrepiento". Y aunque ya sabes cómo termina ese camino, la carne insiste en venderte la misma mentira con otro empaque.

Pablo derriba esa ilusión: tu tentación no es única, es humana. Eso no minimiza la batalla; simplemente te recuerda que no eres un caso perdido ni una excepción sin remedio. Otros han luchado con lo mismo, y Dios sigue siendo fiel.

La parte más importante del versículo no es lo que tú puedes hacer, sino lo que Dios promete hacer. Él no dice que nunca serás tentado. Dice que no te abandonará en medio de la presión y que junto con la tentación dará también la salida. El problema es que muchas veces queremos victoria sin incomodidad. Pero la salida puede ser apagar el aparato, terminar una conversación, alejarte de un lugar, confesar una lucha o llamar a alguien antes de caer.

La tentación crece en la oscuridad. Mientras la proteges con secreto, vergüenza o excusas, gana fuerza. Cuando la llevas a la luz delante de Dios y de creyentes maduros, el engaño comienza a perder poder.

Cristo fue tentado en todo, pero sin pecado. Él conoce la presión y venció donde nosotros tantas veces hemos caído. En Él hay perdón para el pasado y poder para obedecer hoy. No estás peleando para ganarte el amor de Dios; peleas desde el amor que ya recibiste en Cristo.

APLICACIÓN PARA HOY

Identifica una tentación frecuente. Llámala por su nombre delante de Dios y toma una medida concreta para cerrar una puerta hoy. Si necesitas ayuda, habla con alguien maduro en la fe y deja de pelear solo.

ORACIÓN

Señor, conoces mis luchas y mis excusas. Recuérdame que tú eres fiel y que siempre das una salida. Dame humildad para confesar, valentía para cortar con lo que me hace caer y fuerza para obedecerte. Gracias porque en Cristo hay perdón y poder para vivir en santidad. Amén.

PARA MEDITAR:

¿Estoy buscando realmente la salida que Dios provee, o una excusa que me permita seguir cerca de la tentación?

DÍA 12 — 12 DE ENERO

DIOS EN MI TRABAJO

"Y todo lo que hagáis, hacedlo de corazón, como para el Señor y no para los hombres."

Colosenses 3:23

A veces dividimos la vida en dos departamentos: lo espiritual para el domingo y lo "normal" para el resto de la semana. En ese segundo grupo ponemos el trabajo, los estudios, los clientes, la casa, los jefes y las responsabilidades. Y así terminamos actuando como si Dios solo observara el momento devocional, pero se retirara cuando comienza la jornada laboral.

Colosenses rompe esa separación: "Todo lo que hagáis". Eso incluye contestar un correo, atender a una persona difícil, cumplir un horario, limpiar una cocina, manejar un conflicto o terminar una tarea que nadie quiere hacer. El trabajo puede convertirse en adoración o en rebeldía, dependiendo del corazón con que se haga.

Trabajar para el Señor no significa agradar a todo el mundo ni permitir abusos. Significa vivir consciente de que tu verdadero Señor te ve aun cuando el supervisor no aparece. Esa verdad te libra tanto de la adulación como de la amargura. No necesitas arrastrarte ante quien te aplaude ni destruirte porque no te reconocen. Tu identidad no depende del puesto ni del salario.

Cristo pasó más años en la vida silenciosa de Nazaret que predicando públicamente. Sus manos conocieron el trabajo ordinario antes de ser clavadas en la cruz. Nada de aquella etapa fue inútil. Honró al Padre en lo cotidiano.

Tu taller puede ser una oficina, una escuela, una ruta de manejo, un consultorio o tu propia casa. Allí también se prueba la fe. La puntualidad, la honestidad, la excelencia y la manera de tratar a otros predican antes de que abras la Biblia.

APLICACIÓN PARA HOY

Piensa en una tarea que has estado haciendo con descuido, murmuración o mediocridad. Pídele perdón al Señor y realiza hoy una acción concreta que diga: "Quiero hacer esto como para ti".

ORACIÓN

Señor, gracias por el trabajo y las responsabilidades que has puesto en mis manos. Perdóname cuando he trabajado de mala gana o buscando solamente aprobación humana. Ayúdame a servir con integridad, excelencia y gratitud. Que mi manera de trabajar muestre que pertenezco a Cristo. Amén.

PARA MEDITAR:

Si mis compañeros observaran mi actitud diaria, ¿encontrarían coherencia entre mi fe y mi manera de trabajar?

DÍA 13 — 13 DE ENERO

CUANDO EL DOLOR NO TIENE EXPLICACIÓN CLARA

"Sabemos que a los que aman a Dios, todas las cosas les ayudan a bien, esto es, a los que conforme a su propósito son llamados."
Romanos 8:28

Hay dolores que se entienden con cierta facilidad. A veces cosechamos lo que sembramos y sufrimos las consecuencias de nuestras propias decisiones. Pero existen otros golpes que no encajan en ninguna explicación sencilla: una enfermedad repentina, una pérdida inesperada, una traición, una injusticia. En esos momentos, repetir Romanos 8:28 de manera ligera puede sonar más cruel que consolador.

La Biblia no dice que todas las cosas sean buenas. El mal sigue siendo mal y el sufrimiento sigue doliendo. Lo que afirma es que Dios puede tomar incluso aquello que quiso destruirte y usarlo dentro de su propósito. No promete que comprenderás cada detalle; promete que nada podrá escapar de su mano.

Ese "bien" no siempre significa comodidad. A veces consiste en quebrar un orgullo que parecía invencible. Otras veces, en enseñarte a consolar a alguien con el mismo consuelo que recibiste. Puede ser que un ídolo escondido caiga, que tu fe madure o que tu esperanza deje de depender de esta vida.

El centro de la promesa no es nuestra capacidad para explicarlo todo, sino el carácter del Dios que llama conforme a su propósito. Él no improvisa ni se despierta preguntándose cómo arreglar lo que ocurrió. Nada lo sorprende.

Y no nos acompaña desde un balcón. En Cristo, Dios entró en nuestro dolor. La cruz demuestra que puede tomar el acto más injusto de la historia y convertirlo en instrumento de salvación. Por eso, cuando no entiendas el camino, mira el carácter de quien lo gobierna.

APLICACIÓN PARA HOY

Presenta delante del Señor una situación dolorosa que todavía no comprendes. Habla sin fingir y dile: "No entiendo lo que haces, pero decido confiar en quien eres".

ORACIÓN

Señor, conoces mis heridas, mis preguntas y mis noches largas. A veces no logro ver ningún bien en lo que vivo. No te pido una explicación rápida, sino la gracia para confiar en tu bondad y soberanía. Sostén mi corazón y recuérdame que en la cruz mostraste que puedes transformar lo peor en salvación. Amén.

PARA MEDITAR:

¿Qué pesa más hoy: lo que todavía no entiendo de mi historia o lo que ya conozco del carácter de Dios?

DÍA 14 — 14 DE ENERO

LAS PALABRAS QUE DEJAN CICATRICES

"De una misma boca proceden bendición y maldición.
Hermanos míos, esto no debe ser así."
Santiago 3:10

Con la boca oramos, cantamos, aconsejamos y bendecimos. Con esa misma boca criticamos, humillamos, exageramos y destruimos. La lengua es pequeña, pero puede dejar heridas que duran años. Una frase lanzada en un momento de ira puede quedarse viviendo en la memoria de alguien mucho después de que nosotros la olvidamos.

Santiago no suaviza el asunto: bendición y maldición saliendo de la misma boca no deben convivir como si nada. No significa que nunca volveremos a equivocarnos, sino que no podemos tratar las palabras como juguetes sin consecuencias.

Jesús enseñó que de la abundancia del corazón habla la boca. Por eso, cuando constantemente salen quejas, chismes, burlas, sarcasmo venenoso o palabras hirientes, el problema no está solamente en la lengua. Hay una raíz adentro que necesita ser rendida al Señor. Morderse la lengua ayuda por un momento; permitir que Cristo trate el corazón transforma la fuente.

También es cierto que las palabras pueden convertirse en instrumentos de gracia. Un "perdóname" sincero puede abrir una puerta cerrada durante años. Un "gracias", un "oro por ti" o una palabra de ánimo pueden levantar a alguien que estaba a punto de rendirse. Dios puede usar una boca obediente para sanar, corregir y consolar.

Cristo nunca usó la verdad para humillar por placer. Habló con firmeza, pero también con gracia. En la cruz, mientras otros lo insultaban, Él pidió perdón por sus verdugos. Seguirlo implica entregar también nuestra manera de hablar.

APLICACIÓN PARA HOY

Recuerda tus conversaciones recientes. Pregúntate a quién heriste y a quién podrías animar hoy. Si debes pedir perdón, no prepares un discurso defensivo. Di la verdad, reconoce el daño y hazlo.

ORACIÓN

Señor, perdóname por las veces que he usado mi boca para herir, exagerar, murmurar o mentir. Limpia mi corazón y transforma mis palabras. Haz de mi lengua un instrumento de verdad, gracia y bendición. Muéstrame a quién debo pedir perdón y a quién debo levantar hoy. Amén.

PARA MEDITAR:

Si alguien escuchara todo lo que digo durante un día, ¿oiría la influencia de Cristo o el desorden de mi corazón?

DÍA 15 — 15 DE ENERO

PLANES VS. VOLUNTAD DE DIOS

"¡Vamos ahora! los que decís: Hoy y mañana iremos a tal ciudad, y estaremos allá un año, y traficaremos y ganaremos; cuando no sabéis lo que será mañana··· En lugar de lo cual deberíais decir: Si el Señor quiere, viviremos y haremos esto o aquello."

Santiago 4:13–15

Planear no es pecado. El problema aparece cuando planeamos como si Dios no existiera. Santiago describe personas organizadas, emprendedoras y con proyecciones claras: irán a una ciudad, harán negocios y obtendrán ganancias. Todo está calculado, excepto lo único que no controlan: mañana.

La arrogancia no siempre llega gritando rebelión. A veces usa traje, agenda y una aplicación de productividad. Llenamos el calendario, diseñamos proyectos y tomamos decisiones, pero nunca preguntamos con seriedad: "Señor, ¿esto te honra? ¿Es tu voluntad o solamente mi ambición?".

Decir "si el Señor quiere" no es añadir una frase religiosa al final de lo que ya decidimos. Es mantener el corazón dispuesto a que Dios cambie la ruta. Significa reconocer que la vida es breve, que nuestra próxima respiración no está garantizada y que el resultado final descansa en la providencia del Señor.

Eso no nos convierte en personas pasivas. Podemos investigar, ahorrar, trabajar, consultar y planificar responsablemente. Pero lo hacemos con las manos abiertas. El problema comienza cuando un proyecto se vuelve tan importante que nos enojaríamos con Dios si decide cerrarlo.

Cristo mismo oró en Getsemaní: "No se haga mi voluntad, sino la tuya". No lo dijo desde la comodidad, sino frente a la cruz. Allí vemos que someterse al Padre no es debilidad, sino obediencia perfecta. Gracias a esa entrega, hoy tenemos salvación.

Dios no promete aprobar todos nuestros planes. Promete guiarnos mientras aprendemos a confiar en Él. Algunas puertas cerradas no son castigo; pueden ser misericordia. Algunas demoras no son abandono; pueden ser preparación.

APLICACIÓN PARA HOY

Escoge uno de tus planes importantes. Preséntalo al Señor y dile con sinceridad: "Si esto te honra, guíame. Si no, dame gracia para soltarlo sin resentimiento".

ORACIÓN

Señor, muchas veces he organizado mi futuro sin consultarte y luego he querido que firmes mis decisiones. Te entrego mis proyectos, sueños y expectativas. Derriba lo que no te honra, confirma lo que viene de ti y enséñame a descansar cuando cambies la ruta. Amén.

PARA MEDITAR:

¿Qué plan me costaría soltar si Dios cerrara la puerta, y qué revela eso acerca de quién gobierna mi vida?

DÍA 16 — 16 DE ENERO

SOLO ENTRE LA MULTITUD

"Ninguno estuvo a mi lado, sino que todos me desampararon; no les sea tomado en cuenta. Pero el Señor estuvo a mi lado, y me dio fuerzas…"
2 Timoteo 4:16–17

El apóstol Pablo conoció la soledad de verdad. No fue una impresión pasajera, sino una herida concreta: personas que lo dejaron, amigos que no aparecieron cuando más los necesitaba y hermanos que fallaron en el momento decisivo. Sin embargo, en medio de aquella confesión dolorosa, levantó una certeza capaz de sostenerlo: "El Señor estuvo a mi lado".

La soledad no siempre significa ausencia de gente. Hay personas rodeadas de conversaciones, mensajes y reuniones que, aun así, sienten que nadie las conoce por dentro. En esos momentos, el enemigo aprovecha para susurrar que también Dios se ha alejado.

La Escritura afirma lo contrario. El Señor no cambia de opinión cuando los demás cambian. Tal vez no llene tu vida con la compañía ideal ni evite todas las decepciones, pero su presencia no depende de la fidelidad humana. Él conoce lo que es ser traicionado, negado, abandonado e incomprendido.

Pablo también dijo acerca de quienes lo dejaron: "No les sea tomado en cuenta". Eso no nació de una personalidad indiferente, sino de un corazón alcanzado por la gracia. Quien recuerda cuánto Cristo le perdonó puede comenzar a soltar el rencor contra quienes le fallaron. Perdonar no borra el daño ni convierte en confiable a quien no lo es; significa entregar la deuda al Juez justo y negarse a vivir encadenado a ella.

Cristo estuvo solo ante sus acusadores y fue abandonado en la cruz para que quienes creen en Él nunca estuvieran abandonados por Dios. Por eso, aun cuando falten personas, no falta el Señor.

APLICACIÓN PARA HOY

Habla con Dios con honestidad acerca de tu soledad. Pídele que haga real su presencia y que te conceda amistades piadosas. Luego piensa si alguien cercano se siente solo y toma la iniciativa de llamarlo, visitarlo o acompañarlo.

ORACIÓN

Señor, tú conoces las veces que me he sentido olvidado e incomprendido. Recuérdame que permaneces a mi lado y me das fuerzas. Sana mis heridas, líbrame del rencor y hazme sensible a la soledad de otros. En el nombre de Jesús. Amén.

PARA MEDITAR:

¿Estoy interpretando mi soledad solamente por quienes faltaron, o también por la presencia fiel de Cristo que nunca se retira?

DÍA 17 — 17 DE ENERO

EL PESO DE NO PERDONAR

"Soportándoos unos a otros, y perdonándoos unos a otros si alguno tuviere queja contra otro. De la manera que Cristo os perdonó, así también hacedlo vosotros."
Colosenses 3:13

Perdonar no significa olvidar por arte de magia, negar el daño ni volver a confiar automáticamente. Perdonar es renunciar al derecho de cobrar venganza con tus propias manos y entregar el caso a Dios. Y eso cuesta, porque el corazón herido quiere ver cuentas pagadas y sufrimientos compensados.

La Biblia no minimiza las ofensas. Cambia, sin embargo, el punto de referencia: "De la manera que Cristo os perdonó". El perdón que tú concedes nunca será mayor que el que recibiste. Cristo cargó una deuda que no era suya para cancelar una deuda que tú jamás podrías pagar.

Guardar resentimiento es llevar una maleta llena de piedras esperando que quien te hirió termine cansado. El peso, por supuesto, lo cargas tú. El rencor mantiene viva la conversación, repite la escena y permite que la ofensa continúe ocupando una habitación dentro del alma sin pagar alquiler.

Perdonar no elimina necesariamente las consecuencias. Puede haber límites, distancia y procesos largos para restaurar la confianza. En algunos casos, la sabiduría exige protección y ayuda. Pero ninguna de esas medidas requiere odio. Puedes procurar justicia sin convertirte en esclavo de la amargura.

La cruz es el lugar donde aprendemos a perdonar. Allí Cristo sufrió por pecados ajenos y pidió misericordia para sus verdugos. No se trata de imitarlo mediante fuerza de voluntad, sino de recibir de Él la gracia que no podemos fabricar.

Quizá hoy no sientas ganas de perdonar. Comienza entonces con una oración sincera: "Señor, no quiero seguir alimentando esto. Haz en mí lo que ahora mismo no puedo hacer solo". El perdón puede ser una decisión que luego deberá reafirmarse muchas veces.

APLICACIÓN PARA HOY

Menciona delante de Dios a la persona que te hirió. Reconoce el daño sin maquillarlo y entrega al Señor tu deseo de venganza. Decide no hablar mal de ella y busca consejo sabio si necesitas establecer límites o iniciar una conversación.

ORACIÓN

Señor, tú conoces lo que me hicieron y cuánto me dolió. Confieso que he alimentado resentimiento. Recuérdame cuánto me perdonaste en Cristo y dame gracia para soltar esta deuda sin negar la verdad. Amén.

PARA MEDITAR:

¿Estoy esperando sentir deseos de perdonar antes de obedecer, o permitiré que la gracia de Cristo dirija mis sentimientos?

DÍA 18 — 18 DE ENERO

HAMBRE DE PALABRA, NO SOLO DE RESPUESTAS

"No solo de pan vivirá el hombre, sino de toda palabra que sale de la boca de Dios."
Mateo 4:4

El hambre física se anuncia rápido: debilidad, mal humor, dolor de cabeza. El hambre espiritual, en cambio, suele disfrazarse de aburrimiento, ansiedad, irritación o necesidad constante de distracción. Intentamos llenar el vacío con entretenimiento, trabajo, comida, compras o redes, pero el alma continúa pidiendo algo que esas cosas no pueden darle.

Jesús citó estas palabras cuando tenía hambre de verdad. Podía convertir piedras en pan, pero se negó a usar su poder fuera de la voluntad del Padre. Con ello mostró que la vida no se sostiene solamente con lo que entra por la boca, sino con cada palabra que procede de Dios.

Leer la Biblia no es cumplir una cuota religiosa para tranquilizar la conciencia. Es sentarse delante del Dios que habló y creó, que se reveló en la historia y que decidió comunicarse en palabras que podemos entender. La Escritura corrige nuestra mente, confronta el pecado, consuela el corazón y, sobre todo, nos conduce a Cristo.

Cuando solo abrimos la Biblia en medio de una crisis, la tratamos como botiquín de emergencia y no como alimento diario. Luego nos sorprende que la fe se debilite, que cualquier opinión nos confunda y que nuestras emociones gobiernen cada decisión. Un alma mal alimentada termina creyendo cualquier cosa que suene convincente.

No basta con leer mucho; hay que leer con atención y obediencia. Puedes terminar varios capítulos y no permitir que una sola frase te corrija. La meta no es vencer un plan de lectura, sino escuchar al Señor y responderle.

Cristo es el Pan de vida. Las Escrituras no son un fin en sí mismas; nos muestran quién es Él, qué hizo y cómo debemos caminar en su verdad.

APLICACIÓN PARA HOY

Lee despacio un capítulo de Juan o un salmo. Antes de comenzar, pide al Señor entendimiento. Anota una verdad acerca de Dios, una corrección para tu vida y una acción concreta de obediencia.

ORACIÓN

Señor, he intentado alimentar mi alma con cosas que nunca pueden saciarla. Despierta en mí hambre por tu Palabra. Líbrame de leer por costumbre y enséñame a escuchar, creer y obedecer. Muéstrame cada día a Cristo en las Escrituras. Amén.

PARA MEDITAR:

¿Qué recibe más tiempo y atención en mi vida: la voz de Dios o las opiniones que compiten con ella?

DÍA 19 — 19 DE ENERO

NO ME AVERGÜENZO DEL EVANGELIO … ¿DE VERDAD?

"Porque no me avergüenzo del evangelio, porque es poder de Dios para salvación a todo aquel que cree…"

Romanos 1:16

Es fácil declarar que no nos avergonzamos del evangelio mientras estamos rodeados de personas que creen lo mismo. La prueba llega cuando mencionar a Cristo puede traer burlas, etiquetas, rechazo o una conversación incómoda. Entonces descubrimos cuánto nos importa la aprobación de los demás.

Pablo no hablaba desde una zona cómoda. Sabía que predicar a Cristo podía costarle libertad, reputación y hasta la vida. Aun así, estaba convencido de que el evangelio no es una opinión religiosa entre muchas, sino el poder de Dios para salvar a todo aquel que cree.

Avergonzarse del evangelio no siempre significa negarlo abiertamente. También ocurre cuando lo editamos para hacerlo aceptable: quitamos el pecado, escondemos la cruz, evitamos el arrepentimiento y hablamos de una fe genérica que nunca pronuncia el nombre de Jesús. Terminamos ofreciendo motivación con vocabulario cristiano, pero sin la noticia que salva.

Eso no nos autoriza a ser agresivos, imprudentes ni desagradables. La verdad de Cristo debe comunicarse con amor, respeto y sabiduría. Valentía no es hablar más fuerte que todos; es negarse a callar cuando Dios abre una puerta.

Si Cristo no se avergonzó de cargar públicamente nuestra culpa, no deberíamos tratar su nombre como un secreto incómodo. Él fue humillado en la cruz, murió por nuestros pecados y resucitó. Esa noticia no necesita maquillaje; necesita testigos.

Tal vez no tengas respuestas para todas las preguntas. No importa. Puedes contar lo que Cristo hizo por ti y explicar con sencillez por qué tu esperanza está en Él.

APLICACIÓN PARA HOY

Piensa en una persona o ambiente donde sueles ocultar tu fe. Ora por una oportunidad natural para hablar de Cristo con claridad y respeto. No fuerces la conversación, pero tampoco escapes cuando la puerta se abra.

ORACIÓN

Señor, he temido más la opinión de la gente que tu aprobación. Perdóname por callar o suavizar tu verdad para quedar bien. Dame amor, sabiduría y valor para hablar de la cruz y de la resurrección sin vergüenza ni arrogancia. Amén.

PARA MEDITAR:

¿Alguien cercano podría convivir conmigo durante meses sin descubrir claramente que mi esperanza está en Jesucristo?

DÍA 20 — 20 DE ENERO

DESCANSAR TAMBIÉN ES UN ACTO DE FE

"Venid a mí todos los que estáis trabajados y cargados, y yo os haré descansar."
Mateo 11:28

El cansancio no siempre se ve en los músculos. Hay personas que siguen funcionando, sonriendo y cumpliendo, pero por dentro están agotadas. Algunas cargas vienen de circunstancias inevitables; otras nacen de no saber decir "no", querer controlarlo todo o asumir responsabilidades que Dios nunca entregó.

Jesús no ofrece un simple descanso emocional. Dice: "Venid a mí". El descanso cristiano no está primero en una técnica, unas vacaciones o una agenda mejor organizada, sino en una persona. Descansar comienza cuando dejamos de actuar como salvadores de nuestra propia vida.

Muchos creyentes dicen confiar en Dios, pero viven como si el universo fuera a desarmarse en cuanto ellos se detengan. No descansan, no delegan, no apagan la mente y sienten culpa cuando hacen una pausa. A veces llaman responsabilidad a lo que realmente es orgullo: la sospecha secreta de que nadie puede hacer las cosas tan bien como ellos.

El descanso bíblico tampoco es pereza. Jesús no invita a abandonar deberes, sino a llevar su yugo. Hay trabajo, pero ya no bajo la tiranía de demostrar nuestro valor o controlar todos los resultados. Su yugo es ligero porque caminamos acompañados y sostenidos por su gracia.

El cuerpo tiene límites y el alma también. Ignorarlos no es espiritualidad. Dormir, detenerse, pedir ayuda, guardar silencio y respetar temporadas de recuperación pueden ser actos de humildad. Reconocen que somos criaturas, no el Creador.

Cristo cargó en la cruz el peso que jamás podríamos llevar: nuestra culpa. No tiene sentido decir que confiamos en esa obra perfecta mientras insistimos en cargar solos cada preocupación.

APLICACIÓN PARA HOY

Identifica una carga que has asumido como si todo dependiera de ti. Preséntala al Señor y toma una decisión concreta: pedir ayuda, cancelar algo innecesario, apagar el teléfono, dormir mejor o reservar un tiempo de silencio.

ORACIÓN

Señor, estoy cansado y tú conoces las cargas visibles y secretas. Perdóname por vivir como si todo dependiera de mí. Enséñame a venir a Cristo, confiar en tu gobierno y respetar los límites que me diste. Que también mi descanso sea un acto de fe. Amén.

PARA MEDITAR:

¿Mi ritmo de vida demuestra confianza en Dios o una necesidad constante de sentirme indispensable?

DÍA 21 — 21 DE ENERO

CUANDO VUELVO A FALLAR

"Si confesamos nuestros pecados, él es fiel y justo para perdonar nuestros pecados,
y limpiarnos de toda maldad."
1 Juan 1:9

Hay pecados que duelen más porque no parecen caídas aisladas, sino tropiezos repetidos. Prometiste cambiar, lloraste, te indignaste contigo mismo y, sin embargo, volviste al mismo lugar. Entonces aparece la voz acusadora: "Dios ya se cansó de ti", "Tu fe es falsa", "Ni siquiera ores".

Juan no escribió este versículo para que tratemos el pecado con ligereza, sino para que no tratemos la gracia como si fuera insuficiente. No dice: "Si explicamos bien nuestras razones, Dios comprenderá". Dice: "Si confesamos nuestros pecados".

Confesar significa llamar pecado a lo que Dios llama pecado. Es dejar las excusas, salir de la sombra y ponerse del lado de Dios contra la propia rebelión. No es informar al Señor de algo que desconocía, sino reconocer que Él tiene razón.

La base del perdón no es la perfección de nuestro arrepentimiento, sino el carácter de Dios: Él es fiel y justo. Es fiel a su promesa y justo porque Cristo pagó realmente nuestra deuda. Dios no exige dos veces el pago de un pecado que su Hijo cargó en la cruz.

Pero la gracia que perdona también limpia. El Señor no se limita a cancelar culpa; trabaja en deseos, hábitos y patrones. La santificación suele ser lenta, pero nunca se construye en secreto.

Si vuelves a caer, no huyas de Dios. Corre hacia Él, confiesa, recibe perdón y toma medidas concretas.

Eso incluye cortar accesos, pedir ayuda, rendir cuentas y dejar de llamar "debilidad" a lo que alimentas voluntariamente. La gracia no es permiso para jugar con el pecado; es poder para levantarte y volver a pelear.

APLICACIÓN PARA HOY

Confiesa un pecado específico sin justificarlo. Luego identifica una puerta que debes cerrar y una persona madura con quien puedas rendir cuentas. Hazlo hoy, no cuando vuelva la tentación.

ORACIÓN

Señor, conoces mis caídas repetidas. Confieso mi pecado sin excusas. Gracias porque Cristo pagó mi deuda y tú eres fiel para perdonar y limpiar. No permitas que use tu gracia como licencia; úsala para quebrantar mi orgullo y transformar mis hábitos. Amén.

PARA MEDITAR:

Después de caer, ¿corro hacia Dios para confesar o me escondo y protejo aquello que digo lamentar?

DÍA 22 — 22 DE ENERO

EL CARÁCTER QUE EL ESPÍRITU ESTÁ FORMANDO

"Mas el fruto del Espíritu es amor, gozo, paz, paciencia, benignidad, bondad, fe, mansedumbre, templanza; contra tales cosas no hay ley."

Gálatas 5:22–23

Muchos creyentes intentan medir su crecimiento por números: capítulos leídos, versículos memorizados, actividades realizadas o responsabilidades asumidas. Pero Dios mira algo más profundo: el fruto que el Espíritu está produciendo en el carácter.

Pablo habla de "fruto" en singular. No presenta nueve opciones para escoger según la personalidad. No podemos decir: "Tengo amor, pero la paciencia no es lo mío", como si el Espíritu ofreciera un menú. Él está formando un carácter completo, parecido al de Cristo.

Ese fruto crece en el terreno real de la vida. La paciencia se prueba en el tráfico, la mansedumbre en una discusión, el dominio propio cuando nadie observa, la bondad frente a quien no puede devolverte nada y la paz cuando las circunstancias se desordenan.

Es posible hacer muchas cosas para Dios y, aun así, tratar mal a la gente. Se puede predicar, cantar, enseñar o servir mientras se alimentan orgullo, dureza, manipulación y chisme. Los dones pueden impresionar; el carácter revela quién nos está gobernando.

El fruto del Espíritu no se fabrica mediante fuerza de voluntad. Tampoco aparece sin nuestra obediencia. El Espíritu produce, pero nosotros debemos permanecer en Cristo, alimentarnos de su Palabra, confesar el pecado y cortar con aquello que apaga su obra.

El crecimiento suele ser lento. Un árbol no produce fruto haciendo ruido, sino permaneciendo arraigado. Tal vez no veas cambios espectaculares, pero quienes viven contigo deberían comenzar a notar una reacción más mansa, una palabra menos áspera y una paciencia que antes no existía.

El proyecto principal de Dios no es hacerte famoso, exitoso ni admirado. Es hacerte semejante a Jesús.

APLICACIÓN PARA HOY

Lee nuevamente la lista del fruto. Pide al Señor que te muestre el área más débil. Luego escoge una situación concreta en la que hoy puedas responder bajo la dirección del Espíritu y no según tu impulso habitual.

ORACIÓN

Señor, he medido mi vida espiritual por lo que hago y no por lo que estoy llegando a ser. Produce en mí el carácter de Cristo. Dame amor donde hay egoísmo, paz donde hay ansiedad, paciencia donde hay irritación y dominio propio donde me gobiernan los impulsos. Amén.

PARA MEDITAR:

Quienes me conocen de cerca, ¿ven el fruto del Espíritu o solamente mis actividades religiosas?

DÍA 23 — 23 DE ENERO

GUERRA QUE NO SE VE

"Porque no tenemos lucha contra sangre y carne, sino contra principados, contra potestades, contra los gobernadores de las tinieblas de este siglo, contra huestes espirituales de maldad en las regiones celestes."
Efesios 6:12

El mundo suele irse a dos extremos cuando habla de guerra espiritual. Algunos ven un demonio detrás de cada inconveniente; otros se burlan de cualquier realidad espiritual como si fuera superstición. Pablo evita ambos errores: la lucha existe, pero debemos entenderla correctamente.

"Nuestra lucha no es contra sangre y carne". Eso significa que el enemigo principal no es tu cónyuge, jefe, vecino, pastor, hermano ni gobernante. Las personas siguen siendo responsables de sus decisiones, pero detrás de muchos conflictos operan fuerzas que desean dividir, engañar, tentar y destruir.

Cuando olvidamos esta verdad, peleamos con armas equivocadas: gritos, manipulación, odio, chisme y venganza. Terminamos destruyendo personas mientras creemos estar defendiendo la verdad.

La guerra espiritual tampoco se libra con fórmulas mágicas ni cadenas de mensajes. Efesios habla de verdad, justicia, evangelio, fe, salvación, Palabra y oración. La armadura de Dios no es un conjuro que recitamos por la mañana; es una vida sometida a Cristo.

Nos ceñimos con la verdad cuando rechazamos la mentira. Levantamos el escudo de la fe cuando creemos lo que Dios dijo por encima de lo que grita el miedo. Usamos la espada del Espíritu cuando aplicamos correctamente la Palabra, no cuando lanzamos versículos como piedras contra otros.

La existencia de una batalla no debe producir pánico. Cristo ya venció a los principados y potestades mediante la cruz. No luchamos para averiguar quién ganará, sino desde la victoria de nuestro Rey. Sin embargo, esa victoria se experimenta caminando en obediencia, no coqueteando con aquello de lo cual Él nos rescató.

Ignorar la guerra nos vuelve ingenuos. Exagerarla nos vuelve supersticiosos. Mirarla desde el evangelio nos mantiene despiertos, sobrios y confiados.

APLICACIÓN PARA HOY

Identifica un área de tentación, división o desánimo. Pregunta qué mentira estás creyendo y respóndela con una verdad bíblica. Ora por las personas involucradas en lugar de tratarlas como enemigas.

ORACIÓN

Señor, perdóname por pelear contra personas con armas carnales. Ayúdame a vivir revestido de verdad, justicia, fe y oración. Mantén mis ojos abiertos sin temor, porque Cristo ya venció. Amén.

PARA MEDITAR:

¿Estoy luchando contra el verdadero enemigo o convirtiendo en enemigo a la persona que tengo delante?

DÍA 24 — 24 DE ENERO

AMAR AL DIFÍCIL DE AMAR

"Y el segundo es semejante:
Amarás a tu prójimo como a ti mismo."
Mateo 22:39

Es fácil amar al prójimo en teoría. La dificultad comienza cuando el prójimo tiene nombre, opiniones, costumbres y una capacidad extraordinaria para irritarnos. Amar a "la humanidad" suena noble; amar a la persona que nos interrumpe, critica o contradice revela si el evangelio está tocando el carácter.

Jesús unió el amor a Dios con el amor al prójimo. No son dos asignaturas independientes. No podemos afirmar que amamos al Dios invisible mientras despreciamos sistemáticamente a las personas visibles.

Amar al prójimo como a uno mismo no significa adorarnos. Significa reconocer que solemos proteger nuestros intereses, justificar nuestras intenciones y buscar nuestro bienestar. Cristo toma esa inclinación natural y nos manda a considerar también el bien del otro.

El mandamiento se vuelve especialmente difícil con quien nos hirió o piensa distinto. En esos momentos debemos recordar que nosotros también fuimos difíciles de amar. Dios no esperó que arregláramos todo para acercarse. Nos amó cuando éramos pecadores y enemigos.

Amar no siempre produce una sensación agradable. Muchas veces consiste en hacer el bien cuando las emociones protestan. Puede significar hablar la verdad, establecer límites, negarse a participar en el pecado o corregir con firmeza. El amor bíblico no es debilidad ni aprobación automática; busca el bien verdadero del otro.

Tampoco nace de admirar a la persona. Brota de Cristo, quien nos amó primero. Sin esa fuente, el intento de amar termina en actuación, cansancio o resentimiento.

Quizá la persona difícil no cambie. El llamado de Dios, sin embargo, no depende de su respuesta. Él puede usar incluso esa relación incómoda para mostrarte cuánto orgullo, impaciencia y egoísmo todavía necesitan rendirse.

APLICACIÓN PARA HOY

Menciona delante de Dios a una persona que te cuesta amar. Pídele que cambie primero tu manera de verla. Luego realiza un gesto concreto de bien: una oración, una palabra respetuosa, un servicio o el silencio oportuno.

ORACIÓN

Señor, conoces a quienes me cuesta amar. Perdóname por justificar actitudes que no se parecen a Cristo. Recuérdame cómo me amaste cuando no lo merecía y derrama ese amor en mi corazón para tratar al prójimo con verdad y gracia. Amén.

PARA MEDITAR:

Si mi fe fuera evaluada por la manera en que trato a las personas difíciles, ¿qué mostraría acerca de Cristo?

DÍA 25 — 25 DE ENERO

MI CUERPO NO ES MÍO

"¿O ignoráis que vuestro cuerpo es templo del Espíritu Santo, el cual está en vosotros, el cual tenéis de Dios, y que no sois vuestros? Porque habéis sido comprados por precio; glorificad, pues, a Dios

en vuestro cuerpo y en vuestro espíritu, los cuales son de Dios."
1 Corintios 6:19–20

La cultura repite: "Mi cuerpo, mi decisión". La Biblia responde con una verdad incómoda para el orgullo: si perteneces a Cristo, ya no eres dueño absoluto de ti mismo. Fuiste comprado por precio y el Espíritu Santo habita en ti.

Eso no es una amenaza, sino privilegio y responsabilidad. Privilegio, porque el Dios santo decidió morar en personas redimidas. Responsabilidad, porque el cuerpo no puede tratarse como un objeto neutral disponible para cualquier impulso.

El contexto de este pasaje incluye la pureza sexual, pero el principio alcanza mucho más. Glorificamos a Dios con lo que miramos, comemos, bebemos, tocamos y hacemos. También con el descanso, el trabajo, el cuidado médico y la manera en que respondemos a las limitaciones físicas.

Algunos idolatran el cuerpo; otros lo descuidan como si fuera desechable. Ambas posturas olvidan que somos mayordomos. Cuidarlo no significa obsesionarse con la apariencia, sino mantenerlo disponible para servir mientras Dios lo permita.

También pecamos cuando usamos el cuerpo para placeres que esclavizan, cuando lo exponemos irresponsablemente a sustancias, cuando lo desgastamos por ambición o cuando ignoramos señales serias por negligencia. La espiritualidad no consiste en actuar como si el cuerpo no importara.

"Habéis sido comprados por precio" nos lleva directamente a la cruz. Cristo no pagó con sentimentalismo, sino con su sangre. No nos rescató solamente para llevar el alma al cielo algún día; reclamó toda nuestra vida para su gloria ahora.

La libertad bíblica no es hacer todo lo que apetece. Es ser liberado de la tiranía de los deseos para usar cada parte de nosotros como instrumento de justicia.

APLICACIÓN PARA HOY

Pregunta al Señor si hay un área donde tratas tu cuerpo como propiedad sin dueño: sexualidad, alimentación, sustancias, descanso, pereza o exceso de trabajo. Confiesa lo que corresponda y toma una medida concreta, incluyendo buscar ayuda profesional cuando sea necesario.

ORACIÓN

Señor, gracias porque me compraste con la sangre de Cristo. Perdóname por usar o descuidar mi cuerpo como si fuera solamente mío. Enséñame a glorificarte con mis hábitos, decisiones y límites. Que todo mi ser esté disponible para tu voluntad. Amén.

PARA MEDITAR:

¿La manera en que trato mi cuerpo demuestra que pertenece a Dios o que todavía me considero su dueño absoluto?

DÍA 26 — 26 DE ENERO

LÁGRIMAS QUE DIOS CUENTA

"Tú has contado mis huidas; pon mis lágrimas en tu redoma; ¿no están ellas en tu libro?"
Salmo 56:8

Hay lágrimas que nadie ve: las que caen en el baño mientras todos creen que estás bien, las que se quedan atrapadas porque no quieres ser una carga y las que mojan la almohada cuando la casa guarda silencio. La Biblia no convierte el dolor en poesía barata. Lo toma en serio. David dice que Dios cuenta sus huidas y guarda sus lágrimas.

Estas palabras nacieron en medio de persecución, miedo y noches inciertas. David no hablaba desde una temporada cómoda. Había corrido, se había escondido y sabía lo que era sentirse cercado. Sin embargo, estaba convencido de que ninguna lágrima pasaba inadvertida delante del Señor.

La imagen de una redoma no enseña que el sufrimiento sea hermoso en sí mismo. Enseña que Dios no desperdicia el dolor de sus hijos. Lo que para otros puede parecer exageración, debilidad o una escena que pronto olvidarán, para Él tiene peso. Dios ve la herida, conoce su origen y sabe cuánto te ha costado seguir caminando.

Eso no significa que siempre explicará de inmediato por qué permitió la prueba. A veces el consuelo llega antes que la respuesta. Otras veces, la respuesta no llega en esta vida. Pero el creyente no llora en un universo indiferente. Llora delante de un Padre que se acerca.

En Cristo, Dios no observó nuestro sufrimiento desde lejos. Jesús lloró ante la tumba de Lázaro, fue traicionado, rechazado y herido. En la cruz cargó no solo el dolor físico, sino el peso de nuestro pecado. Por eso puedes presentarle tus lágrimas sin vergüenza. Él no te pide actuación espiritual; te pide verdad.

Tal vez hoy no puedas decir mucho. A veces una lágrima es una oración que todavía no encontró palabras. Déjala caer delante de Dios. Él sabe leerla.

APLICACIÓN PARA HOY

Habla con el Señor acerca de aquello que te duele sin minimizarlo ni adornarlo. Luego piensa en alguien que esté atravesando una temporada difícil y hazte presente con una llamada, una visita o una oración sincera.

ORACIÓN

Señor, tú ves las lágrimas que otros desconocen. Gracias porque no desprecias mi dolor ni me exiges fingir fortaleza. Sostén mi corazón, consuélame y usa esta prueba para acercarme a Cristo y hacerme sensible al sufrimiento ajeno. Amén.

PARA MEDITAR:

¿Estoy escondiendo mi dolor de Dios, como si Él no supiera ya cuánto me duele?

DÍA 27 — 27 DE ENERO

SABIDURÍA PARA EL PRÓXIMO PASO

"Y si alguno de vosotros tiene falta de sabiduría, pídala a Dios, el cual da a todos abundantemente y sin reproche, y le será dada."

Santiago 1:5

La vida no siempre presenta decisiones sencillas. Algunas se resuelven con sentido común; otras se meten en la cabeza de madrugada: un cambio de trabajo, una mudanza, una relación, un diagnóstico, una decisión familiar o ministerial. Haces listas, consultas opiniones y repasas posibilidades, hasta que finalmente admites algo que al orgullo no le gusta decir: "No sé qué hacer".

Santiago no trata esa confesión como fracaso. Reconocer que te falta sabiduría puede ser el primer acto verdaderamente sabio. Dios no espera que finjas conocer lo que no conoces. Te invita a pedir.

La promesa es hermosa: Él da abundantemente y sin reproche. No te recibe con fastidio ni con sarcasmo celestial: "¿Otra vez tú con la misma duda?". Conoce tus límites, sabe que no ves el cuadro completo y no desprecia tu necesidad.

Pedir sabiduría, sin embargo, no significa apagar la mente y esperar una señal misteriosa. Dios guía por medio de su Palabra, del consejo de creyentes maduros, de la observación responsable de los hechos y de la obediencia a principios ya revelados. La sabiduría bíblica no es adivinación cristiana; es aprender a mirar una decisión desde el carácter de Dios.

A veces afirmamos que no sabemos qué hacer cuando, en realidad, sí sabemos lo que la Biblia manda, pero no nos gusta el precio. No necesitamos nueva revelación para evitar una obediencia incómoda.

Cristo es la sabiduría de Dios. En la cruz, lo que parecía derrota se convirtió en salvación. Por eso, la opción más sabia no siempre será la más fácil, rentable o popular, sino la que honre mejor a Cristo.

APLICACIÓN PARA HOY

Presenta una decisión concreta delante del Señor. Escribe qué principios bíblicos están involucrados, busca consejo piadoso y pregúntate cuál opción honra más a Cristo, no solo cuál te conviene más.

ORACIÓN

Señor, mi entendimiento es limitado. Dame sabiduría, líbrame de decidir por miedo, orgullo o impulso, y concédeme valor para obedecer lo que ya me has mostrado. En el nombre de Jesús. Amén.

PARA MEDITAR:

¿Estoy buscando la voluntad de Dios o una confirmación religiosa de lo que ya decidí?

DÍA 28 — 28 DE ENERO

ESPERANZA QUE NO SE MARCHITA

"Bendito el Dios y Padre de nuestro Señor Jesucristo, que según su grande misericordia nos hizo renacer para una esperanza viva, por la resurrección de Jesucristo de los muertos."
1 Pedro 1:3

Algunas esperanzas duran poco. Un proyecto parece seguro y se derrumba. Una relación promete futuro y termina. Una llamada cambia en segundos lo que habíamos imaginado para años. Por eso Pedro no habla de una esperanza cualquiera, sino de una "esperanza viva".

Escribió a creyentes que conocían el sufrimiento y el rechazo. No les prometió comodidad ni soluciones inmediatas. Los llevó a un hecho más firme que sus circunstancias: Jesucristo resucitó de entre los muertos.

La esperanza cristiana no es optimismo religioso ni el intento de convencernos de que todo saldrá como deseamos. Está anclada en una tumba vacía. Si Cristo no resucitó, nuestra fe es una ilusión. Pero si venció la muerte, entonces el pecado, la injusticia, el dolor y la tumba no tendrán la última palabra.

Esa certeza transforma la manera de vivir. Podemos llorar sin desesperarnos, trabajar sin convertir el éxito en dios, envejecer sin pensar que la juventud era nuestra única gloria y enfrentar la muerte sin fingir que no existe. La esperanza viva no elimina el dolor; impide que el dolor se siente en el trono.

Muchas de nuestras seguridades descansan en cosas legítimas, pero frágiles: salud, dinero, familia, reputación y planes. El problema comienza cuando les exigimos que nos den la paz que solo Cristo puede ofrecer. Todas pueden cambiar. Él no.

La resurrección declara que el sacrificio de Jesús fue aceptado, que el pecado fue vencido y que quienes están unidos a Él tienen vida eterna. No significa que nunca entraremos a un cementerio; significa que ningún cementerio tendrá la palabra final.

Quien vive sin Cristo está apoyando el futuro sobre cosas que inevitablemente pasarán. El evangelio no invita a pensar bonito, sino a nacer de nuevo y descansar en el Salvador vivo.

APLICACIÓN PARA HOY

Identifica las cosas en las que más apoyas tu seguridad. Pregúntate qué pasaría con tu fe si alguna desapareciera. Luego agradece a Dios porque tu esperanza final descansa en Cristo resucitado.

ORACIÓN

Señor, he apoyado mi tranquilidad en cosas que pueden perderse. Afirma mi corazón en la resurrección de Jesús y enséñame a vivir con una esperanza que no depende de mis circunstancias. Amén.

PARA MEDITAR:

Si mañana se sacudieran mis seguridades humanas, ¿permanecería firme mi esperanza en Cristo?

DÍA 29 — 29 DE ENERO

GRATITUD EN TODO TERRENO

"Dad gracias en todo, porque esta es la voluntad de Dios para con vosotros en Cristo Jesús."
1 Tesalonicenses 5:18

Agradecer resulta sencillo cuando llega una buena noticia, mejora la salud, aparece el empleo o un plan sale exactamente como esperábamos. Pablo, sin embargo, lleva la gratitud a terrenos menos cómodos: "Dad gracias en todo".

El texto no dice que demos gracias por todo, como si el mal dejara de ser mal o el sufrimiento se volviera agradable. Dice que, en medio de cualquier circunstancia, todavía existen razones para agradecer. Dios sigue siendo bueno, Cristo sigue reinando, la cruz conserva su poder y sus promesas no caducan porque el día se complique.

La gratitud cristiana no niega el dolor. Puede llorar y agradecer al mismo tiempo. Puede decir: "Esto me duele", y también: "Señor, no me has abandonado". No es maquillaje espiritual; es una decisión de mirar más allá de la circunstancia sin fingir que la circunstancia no existe.

La queja constante entrena los ojos para notar únicamente lo que falta. Poco a poco, respirar, comer, tener una Biblia, una iglesia, una persona que nos ama o una nueva oportunidad parecen detalles sin importancia. La ingratitud convierte misericordias diarias en derechos adquiridos.

La gratitud devuelve proporción al alma. No paga mágicamente la factura, no cambia por sí sola el diagnóstico ni borra la pérdida, pero evita que esas realidades ocupen todo el paisaje. Nos recuerda que Dios sigue siendo fiel incluso en lo que no comprendemos.

En Cristo tenemos la razón mayor para agradecer. Estábamos muertos en nuestros pecados y recibimos vida. Merecíamos condenación y recibimos misericordia. Estábamos lejos y fuimos acercados por la sangre de Jesús. Si Dios no nos concediera nada más, la salvación bastaría para una eternidad de gratitud.

Dar gracias también es una forma de resistencia espiritual. Declara que el dolor no definirá a Dios ni gobernará completamente nuestra respuesta.

APLICACIÓN PARA HOY

Escribe tres misericordias sencillas que sueles dar por sentadas. Luego menciona una situación difícil y agradece, no por el mal, sino porque Dios permanece contigo en medio de ella.

ORACIÓN

Señor, perdóname por mirar más lo que me falta que lo que has dado. Gracias por tu salvación, tu presencia y tus misericordias diarias. Enséñame a agradecer sin negar el dolor y a confiar en tu bondad aun cuando no entiendo. Amén.

PARA MEDITAR:

¿Mis conversaciones recientes están marcadas más por la gratitud o por la queja?

DÍA 30 — 30 DE ENERO

RECORDAR QUE LA VIDA ES BREVE

"Y de la manera que está establecido para los hombres que mueran una sola vez, y después de esto el juicio."
Hebreos 9:27

Nuestra cultura hace grandes esfuerzos por esconder la muerte. La maquilla, la evita y cambia de conversación cuando se acerca demasiado. Hebreos, en cambio, habla con una claridad que puede parecer descortés: moriremos una vez y después enfrentaremos el juicio.

La Biblia no menciona la muerte para alimentar el morbo, sino para despertarnos. La vida no es infinita, el tiempo no es propiedad privada y después de la tumba no existe un vacío donde todos los asuntos pierden importancia. Habrá encuentro con el Creador.

Este texto derriba la idea de oportunidades interminables, reencarnaciones o una segunda vida para resolver lo que ignoramos en esta. La pregunta decisiva no es qué acumulamos, dónde viajamos o qué imagen dejamos, sino qué hicimos con Jesucristo.

Para quien vive lejos de Cristo, esta verdad funciona como una alarma misericordiosa. Postergar el arrepentimiento no es neutral. Cada día rechazado es otro día sostenido por la paciencia del mismo Dios al que seguimos evitando.

Para el creyente, recordar la muerte no produce necesariamente fatalismo. Puede producir sabiduría. Saber que los días son limitados ayuda a soltar rencores, ordenar prioridades, hablar del evangelio, amar mejor y dejar de invertir el alma en tonterías que la eternidad no recordará.

La esperanza no está en negar el juicio, sino en Cristo, quien se ofreció una vez para llevar los pecados de muchos. El creyente no descansa en una buena conducta suficiente, porque esa conducta no existe. Descansa en el Sustituto perfecto que recibió la condena en su lugar.

Pensar en la muerte no debe impedirte vivir. Debe enseñarte a vivir despierto. Cada mañana es una oportunidad para reconciliarte, obedecer, servir y caminar con Dios antes de que llegue la noche que no tendrá otro amanecer en esta tierra.

APLICACIÓN PARA HOY

Pregúntate con honestidad si tu paz con Dios descansa en Cristo o solamente en costumbres religiosas. Luego identifica algo que debes arreglar, confesar o hacer mientras todavía tienes tiempo.

ORACIÓN

Señor, mi vida es breve y un día compareceré delante de ti. Dame sabiduría para contar mis días y no desperdiciar lo eterno por perseguir lo pasajero. Gracias porque en Cristo tengo esperanza frente al juicio. Amén.

PARA MEDITAR:

Si hoy fuera mi último día, ¿qué lamentaría no haber arreglado con Dios o con las personas que amo?

DíA 31 — 31 DE ENERO

HASTA AQUÍ NOS HA AYUDADO JEHOVÁ

"Y tomó Samuel una piedra, y la puso entre Mizpa y Sen, y le puso por nombre Eben-ezer, diciendo: Hasta aquí nos ayudó Jehová."
1 Samuel 7:12

Llegar al final de un mes puede parecer poca cosa, pero es una buena ocasión para detenerse. Enero se va con días que no regresarán: oraciones, luchas, tropiezos, respuestas, lágrimas y pequeñas victorias. El peligro es pasar directamente a febrero sin reconocer quién nos sostuvo.

Samuel levantó una piedra y la llamó Eben-ezer después de una batalla. No era un monumento a la valentía de Israel, sino a la ayuda de Dios. Aquella piedra decía: "No llegamos hasta aquí solos".

"Hasta aquí nos ayudó Jehová" no significa que todo salió como queríamos. Significa que, a pesar de lo vivido, la gracia de Dios no faltó. Hubo días en que pensaste que no podrías continuar, tentaciones que parecían demasiado fuertes y momentos en que el desánimo quiso instalarse. Sin embargo, aquí estás.

No por disciplina perfecta. No porque jamás fallaste. Estás aquí porque la misericordia de Dios fue más insistente que tu inconstancia.

La memoria espiritual necesita entrenamiento. Olvidamos con facilidad las respuestas a la oración, la provisión inesperada, la corrección que nos evitó un desastre y la persona que llegó en el momento exacto. La ingratitud borra esas huellas. La fe las nombra.

Levantar un Eben-ezer hoy no requiere llenar el patio de piedras y preocupar a los vecinos. Requiere detenerte y reconocer las maneras concretas en que Dios estuvo presente.

Este "hasta aquí" también prepara para lo que sigue. El Dios que sostuvo enero no perderá poder en febrero. No sabemos qué viene, pero conocemos a quien ya está allí. Mirar hacia atrás con gratitud nos permite mirar hacia adelante sin arrogancia ni desesperación.

APLICACIÓN PARA HOY

Escribe cinco maneras concretas en que Dios te ayudó durante enero. Incluye respuestas, provisiones, correcciones o fuerzas recibidas. Dale gracias por cada una y comparte al menos una con alguien.

ORACIÓN

Señor, hasta aquí me has ayudado. Has estado en mis victorias y tropiezos, en mis lágrimas y alegrías. Gracias por tu paciencia, provisión, corrección y presencia. Te entrego el mes que comienza, confiando en que seguirás sosteniéndome. Amén.

PARA MEDITAR:

¿Qué historia de la fidelidad de Dios necesito recordar antes de entrar en un nuevo mes?

NUESTRO MENSAJE PARA TI EN FEBRERO

CUANDO BAJA EL ENTUSIASMO

OTTO & MILKY MAÑÓN

Febrero es el mes en que el calendario comienza a decir la verdad. En enero abundan las promesas: "Este año sí", "Ahora voy en serio", "Todo será diferente". Se compran agendas, se llenan gimnasios y las redes se inundan de frases heroicas. Luego llega febrero, baja el entusiasmo y reaparece el mismo corazón con sus hábitos viejos, sus luchas tercas y sus excusas bien planchadas.

Ahí surge una pregunta incómoda: "¿Estoy cambiando de verdad o solamente me emocioné durante unos días?".

Este libro no fue escrito para personas que lo logran todo a la primera. Fue pensado para gente que se cansa, se distrae, tropieza y necesita recordar que Cristo no abandona su obra cuando termina la emoción.

Febrero ayuda a desmontar dos mentiras. La primera dice: "Como fallaste en enero, ya perdiste el año". Esa voz pertenece al perfeccionismo, no al evangelio. Dios no trata a sus hijos como una aplicación que envía notificaciones de culpa porque alguien rompió una racha. Es Padre, no algoritmo. La gracia no excusa la desobediencia, pero tampoco convierte una caída en sentencia definitiva.

La segunda mentira afirma: "Yo soy así y nunca cambiaré". Eso no es humildad; es resignación con ropa religiosa. El Dios de la Biblia no solo perdona, también transforma. Tal vez no al ritmo que deseamos ni de la manera espectacular que imaginamos, pero su Espíritu trabaja. Cambia prioridades, reacciones, palabras, hábitos y afectos.

Por eso este mes nos invita a dejar de impresionar a Dios y comenzar a caminar sinceramente con Él. Menos teatro espiritual y más verdad. Menos promesas gigantes y más obediencia diaria.

Tal vez necesites admitir que te cuesta orar, que la mente se dispersa al leer la Biblia, que todavía peleas con un pecado antiguo o que cargas heridas que nunca expresaste. No hace falta maquillarle el alma al Dios que la conoce completa. La sinceridad no lo escandaliza; la pose sí.

La vida cristiana se demuestra en lo cotidiano: cómo hablas cuando estás cansado, qué haces con el enojo, cómo tratas al difícil, cómo administras el tiempo y qué permites en tus pensamientos. Dios no solo quiere encontrarte el domingo. También quiere gobernar el martes por la tarde, cuando nadie aplaude.

Habrá días en que sentirás con fuerza la presencia de Dios y otros en que orar parecerá arrastrar palabras por el suelo. Ambos días cuentan. La fe madura no depende solamente de momentos intensos, sino de una fidelidad sencilla: abrir la Palabra con el corazón frío, orar con frases torpes y obedecer sin resultados inmediatos.

Si llegas a febrero cargando culpas de enero, no te escondas. Cristo llama al arrepentimiento, no al autoexilio. Y si todavía no estás seguro de pertenecerle, deja de tratar a Jesús como adorno cultural. Él vivió la vida que no pudiste vivir, murió la muerte que merecías y resucitó para darte una esperanza que no vence con el calendario.

No necesitas un febrero perfecto. Necesitas un Salvador perfecto. Y Él sigue llamándote cada mañana.

DÍA 32 — 1 DE FEBRERO

EL DIOS QUE NO ABANDONA LA OBRA

"Estando persuadido de esto, que el que comenzó en vosotros la buena obra, la perfeccionará hasta el día de Jesucristo."
Filipenses 1:6

Febrero suele probar lo que enero prometió. Los planes de lectura se atrasan, la oración pierde ritmo, reaparecen viejas reacciones y algunas resoluciones terminan archivadas junto a las decoraciones navideñas. Entonces llega el pensamiento: "Otra vez dejé todo a medias".

Pablo escribe desde la cárcel y, aun así, declara estar persuadido de algo: quien comenzó la buena obra también la perfeccionará. Su confianza no descansaba en una semana productiva ni en la constancia impecable de los filipenses, sino en la fidelidad de Dios.

El texto dice que la obra ocurre "en vosotros". Dios no solamente modifica circunstancias alrededor del creyente. Trabaja por dentro: cambia deseos, corrige afectos, confronta pecados y forma carácter. A veces el progreso es visible. Otras veces parece tan lento que solo puede reconocerse mirando varios años hacia atrás.

El problema es que solemos medir la obra de Dios por el ánimo de la semana. Si oramos bien, pensamos que avanzamos. Si atravesamos sequedad o volvemos a tropezar, sospechamos que todo se perdió. Pero la promesa no depende de que nunca bajemos el ritmo. Depende del Dios que no abandona lo que comienza.

Eso no convierte la gracia en excusa para la negligencia. Al contrario, da fuerzas para levantarse. Volvemos a la Palabra, confesamos, pedimos perdón y obedecemos porque sabemos que no estamos intentando revivir un cadáver espiritual. El Espíritu ya está obrando.

La promesa también derriba el orgullo. Si has cambiado, no fue porque te convertiste en tu propio redentor. La disciplina importa, pero todo crecimiento verdadero es fruto de la gracia. Dios comenzó la obra cuando tú ni siquiera podías comenzarla.

Quizá todavía hay mucho por corregir. No confundas obra incompleta con obra abandonada. Un edificio en construcción puede verse desordenado, pero eso no significa que el Arquitecto se marchó.

APLICACIÓN PARA HOY

Mira cómo eras hace cinco años. Identifica tres áreas donde Dios ya produjo cambios y una donde todavía necesitas perseverar. Agradece por lo avanzado y entrégale nuevamente lo pendiente.

ORACIÓN

Señor, me desanimo al mirar mis fallas y mi lentitud. Gracias porque tú comenzaste esta obra y no la abandonarás. Líbrame de la pereza y también de la desesperación. Dame fuerzas para cooperar en obediencia con lo que tu Espíritu está haciendo. Amén.

PARA MEDITAR:

¿Estoy interpretando mi lentitud como prueba de que Dios me abandonó, o como una invitación a seguir dependiendo de Él?

DÍA 33 — 2 DE FEBRERO

CAMINAR CON EL MISMO CRISTO QUE ME SALVÓ

"De la manera que habéis recibido al Señor Jesucristo, andad en él."

Colosenses 2:6

Muchos creyentes hacen una división silenciosa: Cristo se encarga de salvarlos y ellos se encargan del resto. Jesús queda asociado con aquel culto, campamento o momento de conversión, pero la vida diaria se maneja como si ahora todo dependiera de disciplina, fuerza de voluntad y buena conducta.

Pablo rompe esa separación: "De la manera que habéis recibido al Señor Jesucristo, andad en él". ¿Cómo recibiste a Cristo? No por méritos ni porque finalmente organizaste tu vida. Lo recibiste por gracia, mediante la fe, reconociendo que necesitabas un Salvador.

De esa misma manera debes caminar: dependiendo. La vida cristiana no comienza con gracia para luego continuar por orgullo. El mismo Cristo que justifica también sostiene, corrige, fortalece y guía.

"Andar en Él" tampoco significa sentarse espiritualmente y esperar que todo ocurra sin obediencia. Caminar implica movimiento. Hay pasos, decisiones, renuncias y hábitos que deben cambiar. Pero no avanzamos para comprar el favor de Dios; avanzamos porque ya fuimos alcanzados por su favor en Cristo.

Cuando baja el entusiasmo, se descubre qué nos sostenía. Si dependíamos del ambiente, de una emoción fuerte o de una racha perfecta, pronto nos quedaremos sin combustible. Pero Cristo no cambia entre enero y febrero. Su cruz sigue siendo suficiente, su Palabra permanece verdadera y su Espíritu continúa obrando.

Andar en Cristo significa llevarle también las áreas donde solemos excluirlo: la reacción impulsiva, la preocupación financiera, el conflicto familiar, el pecado secreto y el cansancio. No es añadir una oración rápida después de decidirlo todo; es reconocer su señorío antes, durante y después.

No tienes que fingir autosuficiencia para demostrar madurez. La madurez cristiana no consiste en necesitar menos a Jesús, sino en reconocer con mayor claridad cuánto lo necesitas.

APLICACIÓN PARA HOY

Elige un área donde estés luchando. Pregúntate si la estás manejando solo. Preséntala a Cristo con la misma humildad con que lo recibiste y define un paso concreto de obediencia para hoy.

ORACIÓN

Señor, he intentado vivir por mis fuerzas como si tu gracia solo sirviera para comenzar. Enséñame a andar en ti, depender de tu poder y obedecer desde la gratitud. Que mis decisiones y reacciones muestren que Cristo no es solamente quien me salvó, sino quien gobierna mi caminar. Amén.

PARA MEDITAR:

¿Mi manera de enfrentar las luchas diarias demuestra dependencia de Cristo o confianza casi exclusiva en mí mismo?

DÍA 34 — 3 DE FEBRERO

CRISTO SIGUE SIENDO EL TESORO

"Pero cuantas cosas eran para mí ganancia, las he estimado como pérdida por amor de Cristo. Y ciertamente, aun estimo todas las cosas como pérdida por la excelencia del conocimiento de Cristo Jesús, mi Señor."

Filipenses 3:7–8

Un proyecto se cae, una relación termina, una oportunidad desaparece y, de repente, parece que toda la vida se rompió con aquello. No siempre se trata de caprichos. A veces son planes buenos, legítimos y largamente orados. Por eso duele tanto perderlos.

Pablo conocía el valor del prestigio, la reputación y los logros. Antes de encontrarse con Cristo, tenía un currículum religioso que muchos habrían envidiado. Pero después de conocer al Resucitado, reorganizó por completo su escala de valores: lo que antes consideraba ganancia dejó de ocupar el centro.

Eso no significa que el trabajo, la familia, los proyectos o la salud carezcan de importancia. Significa que ninguno puede cargar el peso de ser nuestro dios. Son regalos, no tronos. Cuando Cristo es el tesoro principal, una pérdida puede herirnos profundamente sin destruir nuestra identidad.

Conocer a Cristo vale más que acumular datos acerca de Él. Es descansar en su carácter, confiar en su cruz, vivir bajo su señorío y comprobar su fidelidad cuando nuestros planes se desarman. Ese conocimiento permanece cuando los títulos caducan, las puertas se cierran y la gente cambia de opinión.

Tal vez algo que esperabas ya comenzó a tambalear. Puedes llorarlo sin fingir indiferencia. La fe no exige que llames 'pequeño' a lo que te duele. Te invita a reconocer que, aun perdiendo algo importante, no has perdido a Cristo.

Quien tiene a Jesús no posee una vida sin pérdidas, pero sí un tesoro que ninguna pérdida puede arrebatar.

APLICACIÓN PARA HOY

Escribe tres cosas que temes perder. Preséntalas al Señor sin discursos religiosos y dile cuánto significan para ti. Luego pídele que ocupe en tu corazón un lugar que ningún regalo suyo debe usurpar.

ORACIÓN

Señor, he convertido algunos de tus regalos en la base de mi seguridad. Enséñame a amar sin idolatrar, a disfrutar sin adueñarme y a perder sin apartarme de ti. Que Cristo sea mi ganancia suprema cuando das, cuando quitas y cuando cambias el camino. Amén.

PARA MEDITAR:

¿Mi reacción ante una pérdida demuestra que Cristo es mi tesoro o que había colocado su regalo en su lugar?

DÍA 35 — 4 DE FEBRERO

LIBRE DEL QUÉ DIRÁN

"Pues, ¿busco ahora el favor de los hombres, o el de Dios? ¿O trato de agradar a los hombres? Pues si todavía agradara a los hombres, no sería siervo de Cristo."

Gálatas 1:10

Vivir pendiente de la aprobación ajena es habitar una cárcel sin barrotes. Cambias tus palabras para caer bien, aceptas compromisos que no deberías, callas convicciones para no incomodar y terminas convertido en una versión editada de ti mismo.

Pablo conoció el aplauso religioso. Como fariseo había construido una identidad basada en prestigio y reconocimiento. Pero el encuentro con Cristo cambió de dueño su vida. Por eso habla con tanta claridad: no se puede servir a Jesús mientras la opinión pública ocupa el trono.

Eso no significa volverse grosero, orgulloso o incapaz de escuchar corrección. La madurez recibe consejo y admite errores. Lo que no hace es vender la obediencia para conservar popularidad. Cuando lo que Dios dice choca con lo que la gente espera, el siervo de Cristo elige a su Señor.

El deseo de agradar a todos también es una carga imposible. Siempre habrá alguien inconforme, alguien que interprete mal y alguien que critique. Ni siquiera Jesús recibió aprobación universal. Pretender lograr lo que Cristo mismo no buscó es una receta segura para el agotamiento.

La libertad comienza cuando la pregunta cambia. En vez de vivir preguntando: "¿Qué pensarán de mí?", aprendes a preguntar: "¿Esto honra al Señor?". Esa pregunta no elimina el temor al rechazo, pero le quita autoridad.

Cristo no se avergonzó de cargar públicamente nuestra culpa. Fue rechazado, humillado y crucificado para hacernos suyos. Servirle implica aceptar que algunas obediencias tendrán costo social. Perder aplausos no es perder identidad.

APLICACIÓN PARA HOY

Identifica una situación donde estás cediendo por miedo al rechazo. Pregunta qué demanda la fidelidad a Cristo y da un paso concreto, con respeto y sin arrogancia.

ORACIÓN

Señor, he buscado demasiado la aprobación de la gente. Perdóname por callar, ceder o aparentar para evitar rechazo. Dame humildad para escuchar corrección y firmeza para obedecerte cuando tu verdad no sea popular. Hazme siervo de Cristo, no esclavo del qué dirán. Amén.

PARA MEDITAR:

¿Qué pesa más en mis decisiones: la mirada de Cristo o la posibilidad de quedar mal ante otros?

DÍA 36 — 5 DE FEBRERO

HABLAR PARA DAR GRACIA

"Ninguna palabra corrompida salga de vuestra boca, sino la que sea buena para la necesaria edificación, a fin de dar gracia a los oyentes."
Efesios 4:29

Una conversación puede dejar a alguien fortalecido o aplastado. No hace falta gritar para herir; basta una burla precisa, un comentario humillante, un chisme presentado como preocupación o una verdad dicha sin amor.

Pablo no se limita a prohibir palabras corrompidas. También muestra para qué debe servir la boca: para edificar y dar gracia. Eso obliga a revisar no solo si lo que decimos es cierto, sino también si es necesario, oportuno y expresado de una manera que honre a Cristo.

Hablar para edificar no significa adular ni evitar conversaciones difíciles. A veces la palabra más amorosa será una corrección. Pero la corrección cristiana busca restaurar, no disfrutar la vergüenza ajena. Se puede decir la verdad sin usarla como martillo.

El cansancio, la confianza excesiva y la costumbre suelen aflojar el filtro. Tratamos peor a quienes más cerca están porque pensamos que siempre estarán allí. Luego ofrecemos excusas: "Yo hablo así", "No fue para tanto", "La otra persona es muy sensible". Pero una lengua sin gobierno suele revelar un corazón que tampoco está rendido.

Cristo habló con firmeza frente a la hipocresía y con ternura frente al quebrantado. Nunca usó las palabras para alimentar su ego. Incluso en la cruz, mientras recibía insultos, respondió con misericordia.

Antes de hablar, conviene hacer una pausa y preguntar: ¿Esto edificará? ¿Es el momento? ¿Estoy intentando ayudar o simplemente descargarme? A veces la frase más santa será la que decidamos no pronunciar.

APLICACIÓN PARA HOY

Recuerda una conversación reciente en la que tus palabras hicieron daño. Pide perdón sin justificarte. Luego elige a una persona y dile algo verdadero que pueda animarla, corregirla con amor o agradecerle.

ORACIÓN

Señor, limpia la fuente de donde salen mis palabras. Perdóname por herir, exagerar, murmurar y hablar sin amor. Pon freno a mi lengua y úsala para dar gracia, decir verdad y levantar al cansado. Amén.

PARA MEDITAR:

¿La gente suele quedar más cerca de la gracia después de hablar conmigo, o más cargada por mis palabras?

DÍA 37 — 6 DE FEBRERO

CONFIAR SIN ENTENDER EL MAPA

"Fíate de Jehová de todo tu corazón, y no te apoyes en tu propia prudencia. Reconócelo en todos tus caminos, y él enderezará tus veredas."

Proverbios 3:5–6

La confianza parece sencilla mientras el camino coincide con nuestros planes. Las puertas se abren, las cuentas cuadran y repetimos con facilidad que Dios es bueno. La prueba llega cuando el mapa se tuerce y la ruta que parecía correcta termina cerrada.

"Fíate de Jehová de todo tu corazón" no es una invitación al pensamiento positivo. Significa apoyar el peso de la vida sobre el carácter de Dios. "No te apoyes en tu propia prudencia" tampoco desprecia la razón. Nos recuerda que nuestra mirada es limitada y que no podemos interpretar toda la historia desde una sola página.

Reconocer a Dios en todos los caminos incluye mucho más que orar antes del culto. Implica someterle decisiones laborales, relaciones, finanzas, emociones y proyectos. No hay una sección espiritual donde Él gobierna y otra práctica donde hacemos lo que nos parece.

La promesa de enderezar las veredas no significa que el Señor acomodará el camino a nuestro gusto. A veces endereza cerrando un atajo peligroso. Otras veces corrige una dirección que parecía brillante, pero llevaba al desastre. En el momento puede sentirse como pérdida; después entendemos que también era misericordia.

Cristo conoció una senda que humanamente parecía derrota. Getsemaní, la cruz y la tumba no parecían el camino hacia la victoria, pero la obediencia del Hijo abrió nuestra salvación. Por eso podemos confiar incluso cuando el trayecto no tiene sentido inmediato.

La paz no nace de controlar todos los detalles, sino de saber quién dirige. Tu mapa puede tener espacios en blanco. Dios no.

APLICACIÓN PARA HOY

Identifica el área donde más necesitas controlar el resultado. Preséntala al Señor y pregunta qué obediencia concreta corresponde hoy, aunque todavía no entiendas el recorrido completo.

ORACIÓN

Señor, me he apoyado demasiado en mis cálculos y he llamado seguridad a mi necesidad de control. Te entrego los caminos que no entiendo. Corrige mis planes, cierra los atajos peligrosos y enséñame a confiar en tu carácter. Amén.

PARA MEDITAR:

¿Mi paz depende de entender el camino o de conocer al Dios que lo dirige?

DíA 38 — 7 DE FEBRERO

SERVIR SIN ESCENARIO

"Porque el Hijo del Hombre no vino para ser servido, sino para servir, y para dar su vida en rescate por muchos."
Marcos 10:45

Nuestra época parece convencida de que, si algo no se publica, casi no ocurrió. Esa lógica también puede infiltrarse en la iglesia. Algunos sirven con entusiasmo mientras hay micrófono, fotografía o reconocimiento, pero se desinflan cuando la tarea es repetitiva, escondida y poco celebrada.

Los discípulos discutían sobre grandeza y posiciones. Jesús respondió mostrándoles una medida completamente distinta: el Hijo del Hombre vino a servir y a dar su vida. En el reino de Dios, la grandeza no se demuestra exigiendo privilegios, sino entregándose por amor.

Servir como Cristo incluye limpiar, preparar, escuchar, visitar, organizar y orar por otros sin que nadie lo anuncie. A todos nos alegra un "gracias", pero el reconocimiento no puede convertirse en salario emocional. De lo contrario, cuando el aplauso falta, también desaparece la disposición.

El servicio invisible revela motivaciones. Puede descubrir que no queríamos tanto ayudar como ser vistos ayudando. Esa mezcla de amor y ego no se corrige abandonando el servicio, sino llevándola a la cruz.

Jesús no realizó un voluntariado religioso. Dio su vida en rescate por pecadores. Nos sirvió en nuestra necesidad más profunda, cargando la culpa que jamás podríamos remover. Por eso servimos, no como benefactores que le hacen un favor a Dios, sino como rescatados agradecidos.

Tal vez nadie note la tarea que tienes delante. Tu Padre sí. Su mirada basta, aunque el corazón necesite aprenderlo una y otra vez.

APLICACIÓN PARA HOY

Revisa cómo reaccionas cuando no te agradecen o cuando otro recibe el crédito. Luego realiza un acto de servicio que probablemente nadie aplaudirá y ofrécelo conscientemente al Señor.

ORACIÓN

Señor, mi servicio muchas veces se ha mezclado con orgullo y necesidad de reconocimiento. Limpia mis motivaciones. Recuérdame cómo Cristo me sirvió hasta la cruz y hazme fiel en las tareas visibles y escondidas. Amén.

PARA MEDITAR:

¿Seguiría sirviendo si mi nombre nunca fuera mencionado?

DÍA 39 — 8 DE FEBRERO

NO DESPRECIES LO PEQUEÑO

"Porque los que menospreciaron el día de las pequeñeces se alegrarán…"
Zacarías 4:10a

Los avances modestos suelen parecernos insuficientes. Leemos una página de la Biblia y lamentamos no haber leído cinco capítulos. Damos un paso en una relación rota y nos desespera que todavía falte tanto. Vencemos hoy una tentación, pero solo pensamos en las veces anteriores que caímos.

El pueblo de Zacarías reconstruía el templo después del exilio. La obra parecía pobre al compararla con la gloria pasada. Algunos miraban lo pequeño con desprecio; Dios lo miraba como parte de un propósito que todavía no podían ver.

La cultura celebra lo inmediato y espectacular. El reino de Dios, en cambio, suele crecer como semilla. Una oración breve, una decisión secreta, un acto de obediencia repetido y una palabra menos áspera pueden parecer poca cosa, pero son materiales con los que Dios forma carácter.

El perfeccionismo también desprecia lo pequeño. Dice: "Si no puedo hacerlo de manera extraordinaria, mejor no hago nada". Eso parece exigencia, pero muchas veces es orgullo. Preferimos abandonar antes que ser fieles en una tarea humilde.

Cristo mismo habló de semillas, levadura y vasos de agua. No porque lo pequeño tenga poder mágico, sino porque las cosas entregadas a Dios adquieren un valor que el ojo apresurado no reconoce.

No confundas lentitud con ausencia de obra. Un árbol no produce fruto haciendo ruido. Permanece arraigado, recibe alimento y crece poco a poco. La gracia también trabaja de esa manera.

APLICACIÓN PARA HOY

Escoge un acto pequeño de obediencia: leer un salmo con atención, pedir perdón, apagar una tentación, llamar a alguien o cumplir una responsabilidad pendiente. Hazlo sin despreciarlo y entrégalo al Señor.

ORACIÓN

Señor, he menospreciado los pasos pequeños porque deseaba resultados rápidos y visibles. Hazme fiel en lo poco. Dame paciencia para perseverar y ojos para reconocer tu obra aun cuando todavía parezca una semilla. Amén.

PARA MEDITAR:

¿Qué obediencia pequeña estoy evitando porque no parece suficientemente importante?

DÍA 40 — 9 DE FEBRERO

YA NO ESTÁS CONDENADO

"Ahora, pues, ninguna condenación hay para los que están en Cristo Jesús…"
Romanos 8:1a

A veces el tribunal más cruel funciona dentro de la propia mente. Nadie está acusando, pero la memoria reproduce pecados, decisiones vergonzosas y palabras imposibles de retirar. Entonces el acusador aprovecha el archivo y pregunta: "¿De verdad crees que Dios te perdonó?".

Romanos 8:1 no es una frase motivacional. Es una declaración legal: ninguna condenación hay para quienes están en Cristo. No dice que el pecado sea pequeño ni que desaparezcan todas sus consecuencias. Afirma que la sentencia fue ejecutada sobre Jesús y que no queda condena pendiente para quien está unido a Él por la fe.

La seguridad descansa en esas dos palabras: "en Cristo". No depende de sentirte limpio, llevar una buena racha ni compararte favorablemente con otros. Depende de la justicia del Hijo, de su muerte sustitutoria y de su resurrección.

Eso no convierte la gracia en licencia. El mismo capítulo llama a hacer morir las obras de la carne. Pero la lucha ocurre desde la identidad de hijo, no desde el terror de un acusado que espera otra sentencia.

Conviene distinguir entre convicción y condenación. El Espíritu señala un pecado específico, conduce al arrepentimiento y dirige hacia la cruz. El acusador mezcla todo, declara que eres irremediable y te empuja a esconderte. Uno corrige para restaurar; el otro acusa para destruir.

Cristo no niega lo que hiciste. Declara que su obra es mayor. Por eso puedes confesar sin maquillarte, asumir consecuencias y levantarte sin vivir encadenado a una culpa que ya fue llevada al Calvario.

APLICACIÓN PARA HOY

Nombra delante de Dios aquello que todavía te produce vergüenza. Si no lo has confesado, hazlo. Si ya fue confesado, responde a la acusación con Romanos 8:1 y cumple cualquier responsabilidad pendiente.

ORACIÓN

Señor, he vivido como si todavía esperara sentencia. Gracias porque Cristo cargó mi condena. Líbrame de usar la gracia para pecar y también de negar la suficiencia de la cruz. Enséñame a confesar, reparar y caminar como hijo perdonado. Amén.

PARA MEDITAR:

¿Escucho más la acusación que me encierra en el pasado o la voz de Cristo que me llama a andar en libertad?

DÍA 41 — 10 DE FEBRERO

UNA MENTE CONSAGRADA

"Jesús le dijo: Amarás al Señor tu Dios con todo tu corazón, y con toda tu alma, y con toda tu mente."
Mateo 22:37

Pantallas, noticias, opiniones y notificaciones compiten desde temprano por ocupar la mente. A fuerza de saltar de una cosa a otra, terminamos acostumbrados a la dispersión. Luego intentamos orar o leer la Biblia y descubrimos que la cabeza sigue corriendo aunque el cuerpo esté sentado.

Jesús enseña que amar a Dios incluye la mente. Él no quiere solamente emociones, canciones o momentos intensos. Reclama nuestros pensamientos, razonamientos, criterios y la manera en que interpretamos el mundo.

Amarlo con la mente significa permitir que su Palabra corrija nuestras ideas, no usar la Biblia únicamente para confirmar lo que ya creemos. Dios tiene derecho a confrontar nuestra visión del éxito, la identidad, la sexualidad, la justicia, el dinero y la felicidad.

También exige atención a lo que consumimos. No podemos llenar la mente de basura moral, enojo, miedo y superficialidad durante horas, y luego sorprendernos porque la paz y la pureza no aparecen espontáneamente. Lo que entra repetidamente termina dejando muebles.

Discernir no significa aislarse del mundo ni temer toda expresión cultural. Significa preguntar qué está formando nuestra imaginación y nuestros deseos. Algunas cosas informan; otras intoxican. Algunas entretienen; otras adiestran lentamente el corazón para llamar normal a lo que Dios llama pecado.

El conocimiento bíblico tampoco debe alimentar orgullo. Estudiamos para conocer mejor a Dios, adorar con entendimiento y vivir con sabiduría, no para ganar discusiones mientras perdemos el carácter de Cristo.

La mente no es tierra de nadie. O la cultivamos con verdad o alguien más sembrará en ella.

APLICACIÓN PARA HOY

Revisa qué ocupa más tiempo mental durante el día. Reduce hoy una fuente de ruido o contaminación y reemplázala por lectura bíblica atenta, silencio y meditación en un versículo.

ORACIÓN

Señor, he dejado mi mente en piloto automático. Limpia mis pensamientos y enséñame a discernir lo que veo, leo y escucho. Que tu Palabra sea mi filtro y que también mi manera de pensar te adore. Amén.

PARA MEDITAR:

¿Qué está formando más mi mente actualmente: la verdad de Dios o el ruido que consumo sin examinar?

DÍA 42 — 11 DE FEBRERO

LA CORRECCIÓN DE UN PADRE

"Porque el Señor al que ama disciplina, y azota a todo el que recibe por hijo··· Es verdad que ninguna disciplina al presente parece ser causa de gozo, sino de tristeza; pero después da fruto apacible de justicia a los que en ella se han ejercitado."

Hebreos 12:6, 11

La disciplina suele sentirse más como rechazo que como amor. Una puerta se cierra, una consecuencia llega o la conciencia deja de permitirnos dormir tranquilos. Entonces surge la sospecha: "Dios se cansó de mí".

Hebreos enseña lo contrario. El Señor disciplina a quien recibe como hijo. No actúa con rabia descontrolada, sino con la intención sabia de formar. Un padre que nunca corrige no ama mejor; muchas veces simplemente abandonó su responsabilidad.

El texto tampoco obliga a fingir alegría. Reconoce que la disciplina produce tristeza en el presente. El dolor es real. Lo que cambia es su significado: no toda incomodidad significa que Dios está contra nosotros.

Conviene evitar otro error: interpretar automáticamente cada problema como castigo por un pecado específico. La Biblia muestra sufrimientos que son prueba, consecuencias naturales, persecución o parte de vivir en un mundo caído. Por eso necesitamos humildad, no superstición. Preguntamos al Señor qué desea enseñarnos sin inventar respuestas apresuradas.

Cuando sí existe pecado claro, la disciplina busca arrepentimiento, no destrucción. Dios confronta hábitos, desmonta ídolos y permite consecuencias para detenernos antes de que la necedad cause un daño mayor.

La cruz demuestra que el castigo condenatorio del creyente cayó sobre Cristo. Por eso la corrección del Padre no es venganza judicial. Es formación familiar. No pretende expulsarte de la casa, sino enseñarte a vivir como hijo.

El fruto aparece "después". En el momento quizá solo vemos pérdida. Con el tiempo, la corrección recibida con humildad puede producir justicia, sobriedad y una obediencia que antes no existía.

APLICACIÓN PARA HOY

Presenta al Señor una situación que te confronta. Pregunta si existe pecado que debas confesar o una lección que necesites aprender. Si no hay una causa clara, pide paciencia para atravesar la prueba sin acusar a Dios.

ORACIÓN

Padre, muchas veces interpreto tu corrección como rechazo. Dame humildad para confesar donde he pecado y paciencia cuando no comprendo la prueba. Produce en mí el fruto de justicia que deseas y recuérdame que me tratas como hijo. Amén.

PARA MEDITAR:

¿Estoy permitiendo que la corrección me forme o estoy endureciéndome para no admitir lo que Dios quiere cambiar?

DÍA 43 — 12 DE FEBRERO

DEL AFÁN A LA ORACIÓN

"Por nada estéis afanosos, sino sean conocidas vuestras peticiones delante de Dios en toda oración y ruego, con acción de gracias. Y la paz de Dios, que sobrepasa todo entendimiento, guardará vuestros corazones y vuestros pensamientos en Cristo Jesús."

Filipenses 4:6–7

La ansiedad no siempre se presenta diciendo su nombre. Puede aparecer como irritabilidad, insomnio, necesidad de controlar, incapacidad para disfrutar el presente o una mente que ensaya tragedias que todavía no ocurrieron.

Pablo escribió sobre la paz desde una prisión, no desde unas vacaciones. Sus palabras no minimizan la carga. Indican qué hacer con ella: convertir el afán en oración, ruego y acción de gracias.

Orar es llevar la vida entera delante de Dios. Rogar es nombrar con precisión lo que duele y lo que necesitamos. Dar gracias es recordar su fidelidad antes de conocer el desenlace. Las tres cosas juntas impiden que la preocupación se convierta en un monólogo interminable.

La promesa no afirma que todas las circunstancias cambiarán de inmediato. Dice que la paz de Dios guardará el corazón y los pensamientos en Cristo. La imagen es la de un centinela protegiendo un lugar vulnerable. La paz no nace de controlar el futuro, sino de saber quién gobierna sobre él.

Esto no significa que toda ansiedad clínica desaparezca con una oración ni que buscar ayuda médica o terapéutica sea falta de fe. Dios también puede cuidar mediante profesionales, tratamiento, descanso y comunidad. La oración no compite con esos medios; los coloca bajo su señorío.

El problema es que muchas veces hablamos de nuestras preocupaciones con todo el mundo antes de hablarlas seriamente con Dios. Reciclamos el temor, lo adornamos con nuevos escenarios y terminamos agotados.

El afán puede convertirse en materia prima para la comunión. Cada preocupación es una invitación a decir: "Padre, esto me supera, pero no te supera a ti".

APLICACIÓN PARA HOY

Escribe tres preocupaciones concretas. Preséntalas una por una al Señor y añade tres recuerdos de su fidelidad pasada. Busca también ayuda responsable si la ansiedad está afectando tu salud o funcionamiento diario.

ORACIÓN

Señor, mi mente corre hacia escenarios que no puedo controlar. Recibe mis peticiones y guarda mi corazón en Cristo. Dame sabiduría para actuar donde corresponde y fe para entregarte lo que no puedo resolver. Amén.

PARA MEDITAR:

¿Estoy convirtiendo mis preocupaciones en oración o solamente repitiéndolas hasta agotarme?

DÍA 44 — 13 DE FEBRERO

HIJO, NO HUÉSPED

"Mirad cuál amor nos ha dado el Padre, para que seamos llamados hijos de Dios; por esto el mundo no nos conoce, porque no le conoció a él."
1 Juan 3:1

Algunos creyentes viven en la casa de Dios como huéspedes nerviosos. Agradecen estar dentro, pero temen que cualquier falla provoque la expulsión. Obedecen no desde la seguridad del amor, sino desde la ansiedad de quien intenta conservar su habitación.

Juan dirige la mirada hacia el Padre: "Mirad cuál amor nos ha dado". Ser llamados hijos no es una etiqueta sentimental. En Cristo recibimos una nueva pertenencia, una identidad y una herencia que no obtuvimos por méritos.

La adopción no significa que el Padre apruebe todo lo que hacemos. Precisamente porque ama, corrige. Pero la corrección ocurre dentro de la relación, no para fabricar la relación. No obedecemos para convertirnos en hijos; obedecemos porque fuimos recibidos como hijos mediante la obra de Jesús.

Cuando olvidamos esto, cada caída parece expulsión. Nos escondemos, prometemos pagar con mejor conducta y actuamos como si la cruz necesitara nuestra ayuda. Cuando recordamos el evangelio, confesamos y regresamos al Padre, no porque el pecado sea pequeño, sino porque Cristo es suficiente.

El mundo tampoco comprenderá siempre esta identidad. Vivir como hijo de Dios cambia prioridades, valores y esperanzas. Algunas decisiones parecerán extrañas para quienes no conocen al Padre. No debemos buscar rareza por sí misma, pero tampoco avergonzarnos de pertenecerle.

La adopción también combate otras identidades frágiles. El trabajo, los logros, el pasado, la apariencia y la opinión ajena pueden describir aspectos de nuestra historia, pero no tienen derecho a dar el veredicto final.

Jesús, el Hijo eterno, cargó nuestra condena para llevarnos a la familia. No somos visitantes tolerados. Somos hijos recibidos por gracia.

APLICACIÓN PARA HOY

Escribe las etiquetas con las que sueles definirte: éxito, fracaso, profesión, pasado o aprobación. Luego escribe debajo: “En Cristo soy hijo de Dios”. Lleva esa verdad a una situación concreta de inseguridad.

ORACIÓN

Padre, he vivido como huésped temeroso y no como hijo recibido. Gracias porque Cristo abrió el camino a tu familia. Corrígeme con amor, líbrame de buscar identidad en cosas frágiles y enséñame a regresar a ti cuando falle. Amén.

PARA MEDITAR:

Después de fallar, ¿me escondo como extraño o regreso al Padre como hijo arrepentido?

DÍA 45 — 14 DE FEBRERO

UN AMOR QUE NO CADUCA MAÑANA

"En esto se mostró el amor de Dios para con nosotros, en que Dios envió a su Hijo unigénito al mundo, para que vivamos por él. En esto consiste el amor: no en que nosotros hayamos amado a Dios, sino en que él nos amó a nosotros, y envió a su Hijo en propiciación por nuestros pecados."

1 Juan 4:9–10

El calendario llama a este "el día del amor", pero para muchos también es una fecha de comparación. Unos reciben flores, mensajes y cenas; otros miran el teléfono y encuentran silencio. El problema comienza cuando medimos nuestro valor por la atención romántica que recibimos.

Juan redefine el amor desde la cruz. Dios no lo demostró con una emoción pasajera, sino enviando a su Hijo para que vivamos por Él. El amor verdadero no es solamente ternura; es entrega que rescata. No se limita a decir: "Te quiero"; asume un costo por el bien del amado.

La iniciativa tampoco fue nuestra: "Él nos amó a nosotros". Dios no esperó que mejoráramos, que nos volviéramos atractivos espiritualmente o que aprendiéramos a buscarlo correctamente. Nos amó siendo pecadores y proveyó en Cristo la propiciación por nuestra culpa.

Esa palabra impide convertir el amor de Dios en sentimentalismo. Jesús no vino únicamente a darnos un ejemplo bonito. Satisfizo la justicia divina cargando nuestro pecado. En el centro del cristianismo no hay un corazón de peluche, sino una cruz donde la santidad y la misericordia se encontraron.

El amor humano es valioso, pero no puede ocupar el trono. Una pareja, una familia o una amistad pueden acompañarte, pero ninguna relación humana puede cargar el peso de completar tu identidad. Todas son frágiles. El amor de Dios en Cristo no depende de tu estado civil, apariencia, edad ni desempeño.

Quien sabe que ha sido amado así puede recibir afecto sin idolatrarlo y atravesar la soledad sin concluir que no vale nada. También puede amar con menos exigencias, porque ya no necesita convertir a otra persona en salvadora.

APLICACIÓN PARA HOY

Agradece por las personas que Dios ha puesto en tu vida. Presenta también tus heridas, rechazos o soledad. Luego pídele que ancle tu identidad en el amor demostrado en la cruz.

ORACIÓN

Señor, gracias porque tu amor no depende de fechas ni de mi desempeño. Perdóname por buscar en las personas lo que solo Cristo puede dar. Sana mis heridas y enséñame a amar desde la seguridad de haber sido amado primero. Amén.

PARA MEDITAR:

Si hoy nadie tuviera un detalle especial conmigo, ¿seguiría creyendo que soy profundamente amado por Dios en Cristo?

DÍA 46 — 15 DE FEBRERO

EL DOLOR TAMBIÉN PUEDE DAR FRUTO

"[…] nos gloriamos en las tribulaciones, sabiendo que la tribulación produce paciencia; y la paciencia, prueba; y la prueba, esperanza; y la esperanza no avergüenza; porque el amor de Dios ha sido derramado en nuestros corazones por el Espíritu Santo que nos fue dado."
Romanos 5:3–5

El sufrimiento no necesita frases fáciles. Una enfermedad, una pérdida o una traición no se vuelven pequeñas porque alguien cite un versículo con buen tono. Pablo tampoco llama bueno al dolor. Afirma que, en manos de Dios, puede producir algo que la comodidad rara vez forma.

La secuencia es clara: tribulación, paciencia, carácter probado y esperanza. La tribulación por sí sola no santifica automáticamente. También puede volvernos amargos, desconfiados o duros. Pero cuando se atraviesa unidos a Cristo, el Espíritu usa la presión como un taller.

La paciencia bíblica no es cruzarse de brazos. Es perseverar sin abandonar a Dios. Es seguir orando cuando la respuesta tarda, obedecer cuando el corazón está cansado y permanecer fiel cuando escapar parece más fácil.

Esa perseverancia produce carácter probado. Como el metal que pasa por el fuego, la fe deja de ser teoría y demuestra de qué está hecha. Después aparece una esperanza más firme, no porque todo se resolvió, sino porque comprobamos que Dios nos sostuvo.

El pasaje termina hablando del amor de Dios derramado en el corazón por el Espíritu Santo. Esa es la diferencia. El creyente no sufre en un universo frío. Sufre acompañado por el Dios que entró en nuestra aflicción y llevó la cruz.

Tal vez todavía no ves fruto alguno. No necesitas inventarlo. A veces la obra de Dios se reconoce años después. Por ahora, puede bastar con pedir gracia para atravesar este día sin rendirte ni convertir el dolor en señor.

Cristo tomó el sufrimiento más injusto de la historia y lo convirtió en salvación. Por eso confiamos en que tampoco desperdiciará lo que hoy ponemos en sus manos.

APLICACIÓN PARA HOY

Nombra una tribulación que todavía te duele. Dile al Señor cómo te ha afectado y pídele que produzca perseverancia, carácter y esperanza. Si estás demasiado débil, pide sencillamente fuerzas para dar el próximo paso.

ORACIÓN

Señor, no quiero negar mi dolor ni quedar atrapado en él. Derrama tu amor en mi corazón y usa esta prueba para formar en mí lo que la comodidad nunca podría producir. Sosténme hoy y mantenme cerca de Cristo. Amén.

PARA MEDITAR:

¿Estoy permitiendo que el dolor me acerque a Dios y madure mi fe, o estoy dejando que me endurezca?

DÍA 47 — 16 DE FEBRERO

SEGUIR SEMBRANDO SIN VER TODAVÍA

"No nos cansemos, pues, de hacer bien; porque a su tiempo segaremos, si no desmayamos."
Gálatas 6:9

Sembrar el bien resulta emocionante mientras aparecen resultados. El cansancio llega cuando sirves, perdonas, oras y ayudas, pero nadie cambia, nadie agradece y ninguna cosecha se asoma.

Pablo conoce esa fatiga y no la ridiculiza. "No nos cansemos" implica que el cansancio existe. El peligro no está en necesitar descanso, sino en concluir que obedecer dejó de valer la pena.

La promesa dice que segaremos "a su tiempo", no en el calendario que nosotros imponemos. Dios no trabaja bajo la presión de nuestra impaciencia. Algunas semillas brotan pronto; otras tardan años; otras quizá mostrarán su fruto cuando ya no estemos presentes.

Eso también purifica las motivaciones. Si solo hacemos el bien cuando recibimos agradecimiento, nuestra obediencia depende más de la respuesta humana que del Señor. Ser amable con quien lo celebra es sencillo. Continuar haciendo lo correcto cuando nadie lo reconoce revela a quién buscamos agradar.

Perseverar tampoco significa permanecer indefinidamente en situaciones abusivas, sostener responsabilidades que Dios no mandó o negarse a descansar. A veces la obediencia consiste en establecer límites, pedir ayuda o cerrar una etapa. No toda retirada es desmayo. La pregunta es si nos movemos porque Dios dirige o porque el ego se cansó de no recibir recompensa.

Cristo hizo bien a personas que lo rechazaron, sanó a quienes nunca regresaron para agradecer y caminó hacia la cruz mientras muchos lo abandonaban. Nuestra constancia nace de haber recibido primero su bondad.

No necesitas producir una cosecha hoy. Te corresponde sembrar con fidelidad y dejar el crecimiento en manos de Dios.

APLICACIÓN PARA HOY

Identifica el área donde estás tentado a abandonar. Pregunta si necesitas perseverar, descansar o establecer un límite sabio. Luego realiza el próximo acto de obediencia sin exigir resultados inmediatos.

ORACIÓN

Señor, me canso cuando no veo fruto ni reconocimiento. Purifica mis motivaciones y dame discernimiento para perseverar donde me llamas, descansar cuando lo necesito y soltar lo que nunca me encargaste. Amén.

PARA MEDITAR:

¿Quiero hacer el bien porque agrada a Dios o solamente mientras produce la respuesta que espero?

DÍA 48 — 17 DE FEBRERO

SANTIDAD SIN ESCONDITES

"Como aquel que os llamó es santo, sed también vosotros santos en toda vuestra manera de vivir; porque escrito está: Sed santos, porque yo soy santo."
1 Pedro 1:15–16

La santidad suele asociarse con templos, cantos y momentos solemnes. Pedro, sin embargo, la lleva a "toda vuestra manera de vivir". Eso incluye la pantalla que miras a solas, la conversación privada, el uso del cuerpo, el dinero, el tiempo y los pensamientos que alimentas.

El fundamento no es una colección de reglas, sino el carácter de Dios: "Sed santos, porque yo soy santo". Él no pretende arruinar nuestra alegría. Quiere apartarnos de aquello que corrompe y enseñarnos a amar lo que refleja su pureza.

Ser santo no significa parecer severo ni vivir sin gozo. Significa pertenecer a Dios. Es permitir que su voluntad alcance los rincones donde preferiríamos colocar un letrero de "entrada prohibida".

La lucha contra el pecado no prueba necesariamente que eres un fracaso. Muchas veces prueba que existe vida espiritual. El muerto no pelea. El verdadero peligro aparece cuando dejamos de combatir y comenzamos a negociar con aquello que antes confesábamos.

Los pecados secretos parecen pequeños porque todavía no han mostrado toda su factura. Una mirada alimentada, una conversación escondida, un resentimiento protegido o un entretenimiento que endurece la conciencia pueden abrir grietas profundas. El pecado siempre promete más placer del que entrega y cobra más de lo que anunció.

Dios no manda santidad y luego se aleja. Ha dado su Espíritu, su Palabra y su iglesia. También ofrece perdón cuando caemos y fuerza para levantarnos. Cristo es nuestra justicia delante del Padre y el modelo hacia el cual el Espíritu nos transforma.

La gracia no reduce la santidad; la hace posible. No obedecemos para comprar aceptación. Obedecemos porque fuimos comprados por la sangre de Jesús.

APLICACIÓN PARA HOY

Pregunta al Señor qué área privada necesita rendirse. Llámala por su nombre, confiésala sin excusas y toma una medida concreta: cortar un acceso, cambiar un hábito, pedir ayuda o rendir cuentas.

ORACIÓN

Señor, he tolerado rincones oscuros mientras mantenía una apariencia religiosa. Ilumina lo escondido, dame arrepentimiento verdadero y haz que toda mi manera de vivir refleje que pertenezco a Cristo. Amén.

PARA MEDITAR:

¿Mi vida secreta confirma la fe que muestro en público o la contradice?

DÍA 49 — 18 DE FEBRERO

RENOVADOS MIENTRAS NOS DESGASTAMOS

"Por tanto, no desmayamos; antes, aunque este nuestro hombre exterior se va desgastando, el interior no obstante se renueva de día en día. Porque esta leve tribulación momentánea produce en nosotros un cada vez más excelente y eterno peso de gloria; no mirando nosotros las cosas que se ven, sino las que no se ven; pues las cosas que se ven son temporales, pero las que no se ven son eternas."

2 Corintios 4:16–18

El cuerpo tiene maneras poco diplomáticas de recordarnos que somos temporales: canas, dolores, diagnósticos y límites que antes no existían. También se desgastan las emociones, la paciencia y la capacidad de cargar tantas responsabilidades.

Pablo no niega esa realidad. Dice que el hombre exterior se va desgastando. La fe cristiana no exige fingir juventud eterna ni sonreír frente a cada pérdida física. Pero añade una verdad que cambia la perspectiva: el interior puede renovarse cada día.

Mientras algo disminuye por fuera, Dios puede fortalecer por dentro la confianza, la paciencia y la esperanza. No todo desgaste es inútil. Algunas pérdidas nos desprenden de seguridades falsas y nos enseñan a esperar con mayor seriedad la resurrección.

Pablo llama "leve y momentánea" a la tribulación, no porque el dolor sea insignificante, sino porque lo compara con un peso eterno de gloria. Una prueba puede ocupar años y seguir siendo momentánea frente a la eternidad.

La clave está en dónde fijamos la mirada. Lo visible es real, pero pasajero: salud, belleza, fuerza, posesiones, elogios y pérdidas. Lo invisible también es real: la presencia de Dios, la obra del Espíritu, la resurrección futura y el rostro de Cristo que un día veremos.

Mirar lo eterno no significa descuidar el cuerpo ni rechazar tratamiento. Significa cuidarlo sin convertirlo en dios y aceptar sus límites sin concluir que la vida perdió valor.

Cristo resucitó corporalmente. Nuestra esperanza no es escapar para siempre del cuerpo, sino recibir uno glorificado. Por eso el desgaste presente no dicta el final de la historia.

APLICACIÓN PARA HOY

Reconoce delante del Señor una limitación física o emocional que te pesa. Cuídala responsablemente y pídele que renueve tu interior mientras atraviesas lo que no puedes cambiar de inmediato.

ORACIÓN

Señor, me cuesta aceptar el desgaste y los límites. Renueva mi interior, enséñame a cuidar lo que me has confiado y fija mis ojos en la gloria eterna que Cristo aseguró con su resurrección. Amén.

PARA MEDITAR:

¿Estoy midiendo mi valor por lo que mi cuerpo todavía puede hacer o por la obra eterna de Dios en mí?

DíA 50 — 19 DE FEBRERO

SOCORRO EN MEDIO DE LA TENTACIÓN

"Pues en cuanto él mismo padeció siendo tentado, es poderoso para socorrer a los que son tentados."
Hebreos 2:18

La tentación suele venir acompañada de vergüenza. Antes de caer, susurra que el pecado no es tan grave. Después, grita que eres demasiado sucio para acercarte a Dios. En ambos momentos miente.

Hebreos presenta a Cristo como alguien que puede socorrer a los tentados porque Él mismo padeció siendo tentado. Jesús no observa la lucha desde una distancia cómoda. Conoció hambre, presión, cansancio y ataques directos del enemigo. La diferencia es que nunca pecó.

Eso significa que comprende la fuerza de la prueba sin compartir nuestra corrupción. No responde con desprecio cuando acudimos a Él. Ofrece ayuda.

Ser tentado no es lo mismo que consentir. Un pensamiento puede presentarse sin invitación; el pecado comienza cuando lo recibimos, lo alimentamos y decidimos obedecerlo. Por eso necesitamos acudir a Cristo desde el primer momento, no después de haber entretenido la tentación durante media hora.

Su socorro puede llegar mediante una verdad bíblica recordada, una convicción clara, una llamada oportuna o la sabiduría para huir. A veces esperamos una fuerza espectacular mientras ignoramos una salida sencilla: apagar, bloquear, salir, confesar o pedir compañía.

Cristo no solamente ofrece un ejemplo. Murió por nuestras caídas y resucitó para darnos una vida nueva. Quien vuelve a Él después de pecar encuentra perdón; quien corre a Él durante la tentación encuentra gracia para resistir.

No necesitas impresionar al Salvador con una imagen de fortaleza. Precisamente porque eres débil debes acercarte. El orgullo pelea solo; la fe pide socorro.

APLICACIÓN PARA HOY

Identifica la situación donde sueles ser más vulnerable. Define de antemano qué harás cuando aparezca la tentación y a quién llamarás. Practica acudir a Cristo antes de comenzar a negociar.

ORACIÓN

Señor Jesús, tú conoces la presión de la tentación y venciste sin pecado. Socórreme en mis áreas débiles. Dame sensibilidad para acudir a ti temprano, valentía para huir y humildad para pedir ayuda. Amén.

PARA MEDITAR:

¿Busco el socorro de Cristo al comenzar la tentación o espero hasta haberme acercado demasiado al pecado?

DÍA 51 — 20 DE FEBRERO

CON LA FIRMA DE JESÚS

---

*"Y todo lo que hacéis, sea de palabra o de hecho,
hacedlo todo en el nombre del Señor Jesús,
dando gracias a Dios Padre por medio de él."*
Colosenses 3:17

La vida cristiana no tiene departamentos donde Jesús aparece solamente para predicar, evangelizar o servir en la iglesia. Pablo incluye todo: palabras y hechos. Eso alcanza el correo que escribes, la manera de conducir, el tono con que corriges, el trabajo doméstico y la conversación telefónica.

Hacer algo "en el nombre del Señor Jesús" no significa repetir una fórmula antes de cada tarea. Significa actuar como representante suyo. Es imaginar que cada palabra y cada decisión llevan su firma.

Ese pensamiento cambia el filtro. ¿Puedo asociar el nombre de Cristo con este comentario, esta compra, este negocio, esta reacción o este entretenimiento? Si la respuesta es no, tampoco debería asociar mi vida con ello.

La frase también examina las motivaciones. Podemos realizar acciones correctas para alimentar el ego, proteger una imagen o ganar reconocimiento. El acto parece bueno, pero el corazón está firmando con otro nombre.

Pablo añade la gratitud. No trabajamos para comprar el favor de un patrón celestial, sino como personas recibidas por gracia. Esa gratitud produce integridad, puntualidad y cuidado. No porque cada tarea sea emocionante, sino porque Cristo es digno también en lo ordinario.

Esto no significa perfeccionismo. Hacerlo en su nombre no exige que jamás cometamos errores, sino que trabajemos con honestidad, reconozcamos fallas y corrijamos lo que podamos.

Jesús no compró solamente el domingo. También redimió el lunes en la oficina, la noche en la cocina y los minutos aparentemente insignificantes. Todo puede convertirse en adoración cuando se hace bajo su señorío.

APLICACIÓN PARA HOY

Escoge una tarea rutinaria. Antes de comenzar, dile al Señor que deseas hacerla en su nombre. Cuida el tono, la calidad y la intención como si su firma quedara al final.

ORACIÓN

Señor Jesús, he tratado muchas áreas como territorio neutral. Gobierna mis palabras, tareas y reacciones. Líbrame de la mediocridad y del deseo de aparentar. Que lo cotidiano muestre gratitud por tu gracia. Amén.

PARA MEDITAR:

¿Qué acción de hoy me daría vergüenza presentar como si llevara la firma de Jesús?

DÍA 52 — 21 DE FEBRERO

DIOS SÍ ESTÁ ESCUCHANDO

"Y esta es la confianza que tenemos en él, que, si pedimos alguna cosa conforme a su voluntad, él nos oye. Y si sabemos que él nos oye en cualquiera cosa que pidamos, sabemos que tenemos las peticiones que le hayamos hecho."
1 Juan 5:14–15

Algunas oraciones parecen quedarse suspendidas durante meses o años. Pedimos, esperamos y volvemos a pedir, pero nada visible cambia. El peligro no siempre es dejar de orar; a veces seguimos haciéndolo sin confianza, como quien repite un trámite.

Juan habla de seguridad: Dios oye cuando pedimos conforme a su voluntad. La confianza no descansa en controlar la respuesta, sino en conocer al Padre.

Pedir conforme a su voluntad no significa que todo deseo intenso sea automáticamente santo. La oración necesita ser formada por la Palabra. Aprendemos a pedir lo que honra a Cristo y también a entregar los motivos escondidos detrás de nuestras peticiones.

Ser escuchados ya es una maravilla. El Dios que sostiene el universo atiende el clamor de un hijo en una habitación, un automóvil o un hospital. No dejamos mensajes en un buzón celestial. Hablamos con un Padre presente.

La respuesta, sin embargo, no siempre adopta la forma esperada. Dios puede conceder, negar, demorar o transformar la petición. Un "no" no significa sordera. Una espera no significa indiferencia. Tener la petición en sus manos es mejor que tener el resultado bajo nuestro control.

A veces la demora trabaja primero en quien ora. Purifica deseos, forma paciencia y revela si buscamos a Dios o solamente su intervención. Otras veces no comprenderemos la razón. La fe no necesita inventar explicaciones para seguir confiando.

Cristo abrió con su sangre el acceso al Padre. Por eso podemos continuar acercándonos, aun cuando las emociones aseguren que el techo está cerrado.

APLICACIÓN PARA HOY

Escribe una petición antigua. Examina si está alineada con la Palabra y presenta también tus motivos. Luego entrégala diciendo: "Padre, tú me oyes. Haz tu voluntad, aunque no coincida con mi calendario".

ORACIÓN

Padre, me canso cuando no veo respuesta. Purifica mis peticiones y sostén mi confianza. Gracias porque en Cristo tengo acceso a tu presencia. Responde con tu sabiduría y enséñame a descansar mientras espero. Amén.

PARA MEDITAR:

¿Mi fe depende de recibir exactamente lo que pido o de saber que el Padre me oye y hará lo mejor?

DÍA 53 — 22 DE FEBRERO

PERDONAR SIN LLAMAR BUENO AL DAÑO

"Antes sed benignos unos con otros, misericordiosos, perdonándoos unos a otros, como Dios también os perdonó a vosotros en Cristo."
Efesios 4:32

Una ofensa repetida despierta preguntas legítimas. ¿Cuántas veces debo perdonar? ¿Perdonar significa seguir confiando? ¿Poner límites demuestra falta de gracia? El corazón herido necesita respuestas bíblicas, no frases simplistas.

Efesios manda perdonar como Dios nos perdonó en Cristo. El punto de partida no es que la otra persona lo merezca, sino que nosotros recibimos una misericordia inmerecida y costosa.

Perdonar significa renunciar a la venganza personal y entregar el juicio a Dios. No significa llamar bueno al mal, negar el daño ni eliminar automáticamente las consecuencias.

La confianza es distinta del perdón. Puede ser restaurada, pero requiere verdad, arrepentimiento y tiempo. Si alguien repite conductas destructivas, establecer distancia o retirar una responsabilidad puede ser necesario. La gracia no obliga a facilitar el abuso.

También debemos examinar el corazón. A veces usamos la expresión "límite sano" para proteger resentimiento. Otras veces llamamos "perdón" a una reconciliación superficial que deja intacto el patrón dañino. La sabiduría evita ambos extremos.

Cristo nos perdonó cargando el costo, no fingiendo que el pecado no importaba. La cruz demuestra que el perdón es gratuito para quien lo recibe, pero nunca barato.

Puede que tengas que reafirmar la decisión de perdonar muchas veces. Cada recuerdo trae una nueva oportunidad para devolver el caso al Juez. No siempre cambiarán las emociones de inmediato, pero no necesitan gobernar.

APLICACIÓN PARA HOY

Presenta ante Dios una ofensa repetida. Decide qué pertenece al perdón y qué requiere un límite, una conversación o ayuda pastoral o profesional. Renuncia conscientemente al deseo de venganza.

ORACIÓN

Señor, tú conoces el daño y también el resentimiento que he alimentado. Recuérdame cuánto me perdonaste en Cristo. Dame gracia para soltar la venganza y sabiduría para establecer límites que honren la verdad. Amén.

PARA MEDITAR:

¿Mis límites buscan protección y justicia, o se han convertido en una manera respetable de conservar el rencor?

DÍA 54 — 23 DE FEBRERO

EL SILENCIO NO ES AUSENCIA

"¿Hasta cuándo, Jehová? ¿Me olvidarás para siempre? ¿Hasta cuándo esconderás tu rostro de mí? Mas yo en tu misericordia he confiado; mi corazón se alegrará en tu salvación."
Salmo 13:1, 5

El silencio de Dios puede doler más que la oposición de la gente. Oras, esperas y la situación permanece inmóvil. Entonces el corazón pregunta con David: "¿Hasta cuándo?".

Ese clamor no fue eliminado de la Biblia por parecer poco espiritual. Dios quiso conservarlo para enseñarnos que la fe también sabe lamentarse. David conocía la doctrina correcta, pero emocionalmente se sentía olvidado. En vez de esconderlo, llevó esa sensación al Señor.

La honestidad bíblica no termina en desahogo. El salmo gira con una palabra: "Mas". "Mas yo en tu misericordia he confiado". Las circunstancias todavía no habían cambiado, pero David decidió interpretar el silencio desde el carácter de Dios, no interpretar a Dios desde el silencio.

No debemos afirmar con ligereza que cada demora contiene una explicación específica. A veces el Señor está obrando de maneras invisibles; otras, prueba la fe o protege de algo que no vemos. También existen misterios que no serán aclarados en esta vida.

Lo que sí sabemos es que silencio no equivale a ausencia. La cruz pareció el momento más oscuro y silencioso de la historia, pero allí Dios estaba realizando la salvación. El sepulcro estuvo cerrado antes de amanecer vacío.

Puedes decirle al Padre que estás cansado de esperar. No necesitas maquillarte. Pero no conviertas la demora en prueba de que dejó de amarte. Si no escatimó a su Hijo, no se ha vuelto indiferente ahora.

La fe madura aprende a quedarse cuando no recibe explicaciones inmediatas. Sigue hablando, recordando y esperando, no porque el silencio sea fácil, sino porque la misericordia de Dios sigue siendo firme.

APLICACIÓN PARA HOY

Escribe una frase que comience: "¿Hasta cuándo, Señor…?". Luego añade: "Mas yo he confiado en tu misericordia porque…", y recuerda una evidencia concreta de su fidelidad.

ORACIÓN

Señor, me cansa esperar y tu silencio me confunde. Gracias porque no desprecias mis preguntas. Ayúdame a permanecer, recordar tu misericordia y confiar en Cristo aunque todavía no vea la respuesta. Amén.

PARA MEDITAR:

¿Estoy usando el silencio para alejarme de Dios o para aprender a permanecer delante de Él?

DÍA 55 — 24 DE FEBRERO

LA GRACIA DE MAÑANA LLEGARÁ MAÑANA

"En el día que temo, yo en ti confío. En Dios alabaré su palabra; en Dios he confiado; no temeré; ¿qué puede hacerme el hombre?"
Salmo 56:3–4

De noche, el cuerpo puede estar agotado mientras la mente ensaya futuros que todavía no existen. Aparecen diagnósticos imaginarios, cuentas imposibles, pérdidas y conversaciones que quizá nunca ocurran. El miedo construye un mañana sin Dios y luego nos obliga a vivirlo por adelantado.

David no negó el temor. Dijo: "En el día que temo, yo en ti confío". La fe no siempre elimina la emoción de inmediato. Decide dónde apoyarse mientras el corazón todavía tiembla.

El salmista dirige la mirada hacia la Palabra. Los "¿y si…?" necesitan encontrarse con lo que Dios ya dijo. La Escritura no promete que nada doloroso ocurrirá. Promete que el Señor permanecerá, que nada escapará de su gobierno y que nada podrá separar al creyente del amor de Cristo.

"¿Qué puede hacerme el hombre?" tampoco significa que nadie pueda herirnos. Las personas pueden causar daños reales. Pero no controlan nuestro destino eterno ni pueden cancelar las promesas de Dios.

El miedo al futuro intenta vivir mañana con los recursos de hoy. Por eso agota. Dios concede gracia para el día presente. Cuando llegue el mañana verdadero, también llegará la gracia correspondiente. La imaginación, en cambio, visita futuros ficticios donde esa gracia no aparece.

Confiar no significa ignorar responsabilidades. Podemos planificar, ahorrar, consultar médicos y tomar precauciones. La diferencia está entre prepararnos responsablemente y pretender controlar lo incontrolable.

Antes de dormir, no necesitas resolver toda la vida. Necesitas entregarte nuevamente al Dios que no duerme.

APLICACIÓN PARA HOY

Escribe dos temores acerca del futuro. Busca una promesa bíblica sobre la presencia o fidelidad de Dios. Antes de acostarte, presenta tus temores y repite esa verdad en oración.

ORACIÓN

Señor, mi mente fabrica futuros donde tú no apareces. Te entrego mis temores y decido confiar en tu Palabra. Ayúdame a vivir este día con la gracia de hoy y a dejar el mañana en tus manos. Amén.

PARA MEDITAR:

¿Estoy preparándome responsablemente para el futuro o intentando vivirlo por adelantado mediante la preocupación?

DÍA 56 — 25 DE FEBRERO

FUERZA EN LA FRAGILIDAD

"Y me ha dicho: Bástate mi gracia; porque mi poder se perfecciona en la debilidad. Por tanto, de buena gana me gloriaré más bien en mis debilidades, para que repose sobre mí el poder de Cristo."
2 Corintios 12:9

Nos agrada hablar del poder de Dios, pero preferimos no necesitarlo demasiado. Quisiéramos servir desde áreas fuertes, bien organizadas y admirables. Las limitaciones físicas, emocionales o ministeriales nos hacen sentir poco útiles.

Pablo pidió tres veces que el aguijón fuera quitado. La respuesta no fue la que esperaba: "Bástate mi gracia". Dios no siempre elimina la debilidad. A veces decide mostrar su suficiencia precisamente allí.

Eso no convierte cada enfermedad o limitación en algo que debamos celebrar. Pablo no amaba el aguijón; aprendió a valorar lo que Cristo hacía en medio de él. La debilidad dejaba menos espacio para presumir y más oportunidad para depender.

La cultura dice: "Tú puedes con todo". El evangelio responde: "No puedes con todo, pero la gracia de Cristo basta". Esa verdad no humilla para destruir; libera de la obligación de aparentar omnipotencia.

Gloriarse en la debilidad tampoco significa usarla como excusa. Una limitación real no justifica la desobediencia que sí podemos evitar. Se trata de reconocer honestamente dónde terminan nuestras fuerzas y comenzar a confiar en las de Dios.

Cristo mostró el poder divino por medio de una aparente debilidad. La cruz parecía derrota, pero allí venció al pecado. La resurrección confirmó que el poder de Dios no depende de la apariencia humana de éxito.

Tal vez quisieras que el Señor quitara una fragilidad antes de usarte. Puede hacerlo. También puede decidir emplearte con ella presente, para que nadie confunda el instrumento con la fuente del poder.

No tienes que esconder todo lo que te hace sentir insuficiente. Puedes presentarlo a Cristo y decir: "Si esto permanece, haz que tu gracia sea visible aquí".

APLICACIÓN PARA HOY

Nombra una debilidad que te frustra. Pide sanidad o cambio con libertad, pero añade: "Si decides permitirla por ahora, muéstrame cómo obedecerte y depender de tu gracia".

ORACIÓN

Señor, estoy cansado de aparentar fortaleza. Tú conoces mis límites. Te pido que intervengas, pero también que tu gracia me baste. Usa mi fragilidad para mostrar que el poder pertenece a Cristo y no a mí. Amén.

PARA MEDITAR:

¿Estoy esperando sentirme fuerte para obedecer o aprendiendo a obedecer sostenido por la gracia?

DÍA 57 — 26 DE FEBRERO

NADA EN EL SEÑOR ES INÚTIL

"Así que, hermanos míos amados,
estad firmes y constantes, creciendo
en la obra del Señor siempre, sabiendo que vuestro trabajo en el
Señor no es en vano."
1 Corintios 15:58

La rutina puede volver invisible el valor de lo que hacemos. Una tarea repetida, una responsabilidad poco reconocida o años sembrando en personas sin cambios evidentes pueden despertar la pregunta: "¿Sirve de algo seguir?".

Pablo responde después de proclamar la resurrección. Cristo venció la muerte; por eso la obediencia no termina enterrada con nosotros. Lo realizado en unión con Él, bajo su voluntad y para su gloria, posee un valor que no depende del aplauso ni de resultados inmediatos.

"Estad firmes" habla de convicciones que no se mueven con cada moda. "Constantes" describe la fidelidad que permanece cuando desaparece la emoción. Crecer en la obra del Señor no significa llenar la agenda de actividades religiosas, sino entregar a Cristo todo espacio donde Él nos colocó: hogar, empleo, iglesia y comunidad.

No todo trabajo es automáticamente "en el Señor". También podemos esforzarnos por orgullo, competencia o deseo de reconocimiento. La promesa corresponde a lo que nace de la fe, obedece su Palabra y busca honrarlo. Algunas actividades agotadoras quizá deban abandonarse porque nunca fueron una asignación divina.

La resurrección cambia la medida del éxito. Una conversación fiel puede parecer pequeña y producir fruto años después. Una oración secreta puede no recibir testigos humanos y quedar registrada delante de Dios. Un servicio oculto puede pasar inadvertido en la tierra y no perderse en la eternidad.

Cristo entregó su vida y resucitó. Por eso trabajar para Él no consiste en empujar una piedra hacia ninguna parte. La historia tiene destino, la muerte será vencida y el Señor recordará cada obediencia nacida de su gracia.

APLICACIÓN PARA HOY

Identifica una tarea o servicio que te parece inútil. Pregunta si Dios realmente te lo encomendó. Si la respuesta es sí, retómalo con fidelidad; si no, pide sabiduría para soltarlo sin culpa.

ORACIÓN

Señor, me desanimo cuando no veo fruto ni reconocimiento. Afirma mis convicciones, renueva mi constancia y purifica mis motivaciones. Que la resurrección de Cristo me recuerde que nada hecho verdaderamente en ti es inútil. Amén.

PARA MEDITAR:

¿Estoy perseverando en una obra que Dios me dio o agotándome en algo que nació de mi necesidad de demostrar valor?

DÍA 58 — 27 DE FEBRERO

MI LUGAR EN EL CUERPO

"Mas ahora Dios ha colocado los miembros cada uno de ellos en el cuerpo, como él quiso. Vosotros, pues, sois el cuerpo de Cristo, y miembros cada uno en particular."
1 Corintios 12:18, 27

La iglesia no es un auditorio lleno de espectadores que llegan, consumen y se marchan. Pablo la describe como un cuerpo: muchos miembros, una sola Cabeza y funciones diferentes que dependen unas de otras.

Dios colocó cada miembro "como él quiso". Tu lugar no es un accidente ni una comparación pendiente con alguien más visible. El ojo no necesita convertirse en mano para ser importante. La madurez comienza cuando dejamos de preguntar por qué no recibimos la función de otro y comenzamos a cumplir fielmente la nuestra.

Pertenecer al cuerpo también implica necesidad. Nadie posee todos los dones, toda la sabiduría ni toda la fuerza. Necesitamos enseñanza, corrección, consuelo y oportunidades para servir. El cristianismo individualista promete comodidad, pero termina produciendo aislamiento y debilidad.

La iglesia local está formada por pecadores redimidos. Por eso aparecerán diferencias, decepciones y heridas. Algunas situaciones exigirán conversación, disciplina y límites serios. Sin embargo, una experiencia dolorosa no convierte la desconexión permanente en diseño de Dios.

Cristo es la Cabeza. La iglesia no nos pertenece, ni existe para satisfacer preferencias personales. Recibimos dirección de Él y servimos a personas por quienes derramó su sangre. La pregunta no es solamente: "¿Qué estoy recibiendo?", sino también: "¿Qué parte del cuerpo queda desatendida cuando yo me retiro?".

No todos sirven desde una plataforma. Una visita, una oración, una comida preparada, una llamada o una responsabilidad silenciosa pueden sostener al cuerpo más de lo que imaginamos.

APLICACIÓN PARA HOY

Examina tu relación con la iglesia local. Identifica un don, experiencia o recurso que puedes poner al servicio de otros. Habla con un líder y da un paso concreto, sin esperar una posición visible.

ORACIÓN

Señor Jesús, gracias por colocarme en tu cuerpo. Líbrame del individualismo, sana las heridas que me han aislado y enséñame a recibir y servir con humildad. Ayúdame a cumplir mi función bajo tu dirección. Amén.

PARA MEDITAR:

¿Estoy viviendo como miembro activo del cuerpo de Cristo o como consumidor que solo permanece mientras recibe lo que desea?

DÍA 59 — 28 DE FEBRERO

EL CRISTO QUE NO CAMBIA

"Jesucristo es el mismo ayer, y hoy, y por los siglos."
Hebreos 13:8

Todo cambia con una rapidez que a veces desorienta. Personas llegan y se van, los trabajos comienzan y terminan, los gobiernos rotan, la salud se modifica y las etapas de la vida cierran sin pedir permiso. Incluso nosotros dejamos de ser exactamente quienes éramos.

En medio de esa inestabilidad, Hebreos presenta un ancla: Jesucristo es el mismo ayer, hoy y por los siglos. Su carácter no envejece, sus promesas no caducan y su autoridad no depende del ambiente cultural.

"Ayer" recuerda su fidelidad demostrada. El Jesús que llamó discípulos, recibió pecadores, tocó enfermos, murió en la cruz y salió del sepulcro es el mismo que te alcanzó y te sostuvo en etapas anteriores.

"Hoy" impide convertir la fe en nostalgia. No vivimos solamente de testimonios antiguos. Cristo está resucitado, intercede por los suyos, gobierna y obra mediante su Espíritu y su Palabra.

"Por los siglos" dirige la mirada más allá de toda temporada. Llegará el momento en que gobiernos, economías, cuerpos y calendarios habrán pasado, pero Jesús seguirá siendo Rey.

Su inmutabilidad tampoco significa pasividad. Él actúa, guía y transforma sin cambiar su naturaleza. Sigue siendo santo cuando la cultura redefine el pecado, verdadero cuando la mentira se vuelve popular y misericordioso cuando regresamos arrepentidos.

Las circunstancias pueden cambiar sin que el fundamento se mueva. No necesitas aferrarte desesperadamente a cada etapa, persona o estructura para sentir seguridad. Puedes agradecer lo que llega, llorar lo que termina y continuar caminando con el Señor que permanece.

APLICACIÓN PARA HOY

Escribe dos cambios recientes que te hayan sacudido. Recuerda una ocasión anterior en que Cristo fue fiel y usa esa memoria para entregarle la etapa presente.

ORACIÓN

Señor Jesús, mi entorno cambia y yo también. Gracias porque tu carácter, tu verdad y tu gracia permanecen. Sé mi roca en cada transición y enséñame a vivir lo nuevo sin idolatrar el pasado ni temer el futuro. Amén.

PARA MEDITAR:

¿Estoy buscando estabilidad en una etapa que ya cambia o en Jesucristo, que permanece para siempre?

NUESTRO MENSAJE PARA TI EN MARZO

CAMINAR CON DIOS EN LA VIDA REAL

OTTO & MILKY MAÑÓN

Marzo no tiene la emoción de enero ni la sinceridad incómoda de febrero. Es un mes de pasillos: días normales, horarios llenos, responsabilidades conocidas y pocas fanfarrias. Precisamente por eso resulta tan revelador. La fe que sobrevive solamente a los momentos intensos todavía no ha aprendido a caminar.

La Biblia describe muchas veces la relación con Dios mediante ese verbo sencillo: andar. Enoc caminó con Dios. Israel fue llamado a andar en sus caminos. Pablo mandó andar en el Espíritu. Caminar no parece espectacular, pero exige dirección, constancia y compañía. Un paso detrás de otro puede llevar más lejos que una carrera impulsiva que termina a mitad de camino.

La vida cristiana se prueba en lugares donde casi nadie aplaude: la oficina donde decides entre integridad y ventaja, el teléfono donde escoges pureza o doble vida, la casa donde respondes con mansedumbre o alimentas el enojo, la mesa donde agradeces o conviertes la queja en idioma oficial.

El peligro no siempre es abandonar públicamente la fe. También podemos conservar el vocabulario cristiano mientras Dios ocupa cada vez menos espacio real. Se sirve mucho, se habla bastante y se publica contenido religioso, pero la oración se vuelve trámite, la Biblia permanece cerrada y el corazón sigue gobernado por control, comodidad, aprobación o éxito.

Jesús no vino para convertirse en un accesorio de una vida dirigida por nosotros. Es Señor. Caminar con Él implica permitir que toque horarios, relaciones, finanzas, pensamientos, heridas y pecados secretos. El evangelio deja de ser teoría cuando alcanza precisamente aquello que preferíamos mantener fuera de su alcance.

La santificación tampoco ocurre de un salto. Se camina. Algunos días muestran avance; otros revelan tropiezos vergonzosos. Dios conoce ambas cosas. Sabe qué promesas hicimos con emoción y qué hábitos seguimos protegiendo en silencio. Sin embargo, no abandona la obra que comenzó.

Esa verdad no autoriza la pereza. Nos anima a levantarnos, confesar y continuar. La perseverancia del creyente descansa en la fidelidad de Dios, pero se expresa mediante obediencias concretas. Gracia no es quedarse sentado esperando transformación; es recibir fuerzas para dar el próximo paso.

Marzo invita a una revisión distinta. No preguntes solamente cuánto has logrado. Pregunta a quién estás obedeciendo. ¿Hay comunión con Dios o solo actividad? ¿Existe arrepentimiento real o culpa pasajera? ¿La Palabra gobierna o únicamente decora? ¿Dependes del Espíritu o de una fuerza de voluntad que ya está agotada?

Cristo sigue siendo suficiente para el día común. Es Sumo Sacerdote cercano para el cansado, Pastor para el distraído, Abogado para quien confiesa y Rey para quien necesita rendirse.

Este mes quizá no produzca historias espectaculares. Puede producir algo mejor: una vida más verdadera. Una oración recuperada. Un pecado llevado a la luz. Una conversación reparada. Una obediencia pequeña que nadie vio.

Caminar con Dios en la vida real consiste en seguir avanzando, aunque el paso sea lento, apoyados no en la fuerza del caminante, sino en la fidelidad del Dios que acompaña. Y cada paso obediente vuelve a declarar: Jesús es Señor aquí también.

DÍA 60 — 1 DE MARZO

CAMINOS EN EL DESIERTO

"He aquí que yo hago cosa nueva; pronto saldrá a luz;
¿no la conoceréis? Otra vez abriré camino en el desierto,
y ríos en la soledad."
Isaías 43:19

Marzo puede comenzar sin que nada parezca nuevo. La agenda conserva los mismos compromisos, las luchas regresan y ciertos problemas llevan tanto tiempo presentes que ya parecen parte del paisaje.

Isaías habló a un pueblo marcado por exilio, vergüenza y cansancio. Dios no les ofreció optimismo vacío. Les recordó que todavía podía abrir caminos en el desierto y hacer correr agua donde solo se veía soledad.

El peligro consiste en acostumbrarnos a la sequedad. Repetimos: "Yo soy así", "Esto nunca cambiará" o "Ya intenté demasiado". La resignación se viste de realismo y termina cerrando la puerta antes de que Dios indique el siguiente paso.

La obra nueva del Señor no siempre comienza con algo espectacular. Puede empezar mediante una confesión sincera, una conversación pendiente, una disciplina retomada o una decisión pequeña de obediencia. Mientras esperamos un río visible, quizá Dios ya está humedeciendo la tierra.

Eso no significa que cada deseo personal sea una promesa divina. El texto no nos autoriza a bautizar nuestros planes como "cosa nueva". Debemos discernir mediante la Palabra, la oración y el consejo sabio qué está haciendo Dios y qué procede solamente de nuestra impaciencia.

En Cristo ocurrió la novedad mayor: quienes estaban muertos reciben vida. El mismo poder que resucita espiritualmente puede visitar áreas endurecidas, romper patrones antiguos y producir obediencia donde antes solo había derrota.

Dios puede cambiar las circunstancias o comenzar cambiando nuestra manera de atravesarlas. En ambos casos, la gloria le pertenece a Él.

APLICACIÓN PARA HOY

Nombra un terreno de tu vida que consideras estéril. Pregunta al Señor qué paso bíblico y concreto debes dar. No esperes sentir entusiasmo para obedecer.

ORACIÓN

Señor, me he acostumbrado a algunos desiertos y he confundido resignación con madurez. Abre mis ojos para reconocer tu obra, dame discernimiento para no inventarla y valor para responder al paso que me muestres. Amén.

PARA MEDITAR:

¿En qué área dejé de obedecer porque decidí, sin consultar a Dios, que nada nuevo podía ocurrir?

DÍA 61 — 2 DE MARZO

EL PECADO YA NO ES TU REY

"No reine, pues, el pecado en vuestro cuerpo mortal, de modo que lo obedezcáis en sus concupiscencias··· porque el pecado no se enseñoreará de vosotros; pues no estáis bajo la ley, sino bajo la gracia."
Romanos 6:12, 14

El pecado intenta presentarse primero como invitado y después quedarse como dueño. Ofrece alivio, placer o control; luego exige repetición, secreto y obediencia. Por eso Pablo no dice solamente que evitemos ciertos actos: ordena que el pecado no reine.

Quien está en Cristo todavía enfrenta deseos desordenados, pero ya no pertenece al antiguo amo. La unión con Jesús cambia la posición del creyente. El pecado puede atacar, presionar y seducir; no posee el derecho legítimo de gobernar.

"No reine" implica resistencia consciente. No podemos alimentar durante horas lo que después pediremos a Dios que elimine en segundos. Cada hábito tiene puertas de entrada: horarios, conversaciones, pantallas, lugares y pensamientos repetidos. La santidad requiere identificar esas rutas y cerrarlas.

Pablo añade que no estamos bajo la ley, sino bajo la gracia. Eso no significa ausencia de mandamientos. Significa que la culpa ya no es nuestro amo y que el poder para una vida nueva procede de Cristo. La gracia perdona la caída y también entrena para decir no.

El pecado quiere definirte por tus tropiezos: "Siempre serás así". El evangelio responde que tu identidad está en Jesús. Todavía luchas, pero ya no peleas para convertirte en libre; peleas porque el Hijo te hizo suyo.

La victoria no siempre llega como desaparición instantánea del deseo. Con frecuencia se parece a una obediencia repetida: confesar, huir, pedir ayuda, levantarse y volver a escoger la verdad. Una batalla prolongada no equivale a una derrota inevitable.

Cristo no solo pagó por los pecados cometidos. Resucitó para que caminemos en novedad de vida. El viejo amo grita, pero ya no posee la escritura de la casa.

APLICACIÓN PARA HOY

Identifica un área donde el pecado intenta gobernar. Anota sus puertas de entrada y cierra una hoy. Busca a un creyente maduro para caminar en luz y rendir cuentas.

ORACIÓN

Señor, he permitido que algunos deseos actúen como dueños. Gracias porque en Cristo ya no estoy bajo su dominio. Dame valor para cerrar puertas, confesar sin excusas y vivir bajo el gobierno de tu gracia. Amén.

PARA MEDITAR:

¿Estoy resistiendo el reinado del pecado o negociando con él mientras sigo afirmando que Cristo es Señor?

DÍA 62 — 3 DE MARZO

ABBA: EL PADRE QUE NO SE PARECE A TUS HERIDAS

"Pues no habéis recibido el espíritu de esclavitud para estar otra vez en temor, sino que habéis recibido el espíritu de adopción, por el cual clamamos: ¡Abba, Padre!"
Romanos 8:15

La palabra "Padre" no despierta la misma emoción en todos. Para algunos significa seguridad; para otros recuerda ausencia, dureza, abuso o promesas incumplidas. Por eso llamar Padre a Dios puede requerir que la verdad bíblica corrija imágenes profundamente heridas.

Pablo afirma que el creyente no recibió espíritu de esclavitud para volver al temor, sino Espíritu de adopción. El esclavo obedece pensando que cualquier error puede costarle su lugar. El hijo aprende a obedecer desde una pertenencia recibida.

"Abba" expresa cercanía y confianza, pero no elimina reverencia. El Padre al que nos acercamos sigue siendo santo y soberano. La intimidad cristiana no convierte a Dios en compañero manejable; permite que pecadores redimidos se acerquen sin terror condenatorio.

La adopción fue comprada por Cristo. El Hijo eterno asumió nuestra humanidad, llevó nuestra culpa y abrió la casa del Padre para quienes estaban lejos. No entramos porque logramos parecernos a una familia respetable, sino porque Jesús nos recibió por gracia.

El Espíritu confirma esa relación desde dentro y nos impulsa a clamar. A veces el clamor será una oración segura; otras, apenas un “Padre, ayúdame”. Ambas pueden nacer de la misma adopción.

Vivir como hijo transforma la disciplina. Dios no corrige para decidir después si nos conservará; corrige porque ya nos recibió. También transforma la oración: no intentamos convencer a un juez indiferente, sino acudimos al Padre que conoce nuestras necesidades.

Ningún padre humano define por completo cómo es Dios. Los buenos padres reflejan apenas algo de su cuidado; los malos lo contradicen. El carácter del Padre celestial se contempla finalmente en Jesucristo.

APLICACIÓN PARA HOY

Identifica qué recuerdos o temores influyen en tu manera de ver a Dios como Padre. Preséntalos en oración y compara esas imágenes con el carácter de Jesús revelado en los Evangelios.

ORACIÓN

Padre, algunas experiencias han deformado mi manera de entender tu amor. Gracias porque en Cristo me adoptaste y por tu Espíritu puedo acercarme. Sana mis temores y enséñame a obedecer, orar y descansar como hijo. Amén.

PARA MEDITAR:

¿Estoy interpretando al Padre celestial desde mis heridas humanas o permitiendo que Cristo me muestre cómo es Él realmente?

DÍA 63 — 4 DE MARZO

ESPERAR SIN APAGARSE

"Aguarda a Jehová; esfuérzate, y aliéntese tu corazón; sí, espera a Jehová."
Salmo 27:14

Esperar puede cansar más que trabajar. Cuando una respuesta tarda, el corazón empieza a protegerse: deja de pedir con entusiasmo, reduce las expectativas y llama "madurez" a lo que quizá ya es desilusión.

David conoció esa escuela. Esperó justicia, refugio y cumplimiento de promesas. Por eso no habla desde un sillón cómodo. "Aguarda a Jehová" no significa resignarte a lo que venga, sino colocar la expectativa final en el Señor, no en el calendario, la gente ni tus cálculos.

El mandato viene acompañado de dos expresiones: "esfuérzate" y "aliéntese tu corazón". La espera bíblica no cruza los brazos. Continúa obedeciendo, orando y haciendo el bien mientras la respuesta no aparece. Tampoco intenta manipular a Dios mediante actividad frenética. Hace lo que corresponde y deja el resultado en sus manos.

El corazón necesita ser alentado porque se desgasta. A veces tendrás que predicarte la verdad: "Dios no cambió. No perdió el control. No olvidó sus promesas". Eso no es pensamiento positivo; es obligar a la memoria a recordar lo que el dolor intenta borrar.

Esperar en Dios tampoco equivale a exigirle un desenlace específico. Puedes pedir sanidad, restauración o una puerta abierta, pero tu esperanza descansa en una Persona. Si el resultado tarda o llega de otra forma, el Señor sigue siendo digno.

Cristo también esperó el momento señalado por el Padre y soportó la cruz por el gozo puesto delante de Él. Quien está unido a Jesús no espera solo ni espera en vano.

APLICACIÓN PARA HOY

Ponle nombre a aquello que esperas. Dile al Señor cuánto te ha cansado y qué temes. Luego escoge una obediencia concreta que puedas mantener hoy sin intentar controlar el resultado.

ORACIÓN

Señor, mi corazón se cansa y a veces prefiere no esperar nada para evitar otra desilusión. Aliéntame con tu Palabra, líbrame del cinismo y enséñame a obedecer mientras descanso en tu tiempo. Amén.

PARA MEDITAR:

¿Mi espera se ha convertido en resignación fría o sigue siendo confianza activa en el Señor?

DÍA 64 — 5 DE MARZO

RAÍCES MÁS PROFUNDAS QUE LOS BRAZOS HUMANOS

"Así ha dicho Jehová: Maldito el varón que confía en el hombre, y pone carne por su brazo, y su corazón se aparta de Jehová. Bendito el varón que confía en Jehová, y cuya confianza es Jehová."
Jeremías 17:5, 7

Dios no prohíbe amar a las personas, recibir ayuda ni trabajar en equipo. Advierte contra algo más profundo: convertir a seres humanos, sistemas o recursos en el soporte final de nuestra seguridad.

Poner "carne por brazo" es descansar todo el peso sobre algo tan frágil como nosotros. Puede ser una persona cuya aprobación necesitamos, un líder al que tratamos como infalible, un sueldo que parece garantizar el futuro o nuestra propia capacidad para resolverlo todo.

Jeremías contrasta dos vidas. Una termina como arbusto en tierra seca; la otra, descrita en los versículos siguientes, parece un árbol junto al agua. Ambos pueden enfrentar calor. La diferencia no está en el clima, sino en las raíces.

Confiar en el Señor no exige despreciar los medios que Él usa. Agradecemos al médico, al amigo, al empleo y a la institución. Pero ningún instrumento debe ocupar el lugar del Proveedor. Los regalos de Dios son buenos si no los convertimos en dioses.

La prueba suele revelar dónde están enterradas las raíces. Si una crítica destruye por completo tu identidad, quizá la aprobación humana estaba sosteniendo demasiado. Si la caída de un líder derrumba tu fe, tal vez estabas siguiendo más al mensajero que a Cristo.

Jesús conoció la inconstancia humana. Multitudes lo aclamaron y después pidieron su crucifixión. Sus discípulos huyeron. Sin embargo, Él permaneció fiel al Padre. En Cristo aprendemos a amar personas falibles sin exigirles que sean nuestro salvador.

APLICACIÓN PARA HOY

Identifica la persona, recurso o sistema del que depende demasiado tu paz. Agradece a Dios por ese medio, pero entrégale nuevamente el lugar central. Da hoy una obediencia que no dependa del aplauso ni del respaldo ajeno.

ORACIÓN

Señor, he convertido algunos medios de tu provisión en fundamentos de mi seguridad. Perdóname. Haz que mis raíces lleguen hasta ti y enséñame a amar, recibir ayuda y trabajar con otros sin adorarlos. Amén.

PARA MEDITAR:

Si mañana fallara aquello en lo que más me apoyo, ¿seguiría firme mi confianza en el Señor?

DÍA 65 — 6 DE MARZO

EXAMÍNAME, DIOS

"Examíname, oh Dios, y conoce mi corazón; pruébame y conoce mis pensamientos; y ve si hay en mí camino de perversidad, y guíame en el camino eterno."

Salmo 139:23–24

Pedirle a Dios que examine el corazón es una oración peligrosa para las apariencias. Significa darle permiso para señalar no solo lo que otros ven, sino también las motivaciones que escondemos detrás de acciones correctas.

David no supone que se conoce perfectamente. Sabe que el corazón puede justificar, maquillar y hasta bautizar sus propios deseos. Por eso no dice: "Señor, confirma que tengo razón", sino: "Mírame por dentro y muéstrame lo que yo no estoy viendo".

Podemos servir por amor o por necesidad de reconocimiento. Podemos guardar silencio por prudencia o por cobardía. Podemos corregir a alguien buscando restaurarlo o disfrutando secretamente su vergüenza. La misma acción externa puede nacer de raíces muy diferentes.

"Conoce mis pensamientos" incluye preocupaciones, fantasías, resentimientos y conversaciones imaginarias que nadie más escucha. Dios no descubre algo nuevo al examinarnos; somos nosotros quienes comenzamos a ver lo que Él ya conoce.

La petición no termina en diagnóstico: "Guíame en el camino eterno". El Señor revela para conducir, no para humillar por entretenimiento. La convicción del Espíritu abre una puerta al arrepentimiento y dirige hacia Cristo.

Eso exige disposición a obedecer. No tiene sentido pedir luz mientras protegemos el rincón que no queremos entregar. La oración sincera acepta que Dios contradiga nuestra versión de los hechos.

Jesús conoce completamente a los suyos y, aun así, dio su vida por ellos. Esa seguridad permite mirar la verdad sin derrumbarnos. No somos salvados porque el examen salga limpio, sino porque Cristo cargó nuestra culpa y ahora nos transforma.

APLICACIÓN PARA HOY

Aparta unos minutos sin distracciones y ora lentamente este salmo. Anota cualquier actitud, motivo o pensamiento que el Señor traiga a tu conciencia. Confiesa lo que corresponda y define un paso de obediencia.

ORACIÓN

Señor, conozco solo una parte de mi propio corazón. Examíname sin permitir que me esconda detrás de excusas. Muéstrame lo que debe cambiar y guíame por el camino de Cristo, confiando en tu gracia. Amén.

PARA MEDITAR:

¿Deseo realmente que Dios me muestre la verdad sobre mí, aunque contradiga la imagen que intento proteger?

DÍA 66 — 7 DE MARZO

ORO EN EL HORNO

"Mas él conoce mi camino; me probará, y saldré como oro."
Job 23:10

Algunas pruebas se entienden después. Otras permanecen como preguntas abiertas durante años. Job no conocía la conversación celestial que el lector conoce. Desde su perspectiva, solo podía afirmar: "Él conoce mi camino".

Esa frase sostiene cuando el mapa desaparece. Dios conoce las decisiones propias, las heridas provocadas por otros, los temores y cada curva inesperada. Lo que te sorprendió esta mañana no tomó desprevenido al Señor.

"Me probará" no convierte el dolor en algo agradable. La Biblia nunca obliga a llamar bueno al mal. Enseña, sin embargo, que Dios puede usar el fuego sin perder el control del horno.

La prueba revela lo que la comodidad mantiene escondido. Descubre si amábamos a Dios o principalmente los beneficios que recibíamos de Él. Saca a la superficie orgullo, temores e ídolos que habían aprendido a vestirse de normalidad.

El oro no se vuelve oro por el fuego; ya lo era. El calor remueve impurezas. De manera parecida, la prueba no convierte al creyente en hijo de Dios. Esa identidad viene por Cristo. Pero puede purificar su fe y hacerlo más semejante al Hijo.

No toda dificultad debe interpretarse automáticamente como una lección específica. A veces no sabremos qué está haciendo Dios. Conviene preguntar con humildad, pero no inventar respuestas para llenar el silencio.

Jesús atravesó el fuego del sufrimiento y salió victorioso de la tumba. Por eso sabemos que la prueba no posee la última palabra. El mismo Señor que permite el horno permanece junto a los suyos dentro de él.

APLICACIÓN PARA HOY

Describe en una frase la prueba que más te pesa. Pregunta al Señor si existe algo que debas confesar, soltar o aprender. Si no recibes claridad, pídele fidelidad para caminar sin fabricar explicaciones.

ORACIÓN

Señor, tú conoces mi camino aunque yo no comprenda este tramo. Purifica mi fe sin soltarme, guarda mi corazón de la amargura y haz que, al final, se vea más la obra de Cristo que mis impurezas. Amén.

PARA MEDITAR:

¿Estoy exigiendo comprender el horno antes de confiar en el Dios que permanece conmigo dentro de él?

DÍA 67 — 8 DE MARZO

OÍR ANTES DE RESPONDER

"Por esto, mis amados hermanos, todo hombre sea pronto para oír, tardo para hablar, tardo para airarse; porque la ira del hombre no obra la justicia de Dios."

Santiago 1:19–20

Muchas heridas relacionales comienzan con segundos mal administrados. Una interrupción, un mensaje leído con el peor tono posible o una respuesta lanzada antes de entender puede encender un incendio que después toma semanas apagar.

Santiago propone un orden contrario a nuestros impulsos: rápido para escuchar, lento para hablar y lento para airarse. Nosotros solemos escuchar a medias, responder de inmediato y enojarnos con admirable velocidad.

Oír de verdad requiere humildad. No consiste en guardar silencio mientras preparamos la defensa. Implica hacer preguntas, admitir que quizá interpretamos mal y conceder al otro el derecho de explicar su experiencia.

Ser tardos para hablar tampoco exige cobardía. La verdad debe decirse, pero no todo pensamiento merece convertirse inmediatamente en mensaje, publicación o discurso. Unos segundos de oración pueden impedir años de arrepentimiento.

La ira humana casi siempre llega mezclada con orgullo, susceptibilidad y heridas antiguas. Puede levantar la voz, castigar con silencio o pronunciar verdades con intención de destruir. Santiago advierte que esa ira no produce la justicia de Dios, aunque nosotros la llamemos "carácter fuerte" o "sinceridad".

Jesús escuchó preguntas torpes, acusaciones y clamores. También habló con firmeza, pero nunca perdió el dominio de sí mismo. Su manera de responder estuvo gobernada por la verdad y el amor, no por una necesidad de ganar cada discusión.

El Espíritu puede colocar un puente entre el impulso y la boca. Pero debemos usarlo. Respirar, esperar y orar no son técnicas insignificantes; pueden ser actos de obediencia.

APLICACIÓN PARA HOY

Identifica la persona o ambiente donde reaccionas con rapidez. Decide no responder mensajes difíciles de inmediato. Escucha, pregunta y ora antes de hablar. Si ya heriste a alguien, pide perdón sin añadir una defensa.

ORACIÓN

Señor, mi boca ha corrido delante de tu Espíritu. Hazme dispuesto a escuchar, lento para responder y difícil de provocar. Gobierna mi ira y usa mis palabras para producir verdad, paz y justicia. Amén.

PARA MEDITAR:

¿Escucho para comprender o solamente espero mi turno para defenderme?

DÍA 68 — 9 DE MARZO

ENTREGAR EL PESO

"Echando toda vuestra ansiedad sobre él,
porque él tiene cuidado de vosotros."
1 Pedro 5:7

La ansiedad puede esconderse detrás de una vida funcional. Cumples, sonríes y respondes mensajes, pero por dentro llevas una mochila que nunca descansa. La mente calcula escenarios, repasa riesgos y trata de controlar lo que todavía no ocurrió.

Pedro no manda negar la ansiedad ni avergonzarse por sentirla. Dice que la echemos sobre Dios. La imagen no es colocar el peso cuidadosamente en una esquina, sino lanzarlo sobre hombros capaces de sostenerlo.

La razón aparece enseguida: "Él tiene cuidado de vosotros". No entregamos nuestras preocupaciones a una fuerza impersonal, sino al Padre que conoce nuestras necesidades y demostró su amor entregando a Cristo.

Echar la carga no significa abandonar responsabilidades. Después de orar quizá debas hacer una llamada, organizar una deuda, consultar a un médico o sostener una conversación difícil. La diferencia está en actuar sin pretender ocupar el lugar de Dios.

Muchas veces relatamos la ansiedad al Señor y luego la recogemos al terminar la oración. Por eso la entrega puede necesitar repetirse varias veces durante el día. No porque Dios la devuelva, sino porque el corazón insiste en recuperar el control.

Tampoco toda ansiedad desaparece mediante un único momento devocional. Puede existir una condición clínica que requiera atención médica, terapia, descanso o tratamiento. Buscar ayuda responsable no contradice la fe; puede ser una de las formas en que Dios cuida.

Cristo cargó en la cruz el peso mayor: nuestra culpa. Quien confía en Él puede también colocar en sus manos las cargas que hoy amenazan con aplastarlo.

APLICACIÓN PARA HOY

Escribe tres preocupaciones específicas. Entrégalas una por una al Señor y distingue qué responsabilidad te corresponde y qué resultado debes soltar. Busca ayuda profesional si la ansiedad está afectando seriamente tu salud o funcionamiento.

ORACIÓN

Padre, he querido sostener con mis manos pequeñas cosas que solo tú puedes gobernar. Recibe mis cargas, dame sabiduría para actuar y fe para soltar los resultados. Recuérdame que cuidas de mí en Cristo. Amén.

PARA MEDITAR:

¿Estoy cumpliendo mi responsabilidad y entregando el resultado, o intento controlar ambas cosas?

DÍA 69 — 10 DE MARZO

CRISTO EN EL ROSTRO DEL PEQUEÑO

"Y respondiendo el Rey, les dirá: De cierto os digo que en cuanto lo hicisteis a uno de estos mis hermanos más pequeños, a mí lo hicisteis."
Mateo 25:40

Jesús dirige la mirada hacia personas que el mundo suele pasar por alto: el hambriento, el extranjero, el enfermo, el preso y quien carece de lo básico. No menciona al influyente que puede devolver el favor, sino al que aparentemente no añade nada a nuestra reputación.

La frase sorprendente es: "A mí lo hicisteis". Cristo se identifica de manera especial con los suyos necesitados. Servirlos no es simple filantropía ni una estrategia para sentirnos buenas personas. Es una respuesta concreta al Rey.

Este pasaje no enseña que las obras compren salvación. El evangelio declara que somos recibidos por gracia mediante la fe. Pero la fe viva produce misericordia. Un corazón alcanzado por Cristo comienza a notar dolores que antes podía ignorar.

También debemos evitar el mesianismo personal. Ninguno puede resolver todas las necesidades del mundo. Pretender hacerlo conduce al agotamiento o al orgullo. La pregunta más humilde es: ¿qué necesidad concreta ha puesto Dios hoy delante de mí?

Puede ser un anciano solo, una madre cansada, un inmigrante confundido, una familia sin comida o un enfermo que necesita compañía. Quizá no puedas transformar toda su historia, pero sí negarte a pasar de largo.

La ayuda cristiana procura dignidad, no espectáculo. No utiliza la necesidad ajena como escenario para fotografías ni como moneda para controlar. Sirve con sabiduría, protege al vulnerable y, cuando es posible, apunta hacia Cristo sin convertir el pan en herramienta de manipulación.

Jesús se hizo pobre por nosotros y tomó forma de siervo. Toda misericordia que ofrecemos nace de haber recibido primero la suya.

APLICACIÓN PARA HOY

Pide al Señor que te muestre una persona concreta a quien puedas servir. Decide una acción real: comida, visita, llamada, ayuda práctica o acompañamiento. Hazlo con discreción y respeto.

ORACIÓN

Rey Jesús, perdóname por pasar de largo frente al dolor cercano. Abre mis ojos, limpia mis motivaciones y usa mis manos, tiempo y recursos para servir con dignidad a quienes tú colocas delante de mí. Amén.

PARA MEDITAR:

¿Mi compasión llega hasta acciones concretas o termina casi siempre en buenas intenciones?

DÍA 70 — 11 DE MARZO

EL PRÓXIMO PASO

"Porque por fe andamos, no por vista."
2 Corintios 5:7

Preferimos caminos con mapa completo, tiempo estimado y rutas alternativas. Dios, sin embargo, suele mostrar el próximo paso sin explicar todo el trayecto. Por eso Pablo dice que andamos por fe y no por vista.

Vivir por vista significa avanzar solamente cuando los recursos, resultados y garantías parecen suficientes. Si todo cuadra, obedecemos. Si aparece neblina, nos paralizamos.

Andar por fe no es lanzarse al vacío ni ignorar la razón. Es apoyar la obediencia en la Palabra y el carácter de Dios, incluso cuando no podemos anticipar el desenlace. La fe bíblica nunca convierte un impulso caprichoso en dirección divina.

A veces el próximo paso será quedarse donde quisiéramos huir. Otras veces, salir de un lugar cómodo. Puede consistir en pedir perdón, hablar con verdad, dar generosamente, cortar un hábito o aceptar que no controlaremos el resultado.

Hebreos 11 recuerda a creyentes que murieron sin ver todas las promesas cumplidas. No manipularon a Dios para obtener el final deseado. Vivieron confiando en que Él seguía siendo fiel aunque la historia visible quedara incompleta.

Cristo caminó hacia Jerusalén sabiendo que le esperaba la cruz. Su obediencia no dependió de que el camino pareciera exitoso. Después de la muerte vino la resurrección.

No necesitas claridad sobre los próximos diez años para obedecer hoy. El Pastor ve la carretera completa. Tu responsabilidad es escuchar su voz y dar el paso que ya está delante.

APLICACIÓN PARA HOY

Identifica una obediencia que has retrasado porque no puedes controlar sus consecuencias. Confirma que esté de acuerdo con la Escritura y toma hoy un paso pequeño y concreto.

ORACIÓN

Señor, quiero ver todo antes de obedecer. Perdóname por confundir control con prudencia. Afirma mi confianza en tu Palabra y dame valor para dar el próximo paso bajo el señorío de Cristo. Amén.

PARA MEDITAR:

¿Estoy esperando información que realmente necesito o garantías que Dios nunca prometió darme?

DÍA 71 — 12 DE MARZO

NO SEAS COMO EL MULO

"Te haré entender, y te enseñaré el camino en que debes andar; sobre ti fijaré mis ojos. No seáis como el caballo, o como el mulo, sin entendimiento, que han de ser sujetados con cabestro y con freno."

Salmo 32:8–9

Dios promete enseñar el camino, pero enseguida advierte contra la terquedad. El problema no siempre es falta de dirección. A veces sabemos bastante bien qué debemos hacer y simplemente no queremos hacerlo.

El caballo y el mulo necesitan freno porque no responden voluntariamente a la voz. El salmo utiliza esa imagen para mostrarnos lo absurdo de obligar a Dios a guiarnos mediante golpes que podrían evitarse con un corazón enseñable.

Ser guiado no equivale a recibir señales espectaculares para cada decisión. El Señor dirige principalmente por su Palabra, forma el criterio mediante sabiduría y utiliza consejo piadoso, circunstancias y convicción del Espíritu.

La resistencia aparece cuando su dirección contradice nuestros deseos. Entonces pedimos confirmaciones interminables, consultamos a muchas personas hasta encontrar una que apruebe lo que queremos y llamamos prudencia a la demora.

Un corazón enseñable puede decir: "No me gusta esta corrección, pero quiero escuchar". También reconoce que puede equivocarse, recibe consejo sin sentirse atacado y distingue entre la voz de Dios y el simple deseo de obtener permiso.

Cristo se sometió perfectamente a la voluntad del Padre, incluso cuando el camino lo llevó a la cruz. Su obediencia no fue forzada por un freno externo; brotó de su amor y confianza.

La dirección divina suele volverse más clara mientras obedecemos lo que ya sabemos. Quien ignora continuamente la luz recibida no necesita necesariamente más señales; necesita arrepentimiento.

APLICACIÓN PARA HOY

Identifica una instrucción bíblica que has estado retrasando. Deja de pedir nuevas confirmaciones y da un paso concreto. Busca consejo de alguien que ame la verdad más que tu aprobación.

ORACIÓN

Señor, muchas veces he pedido dirección mientras resistía lo que ya me mostraste. Quita mi terquedad, dame un corazón enseñable y guíame por el camino de Cristo sin necesidad de que el dolor me obligue a obedecer. Amén.

PARA MEDITAR:

¿Realmente me falta dirección o estoy esperando que Dios cambie una instrucción que no quiero obedecer?

DÍA 72 — 13 DE MARZO

CONFESAR EN VEZ DE TAPAR

"El que encubre sus pecados no prosperará; mas el que los confiesa y se aparta alcanzará misericordia."
Proverbios 28:13

Desde Génesis aprendimos a escondernos. Adán y Eva cosieron hojas; nosotros perfeccionamos la técnica. Minimizamos, justificamos, comparamos y culpamos al carácter, al estrés, a la infancia o a otra persona.

Encubrir no significa que debamos contar cada lucha a todo el mundo. Significa negarnos a llamar pecado a lo que Dios llama pecado y proteger deliberadamente una zona oscura de nuestra vida.

Podemos cantar, servir, enseñar y aconsejar mientras escondemos hábitos que están secando el alma. La apariencia continúa funcionando, pero el interior deja de prosperar. El pecado oculto siempre cobra intereses.

Confesar significa ponernos de acuerdo con Dios. No es informar al Señor de algo que desconocía, sino abandonar nuestra versión maquillada: "Señor, esto fue pecado. Yo lo hice. No tengo excusa".

El proverbio también dice: "y se aparta". La confesión verdadera no consiste en llorar hoy y planear la próxima caída. Produce medidas concretas: cortar accesos, devolver lo tomado, pedir perdón, aceptar consecuencias, buscar ayuda o rendir cuentas.

Nada de eso compra misericordia. La misericordia fue asegurada por Cristo, quien llevó nuestra culpa en la cruz. Precisamente porque existe perdón real podemos salir del escondite sin fingir.

Algunos pecados deben confesarse también a quienes fueron afectados. Otros requieren acompañamiento pastoral, profesional o legal. La sabiduría determina a quién hablar y cómo, pero nunca usa la prudencia como excusa para seguir ocultando.

Dios no expone para entretenerse con nuestra vergüenza. Lleva a la luz para limpiar, restaurar y liberar. El escondite promete protección, pero termina siendo cárcel.

APLICACIÓN PARA HOY

Pide al Espíritu que señale algo que estás justificando o escondiendo. Confiésalo con claridad, identifica cómo apartarte y busca ayuda madura si la lucha se volvió esclavitud o dañó a otros.

ORACIÓN

Señor, he intentado tapar lo que tú ya ves. Hoy dejo las excusas y confieso mi pecado. Gracias porque la sangre de Cristo limpia al que viene a la luz. Dame valor para apartarme, reparar lo necesario y caminar en verdad. Amén.

PARA MEDITAR:

¿Qué estoy protegiendo en secreto que Dios me llama hoy a confesar y abandonar?

DÍA 73 — 14 DE MARZO

UNA LENGUA QUE SANA

"La lengua apacible es árbol de vida; mas la perversidad de ella es quebrantamiento de espíritu."

Proverbios 15:4

Las palabras no pesan en una balanza, pero pueden levantar a una persona o dejarla arrastrándose por dentro. Una frase serena puede devolver esperanza; una respuesta perversa puede quebrantar un espíritu que ya venía herido.

Proverbios presenta la lengua apacible como "árbol de vida". No habla de una persona que evita toda conversación incómoda ni que endulza la verdad hasta volverla inútil. La mansedumbre bíblica sabe corregir, advertir y confrontar sin convertir la sinceridad en permiso para humillar.

La perversidad de la lengua no se limita a insultos evidentes. También aparece en el sarcasmo diseñado para herir, el chisme presentado como preocupación, la exageración que perjudica una reputación, el silencio castigador y la verdad pronunciada con el propósito secreto de aplastar.

El problema no está solamente en la boca. Jesús enseñó que hablamos desde la abundancia del corazón. Por eso, controlar algunas frases sin permitir que Dios trate el resentimiento, el orgullo o la envidia es como cortar hojas mientras dejamos intacta la raíz.

Cristo nunca utilizó las palabras para exhibir superioridad. Fue firme con el hipócrita y tierno con el quebrantado. Supo cuándo hablar, cuándo preguntar y cuándo guardar silencio. Aun desde la cruz, sus palabras llevaron perdón, cuidado y esperanza.

Una lengua entregada al Señor puede convertirse en refugio para quienes viven rodeados de voces ásperas. Quizá hoy alguien necesita escuchar de ti un "gracias", un "perdóname", un "no estás solo" o una verdad expresada con amor.

No subestimes el poder de una frase gobernada por el Espíritu. Puede ser una pequeña rama del árbol de vida en medio de un día seco.

APLICACIÓN PARA HOY

Recuerda una conversación en la que tus palabras quebrantaron a alguien. Pide perdón sin defenderte. Luego escoge deliberadamente una persona a quien puedas fortalecer hoy mediante una palabra verdadera, específica y llena de gracia.

ORACIÓN

Señor, mi lengua ha herido más veces de las que quiero admitir. Sana la raíz de mis palabras y enséñame a hablar con verdad, mansedumbre y propósito. Que mi boca no quebrante espíritus, sino que sea árbol de vida en tus manos. Amén.

PARA MEDITAR:

¿Las personas que conviven conmigo suelen encontrar descanso en mis palabras o necesitan recuperarse de ellas?

DÍA 74 — 15 DE MARZO

UNA MENTE FIJA EN DIOS

"Tú guardarás en completa paz a aquel cuyo pensamiento en ti persevera; porque en ti ha confiado."

Isaías 26:3

La mente tiene facilidad para viajar hacia todo lo que podría salir mal. Repasa conversaciones, anticipa pérdidas, calcula amenazas y fabrica futuros donde Dios curiosamente nunca aparece.

Después de varias horas de semejante producción cinematográfica, el corazón termina agotado por tragedias que todavía no ocurrieron.

Isaías relaciona la paz con un pensamiento que persevera en Dios. No significa negar las facturas, los diagnósticos o los conflictos. Significa impedir que esas realidades ocupen todo el campo visual y expulsen de él al Señor.

La "completa paz" no nace de poseer explicaciones completas. Nace de confiar en un Dios completo. Puedes desconocer el desenlace y, aun así, recordar que Él permanece soberano, sabio y cercano.

Fijar la mente en Dios requiere intención. Los pensamientos no suelen caminar solos hacia la verdad; necesitan ser dirigidos. Por eso debemos regresar a la Palabra, recordar promesas, limitar contenidos que alimentan miedo y detener conversaciones internas que solamente repiten la misma angustia con diferentes disfraces.

Esto no convierte la fe en una técnica mental. El objeto de nuestra atención no es una idea tranquilizadora, sino el Dios revelado en Jesucristo. La cruz demuestra su amor; la resurrección demuestra su poder; sus promesas confirman que no abandonará a los suyos.

Tampoco toda alteración emocional desaparecerá con un ejercicio devocional. Algunas condiciones requieren ayuda médica o terapéutica. Buscarla responsablemente puede formar parte del cuidado providencial de Dios.

La paz prometida no depende de que tu mente jamás se distraiga. Consiste en aprender a traerla de regreso cada vez que se escapa. Quizá tengas que hacerlo cincuenta veces hoy. Las cincuenta pueden ser actos de fe.

APLICACIÓN PARA HOY

Identifica el pensamiento que más se repite y te roba paz. Escríbelo. Luego responde con una verdad concreta acerca del carácter de Dios. Cada vez que regrese, dirige nuevamente tu mente hacia esa verdad.

ORACIÓN

Señor, mi pensamiento corre hacia temores y escenarios que no puedo controlar. Fija mi mente en ti. Recuérdame quién eres, guarda mi corazón y enséñame a confiar aun sin conocer el desenlace. Amén.

PARA MEDITAR:

¿Qué ocupa más espacio en mi mente: la magnitud de mis problemas o la grandeza del Dios en quien confío?

DÍA 75 — 16 DE MARZO

LA MARCA DEL DISCÍPULO

"Un mandamiento nuevo os doy: Que os améis unos a otros; como yo os he amado, que también os améis unos a otros. En esto conocerán todos que sois mis discípulos, si tuviereis amor los unos con los otros."

Juan 13:34–35

Jesús pronunció estas palabras rodeado de hombres que pronto lo decepcionarían. Uno lo negaría, otro lo traicionaría y casi todos huirían. A ese grupo imperfecto le ordenó amarse con la misma clase de amor que estaban a punto de contemplar en la cruz.

El mandamiento no era nuevo porque nadie hubiera hablado antes del amor, sino por su medida: "como yo os he amado". Cristo amó sirviendo, corrigiendo, soportando torpezas, lavando pies y entregando la vida.

Ese amor se prueba menos con personas agradables que con hermanos concretos que tienen costumbres, opiniones y temperamentos capaces de lijarnos la paciencia. La iglesia no es una colección de personas escogidas según compatibilidad, sino una familia formada por gracia.

Amar no significa aprobar el pecado, evitar toda confrontación ni tolerar abuso. Jesús habló verdad y estableció límites. Pero nunca permitió que la verdad se convirtiera en crueldad ni que la firmeza alimentara odio.

"El mundo conocerá" no por nuestras campañas publicitarias solamente, sino por una comunidad donde personas diferentes se perdonan, se sirven y se niegan a devorarse unas a otras. El amor no sustituye el evangelio; demuestra que el evangelio está produciendo fruto.

Las divisiones entre creyentes pueden convertir una doctrina correcta en un mensaje difícil de creer. Podemos defender la verdad bíblica y, al mismo tiempo, traicionar su espíritu mediante orgullo, desprecio y deseo de vencer al hermano.

Cristo nos amó primero. Por eso el mandato no descansa en simpatía natural, sino en una gracia recibida que ahora debe circular.

APLICACIÓN PARA HOY

Piensa en un creyente al que te cuesta amar. Ora por él sin pedir solamente que Dios lo cambie. Pregunta qué actitud tuya necesita corrección y realiza un gesto de amor que no contradiga la verdad ni los límites necesarios.

ORACIÓN

Señor Jesús, me amaste con paciencia, verdad y sacrificio. Perdóname por tratar a algunos hermanos como obstáculos y no como personas compradas por tu sangre. Haz visible tu amor en mi manera de escuchar, perdonar, corregir y servir. Amén.

PARA MEDITAR:

¿Mi trato hacia los creyentes difíciles confirma que soy discípulo de Jesús o contradice el mensaje que predico?

DÍA 76 — 17 DE MARZO

GUARDADOS HASTA EL FINAL

"Y a aquel que es poderoso para guardaros sin caída, y presentaros sin mancha delante de su gloria con gran alegría, al único y sabio Dios, nuestro Salvador, sea gloria y majestad, imperio y potencia, ahora y por todos los siglos."

Judas 24–25

Al mirar nuestras inconsistencias, resulta fácil preguntarnos cómo llegaremos hasta el final. Cambiamos de ánimo, repetimos errores, comenzamos disciplinas que luego abandonamos y descubrimos debilidades que no figuraban en nuestro optimista inventario personal.

Judas termina su carta dirigiendo la mirada hacia "Aquel que es poderoso para guardaros". La esperanza final del creyente no descansa en una fuerza de voluntad inagotable, porque tal cosa no existe. Descansa en el poder de Dios.

"Guardaros sin caída" no significa que el cristiano jamás tropezará durante su peregrinaje. La misma Escritura habla de confesión, restauración y disciplina. Se refiere al poder de Dios para preservar a los suyos y presentarlos finalmente delante de su gloria.

Eso tampoco convierte la perseverancia en pasividad. Judas había llamado a contender por la fe, edificarse, orar y mantenerse en el amor de Dios. El Señor guarda mediante su Palabra, su Espíritu, su iglesia, sus advertencias y nuestra obediencia dependiente.

La seguridad bíblica no dice: "Puedo vivir como quiera porque Dios me guardará". Dice: "Puedo seguir luchando porque Dios no me abandona". Su fidelidad no alimenta negligencia; produce gratitud y santo temor.

El destino también sorprende: ser presentados sin mancha y con gran alegría. Hoy vemos defectos, cicatrices y procesos inconclusos. Dios contempla el día en que la obra de Cristo aparecerá completa y su pueblo estará delante de Él sin condenación.

La gloria no corresponderá al creyente que logró conservarse a sí mismo. Será del Salvador que buscó, sostuvo, corrigió y llevó a casa a quienes no podían rescatarse.

APLICACIÓN PARA HOY

Identifica un área donde temes no perseverar. Preséntala al Dios que guarda y toma en serio los medios que ha provisto: Escritura, oración, congregación, confesión y rendición de cuentas.

ORACIÓN

Dios poderoso, mis fuerzas cambian, pero las tuyas no. Guárdame de la apostasía, del orgullo y de la negligencia. Usa tu Palabra, tu Espíritu y tu pueblo para sostenerme, y hazme perseverar hasta contemplar la gloria de Cristo. Amén.

PARA MEDITAR:

¿Mi confianza para llegar hasta el final descansa en mi constancia o en el poder de Dios que me llama a perseverar?

DÍA 77 — 18 DE MARZO

EL TESORO DELATA AL CORAZÓN

"Porque donde esté vuestro tesoro,
allí estará también vuestro corazón."
Mateo 6:21

Las prioridades dejan huellas. Basta observar dónde invertimos tiempo, dinero, atención y energía para descubrir qué consideramos verdaderamente valioso. El corazón puede pronunciar discursos religiosos; la agenda y las cuentas suelen hablar con menos diplomacia.

El tesoro no se limita al dinero. Puede ser la reputación, la comodidad, el control, la familia, una relación o incluso un ministerio convertido en monumento personal. Muchos de esos elementos son regalos legítimos. El problema aparece cuando exigimos a un regalo que ocupe el lugar del Dador.

Jesús contrasta los tesoros terrenales, expuestos a deterioro y pérdida, con los que permanecen. Dedicar la vida entera a lo que no puede cruzar la frontera de la eternidad es una inversión bastante pobre, aunque produzca admiración temporal.

Eso no exige abandonar responsabilidades, ahorrar irresponsablemente ni despreciar los bienes materiales. La pregunta es qué ocupa el centro y para qué utilizamos lo recibido. El dinero puede servir al reino o al ego. El tiempo puede cultivar relaciones eternas o desaparecer en distracciones interminables.

El corazón sigue al tesoro. Si invertimos continuamente en comodidad, terminaremos amándola más. Si invertimos en la Palabra, el servicio, la generosidad y las personas, nuestros afectos comenzarán a ordenarse alrededor de lo eterno.

Cristo es el tesoro mayor porque ningún otro puede salvar, permanecer y satisfacer sin destruir. Quien lo posee puede disfrutar los regalos sin aferrarse a ellos como si fueran salvadores.

Quizá la pregunta no sea si amas a Dios, sino qué evidencia concreta existe de ese amor en la distribución real de tu vida.

APLICACIÓN PARA HOY

Revisa cómo utilizaste tu tiempo libre durante la última semana y el dinero disponible durante el último mes. Identifica un ajuste concreto que pueda mover tu corazón hacia lo eterno.

ORACIÓN

Señor, mis prioridades te resultan completamente visibles. Muéstrame qué regalo he convertido en tesoro supremo. Ordena mis afectos y enséñame a usar mi tiempo, recursos y capacidades para tu gloria y el bien de otros. Amén.

PARA MEDITAR:

¿Qué revelan mi agenda y mis gastos acerca del tesoro que realmente gobierna mi corazón?

DÍA 78 — 19 DE MARZO

FORTALEZAS QUE CAEN CON LA VERDAD

"Porque las armas de nuestra milicia no son carnales, sino poderosas en Dios para la destrucción de fortalezas, derribando argumentos y toda altivez que se levanta contra el conocimiento de Dios, y llevando cautivo todo pensamiento a la obediencia a Cristo."

2 Corintios 10:4–5

Algunas batallas espirituales se libran dentro de argumentos que hemos repetido durante tanto tiempo que ya parecen verdades. "Nunca cambiaré", "Dios me abandonó", "Necesito esto para ser feliz", "Mi pecado no es tan grave", "No puedo perdonar". Esas ideas pueden convertirse en fortalezas.

Pablo afirma que nuestras armas no son carnales. La manipulación, el grito, la vergüenza y la fuerza humana no transforman el corazón. La batalla requiere verdad divina, oración, obediencia y el poder del Espíritu.

Una fortaleza mental no es simplemente un pensamiento negativo ocasional. Es una estructura de mentiras desde la cual interpretamos a Dios, a nosotros mismos y a los demás. Mientras permanezca intacta, influirá en decisiones, emociones y hábitos.

Derribar argumentos exige identificarlos. No basta decir: "Me siento mal". Debemos preguntar qué estamos creyendo y compararlo con la Escritura. La verdad no siempre cambiará de inmediato la emoción, pero impedirá que la emoción dicte el veredicto.

"Llevar cautivo todo pensamiento" no significa vivir aterrorizados por cada idea que atraviesa la mente. Significa no conceder residencia permanente a pensamientos que se rebelan contra Cristo. Algunos deben ser rechazados; otros, confesados; otros, examinados con ayuda madura.

Jesús enfrentó las mentiras del tentador con la Palabra correctamente entendida. No discutió desde el miedo ni negoció con la falsedad.

La mente necesita más que prohibiciones. Las fortalezas caen cuando la verdad ocupa el terreno desalojado. No basta dejar de pensar una mentira; debemos aprender a habitar en lo que Dios ha dicho.

APLICACIÓN PARA HOY

Escribe una mentira que repites acerca de Dios, de ti o de tu situación. Busca una verdad bíblica que la confronte y repítela durante el día, especialmente cuando el antiguo argumento regrese.

ORACIÓN

Señor, algunas mentiras han vivido demasiado tiempo en mi mente. Derriba toda fortaleza que se levante contra tu verdad. Enséñame a reconocer, rechazar y reemplazar pensamientos hasta que mi mente obedezca a Cristo. Amén.

PARA MEDITAR:

¿Qué mentira se ha vuelto tan familiar que ya no la examino a la luz de la Palabra?

DÍA 79 — 20 DE MARZO

CONSUELO QUE SE CONVIERTE EN SERVICIO

"Bendito sea el Dios y Padre de nuestro Señor Jesucristo, Padre de misericordias y Dios de toda consolación, el cual nos consuela en todas nuestras tribulaciones, para que podamos también nosotros consolar a los que están en cualquier tribulación."

2 Corintios 1:3–4

El consuelo de Dios no siempre elimina la prueba. A veces llega como fuerza para levantarse, una palabra que sostiene, una persona que se sienta sin intentar explicarlo todo o una certeza silenciosa de que el dolor no se atraviesa solo.

Pablo llama al Señor "Dios de toda consolación". No existe una clase de sufrimiento que lo deje sin recursos. Conoce la pérdida, la traición, la enfermedad, la persecución y el cansancio. En Cristo, Dios no contempló nuestro dolor desde una distancia segura; entró en él.

El pasaje añade un propósito: somos consolados para consolar. La gracia recibida no debe almacenarse como recuerdo privado. Las heridas tratadas por Dios pueden convertirse en lugares desde los cuales acompañamos a otros con mayor sensibilidad.

Eso no significa que debamos agradecer por cada tragedia ni afirmar que Dios envió el dolor únicamente para convertirnos en consejeros. Tampoco autoriza a una persona todavía quebrada a exponerse sin límites. Existe tiempo para recibir ayuda antes de intentar ofrecerla.

Pero el sufrimiento puede enseñarnos un idioma que los libros no enseñan. Quien ha llorado reconoce mejor el silencio ajeno. Quien necesitó paciencia puede dejar de apresurar el duelo de los demás. Quien fue sostenido aprende a sentarse junto al que apenas puede hablar.

Consolar no consiste en repartir frases religiosas como quien entrega volantes. A veces la respuesta más cristiana es escuchar, llorar, orar y permanecer. Job tuvo amigos acertados mientras guardaron silencio; comenzaron a herirlo cuando quisieron explicar lo que no entendían.

Cristo nos consuela mediante su presencia, sus promesas y su pueblo. Luego nos envía a convertirnos en parte de ese cuidado para otros.

APLICACIÓN PARA HOY

Recuerda una prueba en la que Dios te sostuvo. Piensa en alguien que atraviesa algo semejante y acércate con humildad. No conviertas tu historia en el centro; úsala para escuchar y acompañar mejor.

ORACIÓN

Padre de misericordias, gracias por consolarme en mis tribulaciones. Sana lo que todavía duele y usa lo que he aprendido para acompañar a otros sin superioridad ni frases vacías. Hazme instrumento de la consolación de Cristo. Amén.

PARA MEDITAR:

¿El consuelo que recibí me ha vuelto más sensible al dolor ajeno o solamente más concentrado en mi propia historia?

DÍA 80 — 21 DE MARZO

ADMINISTRADORES, NO DUEÑOS

"Cada uno según el don que ha recibido, minístrelo a los otros, como buenos administradores de la multiforme gracia de Dios."
1 Pedro 4:10

Los dones pueden convertirse fácilmente en medallas. Una capacidad para enseñar, servir, organizar, cantar o acompañar comienza como gracia y termina usándose para demostrar superioridad. Pedro corrige esa desviación: somos administradores, no propietarios.

"Cada uno" elimina la excusa de que solamente sirven quienes ocupan una plataforma. El Espíritu distribuye capacidades diversas para edificar al cuerpo. Algunas son visibles; otras sostienen la iglesia desde cocinas, hospitales, salones, teléfonos y habitaciones de oración.

El don fue recibido, no fabricado de manera independiente. Podemos desarrollarlo mediante estudio y disciplina, pero la capacidad, la oportunidad y hasta la respiración pertenecen a Dios.

"Minístrelo a los otros" revela su propósito. El don no existe principalmente para elevar nuestra autoestima, construir una marca personal ni garantizar aplausos. Fue entregado para que otra persona reciba una expresión de la gracia divina.

La multiforme gracia de Dios no se manifiesta igual en todos. Compararnos produce dos pecados hermanos: envidia cuando otro parece más destacado y orgullo cuando creemos superarlo. La fidelidad no exige copiar una función ajena, sino administrar bien la propia.

Algunos han enterrado sus dones por miedo, pereza o heridas recibidas mientras servían. El descanso y la sanidad pueden ser necesarios. Sin embargo, una herida no debería convertirse en sepultura permanente para aquello que Dios quiso utilizar.

Cristo no se reservó sus riquezas. Se hizo siervo y entregó su vida por nosotros. Servir es una respuesta a esa gracia, no un intento por comprarla.

Un día daremos cuenta al Dueño. La pregunta no será si tuvimos el don más impresionante, sino si usamos fielmente lo recibido.

APLICACIÓN PARA HOY

Identifica una capacidad que has descuidado o utilizado para buscar reconocimiento. Decide una manera concreta de ponerla al servicio de una persona o de tu iglesia durante esta semana.

ORACIÓN

Señor, todo lo que puedo hacer proviene de ti. Perdóname por comparar, presumir o enterrar tus dones. Sana mis heridas, purifica mis motivaciones y hazme administrador fiel de tu multiforme gracia. Amén.

PARA MEDITAR:

¿Estoy utilizando lo que Dios me dio para servir a otros o principalmente para construir una imagen de mí mismo?

DÍA 81 — 22 DE MARZO

ORAR SIN DESMAYAR

"También les refirió Jesús una parábola sobre la necesidad de orar siempre, y no desmayar."
Lucas 18:1

La oración puede comenzar con entusiasmo y terminar convertida en una tarea pesada. Una petición se repite durante meses, la respuesta no aparece y el corazón comienza a concluir que seguir hablando no tiene sentido.

Jesús conocía esa tendencia. Por eso contó la parábola de una viuda persistente y un juez injusto. El propósito no era comparar a Dios con un magistrado indiferente, sino contrastarlos. Si un juez sin compasión terminó respondiendo, cuánto más escuchará el Padre justo a quienes claman delante de Él.

La perseverancia no pretende desgastar a Dios hasta que cambie de opinión. Trabaja también en quien ora. Forma paciencia, examina motivos y nos enseña a desear la voluntad del Padre más que un resultado controlado.

Orar siempre tampoco significa permanecer todo el día de rodillas. Describe una vida de dependencia. La alegría se lleva a Dios antes de publicarla, la preocupación antes de rumiarla y la decisión antes de ejecutarla.

Algunas demoras no serán explicadas. No debemos inventar razones ni prometer que toda petición recibirá exactamente el desenlace esperado. Dios puede responder sí, no o de una manera que todavía no reconocemos.

Cristo mismo oró en Getsemaní y sometió su deseo humano perfecto a la voluntad del Padre. La perseverancia cristiana no exige que Dios adopte nuestro plan; se niega a abandonar su presencia.

Quizá ya no sabes cómo formular la misma oración. Puedes presentarla con pocas palabras. Un "Señor, tú sabes" pronunciado desde la fe también es oración.

El peligro no consiste en sentir cansancio. Consiste en permitir que el cansancio se convierta en distancia.

APLICACIÓN PARA HOY

Recupera una petición que dejaste de presentar por desánimo. Entrégala nuevamente, pero incluye esta frase: "Padre, deseo tu voluntad más que mi calendario". Practica también oraciones breves durante tus actividades.

ORACIÓN

Señor, me he cansado de pedir y he interpretado tus demoras como indiferencia. Renueva mi confianza, purifica mis deseos y enséñame a permanecer delante de ti, aunque todavía no vea la respuesta. Amén.

PARA MEDITAR:

¿He dejado de orar porque Dios dijo que no, o porque no respondió dentro del plazo que yo le concedí?

DÍA 82 — 23 DE MARZO

REDIMIR LAS HORAS

"Mirad, pues, con diligencia cómo andéis, no como necios sino como sabios, aprovechando bien el tiempo, porque los días son malos."
Efesios 5:15–16

Todos recibimos veinticuatro horas por día, pero nadie puede guardar las sobrantes ni recuperar las desperdiciadas. El tiempo se gasta incluso mientras decidimos qué hacer con él.

Pablo no promueve una agenda obsesiva. Manda examinar con diligencia cómo caminamos. Una persona puede permanecer ocupada desde el amanecer hasta la noche y, aun así, emplear la vida en asuntos que apenas importan.

La sabiduría distingue entre lo urgente y lo eterno. Algunas tareas gritan y exigen atención inmediata; otras permanecen silenciosas mientras se deterioran: la comunión con Dios, el matrimonio, los hijos, la salud, el servicio y el descanso.

"Aprovechar" el tiempo implica rescatarlo de usos vacíos. No todo entretenimiento es pecado, pero puede convertirse en ladrón. Una pantalla consultada durante unos minutos puede terminar devorando horas que nunca decidimos entregarle.

Los días son malos porque existen tentaciones, distracciones y corrientes que empujan lejos de Dios. Vivir automáticamente facilita que otros diseñen nuestras prioridades.

La solución no es transformar cada minuto en producción. El descanso también pertenece a una vida sabia. Jesús se retiraba, comía con sus discípulos y aceptaba los límites de una jornada. Redimir el tiempo incluye no destruir el cuerpo mediante activismo.

La eternidad otorga peso al presente. Cada día ofrece oportunidades para arrepentirse, amar, aprender, servir y disfrutar a Dios. No sabemos cuántas quedan.

Cristo redimió nuestra vida completa, no solamente los momentos religiosos. Por eso una hora dedicada a la familia, al trabajo honesto, a la oración o al descanso necesario puede honrarlo si se vive bajo su señorío.

APLICACIÓN PARA HOY

Revisa las últimas veinticuatro horas. Identifica una actividad que consume demasiado y una prioridad importante que has descuidado. Realiza hoy un ajuste específico y sostenible.

ORACIÓN

Señor, he vivido como si siempre hubiera otro día disponible. Dame sabiduría para ordenar mis horas, evitar el activismo y rechazar la pereza. Que mi tiempo refleje que pertenezco a Cristo. Amén.

PARA MEDITAR:

¿Estoy administrando conscientemente mis horas o permitiendo que la urgencia y las pantallas decidan por mí?

DÍA 83 — 24 DE MARZO

CRISTO EN EL CENTRO DEL YO

"Con Cristo estoy juntamente crucificado, y ya no vivo yo, mas vive Cristo en mí; y lo que ahora vivo en la carne, lo vivo en la fe del Hijo de Dios, el cual me amó y se entregó a sí mismo por mí."
Gálatas 2:20

La cultura invita a buscar dentro de nosotros la autoridad final: deseos, emociones, preferencias e impulsos. Pablo presenta una identidad radicalmente distinta: un yo crucificado y una vida habitada por Cristo.

"Con Cristo estoy juntamente crucificado" describe nuestra unión espiritual con Él. Jesús no solamente cargó la culpa de nuestros actos; su cruz declaró el fin del antiguo gobierno donde el yo pretendía ocupar el trono.

Eso no borra la personalidad ni convierte al creyente en una copia sin rostro. Cristo redime la persona completa y comienza a ordenar sus capacidades, afectos y deseos alrededor de un nuevo centro.

"Ya no vivo yo" tampoco significa ausencia de lucha. El viejo patrón intenta recuperar territorio mediante orgullo, resentimiento, lujuria, control y hambre de reconocimiento. Pero ya no posee autoridad legítima. Fue sentenciado en la cruz.

"Cristo vive en mí" afirma una presencia real. La vida cristiana no consiste solamente en imitar desde lejos a un maestro admirable, sino en depender del Señor resucitado que obra por su Espíritu.

La motivación aparece al final: "Me amó y se entregó a sí mismo por mí". No renunciamos al antiguo yo para ganarnos el amor divino. Lo hacemos porque fuimos amados hasta la cruz.

Esa verdad libera de otras identidades insuficientes. Tu fracaso no puede definirte por completo. Tampoco tu éxito, temperamento, pasado, nacionalidad, trabajo ni opinión ajena. Todas describen aspectos de tu historia; Cristo determina quién eres finalmente.

Cada decisión plantea una pregunta silenciosa: ¿quién está ocupando el centro ahora? La respuesta se verá en la reacción, la prioridad y la obediencia, no solo en las palabras.

APLICACIÓN PARA HOY

Identifica una situación donde el viejo yo exige gobernar. Nómbrala delante de Cristo y realiza una acción contraria a ese impulso: pedir perdón, ceder el protagonismo, decir la verdad o renunciar a una tentación.

ORACIÓN

Señor Jesús, demasiadas veces he intentado recuperar el trono que tu cruz declaró vacío. Vive en mí, gobierna mis deseos y haz visible tu carácter en mis decisiones. Gracias porque me amaste y te entregaste por mí. Amén.

PARA MEDITAR:

¿Mi manera de vivir muestra un yo religiosamente mejorado o una vida que está siendo gobernada por Cristo?

DÍA 84 — 25 DE MARZO

GOZO QUE NO DEPENDE DEL CLIMA

"Regocijaos en el Señor siempre.
Otra vez digo: ¡Regocijaos!"
Filipenses 4:4

Pablo no escribió estas palabras desde una temporada cómoda. Estaba preso. Por eso su mandato no puede significar: "Alégrate porque todo va bien". El centro de la frase está en tres palabras: "en el Señor".

El gozo cristiano no niega el dolor ni obliga a sonreír cuando el alma está herida. Puede llorar y, al mismo tiempo, recordar que Cristo sigue siendo Salvador, Pastor, Rey e Intercesor. Las circunstancias cambian; Él no.

Confundimos fácilmente gozo con emoción. Algunos días la adoración fluye, el corazón se siente ligero y la gratitud sale sin esfuerzo. Otros días, regocijarse se parece más a una decisión silenciosa: "No entiendo lo que ocurre, pero no entregaré mi corazón a la amargura".

Pablo repite el mandato porque sabe que el alma olvida. La queja, la comparación y el resentimiento intentan ocupar el lugar que corresponde a la gratitud. Regocijarse en el Señor es levantar la mirada por encima del clima del día y recordar la estabilidad de su gracia.

La cruz ofrece una razón que ninguna mala noticia puede borrar: en Cristo fuimos perdonados, reconciliados y recibidos. La resurrección añade que la muerte no gobierna el final de la historia.

El gozo no siempre será ruidoso. A veces será apenas la fuerza para seguir confiando. Pero si está arraigado en Cristo, seguirá vivo aun cuando las flores del camino se marchiten.

APLICACIÓN PARA HOY

Escribe tres razones centradas en Cristo por las que puedes regocijarte hoy. Exprésalas en oración y decide responder con gratitud frente a una molestia concreta.

ORACIÓN

Señor, mi ánimo cambia con facilidad. Enséñame a regocijarme en ti, no porque todo esté bien, sino porque tú sigues siendo fiel. Guarda mi corazón de la queja y haz crecer en mí el gozo de tu Espíritu. Amén.

PARA MEDITAR:

¿Mi gozo descansa en Cristo o en que la vida obedezca mis planes?

DÍA 85 — 26 DE MARZO

DESPIERTO EN ZONA DE GUERRA

"Sed sobrios, y velad; porque vuestro adversario el diablo, como león rugiente, anda alrededor buscando a quién devorar; al cual resistid firmes en la fe."
1 Pedro 5:8–9a

Pedro no presenta al diablo como caricatura ni como rival igual a Dios. Es una criatura derrotada por Cristo, pero todavía activa, astuta y peligrosa. Por eso la respuesta bíblica no es superstición ni indiferencia: es sobriedad y vigilancia.

Ser sobrio significa pensar con claridad. No atribuir cada problema a un demonio, pero tampoco vivir como si no existiera oposición espiritual. Velar significa reconocer debilidades, hábitos y momentos donde solemos bajar la guardia.

El enemigo trabaja bien con el aislamiento, la distracción y el pecado tolerado. Una caída que parece repentina suele venir precedida por pequeñas concesiones: una oración abandonada, una mentira protegida, una herida alimentada, una puerta que sabíamos que debíamos cerrar.

"Resistid firmes en la fe" no significa gritar más fuerte que el tentador. Significa permanecer sobre la verdad del evangelio. Resistimos cuando rechazamos la mentira, huimos de la ocasión de pecado, confesamos a tiempo y buscamos ayuda antes de quedar atrapados.

La fe recuerda que Cristo ya venció. El adversario puede rugir, pero no posee autoridad final sobre quienes pertenecen al Buen Pastor. Su ruido no debe confundirse con soberanía.

También necesitamos a la iglesia. La presa aislada es más vulnerable. Congregarnos, rendir cuentas y pedir oración no son signos de debilidad; forman parte de la protección de Dios.

La vigilancia cristiana no vive aterrorizada. Vive despierta, humilde y confiada en el triunfo de Jesús.

APLICACIÓN PARA HOY

Identifica el momento, ambiente o emoción que más te vuelve vulnerable. Establece un límite concreto y comparte tu lucha con un creyente maduro.

ORACIÓN

Señor, despiértame donde me he vuelto descuidado. Hazme sobrio, firme en la fe y sensible a las mentiras del enemigo. Gracias porque Cristo venció y porque no tengo que luchar solo. Amén.

PARA MEDITAR:

¿Estoy vigilando mis puntos débiles o jugando cerca de puertas que sé que debo cerrar?

DíA 86 — 27 DE MARZO

EL PASTOR QUE NO PIERDE OVEJAS

"Jehová es mi pastor; nada me faltará. En lugares de delicados pastos me hará descansar; junto a aguas de reposo me pastoreará. Confortará mi alma."

Salmo 23:1–3a

David no comienza diciendo que posee recursos suficientes, sino que tiene Pastor. Esa diferencia cambia todo. La seguridad del rebaño no descansa en la inteligencia de la oveja, sino en la fidelidad de quien la guía.

"Nada me faltará" no promete que recibirás todo lo que deseas. Afirma que el Pastor proveerá lo necesario para cumplir su propósito: alimento, dirección, corrección, descanso y presencia.

Las ovejas no siempre reconocen lo que necesitan. Pueden correr hacia terrenos peligrosos o resistirse al camino seguro. Por eso el cuidado del Pastor incluye vara y cayado, descanso y movimiento, consuelo y disciplina.

“Me hará descansar” también confronta nuestro orgullo. Hay personas que solo se detienen cuando el cuerpo o la crisis las obligan. Cristo no pastorea únicamente empujando hacia adelante; también conduce a aguas tranquilas porque conoce la fragilidad del alma.

“Confortará mi alma” alcanza lugares donde nadie más puede entrar. Algunos dolores no se resuelven con consejos rápidos. El Pastor restaura desde dentro mediante su Palabra, su presencia y el cuidado de su pueblo.

Jesús se llamó a sí mismo el Buen Pastor que da su vida por las ovejas. En la cruz asumió el abandono que nosotros merecíamos para que jamás caminemos un valle sin su compañía.

Tener Pastor no elimina los valles. Significa que ninguno se atraviesa solo y que ninguna oveja suya se pierde por falta de vigilancia.

APLICACIÓN PARA HOY

Identifica un área donde estás intentando pastorearte solo. Entrégala al Señor y pregunta qué dirección, corrección o descanso necesitas obedecer hoy.

ORACIÓN

Buen Pastor, he corrido por mi cuenta y he confundido independencia con madurez. Guíame, corrígeme, hazme descansar y conforta mi alma. Que mi confianza descanse en tu cuidado y no en mi capacidad. Amén.

PARA MEDITAR:

¿Vivo como oveja cuidada por Cristo o como si toda mi seguridad dependiera de mí?

DÍA 87 — 28 DE MARZO

CONECTADOS A LA VID

"Yo soy la vid, vosotros los pámpanos; el que permanece en mí, y yo en él, éste lleva mucho fruto; porque separados de mí nada podéis hacer."
Juan 15:5

Jesús no dijo que separados de Él haríamos pocas cosas. Dijo: "Nada podéis hacer". Evidentemente, una persona puede trabajar, producir y alcanzar metas sin pensar en Dios. Pero no puede generar fruto espiritual verdadero y permanente.

La imagen es sencilla: el pámpano no fabrica vida; la recibe. Mientras permanece unido a la vid, la savia fluye y el fruto aparece. Separado, puede conservar apariencia por un tiempo, pero ya comenzó a secarse.

Permanecer en Cristo no es una experiencia mística reservada para algunos. Se expresa en escuchar su Palabra, orar con sinceridad, obedecer lo que manda y volver a Él cuando pecamos.

El activismo religioso puede ocultar desconexión. Se puede servir mucho, hablar de Dios y sostener responsabilidades mientras el alma pierde gozo, ternura y hambre espiritual. Entonces intentamos producir más para compensar la sequedad, cuando lo necesario es regresar a la fuente.

El fruto tampoco nace de apretar los dientes. Amor, paciencia, dominio propio y fidelidad son obra del Espíritu en una vida dependiente. Nuestra responsabilidad no es crear savia, sino permanecer.

Cristo no desea una relación ocasional donde acudimos solamente en crisis. Quiere habitar el centro cotidiano: decisiones, pensamientos, conversaciones y deseos.

La poda también forma parte del proceso. El Padre corta lo que impide mayor fruto. A veces aquello que sentimos como pérdida es cuidado de un Labrador que sabe exactamente qué está haciendo.

APLICACIÓN PARA HOY

Examina si tu actividad espiritual está naciendo de comunión real. Aparta un tiempo breve para Juan 15, confiesa la autosuficiencia y obedece una instrucción concreta.

ORACIÓN

Señor Jesús, he intentado vivir para ti sin vivir de ti. Hazme permanecer en tu Palabra, tu amor y tu voluntad. Poda lo que estorba y produce en mí fruto que glorifique al Padre. Amén.

PARA MEDITAR:

¿Estoy dando fruto por permanecer en Cristo o sosteniendo apariencia con fuerzas prestadas?

DÍA 88 — 29 DE MARZO

LO QUE DIOS YA DEJÓ CLARO

"Hombre, él te ha declarado lo que es bueno, y qué pide Jehová de ti: solamente hacer justicia, y amar misericordia, y humillarte ante tu Dios."
Miqueas 6:8

A veces preguntamos qué quiere Dios cuando, en realidad, esperamos una respuesta más cómoda que la ya revelada. Miqueas elimina el misterio innecesario: hacer justicia, amar misericordia y caminar humildemente con Dios.

Hacer justicia comienza en lo cotidiano. Significa no torcer la verdad, no aprovecharse del débil, cumplir acuerdos y tratar con dignidad a quien no puede devolver favores. La indignación pública vale poco si la conducta privada sigue siendo injusta.

Amar misericordia va más allá de practicarla por obligación. Es aprender a deleitarse en extender gracia, recordando cuánta recibimos. El corazón misericordioso no ignora el pecado, pero tampoco disfruta destruyendo al pecador.

La humildad sostiene las otras dos. Quien camina humillado delante de Dios reconoce que no es dueño de la verdad ni autor de su salvación. Recibe corrección, somete sus planes y deja de convertir cada desacuerdo en batalla por el ego.

Este versículo no enseña salvación por desempeño. Nadie compra el favor de Dios haciendo justicia. Cristo cumplió perfectamente lo que nosotros quebrantamos y murió por nuestra culpa.

Pero la gracia que salva también transforma. Una fe que nunca toca el trato al prójimo, el manejo del poder o la postura del corazón todavía no ha entendido la cruz.

Dios no busca ceremonias que sustituyan obediencia. En el contexto de Miqueas, el pueblo ofrecía religiosidad mientras descuidaba el carácter. Ese intercambio sigue siendo tentador.

APLICACIÓN PARA HOY

Identifica una situación donde debas enderezar algo injusto, mostrar misericordia o reconocer orgullo. Realiza hoy una acción verificable, no solamente una intención.

ORACIÓN

Señor, he complicado lo que tú dejaste claro. Enséñame a practicar justicia, amar misericordia y caminar humildemente contigo. Que la gracia de Cristo se vea en mis decisiones y relaciones. Amén.

PARA MEDITAR:

¿Estoy buscando nuevas instrucciones mientras evito obedecer las que ya conozco?

DÍA 89 — 30 DE MARZO

EL DOLOR NO ES LA ÚLTIMA PÁGINA

"Enjugará Dios toda lágrima de los ojos de ellos;
y ya no habrá muerte, ni habrá más llanto, ni clamor, ni dolor;
porque las primeras cosas pasaron."
Apocalipsis 21:4

La Biblia no enfrenta el sufrimiento fingiendo que no existe. Lo mira de frente y anuncia que tendrá final. Muerte, llanto, clamor y dolor pertenecen a "las primeras cosas"; son reales, pero no eternas.

Apocalipsis presenta una esperanza profundamente personal: Dios mismo enjugará las lágrimas. No delega ese gesto. El Padre se acerca al rostro herido de su pueblo y elimina para siempre la causa del llanto.

Esta promesa no convierte la vida presente en un cuento sencillo. Todavía existen hospitales, funerales, guerras, abuso y despedidas. El cristiano no necesita minimizar esas realidades para demostrar fe.

La nueva creación garantiza, sin embargo, que ninguna de ellas posee la palabra definitiva. Cristo resucitó corporalmente y su victoria será compartida por quienes le pertenecen.

La esperanza futura cambia la manera de vivir ahora. Permite llorar sin caer en desesperación, servir sin pensar que todo depende de nosotros y enfrentar la muerte sin tratarla como dueña absoluta.

También impide idolatrar esta etapa. Salud, comodidad y éxito son regalos temporales, no la patria final. Esperamos cielos nuevos y tierra nueva donde la justicia habita y Dios mora con su pueblo.

Esta promesa pertenece a quienes están en Cristo. El futuro sin dolor no es recompensa por optimismo, sino herencia comprada por el Cordero.

El evangelio no promete escapar del sufrimiento presente, sino atravesarlo con una esperanza que llega más allá de la tumba.

APLICACIÓN PARA HOY

Presenta al Señor un dolor actual y recuerda en voz alta que no será eterno. Luego acompaña a alguien que sufre sin ofrecer explicaciones fáciles.

ORACIÓN

Señor, el dolor de este mundo me abruma. Afirma mi esperanza en la resurrección y en la nueva creación. Sostén mis lágrimas hoy y enséñame a consolar a otros mientras espero el día en que tú las enjugarás para siempre. Amén.

PARA MEDITAR:

¿Interpreto mi futuro desde el dolor presente o desde la victoria final de Cristo?

DÍA 90 — 31 DE MARZO

ENVIADOS CON SU PRESENCIA

"Por tanto, id, y haced discípulos a todas las naciones··· y he aquí yo estoy con vosotros todos los días, hasta el fin del mundo."
Mateo 28:19–20

La vida cristiana no termina cuando recibimos perdón. El Cristo resucitado convierte a los salvados en enviados. Su mandato no es simplemente conseguir asistentes, sino hacer discípulos.

Un discípulo aprende a obedecer a Jesús. Por eso la misión incluye anunciar el evangelio, bautizar y enseñar todo lo que Él mandó. No se trata de producir decisiones rápidas sin acompañamiento, sino vidas que comienzan a caminar bajo el señorío de Cristo.

"A todas las naciones" amplía nuestra mirada. Dios está formando un pueblo de toda lengua y cultura. Algunos cruzarán fronteras; otros orarán, enviarán, sostendrán y testificarán donde ya viven. Ningún creyente queda fuera de la misión.

El campo más cercano suele ser el más descuidado: familia, vecinos, compañeros de trabajo y personas con quienes hablamos cada semana. Podemos emocionarnos con lugares lejanos mientras guardamos silencio ante quien se sienta a nuestro lado.

La misión tampoco depende de personalidad extrovertida. Testificar puede comenzar escuchando, sirviendo, ofreciendo oración y explicando con claridad quién es Jesús y qué hizo en la cruz.

La promesa sostiene el mandato: "Yo estoy con vosotros". Cristo no envía desde lejos. Acompaña por su Espíritu la conversación tímida, la clase pequeña, la visita y el trabajo misionero.

Nuestra elocuencia no salva. El evangelio es poder de Dios y el Señor abre corazones. Eso nos libra del orgullo cuando alguien responde y de la desesperación cuando parece no hacerlo.

APLICACIÓN PARA HOY

Escribe el nombre de una persona que necesita a Cristo. Ora por una oportunidad concreta y da un paso sencillo: invitarla a leer la Biblia, escuchar su historia o compartir tu testimonio.

ORACIÓN

Señor Jesús, perdóname por convertir la fe en asunto privado. Dame amor por las naciones y valentía para hablar con quienes ya pusiste cerca. Hazme discípulo que forma discípulos, confiando en tu presencia. Amén.

PARA MEDITAR:

¿Mi vida muestra que fui enviado o que recibí salvación para guardarla en silencio?

NUESTRO MENSAJE PARA TI EN ABRIL

EL DIOS QUE CONOCE TUS LÁGRIMAS

OTTO & MILKY MAÑÓN

Abril tiene cara de comienzo y de cansancio a la vez. Afuera pueden salir flores, pero dentro del corazón muchas veces lo que brotan son suspiros. Algunos hogares llegan a este mes con noticias inesperadas, cuentas que aprietan, oraciones que parecen detenidas, hijos lejos o temores que nadie conoce. El calendario puede decir "primavera" mientras el alma todavía se siente en invierno.

La Palabra de Dios no ignora esa realidad. Habla de Ana derramando su alma delante del Señor, de Jeremías llorando por su pueblo, de David inundando su lecho con lágrimas y del mismo Jesús llorando ante la tumba de Lázaro. La Biblia no presenta un evangelio para gente de hierro, sino para personas heridas que necesitan un Dios cercano.

El salmista pidió que Dios guardara sus lágrimas en una redoma. Esa imagen enseña que ninguna cae fuera de la atención del cielo. Tampoco las escondidas, las silenciosas ni las que no sabemos explicar. Hay dolores tan profundos que la boca no logra organizarlos, pero el Señor no necesita discursos elegantes para comprenderlos.

El Espíritu Santo es Consolador. No siempre cambia las circunstancias de inmediato, pero recuerda lo que Cristo hizo, trae la Palabra a la memoria y confirma que todavía hay gracia, adopción y esperanza. A veces Dios abre el mar; otras veces fortalece las piernas para seguir caminando por el desierto.

La cruz y la resurrección declaran que el dolor no tiene la última palabra. Hubo un viernes de clavos, sangre, burla y silencio. Los discípulos creyeron que todo había terminado. Pero el viernes no fue el final. Cristo salió del sepulcro y convirtió la aparente derrota en victoria eterna.

El llanto es real, pero no es rey. La noche puede ser larga, pero no es eterna.

Cuando el corazón está herido, tiende a encerrarse. Deja de orar, congregarse, leer la Biblia o hablar con alguien. Precisamente entonces necesita acercarse. El Señor no se asusta del creyente que llega llorando ni desprecia la fe que tiembla.

Abril puede ser una oportunidad para volver a hablar con Dios sin frases prestadas: "Señor, esto me duele, esto me avergüenza, esto no lo entiendo". También puede ser tiempo de pedir perdón, recibir ayuda y soltar lo que está endureciendo el corazón.

Quien llega con culpa encuentra en Jesús un Salvador que perdona. Quien llega con miedo encuentra un Padre que no pierde el control. Quien llega con sequedad encuentra una fuente que sigue fluyendo.

El Dios que conoce tus lágrimas es el mismo que sostiene tus pasos. No prometió una vida sin pruebas, pero sí su presencia en medio de ellas. Y esa certeza permite seguir caminando, aun con los ojos húmedos, descansando en que su fidelidad no cambia.

DíA 91 — 1 DE ABRIL

FUERZAS PARA EL TRAMO DE HOY

"Él da esfuerzo al cansado, y multiplica las fuerzas al que no tiene ningunas··· pero los que esperan a Jehová tendrán nuevas fuerzas."
Isaías 40:29–31

No todo cansancio se resuelve durmiendo. Existe una fatiga del alma que aparece después de meses cargando responsabilidades, cuidando a otros y resolviendo problemas sin espacio para reconocer la propia debilidad.

Isaías no avergüenza al cansado. Declara que aun los jóvenes flaquean. La fuerza humana, por admirable que parezca, tiene límites. Somos criaturas, no máquinas espirituales.

La promesa pertenece a quienes esperan en Jehová. Esperar no significa quedarse inmóvil, sino apoyarse en Él, buscar su dirección y dejar de actuar como si todo dependiera de nosotros.

Dios da fuerzas nuevas, no necesariamente la sensación de volver a una etapa anterior. Algunas temporadas requieren energía para correr; otras, apenas para caminar sin rendirse. Ambas pueden ser expresiones de gracia.

Levantar alas como águila no siempre significa salir inmediatamente del problema. Puede significar recibir una perspectiva más alta, donde la dificultad deja de ocupar todo el horizonte.

El cansancio también revela cargas que Dios nunca asignó: expectativas ajenas, necesidad de agradar, control de resultados y responsabilidades que corresponden a otros. Soltarlas puede ser parte de la obediencia.

Descansar no contradice la fe. Jesús dormía, se retiraba y aceptaba los límites del cuerpo. A veces pedir nuevas fuerzas incluye apagar, dormir, consultar a un médico o permitir que otros ayuden.

Cristo no exige que lleguemos fuertes para recibirnos. Invita a los trabajados y cargados a venir.

APLICACIÓN PARA HOY

Nombra el cansancio que llevas y distingue entre lo que Dios te encargó y lo que asumiste por culpa o control. Realiza un acto concreto de descanso o pide ayuda.

ORACIÓN

Señor, llegué al límite de mis fuerzas. Muéstrame qué debo soltar y dame gracia para el tramo de hoy. Enséñame a esperar en ti sin destruirme intentando ser indispensable. Amén.

PARA MEDITAR:

¿Estoy obedeciendo con fuerzas recibidas de Dios o agotándome para demostrar que puedo con todo?

DÍA 92 — 2 DE ABRIL

FE MIENTRAS EL RELOJ AVANZA

"Aunque la visión tardará aún por un tiempo··· aunque tardare, espéralo, porque sin duda vendrá."
Habacuc 2:3

Habacuc vivía rodeado de violencia e injusticia. Preguntó por qué Dios parecía tardar. La respuesta no le entregó un calendario detallado, pero sí una certeza: el Señor había establecido un tiempo y no mentiría.

La demora prueba qué creemos acerca del carácter de Dios. Mientras esperamos, la mente fabrica explicaciones: "Se olvidó", "No le importa", "Nunca ocurrirá". El profeta recibe otra base para vivir: la palabra de Aquel que gobierna la historia.

Esperar una visión bíblica no significa apropiarnos de cualquier deseo personal y llamarlo promesa. Debemos distinguir entre lo que Dios realmente dijo y lo que simplemente queremos que suceda.

Cuando Él promete, cumple. Lo hizo al enviar al Mesías y lo hará al consumar su reino. Su fidelidad histórica sostiene la confianza personal.

El tiempo de espera tampoco es un espacio vacío. Allí se revelan motivos, se aprende paciencia y se practica obediencia sin resultados visibles. La fe no se demuestra solamente celebrando respuestas; también permaneciendo cuando todavía no llegan.

Desde nuestro reloj, Dios puede parecer lento. Desde su sabiduría, jamás llega tarde. Eso no elimina el dolor de la demora, pero evita convertirlo en acusación contra su bondad.

Habacuc terminaría aprendiendo a alegrarse en Dios aun cuando los campos no produjeran. La espera lo llevó de exigir explicaciones a descansar en el Señor.

APLICACIÓN PARA HOY

Identifica una demora que te está desgastando. Pregunta si descansa en una promesa bíblica o en una expectativa personal. Entrégale a Dios el calendario y obedece lo que corresponde hoy.

ORACIÓN

Señor, me cuesta aceptar tus tiempos. Guarda mi corazón de llamarte infiel porque no actúas según mi reloj. Dame paciencia, discernimiento y obediencia mientras espero. Amén.

PARA MEDITAR:

¿Estoy esperando en la fidelidad de Dios o exigiendo que confirme mis propios plazos?

DÍA 93 — 3 DE ABRIL

CERCA DEL CORAZÓN QUEBRANTADO

"Cercano está Jehová a los quebrantados de corazón; y salva a los contritos de espíritu."
Salmo 34:18

El dolor suele producir una sensación de distancia. Cuando el corazón se rompe, parece que Dios está más lejos, la oración cuesta y hasta las palabras de otros suenan demasiado pequeñas.

El salmo declara lo contrario: el Señor está cerca del quebrantado. No se acerca solamente cuando recupera la compostura, sino precisamente mientras está roto.

Un corazón quebrantado no es necesariamente un corazón sin fe. Puede ser el corazón de quien perdió, fue traicionado, recibió un diagnóstico o finalmente reconoció su pecado.

Dios no desprecia esa condición. La Escritura está llena de personas que lloraron delante de Él: Ana, David, Jeremías y el mismo Jesús. La fe bíblica no exige convertirse en piedra.

La cercanía de Dios no siempre se siente de inmediato. Algunas noches continúan largas y algunas preguntas siguen abiertas. Su promesa, sin embargo, es más firme que nuestra percepción.

"Salva a los contritos de espíritu" también habla del arrepentido. Quien deja de defender su pecado y viene humillado encuentra misericordia en Cristo. El quebranto no compra perdón, pero abandona la pretensión de no necesitarlo.

Jesús conoce el dolor desde dentro. Lloró, fue abandonado y cargó en la cruz el juicio que merecíamos. Por eso su consuelo no es teoría pronunciada desde un lugar seguro.

Dios suele acercarse también mediante su pueblo: una presencia silenciosa, una comida, una visita, una oración. Aceptar ayuda puede ser parte de recibir su cuidado.

APLICACIÓN PARA HOY

Nombra aquello que quebrantó tu corazón. Háblalo con Dios sin frases religiosas y considera compartirlo con un creyente maduro que pueda acompañarte.

ORACIÓN

Señor, mi corazón está herido y a veces no percibo tu cercanía. Hazme descansar en tu promesa. Sálvame del aislamiento, consuélame en Cristo y usa también a tu pueblo para sostenerme. Amén.

PARA MEDITAR:

¿Estoy llevando mi quebranto hacia Dios y su pueblo o encerrándome como si tuviera que sanar solo?

DÍA 94 — 4 DE ABRIL

UN ALMA QUE DEJA DE EXIGIR RESPUESTAS

"En verdad que me he comportado y he acallado mi alma como un niño destetado de su madre;
como un niño destetado está mi alma."
Salmo 131:2

El alma quiere comprender, prever y controlar. Cuando no obtiene respuestas, protesta, imagina escenarios y trata de obligar a la vida a seguir su guion.

David describe otra postura: un alma acallada como niño destetado. El niño pequeño busca a su madre por lo que recibe de ella; el destetado aprende a descansar en su presencia aun cuando no obtiene inmediatamente lo que desea.

Esa imagen no celebra pasividad ni falta de preguntas. David conocía la guerra, tomaba decisiones y clamaba a Dios. Pero había aprendido que no necesitaba dominar cada misterio para confiar.

Acallar el alma requiere reconocer límites. No sabemos todo, no controlamos personas y no podemos garantizar resultados. El orgullo considera esa realidad insoportable; la humildad la convierte en descanso.

Soltar el control tampoco significa abandonar responsabilidades. Podemos planificar, consultar, trabajar y proteger. La diferencia está en hacer lo que corresponde sin pretender gobernar aquello que pertenece solamente a Dios.

Cristo mostró esta confianza en Getsemaní: expresó su deseo y luego se sometió a la voluntad del Padre. La rendición bíblica no oculta el dolor; lo entrega.

Muchas veces el alma vuelve a agitarse después de haber orado. Entonces debemos acallarla otra vez con la verdad: Dios sigue siendo sabio, bueno y soberano.

El descanso no nace de conocer todas las respuestas, sino de conocer al Padre. Quien fue reconciliado por Cristo puede permanecer cerca aun cuando no entiende.

APLICACIÓN PARA HOY

Identifica una situación que intentas controlar. Escribe qué responsabilidad te corresponde y qué resultado pertenece a Dios. Cumple lo primero y entrégale lo segundo.

ORACIÓN

Padre, mi alma exige respuestas y control. Enséñame a descansar en tu presencia, obedecer lo que me toca y soltar lo que solamente tú puedes gobernar. Amén.

PARA MEDITAR:

¿Estoy buscando la presencia de Dios o solamente la sensación de tener todo bajo control?

DÍA 95 — 5 DE ABRIL

QUE MI CORAZÓN NO SE ENDUREZCA

"Antes exhortaos los unos a los otros cada día, entre tanto que se dice: Hoy; para que ninguno de vosotros se endurezca por el engaño del pecado."

Hebreos 3:13

El pecado no llega anunciando que piensa destruirte. Entra ofreciendo alivio, placer o una excepción aparentemente pequeña. Primero incomoda la conciencia; después negocia con ella; finalmente intenta silenciarla. Lo que ayer te avergonzaba, hoy lo explicas. Lo que antes confesabas, ahora lo llamas "mi manera de ser".

Hebreos habla del engaño del pecado porque siempre vende más de lo que entrega y oculta la factura. Promete libertad y produce esclavitud. Promete descanso y deja culpa. Promete control y termina gobernando.

El endurecimiento rara vez ocurre de golpe. Se forma mediante pequeñas resistencias repetidas a la voz de Dios. Cada vez que justificas lo que Él señala, se coloca otra capa sobre el corazón.

Por eso el mandato es comunitario: "exhortaos los unos a los otros". Necesitamos creyentes capaces de amarnos lo suficiente para decirnos la verdad. La vida cristiana solitaria resulta peligrosa porque uno puede convertirse en abogado experto de sus propios pecados.

La palabra urgente es "Hoy". No cuando el daño sea evidente, cuando alguien te descubra o cuando tengas ganas de cambiar. Hoy puedes confesar, cortar, pedir ayuda y responder al Espíritu.

Cristo no vino solamente a perdonar corazones endurecidos, sino a dar corazones nuevos. Su gracia no acaricia el pecado; rompe sus cadenas y recibe al arrepentido.

APLICACIÓN PARA HOY

Pregunta al Señor qué conducta has comenzado a normalizar. Si te muestra algo, no lo expliques: confiésalo y comparte la lucha con un creyente maduro.

ORACIÓN

Señor, líbrame del engaño del pecado. Rompe toda dureza, hazme sensible a tu voz y dame humildad para recibir exhortación. Que hoy responda a tu gracia sin seguir aplazando la obediencia. Amén.

PARA MEDITAR:

¿Qué estoy tolerando hoy que antes me habría llevado inmediatamente al arrepentimiento?

DÍA 96 — 6 DE ABRIL

LA CONGOJA QUE ENCORVA EL CORAZÓN

"La congoja en el corazón del hombre lo abate;
mas la buena palabra lo alegra."
Proverbios 12:25

La congoja tiene una manera silenciosa de doblar el alma. No siempre se manifiesta en lágrimas. A veces aparece como irritabilidad, cansancio, aislamiento o incapacidad para disfrutar aquello que antes producía alegría.

Proverbios no ridiculiza esa carga. Reconoce que la preocupación abate el corazón. Somos seres espirituales, pero también emocionales y físicos. Lo que pensamos afecta cómo dormimos, reaccionamos y tratamos a otros.

El versículo añade que una buena palabra puede alegrarlo. No se refiere a frases vacías ni al optimismo de quien dice "todo estará bien" sin saberlo. Habla de una palabra verdadera, oportuna y llena de gracia.

Dios suele sostenernos mediante su Palabra, pero también utiliza voces humanas. Un mensaje, una llamada, una oración o alguien que escucha sin apresurarse a dar soluciones puede convertirse en instrumento de consuelo.

Esto también nos convierte en responsables de nuestras palabras. Tal vez alguien cercano está luchando en silencio y necesita algo más que nuestra crítica habitual. Una expresión sincera de aprecio puede ser pequeña para quien la pronuncia y enorme para quien la recibe.

Cristo conoce el corazón abatido. En Getsemaní confesó que su alma estaba profundamente triste. No habla del sufrimiento desde una oficina celestial; lo atravesó y ahora acompaña a los suyos.

La congoja no siempre desaparece con una conversación. Puede requerir acompañamiento pastoral, médico o terapéutico. Buscar ayuda no contradice la fe; puede ser una forma sabia de recibir el cuidado de Dios.

APLICACIÓN PARA HOY

Nombra delante del Señor la preocupación que más pesa. Después piensa en una persona abatida y comunícale una palabra específica de ánimo.

ORACIÓN

Señor, tú conoces la carga de mi corazón. Sosténme con tu verdad y úsame para llevar una buena palabra a quien está abatido. Dame humildad para pedir ayuda cuando la necesite. Amén.

PARA MEDITAR:

¿Mis palabras alivian el peso de quienes me rodean o suelen añadirles otra carga?

DíA 97 — 7 DE ABRIL

NO CARGAR CON CADA PALABRA AJENA

"Tampoco apliques tu corazón a todas las cosas que se hablan, para que no oigas a tu siervo cuando dice mal de ti; porque tu corazón sabe que tú también dijiste mal de otros muchas veces."
Eclesiastés 7:21–22

Pretender que nadie hable mal de ti es una receta segura para vivir ofendido. La gente opina, exagera, malinterpreta y, en ocasiones, murmura. Salomón ofrece un consejo incómodo pero liberador: no entregues el corazón a cada palabra que circula.

No todo comentario merece investigación, confrontación o respuesta pública. Algunas palabras deben corregirse porque dañan seriamente la verdad o a terceros. Otras deben dejarse morir sin otorgarles el oxígeno de nuestra atención.

El orgullo quiere controlar la opinión ajena. Desea entrar en cada conversación donde aparece nuestro nombre y presentar una defensa oficial, con testigos, anexos y probablemente una conferencia de prensa. Pero esa vigilancia constante termina esclavizando.

El texto nos baja del pedestal recordándonos que también hemos hablado incorrectamente de otros. La memoria humilde impide reaccionar como si nunca hubiéramos herido con la lengua.

Eso no justifica la calumnia ni exige tolerar abuso. Significa aprender a distinguir entre una acusación que requiere respuesta y una frase que conviene entregar a Dios.

Jesús fue acusado falsamente y no respondió a cada palabra. Sabía cuándo hablar y cuándo guardar silencio porque su identidad no dependía del tribunal de la opinión pública.

El corazón libre escucha la corrección útil, rechaza la mentira y evita convertir cada crítica en crisis. Dios conoce la verdad completa, incluso aquello que nadie más comprende.

APLICACIÓN PARA HOY

Piensa en una palabra ajena que has repetido obsesivamente. Pregunta si requiere aclaración, arrepentimiento o simplemente silencio. Entrégale a Dios tu reputación.

ORACIÓN

Señor, líbrame de vivir pendiente de cada opinión. Dame humildad para recibir corrección, sabiduría para responder a la mentira y paz para callar cuando no debo defenderme. Amén.

PARA MEDITAR:

¿Estoy protegiendo responsablemente la verdad o adorando mi propia reputación?

DÍA 98 — 8 DE ABRIL

NO TODA OFENSA MERECE UNA GUERRA

"La cordura del hombre detiene su furor,
y su honra es pasar por alto la ofensa."
Proverbios 19:11

Algunas personas viven con el dedo colocado permanentemente sobre el botón de alarma. Cualquier gesto, tono o palabra activa una respuesta inmediata. No preguntan qué ocurrió; preparan el contraataque.

Proverbios presenta otra manera de vivir. La cordura frena el furor. Introduce una pausa entre la ofensa y la reacción. Esa pausa puede evitar discusiones que luego requieren semanas de reparación.

Pasar por alto una ofensa no significa tolerar abuso, encubrir pecado grave ni abandonar límites necesarios. Significa reconocer que no toda torpeza merece convertirse en proceso judicial familiar.

Muchas ofensas nacen del cansancio, la inmadurez o la falta de tacto. Si respondiéramos a todas con igual intensidad, pasaríamos la vida peleando y llamaríamos "defensa de la verdad" a nuestra incapacidad para soportar.

El orgullo exige reparación por cada daño sufrido, pero espera misericordia por cada daño causado. La sabiduría recuerda que también nosotros necesitamos que otros pasen por alto muchas de nuestras fallas.

Cristo no minimiza el pecado, pero mostró una paciencia extraordinaria con discípulos lentos, impulsivos y frecuentemente equivocados. Su gracia no era debilidad; era poder gobernado por amor.

Existe honra en no dejarse arrastrar por cada provocación. El dominio propio demuestra más fortaleza que la explosión. Cualquiera puede reaccionar; el sabio elige cuándo vale la pena hablar.

Antes de responder, conviene preguntar: ¿Esto requiere confrontación, conversación tranquila o simplemente gracia?

APLICACIÓN PARA HOY

Recuerda una ofensa reciente. Evalúa si necesitas hablarla o dejarla pasar. Si debes conversar, espera hasta poder hacerlo sin deseo de castigar.

ORACIÓN

Señor, frena mi furor y gobierna mis reacciones. Dame discernimiento para confrontar lo serio y misericordia para pasar por alto lo pequeño. Que mi carácter refleje la paciencia de Cristo. Amén.

PARA MEDITAR:

¿Estoy defendiendo principios importantes o convirtiendo cada molestia personal en una batalla?

DÍA 99 — 9 DE ABRIL

DORMIR SIN VIGILAR EL UNIVERSO

"En paz me acostaré, y asimismo dormiré; porque solo tú, Jehová, me haces vivir confiado."
Salmo 4:8

La casa se apaga, pero la mente enciende su turno nocturno. Repasa cuentas, conversaciones, diagnósticos y futuros imaginarios. El cuerpo está acostado; el alma continúa haciendo guardia.

David no escribió desde una vida libre de amenazas. Su paz no provenía de tenerlo todo resuelto, sino de saber quién permanecía despierto mientras él dormía.

Dormir es una confesión diaria de dependencia. Durante varias horas dejamos de producir, vigilar y controlar. El mundo continúa sin nuestra supervisión, una experiencia humillante para quienes sospechamos que somos indispensables.

La fe no niega las responsabilidades del día siguiente. Algunas llamadas deberán hacerse y ciertos problemas requerirán decisiones. Pero llega una hora en que seguir pensando no produce soluciones; solamente agota.

En ese momento podemos decir: "Señor, hasta aquí llegué hoy. Lo que no pude resolver queda en tus manos". Esa oración no es evasión, sino reconocimiento de límites.

El descanso también forma parte de la mayordomía. La falta prolongada de sueño afecta el juicio, la paciencia y la salud. Buscar ayuda médica cuando el insomnio persiste puede ser una decisión responsable, no una señal de poca espiritualidad.

Cristo dormía aun cuando había trabajo pendiente. Conocía su misión, pero no actuaba como si el Padre hubiera abandonado el gobierno del mundo durante la noche.

No toda noche será fácil. Sin embargo, cada una puede convertirse en altar donde entregamos nuevamente aquello que no podemos controlar.

APLICACIÓN PARA HOY

Antes de acostarte, apaga las pantallas, escribe la preocupación principal y entrégala al Señor. Lee el versículo lentamente y permite que tu cuerpo descanse.

ORACIÓN

Señor, mientras yo duermo, tú sigues reinando. Recibe mis preocupaciones, guarda mi mente y concédeme el descanso que necesito. Enséñame a confiar en ti también con los ojos cerrados. Amén.

PARA MEDITAR:

¿Qué intento resolver durante la noche que solamente Dios puede sostener?

DÍA 100 — 10 DE ABRIL

TRES VERBOS PARA DÍAS DIFÍCILES

"Gozosos en la esperanza; sufridos en la tribulación; constantes en la oración."

Romanos 12:12

Pablo resume una parte enorme de la vida cristiana mediante tres expresiones: gozo, paciencia y oración. No describe una existencia cómoda, sino una manera distinta de atravesar la realidad.

"Gozosos en la esperanza" significa que la alegría final no depende del informe de hoy. El creyente mira hacia la resurrección, el regreso de Cristo y la restauración de todas las cosas. Puede llorar sin concluir que todo está perdido.

"Sufridos en la tribulación" habla de perseverancia. No es resignación apagada, sino la capacidad de permanecer bajo presión sin abandonar al Señor. La tribulación revela dónde estaban colocadas nuestras raíces.

"Constantes en la oración" completa el cuadro. La esperanza mira hacia adelante; la paciencia soporta el presente; la oración mantiene abierta la comunión con Dios durante el proceso.

La constancia resulta menos emocionante que los comienzos. Orar cuando hay fervor es agradable. Continuar cuando las respuestas tardan demuestra dependencia verdadera.

Estas tres virtudes no son producidas por optimismo humano. Brotan del Espíritu y se alimentan del evangelio. Cristo soportó la cruz por el gozo puesto delante de Él, perseveró en el sufrimiento y se entregó continuamente al Padre.

Quizá hoy una de las tres áreas se encuentra debilitada. Puedes tener esperanza teológica, pero poca paciencia práctica. Puedes soportar mucho, pero haber dejado de orar. El versículo funciona como espejo y como ruta.

Dios no exige que fabriques fortaleza independiente. Te llama a permanecer unido a Cristo, donde la esperanza, la paciencia y la oración reciben vida.

APLICACIÓN PARA HOY

Identifica cuál de las tres áreas está más débil. Realiza una acción concreta: recordar una promesa, soportar sin reaccionar impulsivamente o apartar tiempo para orar.

ORACIÓN

Señor, hazme gozoso en la esperanza, paciente en la tribulación y constante en la oración. Que mis circunstancias no gobiernen mi fe y que Cristo sea mi fuerza en cada etapa. Amén.

PARA MEDITAR:

¿Cuál de estas tres virtudes necesita hoy una obra más profunda de Dios en mí?

DÍA 101 — 11 DE ABRIL

DIOS NO HA TERMINADO EL TAPIZ

"Todo lo hizo hermoso en su tiempo; y ha puesto eternidad en el corazón de ellos, sin que alcance el hombre a entender la obra que ha hecho Dios desde el principio hasta el fin."

Eclesiastés 3:11

Nos gustaría juzgar la obra de Dios cuando apenas vemos una esquina del proceso. Observamos un hilo oscuro y concluimos que todo el tapiz está arruinado.

Eclesiastés reconoce dos realidades: Dios hace las cosas hermosas en su tiempo y nosotros no alcanzamos a comprender su obra completa. Esa combinación exige humildad.

"En su tiempo" suele ser la parte más difícil. Preferiríamos belleza inmediata, explicaciones rápidas y resultados que respeten nuestro calendario. Pero algunos procesos solo revelan sentido después de años; otros quizá no serán comprendidos plenamente en esta vida.

Dios también colocó eternidad en el corazón. Por eso ninguna satisfacción temporal logra silenciar por completo la sensación de que fuimos creados para algo mayor. Buscamos permanencia en un mundo donde todo cambia.

Nuestra incapacidad para entender no significa que la historia carezca de propósito. Significa que somos criaturas mirando una obra que el Creador contempla desde el principio hasta el fin.

La cruz ofrece el ejemplo supremo. El viernes parecía derrota, injusticia y fracaso. El domingo reveló que Dios estaba produciendo salvación mediante aquello que parecía el final.

Eso no autoriza a llamar bueno al mal ni a explicar cada tragedia con ligereza. Algunas cosas siguen siendo dolorosas y misteriosas. La fe no inventa respuestas; descansa en el carácter de Dios.

Tal vez ahora solo ves hilos sueltos. El Señor todavía sostiene la obra. Lo que hoy parece incompleto no constituye necesariamente el capítulo final.

APLICACIÓN PARA HOY

Presenta a Dios una situación que no comprendes. Renuncia a fabricar explicaciones y pídele confianza para esperar su tiempo sin alejarte de Él.

ORACIÓN

Señor, quiero comprenderlo todo antes de confiar. Perdona mi orgullo. Ayúdame a descansar en que tú ves la obra completa y puedes hacer hermoso, en tu tiempo, lo que hoy me parece confuso. Amén.

PARA MEDITAR:

¿Estoy juzgando la obra terminada de Dios desde un fragmento que todavía está en proceso?

DÍA 102 — 12 DE ABRIL

PLANES HUMANOS, PASOS GOBERNADOS

"El corazón del hombre piensa su camino;
mas Jehová endereza sus pasos."
Proverbios 16:9

Planificar no es falta de fe. Dios nos dio capacidad para evaluar, organizar y anticipar. El problema comienza cuando convertimos el plan en decreto y esperamos que el cielo simplemente lo firme.

Proverbios reconoce la actividad humana: el corazón piensa su camino. No somos marionetas. Tomamos decisiones reales y cargamos responsabilidad por ellas.

Pero el versículo añade que Jehová endereza los pasos. Nuestra visión alcanza unas pocas curvas; Dios contempla la carretera completa. Puede permitir, corregir, cerrar, redirigir o frustrar aquello que habíamos diseñado.

Una puerta cerrada no siempre significa abandono. Puede ser protección. Un retraso puede evitar una decisión inmadura. Un cambio inesperado puede conducir hacia un propósito que jamás habríamos considerado.

Esto no convierte cada inconveniente en mensaje secreto. A veces algo sale mal por falta de preparación o por decisiones necias. La sabiduría examina ambas posibilidades sin atribuir automáticamente a Dios nuestros propios descuidos.

Someter los planes significa mantener las manos abiertas. Presentamos deseos, trabajamos responsablemente y aceptamos que el Señor conserva el derecho de cambiar la ruta.

Jesús caminó con claridad hacia la cruz porque su vida estaba sometida al Padre. No vivió reaccionando caprichosamente a cada circunstancia, sino obedeciendo una misión.

El corazón rendido puede planificar sin idolatrar el resultado. Si Dios permite el proyecto, agradece. Si lo modifica, escucha. Si lo detiene, confía.

La dirección divina no siempre será cómoda, pero nunca estará separada del carácter sabio y bueno del Señor.

APLICACIÓN PARA HOY

Escribe un plan importante y preséntalo a Dios sin exigir aprobación. Pregunta qué principios bíblicos deben gobernarlo y qué cambio estarías dispuesto a aceptar.

ORACIÓN

Señor, te entrego mis planes. Dame sabiduría para prepararme, humildad para aceptar corrección y fe para seguirte cuando enderezcas mis pasos por una ruta distinta. Amén.

PARA MEDITAR:

¿Estoy buscando la dirección de Dios o solamente su firma debajo de mis decisiones?

DÍA 103 — 13 DE ABRIL

DOS CAMINAN MEJOR QUE UNO

"Mejores son dos que uno; porque tienen mejor paga de su trabajo. Porque si cayeren, el uno levantará a su compañero."
Eclesiastés 4:9–10

La autosuficiencia parece fortaleza hasta que llega una caída. Entonces descubrimos que nadie fue diseñado para levantarse siempre solo.

Eclesiastés celebra el valor de la compañía. Dos pueden trabajar mejor, protegerse, animarse y levantarse. La vida compartida no elimina los problemas, pero evita que cada problema tenga que enfrentarse en aislamiento.

Nuestra cultura admira al individuo que no necesita a nadie. La Biblia considera esa independencia absoluta una ilusión peligrosa. Incluso el creyente más maduro necesita consejo, corrección, oración y consuelo.

Esto no significa rodearse de mucha gente superficial. Se puede tener cientos de contactos y ninguna persona capaz de preguntar sinceramente cómo está el alma.

La verdadera compañía requiere vulnerabilidad. Para que alguien te levante, primero debe saber que caíste. El orgullo prefiere esconderse, pero el secreto prolonga muchas derrotas.

También debemos aprender a levantar. Algunos se acercan al caído para investigar, comentar o sentirse superiores. El compañero fiel no disfruta la caída; ayuda a restaurar con mansedumbre.

Jesús envió discípulos de dos en dos y formó una comunidad. El cristianismo bíblico no es aventura de francotiradores espirituales.

La iglesia local debería ser uno de esos lugares donde las personas encuentran manos que sostienen. No siempre lo hacemos bien, pero abandonar la comunidad por sus imperfecciones nos deja más vulnerables.

Cristo es el Amigo perfecto, pero frecuentemente expresa su cuidado mediante hermanos imperfectos.

APLICACIÓN PARA HOY

Identifica a quién llamarías si cayeras espiritualmente. Si no tienes a nadie, comienza a cultivar una relación honesta. Busca también a alguien que necesite ser levantado.

ORACIÓN

Señor, líbrame del orgullo de querer caminar solo. Regálame compañeros fieles y hazme una persona capaz de levantar sin juzgar ni divulgar la caída ajena. Amén.

PARA MEDITAR:

¿Tengo relaciones suficientemente honestas como para permitir que alguien me levante cuando caigo?

DÍA 104 — 14 DE ABRIL

EL ALMA GENEROSA TAMBIÉN ES REGADA

"El alma generosa será prosperada;
y el que saciare, él también será saciado."
Proverbios 11:25

La generosidad parece pérdida cuando se observa únicamente desde la calculadora. Dar reduce momentáneamente lo que tenemos, pero Proverbios revela una economía más amplia: quien riega también es regado.

El texto no promete enriquecimiento automático ni convierte a Dios en máquina de inversiones. La prosperidad bíblica incluye una vida ensanchada por la gracia, libre de la esclavitud de acumular.

La persona generosa reconoce que todo lo recibido proviene de Dios. Dinero, tiempo, capacidades, contactos y atención son recursos administrados, no propiedades absolutas.

También existe una falsa generosidad que busca reconocimiento. Da para ser vista, controlar o producir deuda emocional. La generosidad del evangelio sirve sin convertir al necesitado en escenario.

Cristo es la expresión suprema de entrega. Siendo rico, se hizo pobre por nosotros. No dio lo que le sobraba; se entregó a sí mismo.

Quien comprende esa gracia comienza a preguntar menos "¿cuánto tengo que dar?" y más "¿cómo puedo reflejar lo que recibí?".

La generosidad requiere sabiduría. No todo pedido debe ser satisfecho de la forma solicitada. A veces ayudar significa orientar, poner límites o evitar sostener irresponsabilidad. Pero la prudencia no debe convertirse en excusa elegante para la dureza.

Puede que no tengas abundancia económica, pero aún puedes compartir tiempo, alimento, conocimiento, transporte, escucha u oración.

El alma cerrada se va secando alrededor de sus propias posesiones. El alma abierta descubre que ser canal produce una alegría que acumular nunca entrega.

APLICACIÓN PARA HOY

Identifica un recurso que Dios te confió y una persona a quien pueda beneficiar. Compártelo con discreción y sin esperar reconocimiento.

ORACIÓN

Señor, todo lo que poseo viene de ti. Líbrame de la avaricia y también de la generosidad orgullosa. Hazme canal sabio, alegre y humilde de tu provisión. Amén.

PARA MEDITAR:

¿Estoy administrando lo recibido como canal de gracia o protegiéndolo como si fuera dueño absoluto?

DÍA 105 — 15 DE ABRIL

ACUÉRDATE ANTES DE QUE LLEGUEN LOS DÍAS DIFÍCILES

"Acuérdate de tu Creador en los días de tu juventud, antes que vengan los días malos."
Eclesiastés 12:1

Eclesiastés no invita a recordar a Dios como quien recupera un dato olvidado. "Acuérdate" significa vivir consciente de Él antes de que la debilidad, la vejez o la crisis obliguen a mirar hacia arriba.

La juventud puede producir una sensación peligrosa de permanencia. El cuerpo responde, los planes abundan y la muerte parece asunto de otros. Entonces Dios queda archivado para después.

Pero "después" llega con rapidez. Las fuerzas cambian, las oportunidades se reducen y algunas decisiones dejan consecuencias que no desaparecen mediante arrepentimiento, aunque sí haya perdón.

El texto no desprecia la vejez. Advierte contra desperdiciar las primeras estaciones viviendo lejos del Creador y pretender entregarle únicamente los restos.

También habla a quienes ya no son jóvenes. Mientras hay vida, todavía existe oportunidad para volver, obedecer y servir. Nadie debe concluir que llegó demasiado tarde para la gracia.

Recordar al Creador ordena la identidad. No te inventaste, no te perteneces y no decides por ti mismo el propósito final de tu existencia.

Cristo vino a reconciliarnos con ese Creador. La vida no se arregla simplemente incorporando hábitos religiosos, sino rindiéndose al Hijo que murió y resucitó.

Cada etapa posee posibilidades distintas. La juventud tiene energía; la madurez, experiencia; la vejez puede ofrecer sabiduría y perspectiva. Todas deben colocarse al servicio de Dios.

Esperar una crisis para buscarlo es apostar con un mañana que nadie posee.

APLICACIÓN PARA HOY

Pregunta qué etapa de tu vida estás ofreciendo al Señor y qué has estado aplazando. Da hoy un paso que no dependa de tener más tiempo, salud o comodidad.

ORACIÓN

Creador mío, perdóname por vivir como si mi tiempo me perteneciera. Enséñame a recordarte en esta etapa, con las fuerzas y limitaciones que tengo, y a no seguir aplazando la obediencia. Amén.

PARA MEDITAR:

¿Qué parte de mi vida sigo reservando para un "después" que Dios nunca me prometió?

DÍA 106 — 16 DE ABRIL

UNA RESPUESTA QUE APAGA INCENDIOS

"La blanda respuesta quita la ira;
mas la palabra áspera hace subir el furor."
Proverbios 15:1

Una discusión puede cambiar de dirección por el tono de una sola respuesta. No siempre controlamos la ira ajena, pero sí somos responsables del combustible que añadimos.

La respuesta blanda no es cobardía ni falta de firmeza. Puede expresar desacuerdo, establecer límites y corregir con claridad. Lo que evita es convertir la verdad en arma para humillar.

La palabra áspera hace subir el furor porque despierta orgullo, defensa y deseo de devolver el golpe. Entonces ya nadie escucha el asunto original; ambos comienzan a pelear por sobrevivir emocionalmente.

El tono no es un detalle insignificante. Podemos pronunciar palabras correctas de una manera tan cruel que la verdad llega acompañada de veneno.

Esto resulta especialmente importante en casa. Solemos tratar con mayor aspereza a quienes más amamos porque suponemos que deben soportarnos. Cantamos con dulzura en la congregación y después hablamos como sargentos en la cocina.

Jesús fue firme sin perder dominio. Confrontó hipocresía, pero también restauró quebrantados. Nunca necesitó perder el control para demostrar autoridad.

Responder blandamente requiere fuerza espiritual. Significa dominar el impulso de herir, esperar antes de contestar y recordar que la persona delante de nosotros no es simplemente un obstáculo.

A veces la respuesta más sabia será el silencio temporal: "No quiero hablar desde la ira; retomemos esto cuando pueda hacerlo bien".

No todo conflicto se resolverá mediante tono amable, pero muchos empeoran innecesariamente por nuestra dureza.

APLICACIÓN PARA HOY

Identifica una conversación difícil pendiente. Ora antes de iniciarla, controla el volumen y evita expresiones diseñadas para castigar. Si ya hablaste ásperamente, pide perdón sin añadir excusas.

ORACIÓN

Señor, gobierna mi tono y mis palabras. Dame firmeza sin crueldad, mansedumbre sin cobardía y dominio propio para no convertir diferencias en incendios. Amén.

PARA MEDITAR:

¿Mi manera de responder suele traer claridad o aumentar innecesariamente el fuego?

DÍA 107 — 17 DE ABRIL

LUZ QUE APUNTA AL PADRE

"Así alumbre vuestra luz delante de los hombres, para que vean vuestras buenas obras y glorifiquen a vuestro Padre que está en los cielos."
Mateo 5:16

La luz no necesita anunciar constantemente que está alumbrando. Su presencia hace visible lo que antes permanecía en oscuridad.

Jesús llama a sus discípulos a vivir de manera visible, pero no para convertir la fe en espectáculo. Las buenas obras deben conducir la mirada hacia el Padre, no construir un altar alrededor del creyente.

La luz aparece en lugares ordinarios: honestidad cuando sería fácil engañar, pureza cuando nadie vigila, misericordia hacia quien no puede devolver el favor y valentía para reconocer a Cristo.

Las obras no salvan. Somos rescatados por gracia mediante la fe. Pero una fe que nunca produce una vida distinta se parece demasiado a una lámpara apagada.

También podemos esconder la luz por temor a incomodar. Suavizamos convicciones, evitamos mencionar a Jesús y procuramos que nuestra fe sea tan privada que nadie tenga que reaccionar ante ella.

El extremo contrario es usar la verdad con arrogancia. La luz bíblica no ciega deliberadamente ni disfruta denunciando oscuridad desde una posición de superioridad. Sirve, ama y habla con claridad.

Cristo es la luz verdadera. Nosotros solo reflejamos lo que recibimos. Por eso cualquier fruto debe devolverle gloria a Dios.

Una vida arrepentida también alumbra. No necesitamos aparentar perfección. Reconocer el pecado, pedir perdón y cambiar de rumbo puede mostrar el poder del evangelio más claramente que una fachada impecable.

El mundo quizá rechace el mensaje, pero no debería poder acusarnos justamente de incoherencia deliberada.

APLICACIÓN PARA HOY

Piensa en el ambiente donde Dios te colocó. Realiza una obra concreta de integridad, servicio o testimonio que apunte a Cristo y no a tu imagen.

ORACIÓN

Señor Jesús, tú eres la luz del mundo. Líbrame de esconder mi fe y de exhibirla con orgullo. Que mis obras hagan visible tu gracia y conduzcan a otros hacia el Padre. Amén.

PARA MEDITAR:

¿Mi manera de vivir dirige la atención hacia Dios o principalmente hacia mí?

DÍA 108 — 18 DE ABRIL

UN CORAZÓN SIN DOBLE FONDO

"Bienaventurados los de limpio corazón, porque ellos verán a Dios."
Mateo 5:8

La pureza del corazón es más profunda que una reputación correcta. Se refiere a un interior sin doble fondo: una vida que no presenta santidad en público mientras alimenta oscuridad en secreto.

Jesús no dijo que los limpios fueran personas sin pasado. La gracia puede lavar historias profundamente desordenadas. Tampoco afirmó que jamás experimentarían tentación. Habló de corazones purificados y orientados hacia Dios.

La impureza comienza frecuentemente en lo permitido dentro de la mente. Una imagen repetida, una conversación escondida o una fantasía alimentada va construyendo un mundo secreto.

El problema no se limita a la sexualidad. También existen intenciones impuras: servir para ser admirado, dar para controlar, hablar verdad para destruir o mostrar amabilidad buscando ventaja.

"Verán a Dios" señala la gloria futura, pero también una comunión presente más clara. El pecado tolerado nubla la percepción espiritual. No porque Dios desaparezca, sino porque el corazón pierde sensibilidad.

La limpieza comienza en Cristo. Su sangre perdona aquello que ninguna disciplina humana puede borrar. Después, su Espíritu inicia un proceso de renovación de deseos, hábitos y pensamientos.

Buscar pureza requiere medidas concretas. Algunas puertas deben cerrarse, ciertas conversaciones terminar y determinadas luchas confesarse. La gracia no elimina la responsabilidad; la hace posible.

El secreto fortalece la esclavitud. La luz debilita el engaño. Pedir ayuda a un creyente maduro puede ser parte del camino hacia la libertad.

La pureza no empobrece la vida. Protege la capacidad de amar sin usar, mirar sin codiciar y servir sin manipular.

APLICACIÓN PARA HOY

Pregunta al Señor qué área secreta necesita luz. Confiesa sin minimizar y toma una medida práctica: borrar, bloquear, cortar o buscar acompañamiento.

ORACIÓN

Señor, crea en mí un corazón limpio. Purifica mis deseos, intenciones y pensamientos. Dame valentía para sacar a la luz lo escondido y vivir sin doblez delante de ti. Amén.

PARA MEDITAR:

¿Existe coherencia entre la persona que otros ven y la vida que solamente Dios conoce?

DÍA 109 — 19 DE ABRIL

CADA COSA TIENE SU TIEMPO

"Todo tiene su tiempo, y todo lo que se quiere debajo del cielo tiene su hora."
Eclesiastés 3:1

Parte de la frustración humana nace de exigirle a una temporada lo que pertenece a otra. Queremos cosechar cuando todavía toca sembrar, celebrar mientras aún estamos de duelo o correr cuando el cuerpo necesita detenerse.

Eclesiastés recuerda que la vida se mueve mediante estaciones. Nacer y morir, plantar y arrancar, llorar y reír. Ninguna experiencia terrenal permanece para siempre.

Aceptar temporadas no significa resignarse pasivamente. Significa discernir qué requiere el momento presente y dejar de vivir peleando contra la realidad.

Algunas personas permanecen emocionalmente en una etapa que ya terminó. Siguen intentando revivir una relación, un ministerio o una capacidad que perteneció a otro tiempo. Otras quieren saltarse el proceso actual porque les parece lento o doloroso.

Dios no cambia, pero nuestras asignaciones sí pueden cambiar. Lo que fue obediencia ayer podría convertirse hoy en obstinación si el Señor cerró esa estación.

También existen tiempos que no escogemos: enfermedad, duelo, espera o limitación. No debemos romantizarlos, pero podemos preguntar cómo caminar fielmente dentro de ellos.

Jesús vivió consciente del tiempo del Padre. No se adelantó por presión humana ni se retrasó por miedo. Sabía cuándo retirarse, cuándo hablar y cuándo avanzar hacia Jerusalén.

La sabiduría consiste en reconocer la estación sin convertirla en identidad eterna. El invierno no dura para siempre, pero tampoco produce flores fingiendo que ya es primavera.

Dios sigue siendo Señor de cada etapa. Ninguna estación queda fuera de su alcance redentor.

APLICACIÓN PARA HOY

Identifica la temporada que estás viviendo. Pregunta qué debes aceptar, soltar, aprender o comenzar. Deja de exigirte frutos que corresponden a otra estación.

ORACIÓN

Señor del tiempo, dame sabiduría para reconocer la estación presente. Ayúdame a no vivir atrapado en el ayer ni desesperado por el mañana. Enséñame a obedecerte hoy. Amén.

PARA MEDITAR:

¿Estoy viviendo fielmente mi temporada actual o intentando habitar una etapa que ya terminó?

DÍA 110 — 20 DE ABRIL

LA COMPAÑÍA QUE MOLDEA EL CAMINO

"El que anda con sabios, sabio será;
mas el que se junta con necios será quebrantado."
Proverbios 13:20

Las relaciones cercanas funcionan como talleres de formación. Conversaciones, hábitos y valores van moldeándonos aun cuando creemos permanecer inmunes.

El sabio bíblico no es simplemente alguien inteligente o educado. Es quien teme a Dios, escucha corrección y toma en serio su Palabra. Caminar con personas así ayuda a ordenar la vida.

El necio puede ser carismático, exitoso y divertido. Su necedad consiste en vivir como si Dios fuera irrelevante. Cuando esa voz ocupa demasiado espacio, las convicciones comienzan a parecer exageradas y el pecado termina pareciendo normal.

Esto no significa aislarnos de quienes no creen. Jesús se acercó a pecadores y nosotros somos enviados al mundo. Pero existe diferencia entre amar a una persona y entregarle autoridad para formar nuestras decisiones.

Las amistades más cercanas deberían permitir verdad, oración y corrección. Un amigo que siempre aprueba todo quizá resulte agradable, pero no necesariamente fiel.

También debemos preguntarnos qué clase de influencia somos. Podemos exigir amistades sabias mientras llevamos a otros chisme, queja, desorden o superficialidad.

La iglesia ofrece un espacio para cultivar relaciones intergeneracionales. Los jóvenes necesitan experiencia; los mayores necesitan también la energía y las preguntas de los jóvenes.

Elegir compañía no es elitismo espiritual. Es reconocer humildemente que somos influenciables.

Algunas relaciones requerirán límites. Otras necesitan mayor inversión. La sabiduría no abandona a todo el que falla, pero tampoco llama lealtad a permanecer bajo una influencia destructiva.

Cristo debe ocupar el lugar central. Ninguna amistad humana puede cargar el peso de ser salvador, pero muchas pueden ayudarnos a seguir al verdadero Salvador.

APLICACIÓN PARA HOY

Evalúa tus tres influencias más cercanas. Acércate deliberadamente a una persona sabia y establece límites frente a una relación que esté enfriando tu fe.

ORACIÓN

Señor, dame discernimiento para escoger mis compañías y humildad para recibir corrección. Rodéame de personas que me acerquen a Cristo y hazme también una influencia sabia para otros. Amén.

PARA MEDITAR:

¿Las personas más cercanas fortalecen mi obediencia a Dios o normalizan aquello que Él quiere cambiar?

DÍA 111 — 21 DE ABRIL

LO QUE LLENA TU MENTE TERMINA DIRIGIENDO TU VIDA

"Por lo demás, hermanos, todo lo que es verdadero, todo lo honesto, todo lo justo, todo lo puro, todo lo amable, todo lo que es de buen nombre; si hay virtud alguna, si algo digno de alabanza, en esto pensad."
Filipenses 4:8

La mente nunca permanece vacía. Siempre está procesando recuerdos, temores, deseos, noticias, imágenes y conversaciones imaginarias. Aunque nadie pueda observar ese movimiento interior, tarde o temprano se manifiesta en palabras, decisiones y reacciones.

Pablo no ofrece una frase decorativa, sino una orden: "En esto pensad". No podemos impedir que todo pensamiento toque la puerta, pero sí decidir cuál recibirá alojamiento permanente. La tentación puede aparecer sin invitación; alimentarla ya implica otra cosa.

Lo que repetimos mentalmente va formando el corazón. Si pasamos horas consumiendo impureza, resentimiento, comparación y miedo, no deberíamos sorprendernos cuando la oración se vuelve difícil y la paz parece haberse mudado sin dejar dirección.

El llamado no consiste en vivir desconectados de los problemas reales. Pensar en lo verdadero no significa negar un diagnóstico, una deuda o una injusticia. Significa interpretarlos bajo el gobierno de Dios y no mediante las mentiras que el temor fabrica.

Cristo no murió solamente para perdonar nuestras acciones visibles. También reclama nuestra imaginación, memoria y manera de razonar. Por su Palabra y su Espíritu, transforma una mente acostumbrada al ruido en una mente capaz de discernir.

Quizá no estás practicando un pecado escandaloso, pero llevas tiempo alimentando pensamientos que enfrían el alma. Una dieta constante de basura mental puede debilitar la fe sin producir titulares.

APLICACIÓN PARA HOY

Examina qué ha ocupado mayormente tu mente durante esta semana. Identifica un contenido, pensamiento o conversación que debas limitar y reemplázalo hoy con un salmo, una promesa bíblica o un tiempo consciente de oración.

ORACIÓN

Señor, examina mis pensamientos y limpia lo que me contamina. Enséñame a pensar en lo verdadero, justo, puro y digno de alabanza. Que mi mente no sea gobernada por el ruido, sino por la verdad de Cristo. Amén.

PARA MEDITAR:

¿Mis pensamientos más frecuentes me están acercando a Cristo o formando silenciosamente una vida que se aleja de Él?

DÍA 112 — 22 DE ABRIL

ESCUCHAR ANTES DE RESPONDER

"Al que responde palabra antes de oír,
le es fatuidad y oprobio."
Proverbios 18:13

Responder sin escuchar es una de las maneras más rápidas de fabricar conflictos innecesarios. Oímos media frase, interpretamos el tono según nuestras heridas y preparamos la defensa antes de comprender lo que la otra persona quiso comunicar.

Proverbios llama necedad a esa conducta. No dice que sea simplemente un error de comunicación, sino una forma de orgullo: suponemos que ya conocemos la historia completa y que nuestra primera impresión merece convertirse en veredicto.

Escuchar verdaderamente requiere humildad. Significa dejar de ensayar la respuesta mientras el otro habla, hacer preguntas y aceptar que quizá entendimos mal. No todo silencio es escucha; a veces solo estamos esperando nuestro turno para disparar.

Muchos hogares viven en discusiones repetidas porque nadie se siente escuchado. Cada persona aumenta el volumen con la esperanza de ser comprendida, y el resultado es que todos terminan hablando y nadie recibe al otro.

Jesús escuchaba con atención. Preguntaba, permitía que las personas expresaran su dolor y luego respondía a la necesidad profunda, no solamente a la frase superficial. Su omnisciencia no lo volvió impaciente con la fragilidad humana.

Escuchar no significa aceptar toda acusación ni renunciar a la verdad. Significa asegurarnos de haber comprendido antes de corregir. Una respuesta sabia dada después de escuchar puede sanar; una respuesta rápida basada en una suposición puede dejar heridas difíciles de recoger.

También necesitamos escuchar a Dios antes de pedirle que apruebe nuestras decisiones. Abrir la Biblia solamente para buscar respaldo a lo que ya pensamos es otra forma de responder antes de oír.

APLICACIÓN PARA HOY

En tu próxima conversación difícil, formula al menos una pregunta antes de defenderte. Repite con tus palabras lo que entendiste y permite que la otra persona lo confirme o corrija.

ORACIÓN

Señor, líbrame de responder desde el orgullo y la prisa. Dame paciencia para escuchar, humildad para reconocer cuando entendí mal y sabiduría para hablar después de haber comprendido. Amén.

PARA MEDITAR:

¿Escucho para comprender o solamente para encontrar el momento de responder?

DÍA 113 — 23 DE ABRIL

MEJOR UN PUÑO LLENO CON DESCANSO

"Más vale un puño lleno con descanso, que ambos puños llenos con trabajo y aflicción de espíritu."
Eclesiastés 4:6

La cultura celebra los dos puños llenos: más trabajo, más ingresos, más proyectos, más reconocimiento. El problema es que muchas personas consiguen llenar ambas manos mientras dejan vacía el alma.

Eclesiastés no condena el trabajo. Critica la ambición que nunca sabe decir "basta". Hay una diferencia entre diligencia y esclavitud. La diligencia cumple responsablemente; la esclavitud interior siempre exige otro logro para sentirse valiosa.

Un puño lleno con descanso puede parecer poca cosa delante de quien vive comparándose. Sin embargo, permite disfrutar el alimento, conversar con la familia, cuidar el cuerpo, buscar a Dios y recordar que la vida no se resume en producir.

Los dos puños llenos dificultan recibir. Cuando las manos están apretadas alrededor de todo lo que hemos conseguido, no queda espacio para aceptar ayuda, consuelo ni nuevas instrucciones del Señor.

A veces justificamos el agotamiento diciendo que lo hacemos "por la familia", mientras la familia apenas disfruta nuestra presencia. O aseguramos que trabajamos "para Dios", aunque ya no tenemos tiempo para estar con Dios. El activismo religioso también puede ser aflicción de espíritu vestida con corbata ministerial.

Jesús trabajó, caminó, enseñó y sirvió intensamente. También se retiró, durmió y se sentó a comer con sus discípulos. Nunca confundió obediencia con ansiedad productiva.

Tal vez no necesitas añadir otra tarea, sino soltar una. Tener menos no siempre significa vivir peor. En ocasiones, es la única forma de recuperar lo que el exceso estaba devorando.

APLICACIÓN PARA HOY

Revisa tus compromisos y señala cuál existe principalmente por comparación, culpa o necesidad de aprobación. Considera reducirlo, delegarlo o eliminarlo para recuperar descanso y presencia.

ORACIÓN

Señor, líbrame de llenar mis manos mientras vacío mi corazón. Dame sabiduría para trabajar con diligencia, descansar sin culpa y reconocer cuándo lo suficiente realmente es suficiente. Amén.

PARA MEDITAR:

¿Estoy ganando cosas que puedo contar mientras pierdo silenciosamente aquello que no tiene precio?

DÍA 114 — 24 DE ABRIL

MIRA BIEN POR DÓNDE CAMINAS

"Examina la senda de tus pies,
y todos tus caminos sean rectos."
Proverbios 4:26

La vida rara vez se desvía mediante un salto gigantesco. Casi siempre comienza con pasos pequeños: una concesión, una conversación que no debió continuar, un hábito aparentemente inocente o una decisión tomada sin consultar a Dios.

Proverbios manda examinar la senda. No solamente mirar el destino que deseamos, sino observar por dónde estamos caminando para llegar. Un objetivo legítimo no convierte automáticamente en correcto cualquier método.

Podemos pedirle a Dios que bendiga una meta mientras avanzamos hacia ella por caminos de manipulación, mentira o desorden. Entonces el problema no es falta de dirección divina, sino resistencia a revisar nuestros pasos.

Examinar implica detenerse. Quien vive apresurado no suele notar que se ha desviado hasta encontrarse bastante lejos. La prisa produce una especie de ceguera práctica: hacemos lo urgente sin preguntar si sigue siendo recto.

También conviene observar hacia dónde conduce una decisión si se repite. Tal vez un acto aislado parezca insignificante, pero convertido en costumbre terminará formando carácter. Cada paso está votando por la persona en la que nos convertiremos.

La Palabra de Dios funciona como luz para la senda. No siempre muestra el mapa completo, pero revela suficiente para identificar lo torcido. El Espíritu también utiliza consejo piadoso, circunstancias y corrección para advertirnos.

Cristo no solamente perdona al que caminó por rutas equivocadas; también lo llama a cambiar de dirección. Arrepentirse no es lamentar el lugar al que llegamos mientras continuamos por la misma carretera.

Antes de pedir nuevas señales, conviene obedecer la luz que ya tenemos. Muchas veces el siguiente paso es sencillo, aunque no sea cómodo.

APLICACIÓN PARA HOY

Examina una decisión que estés tomando. Pregunta no solo adónde quieres llegar, sino qué clase de persona estás siendo durante el trayecto. Corrige hoy cualquier paso que contradiga la Palabra.

ORACIÓN

Señor, examina mis caminos. Muéstrame dónde me he desviado por prisa, conveniencia o orgullo. Endereza mis pasos y dame valor para cambiar de dirección mientras todavía escucho tu voz. Amén.

PARA MEDITAR:

¿El camino que estoy usando para alcanzar mis metas también honra a Dios?

DÍA 115 — 25 DE ABRIL

PEDIRLE A DIOS QUE REVISE LA CASA POR DENTRO

"Examíname, oh Dios, y conoce mi corazón; pruébame y conoce mis pensamientos; y ve si hay en mí camino de perversidad, y guíame en el camino eterno."
Salmo 139:23–24

Revisamos con facilidad lo visible: ropa, agenda, reputación y aquello que otros pueden evaluar. Lo difícil es permitir que Dios examine la casa por dentro: intenciones, envidias, heridas, deseos y pecados que aprendimos a justificar.

David sabía que Dios ya conocía su corazón. Su oración no pretendía informarle nada, sino pedir que la luz divina alcanzara también su propia conciencia. Existen rincones interiores donde permanecemos tanto tiempo que dejamos de notar la oscuridad.

"Pruébame y conoce mis pensamientos" requiere valentía. Es más cómodo pedir bendición que examen. Preferimos que Dios confirme nuestra versión antes que escuchar su diagnóstico.

El salmista pregunta si existe en él "camino de perversidad". No habla solamente de actos aislados, sino de rutas internas: tendencias que, si continúan, terminarán conduciendo a lugares destructivos. La amargura, la vanidad, el amor al dinero o la independencia espiritual pueden crecer sin producir escándalo inmediato.

Sin embargo, el examen de Dios no busca aplastarnos. El versículo termina: "Guíame en el camino eterno". La luz revela para corregir, limpiar y restaurar. El Médico muestra la herida porque pretende sanarla.

La cruz permite abrir la casa sin temor a ser destruidos por lo que aparezca. Cristo ya cargó la condenación del creyente. El Espíritu convence de pecado no para empujarnos al escondite, sino para conducirnos al arrepentimiento.

La introspección sin evangelio puede convertirse en obsesión enfermiza. El examen bíblico mira el pecado con honestidad y luego mira a Cristo con esperanza.

APLICACIÓN PARA HOY

Lee lentamente el pasaje y permanece unos minutos en silencio. Si Dios señala una actitud o práctica, no la expliques. Confiésala y determina un cambio verificable.

ORACIÓN

Señor, examina mi corazón, mis pensamientos y motivaciones. Muéstrame lo que he dejado de ver y guíame lejos de toda ruta torcida. Que tu luz me conduzca al arrepentimiento y al camino eterno. Amén.

PARA MEDITAR:

¿Estoy dispuesto a recibir la respuesta de Dios cuando le digo sinceramente: "Examíname"?

DÍA 116 — 26 DE ABRIL

FE QUE SE VUELVE OBEDIENCIA

*"¿Por qué me llamáis, Señor, Señor,
y no hacéis lo que yo digo?"*
Lucas 6:46

Jesús dirigió esta pregunta a personas religiosas que sabían pronunciar correctamente "Señor". Escuchaban sus enseñanzas y posiblemente admiraban sus palabras, pero mantenían distancia entre lo que confesaban y lo que practicaban.

Nunca hemos tenido tanto contenido cristiano disponible. Sermones, libros, videos y conferencias pueden llenar cada hora. Sin embargo, consumir enseñanza no equivale a obedecerla. Se puede conocer mucho acerca de Cristo y reservarle muy poco gobierno sobre la vida.

Llamarlo Señor implica reconocer autoridad. La verdad se prueba cuando choca con nuestros deseos: perdonar al que hirió, confesar lo escondido, ordenar las finanzas, terminar una relación pecaminosa o abandonar un hábito consentido.

En el contexto, Jesús compara dos constructores. Ambos oyen. La diferencia es que uno practica. Mientras el clima permanece tranquilo, las casas pueden parecer iguales. La tormenta revela qué fundamento estaba debajo.

La obediencia no compra la salvación. Somos aceptados por la obra de Cristo, no por un expediente impecable. Pero la gracia que salva produce una nueva disposición: ya no queremos solamente escuchar al Señor, sino seguirlo.

Obedecer puede doler porque contradice a la carne. No obstante, los mandamientos de Cristo no son trampas para robarnos vida. Proceden del mismo Salvador que entregó la suya por nosotros.

La demora en obedecer suele disfrazarse de prudencia: "Estoy orando", "todavía no siento paz", "necesito otra confirmación". A veces ya existe suficiente claridad; lo que falta es rendición.

Un pequeño acto obediente vale más que una biblioteca de verdades admiradas y nunca practicadas.

APLICACIÓN PARA HOY

Identifica una instrucción de Cristo que conoces, pero has postergado. Nombra la excusa y realiza hoy el primer paso concreto de obediencia.

ORACIÓN

Señor Jesús, te he llamado Señor mientras protegía áreas que no quería entregarte. Perdóname. Haz que mi fe pase de los labios a las decisiones y que edifique mi vida sobre la obediencia a tu Palabra. Amén.

PARA MEDITAR:

¿Qué área de mi vida contradice con mayor claridad el título de "Señor" que doy a Jesús?

DÍA 117 — 27 DE ABRIL

CONSOLAR CON LA CONSOLACIÓN DE DIOS

"Bendito sea el Dios y Padre de nuestro Señor Jesucristo, Padre de misericordias y Dios de toda consolación, el cual nos consuela en todas nuestras tribulaciones, para que podamos también nosotros consolar."

2 Corintios 1:3–4

Algunos dolores dejan sin palabras: hospitales, funerales, traiciones y noticias que dividen la vida entre un antes y un después. En esos lugares, Dios no se presenta como observador distante, sino como Padre de misericordias y Dios de toda consolación.

Su consuelo no siempre elimina inmediatamente la causa del sufrimiento. Muchas veces llega como fuerza para continuar, una promesa que vuelve a respirar, una paz inesperada o la presencia de alguien que sabe acompañar sin ofrecer explicaciones apresuradas.

Dios también utiliza a su pueblo. Una visita, una comida, una llamada o un silencio compartido pueden convertirse en manos visibles del Consolador. No necesitamos resolver el misterio para estar presentes.

Pablo añade un propósito: somos consolados para consolar. El dolor llevado delante de Dios puede transformarse en sensibilidad hacia otros. La herida no desaparece necesariamente, pero deja de ser únicamente un lugar de pérdida y se convierte también en punto de encuentro.

Esto no significa comparar sufrimientos ni apropiarnos de la experiencia ajena. Decir "sé exactamente cómo te sientes" suele ser imprudente. Podemos decir algo más humilde: "No comprendo completamente, pero no quiero que atravieses esto solo".

Cristo conoce el sufrimiento desde dentro. Fue rechazado, traicionado y crucificado. Por eso su consuelo no es teoría pronunciada desde un lugar seguro.

Debemos evitar frases que lesionan al que sufre: "Todo pasa por algo", "Te faltó fe" o "Podría ser peor". La verdad bíblica necesita ser administrada con ternura y a su debido tiempo.

A veces el mejor ministerio consiste en llorar con quien llora y permanecer.

APLICACIÓN PARA HOY

Recuerda una ocasión en que Dios te consoló. Luego piensa en alguien que atraviesa dolor y ofrécele presencia concreta, escucha y oración, sin intentar explicarlo todo.

ORACIÓN

Padre de misericordias, consuélame en mis heridas y úsame para acompañar a otros. Dame palabras cuando sean necesarias y humildad para guardar silencio cuando mi presencia sea suficiente. Amén.

PARA MEDITAR:

¿Mis propias heridas me han vuelto más compasivo o más encerrado en mí mismo?

DÍA 118 — 28 DE ABRIL

NO TE APRESURES A ENOJARTE

"No te apresures en tu espíritu a enojarte;
porque el enojo reposa en el seno de los necios."
Eclesiastés 7:9

El enojo puede aparecer antes de que comprendamos lo ocurrido. Una mirada, una demora o una frase mal interpretada bastan para que el corazón prepare un juicio y la boca ejecute la sentencia.

Eclesiastés advierte contra la prisa del espíritu. El problema no consiste solamente en sentir ira, sino en permitirle instalarse y convertirla en residencia permanente. Lo que llega como reacción puede quedarse como resentimiento.

"El enojo reposa en el seno de los necios". La imagen sugiere algo abrazado y protegido. Hay personas que cuidan sus ofensas, las repasan y hasta encuentran identidad en ellas. No quieren sanar porque la herida les concede argumentos para continuar castigando.

La sabiduría introduce distancia entre el estímulo y la respuesta. Pregunta antes de acusar, espera antes de escribir y ora antes de declarar una guerra que quizá nació de un malentendido.

No toda ira es pecaminosa. La injusticia debe indignarnos. Jesús se enojó ante la dureza y la profanación. Pero su ira permanecía sometida a la santidad; la nuestra suele mezclarse con orgullo, cansancio y deseo de controlar.

La ira apresurada rara vez produce justicia. Puede lograr silencio por miedo, pero no arrepentimiento verdadero. Puede ganar una discusión y perder una relación.

También es necesario reconocer factores físicos. Hambre, agotamiento y tensión no justifican el pecado, pero pueden disminuir el dominio propio. Cuidar el cuerpo forma parte de prevenir reacciones necias.

Cristo no respondió a nuestros pecados con una explosión caprichosa. En la cruz, justicia y misericordia se encontraron. Quien ha recibido esa paciencia puede aprender a no vivir con el fósforo encendido.

APLICACIÓN PARA HOY

Identifica qué situaciones aceleran tu enojo. Antes de responder, aléjate unos minutos, revisa los hechos y pregunta qué parte de tu reacción procede del orgullo.

ORACIÓN

Señor, no permitas que el enojo encuentre casa en mí. Hazme lento para reaccionar, dispuesto a escuchar y humilde para reconocer cuando exagero. Que mi firmeza esté gobernada por tu Espíritu. Amén.

PARA MEDITAR:

¿Uso el enojo para enfrentar lo justo o para castigar a quienes no cumplen mis expectativas?

DÍA 119 — 29 DE ABRIL

TODO LO QUE VENGA A TU MANO

"Todo lo que te viniere a la mano para hacer, hazlo según tus fuerzas."
Eclesiastés 9:10

Esperamos con facilidad la gran oportunidad mientras descuidamos la tarea que ya está delante. Soñamos con proyectos importantes, pero tratamos con indiferencia el trabajo ordinario que ocupa este día.

Eclesiastés llama a realizar con empeño lo que viene a la mano. No dice que debamos hacerlo todo, sino aquello que realmente nos corresponde. La sabiduría distingue entre responsabilidad y activismo.

Trabajar según nuestras fuerzas reconoce límites. No significa mediocridad, sino entrega honesta de la capacidad disponible. Hay días de abundante energía y otros donde hacer lo necesario ya requiere valentía.

La excelencia cristiana no equivale a perfeccionismo. El perfeccionismo trabaja para evitar crítica o demostrar valor. La excelencia procura honrar a Dios y servir bien, aceptando que somos criaturas falibles.

Las tareas pequeñas también forman carácter. Responder correctamente, limpiar, preparar, cumplir una promesa o llegar a tiempo puede parecer poco espiritual. Sin embargo, allí se ejercitan fidelidad, paciencia e integridad.

Jesús pasó muchos años realizando trabajo ordinario antes de su ministerio público. La carpintería de Nazaret no fue tiempo desperdiciado. El Hijo honró al Padre también en la rutina.

Este versículo confronta la pereza, pero también la dispersión. A veces no hacemos bien lo presente porque la mente está ocupada deseando otro lugar, otro empleo o una plataforma mayor.

No sabes cuántas oportunidades futuras tendrás. Sí conoces la tarea que Dios puso hoy a tu alcance. La fidelidad comienza allí.

Cuando el trabajo es injusto o destructivo, buscar cambio puede ser necesario. Pero mientras llega esa transición, todavía podemos actuar con honestidad sin convertir la frustración en descuido.

APLICACIÓN PARA HOY

Escoge una tarea que has realizado con desgano. Hazla hoy con atención, dentro de tus fuerzas y sin esperar reconocimiento. Considera qué actitud necesitas abandonar.

ORACIÓN

Señor, enséñame a honrarte en lo que hoy tengo delante. Líbrame de la pereza, del perfeccionismo y de despreciar lo pequeño. Que mis manos trabajen con fidelidad y gratitud. Amén.

PARA MEDITAR:

¿Estoy esperando una oportunidad grande mientras trato con negligencia la responsabilidad que ya recibí?

DÍA 120 — 30 DE ABRIL

LA GRACIA QUE ENSEÑA A ESPERAR

"La gracia de Dios se ha manifestado para salvación… enseñándonos que, renunciando a la impiedad y a los deseos mundanos, vivamos en este siglo sobria, justa y piadosamente, aguardando la esperanza bienaventurada."

Tito 2:11–13

La gracia no es solamente la puerta de entrada a la salvación. También es maestra. No nos rescata para dejarnos instalados en los mismos deseos y hábitos que nos esclavizaban.

Pablo presenta tres movimientos: renunciar, vivir y aguardar. Renunciamos a la impiedad, aprendemos una vida nueva y esperamos el regreso de Cristo.

La impiedad consiste en vivir como si Dios fuera irrelevante. Puede existir incluso dentro de una agenda religiosa cuando tomamos decisiones sin considerar su voluntad.

Los deseos mundanos prometen satisfacción inmediata, pero forman cadenas. Renunciar no es simplemente reprimirlos mediante fuerza humana; es rechazarlos porque Cristo se ha vuelto un tesoro superior.

La gracia enseña sobriedad: claridad frente a las distracciones y pasiones. Enseña justicia: trato recto hacia otros. Enseña piedad: una vida orientada hacia Dios.

Todo esto ocurre "en este siglo". No esperamos un ambiente ideal para obedecer. Vivimos rodeados de presión cultural, tentación y confusión, pero el Espíritu sigue formando un pueblo distinto.

También aguardamos. Cristo regresará visible y gloriosamente. Esta esperanza no produce evasión, sino seriedad. Quien sabe que verá al Señor ordena de otra manera el tiempo, el dinero, la pureza y las relaciones.

Esperar su regreso no consiste en adivinar fechas ni convertir cada noticia en código secreto. Consiste en permanecer fiel mientras llega.

La misma gracia que perdona nuestras caídas nos levanta para continuar aprendiendo. No somos alumnos graduados, sino discípulos bajo la enseñanza paciente del Salvador.

APLICACIÓN PARA HOY

Pregunta qué deseo o conducta la gracia te está enseñando a renunciar. Decide una acción concreta que exprese sobriedad, justicia o piedad, y recuerda conscientemente que Cristo volverá.

ORACIÓN

Señor Jesús, gracias por la gracia que salva y también corrige. Enséñame a renunciar al pecado, vivir piadosamente y esperar tu regreso con fidelidad, no con especulación. Amén.

PARA MEDITAR:

¿Estoy usando la gracia como permiso para seguir igual o recibiéndola como maestra que transforma?

NUESTRO MENSAJE PARA TI EN MAYO

CUANDO NADIE TE ESTÁ MIRANDO

OTTO & MILKY MAÑÓN

La vida cristiana no se sostiene solamente mediante momentos intensos, sino con una obediencia cotidiana que casi nunca recibe aplausos. Es más fácil emocionarse durante un culto que caminar con Dios en la casa, responder con mansedumbre cuando estamos cansados o mantener pureza frente a una pantalla que nadie más puede ver.

La Biblia presenta la fe como camino: paso tras paso, decisión tras decisión. Pablo manda andar en el Espíritu, no visitar ocasionalmente su influencia. El evangelio no fue dado para decorar domingos, sino para gobernar lunes, conversaciones, cuentas y deseos.

Existe una versión pública de nosotros y otra que solo Dios conoce. Allí se revela qué hacemos con el enojo, la lengua, el dinero, la imaginación y la necesidad de aprobación. El carácter verdadero no aparece únicamente cuando predicamos, sino cuando nadie podría felicitarnos por obedecer.

Las batallas decisivas suelen ocurrir en silencio: decir la verdad cuando mentir facilitaría las cosas, apagar lo que contamina, pedir perdón antes de exigirlo, rechazar el chisme o servir sin publicar evidencia fotográfica del sacrificio. Esos actos quizá no reciben comentarios, pero están formando el alma.

También debemos examinar las motivaciones. Se puede servir para ser admirado y hablar de Cristo mientras se vive lejos de Él en secreto. Dios no mira solamente las manos; conoce el corazón que las mueve.

La vida espiritual rara vez se derrumba de una sola vez. Se enfría mediante pequeñas concesiones: una oración abandonada, un pecado tolerado, una justificación repetida. Pero la transformación también crece por acumulación de obediencias sencillas.

Dios trabaja cuando volvemos a abrir la Palabra, confesamos sin excusas y retomamos el camino. No necesitamos fabricar una perfección que no poseemos, sino caminar en la luz.

Cristo no vino por personas impecables. Vino por pecadores. Su gracia no debe utilizarse para jugar con el pecado, pero tampoco debemos huir de ella después de caer.

Que la meta de mayo no sea impresionar, sino caminar sinceramente con Dios. Cuando nadie esté mirando, recordemos que el Padre sí ve. No como policía impaciente, sino como Dios santo que guarda, corrige y sostiene a quienes pertenecen a su Hijo.

DÍA 121 — 1 DE MAYO

LOS OJOS QUE NUNCA SE CIERRAN

"Los ojos de Jehová están en todo lugar,
mirando a los malos y a los buenos."
Proverbios 15:3

La privacidad humana tiene límites. Podemos cerrar puertas, borrar historiales, ocultar conversaciones y construir una versión pública cuidadosamente editada. Sin embargo, nunca existe un lugar fuera de la mirada de Dios.

Para algunos, esta verdad suena amenazante. Y debe inquietar a quien usa el secreto para alimentar pecado. Dios ve la injusticia que nadie denuncia, la manipulación que todos creen inocente y la doble vida escondida detrás de una reputación religiosa.

Pero esos mismos ojos también consuelan. El Señor ve la obediencia que nadie celebra, la oración silenciosa, el servicio que otro recibió sin conocer su origen y la tentación resistida en completa soledad.

La mirada divina no es vigilancia fría. El Dios que observa es también Padre de quienes están en Cristo. Ve para corregir, proteger, sostener y recompensar según su sabiduría.

Vivir consciente de esos ojos produce integridad. La integridad no consiste en no tener luchas, sino en ser la misma persona delante de Dios, en público y en secreto. No necesita una máscara diferente para cada escenario.

Adán y Eva se escondieron después de pecar, pero ningún árbol podía ocultarlos. Nosotros seguimos buscando arbustos modernos. El evangelio nos llama a salir de ellos.

Cristo cargó en la cruz con pecados cometidos bajo plena mirada divina. Por eso podemos acercarnos con confesión, no para informarle algo que desconoce, sino para recibir perdón y limpieza.

También conviene recordar que Dios ve el sufrimiento oculto. Ninguna lágrima, injusticia o esfuerzo fiel desaparece porque los seres humanos no lo registraron.

El temor de Dios y el consuelo de Dios nacen de la misma verdad: nunca estamos fuera de su mirada.

APLICACIÓN PARA HOY

Pregunta qué cambiarías si recordaras conscientemente que Dios está presente. Confiesa cualquier vida secreta y entrégale también una obediencia silenciosa que nadie ha valorado.

ORACIÓN

Señor, tus ojos están sobre toda mi vida. Saca a la luz lo que escondo, fortalece lo que hago para ti en secreto y enséñame a vivir con integridad delante de tu presencia. Amén.

PARA MEDITAR:

¿La persona que soy cuando nadie me observa puede presentarse sin vergüenza delante del Dios que siempre me ve?

DíA 122 — 2 DE MAYO

NO ESTÁS CAMINANDO SOLO

"He aquí yo estoy con vosotros todos los días, hasta el fin del mundo."
Mateo 28:20

La fe no se siente igual todos los días. En ocasiones avanzas con seguridad; en otras, apenas logras dar el siguiente paso. Jesús conocía las debilidades de sus discípulos cuando les prometió: "Estoy con vosotros todos los días". No dijo solamente en los días buenos, cuando oraran con fervor o cuando todo les saliera bien. Dijo todos.

Su presencia abarca el día de celebración y el de vergüenza; el momento de victoria y aquel en que necesitas volver a levantarte. Cristo no se acerca únicamente cuando tu historia parece ordenada. Permanece también cuando hay confusión, cansancio, culpa o preguntas sin respuesta.

No caminar solo no significa que nunca sentirás soledad. Significa que la soledad no tiene la última palabra. Jesús conoce los pensamientos que no dices, los temores que escondes y las cargas que otros no alcanzan a comprender. Su presencia no depende de tus emociones. Aunque no lo sientas, Él sigue siendo fiel.

Recordar que Cristo está contigo cambia la manera de enfrentar el día. No reaccionas igual cuando piensas que todo depende de ti que cuando sabes que el Señor guía, sostiene, corrige y abre camino. Su compañía no elimina automáticamente los problemas, pero transforma el lugar desde donde los enfrentas. Ya no luchas como abandonado, sino como hijo acompañado.

APLICACIÓN PARA HOY

Antes de comenzar tus tareas, repite esta promesa: "Jesús, tú estás conmigo hoy". Cuando llegue el momento más difícil, detente y pide ayuda para responder como alguien acompañado por Cristo. Al terminar el día, recuerda dos momentos en los que su presencia te sostuvo, aunque en ese instante no lo notaras.

ORACIÓN

Señor Jesús, gracias porque prometiste estar conmigo todos los días. Haz que tu presencia sea para mí una certeza y no solamente una idea. Recuérdame que no estoy abandonado y ayúdame a enfrentar cada decisión, temor y cansancio confiando en ti. Amén.

PARA MEDITAR:

¿Qué cambiaría hoy si creyera profundamente que Jesús está conmigo en cada momento?

DÍA 123 — 3 DE MAYO

EL DIOS QUE REPARA LO QUE OTROS DESCARTAN

"El vaso que él hacía se echó a perder en su mano; y volvió y lo hizo otro vaso, según le pareció mejor."

Jeremías 18:4

Jeremías observó algo decisivo en la casa del alfarero: el vaso se echó a perder, pero permaneció en las manos del artesano. No cayó lejos del torno ni quedó abandonado en el suelo. Se deformó mientras todavía estaba siendo sostenido.

Esa imagen habla con fuerza a quienes sienten que han arruinado demasiado. Dios conoce tus grietas, tus decisiones equivocadas, las costumbres que todavía necesitas abandonar y las áreas donde el carácter se ha deformado. Nada de eso lo sorprende. La pregunta no es solamente cuánto daño existe, sino en manos de quién permanece el barro.

El alfarero no arrojó el material a la basura. Volvió a trabajarlo e hizo otro vaso, según le pareció mejor. Dios no siempre restaura tu vida exactamente como tú la imaginabas. Algunas veces produce algo distinto, más humilde y más útil. El proceso puede incluir corrección, presión, espera y renuncia. No siempre será cómodo, pero sus manos nunca trabajan sin propósito.

Esto no convierte el pecado en algo insignificante ni borra automáticamente sus consecuencias. Significa que el fracaso no necesita ser el capítulo final. En Cristo hay perdón, restauración y una nueva oportunidad para dejarse formar. Lo que otros consideran material desechado puede convertirse en testimonio de la paciencia de Dios.

El barro no dirige al alfarero. Se deja moldear. Esa es también nuestra lucha: queremos restauración, pero sin presión; transformación, pero sin corrección. Sin embargo, el Dios que conoce el diseño final sabe qué debe quitar, doblar y reconstruir.

APLICACIÓN PARA HOY

Presenta al Señor un área de tu vida que consideras dañada. Pregúntale qué quiere formar por medio de ese proceso. Luego da un paso práctico de obediencia: pedir perdón, buscar consejo, romper un hábito o aceptar una corrección necesaria.

ORACIÓN

Señor, gracias porque no me descartas cuando me deformo. Toma nuevamente mi vida en tus manos y haz de mí un vaso útil para tu gloria. Dame humildad para aceptar tu proceso y obediencia para no resistirme a tu obra. Amén.

PARA MEDITAR:

¿Veo mis fracasos como el final o como barro que todavía está en manos del Alfarero?

DÍA 124 — 4 DE MAYO

LA PAZ QUE GUARDA LA MENTE EN MEDIO DEL RUIDO

"No se inquieten por nada, sino presenten sus peticiones delante de Dios en toda oración y ruego, con acción de gracias. Y la paz de Dios, que sobrepasa todo entendimiento, guardará sus corazones y sus pensamientos en Cristo Jesús."

Filipenses 4:6–7

La mente puede convertirse en una habitación llena de voces: preocupaciones por el futuro, culpas del pasado, responsabilidades presentes y noticias que alimentan el temor. Pablo escribió estas palabras desde una prisión. No hablaba como alguien ajeno a la presión, sino como un creyente que aprendió a trasladar sus cargas a Dios.

"No se inquieten por nada" no significa que debes fingir que nada te afecta. Significa que no debes permitir que la ansiedad gobierne tu interior. Pablo ofrece una dirección concreta: convertir la preocupación en oración. Aquello que da vueltas dentro de la cabeza debe ser presentado delante de Dios con nombre, detalle y sinceridad.

También añade "con acción de gracias". Agradecer no niega el problema. Recuerda que el Dios a quien estás clamando ya ha mostrado fidelidad antes. La gratitud abre una ventana en medio del encierro mental y permite que el corazón contemple algo más grande que la dificultad presente.

La promesa no afirma que todas las circunstancias cambiarán inmediatamente. Dice que la paz de Dios guardará el corazón y los pensamientos. La palabra "guardará" comunica protección: como un centinela que permanece en la entrada e impide que el miedo ocupe el trono.

Esa paz sobrepasa el entendimiento porque no depende de tener todas las respuestas. Nace de estar en Cristo Jesús. No es una técnica de relajación, sino el fruto de confiar en una persona viva. La ansiedad te encierra dentro de tus cálculos; la oración te lleva ante el Dios que ve el cuadro completo.

APLICACIÓN PARA HOY

Escribe tres cosas que te inquietan. Preséntalas una por una en oración y, después de cada petición, agradece por una muestra pasada de la fidelidad de Dios. Cuando la preocupación regrese, repite: "Señor, ya te lo entregué; guarda mi mente con tu paz".

ORACIÓN

Señor, conoces el ruido de mi mente. Recibe mis peticiones y reemplaza mi afán con tu paz. Guarda mi corazón y mis pensamientos en Cristo Jesús. Amén.

PARA MEDITAR:

¿Estoy convirtiendo mis preocupaciones en oración o simplemente las reciclo dentro de mi cabeza?

DÍA 125 — 5 DE MAYO

ENTREGA LO QUE NO PUEDES CARGAR

"Echando toda vuestra ansiedad sobre él, porque él tiene cuidado de vosotros."
1 Pedro 5:7

Algunas cargas no destruyen por lo que ocurrió, sino porque seguimos llevándolas durante demasiado tiempo. Preocupaciones repetidas, miedos disfrazados de prudencia y heridas que nunca se entregan terminan agotando el cuerpo y el alma.

Pedro no dice que organices mejor tu ansiedad ni que aprendas a convivir cómodamente con ella. Dice que la eches sobre Dios. La imagen es la de colocar un peso sobre hombros más fuertes. No significa abandonar tus responsabilidades, sino reconocer que nunca fuiste diseñado para gobernar todos los resultados.

La ansiedad puede esconder una ilusión de control. Pensamos que, si analizamos suficientemente, anticipamos cada posibilidad o nos mantenemos en alerta permanente, evitaremos que algo salga mal. Pero la vida continúa recordándonos que somos criaturas. Hay asuntos que debemos atender y otros que solamente podemos confiar.

La razón para entregar la carga es sencilla y profunda: "Él tiene cuidado de vosotros". Dios no observa tu cansancio con indiferencia. Conoce tus necesidades, tus temores y aquello que no sabes expresar. Su cuidado no siempre consiste en hacer exactamente lo que deseas, pero nunca significa abandono.

Echar la ansiedad sobre Él puede ser una acción repetida. Algunas preocupaciones regresarán varias veces durante el mismo día. Cada vez puedes volver a entregarlas. No porque la primera oración haya sido falsa, sino porque el corazón necesita aprender continuamente a confiar.

Tú obedeces; Dios gobierna. Tú haces lo que está a tu alcance; Él sostiene aquello que queda fuera de tus manos. Esa diferencia protege el alma de vivir como si fuera responsable de mantener el universo funcionando.

APLICACIÓN PARA HOY

Escribe las cargas que actualmente te están robando la paz. Preséntalas individualmente al Señor. Luego decide qué responsabilidad legítima te corresponde cumplir y qué resultado debes dejar en sus manos. Cuando la preocupación regrese, repite: "Señor, tú tienes cuidado de mí".

ORACIÓN

Padre, te entrego lo que me supera, lo que no entiendo y lo que no puedo controlar. Enséñame a cumplir mi responsabilidad sin intentar ocupar tu lugar. Gracias porque tienes cuidado de mí. Amén.

PARA MEDITAR:

¿Qué carga sigo llevando como si Dios nunca me hubiera invitado a entregársela?

DÍA 126 — 6 DE MAYO

HECHO PARA ALGO MÁS QUE SOBREVIVIR

"Porque somos hechura suya, creados en Cristo Jesús para buenas obras, las cuales Dios preparó de antemano para que anduviésemos en ellas."

Efesios 2:10

No eres un accidente espiritual ni una pieza de relleno dentro del pueblo de Dios. Pablo afirma que somos "hechura suya": obra formada con intención. El Señor no solamente te salvó del pecado y de la condenación; también te salvó para una vida de obediencia y servicio.

Muchos días se viven en modo supervivencia: llegar a la noche, pagar las cuentas, resolver lo urgente y evitar nuevos problemas. Sin embargo, Dios ha preparado buenas obras para que camines en ellas. No necesitas inventar un propósito espectacular. Necesitas permanecer atento a las oportunidades de obediencia que aparecen delante de ti.

Esas obras no siempre serán visibles. Pueden consistir en escuchar a alguien que necesita hablar, servir sin reconocimiento, hacer tu trabajo con integridad, perdonar una ofensa, compartir lo que tienes o decir una palabra de ánimo. En el Reino de Dios, la importancia no se mide por la cantidad de personas que aplauden, sino por la fidelidad con que respondes.

Saber que eres hechura de Dios te libra de compararte. No necesitas tener el llamado, la plataforma o el don de otra persona. El Señor preparó obras específicas para ti, de acuerdo con los dones, las experiencias y el lugar donde te ha colocado.

También te libra del orgullo. Lo que eres y lo que puedes hacer proceden de su gracia. No eres dueño absoluto de tus capacidades; eres administrador. La meta no es realizar muchas cosas para sentirte importante, sino obedecer aquello que Dios te asigna.

Cristo no te dio vida nueva para que permanezcas encerrado en ti mismo. Te hizo parte de su obra en el mundo. Cada mañana puede convertirse en una búsqueda sencilla: "Señor, ¿qué preparaste hoy para que yo haga?".

APLICACIÓN PARA HOY

Haz esa pregunta al comenzar el día. Mantente atento a una oportunidad concreta de servir. Al terminar la jornada, repasa si ignoraste algún impulso hacia el bien y pídele al Señor mayor sensibilidad para mañana.

ORACIÓN

Señor, gracias porque soy hechura tuya. Abre mis ojos para reconocer las buenas obras que has preparado y dame humildad para hacerlas, aunque nadie las note. Amén.

PARA MEDITAR:

¿Estoy viviendo solamente para sobrevivir o caminando en las obras que Dios preparó?

DÍA 127 — 7 DE MAYO

LLEVAR CARGAS, NO APLASTAR HOMBROS

"Sobrellevad los unos las cargas de los otros, y cumplid así la ley de Cristo."
Gálatas 6:2

Dios no diseñó la vida cristiana como una aventura solitaria. Nos colocó en un cuerpo donde las alegrías se comparten y las cargas se distribuyen. Pablo escribió a una iglesia real, formada por personas que luchaban, tropezaban y necesitaban ser restauradas.

Sobrellevar una carga significa colocarse voluntariamente debajo de una parte del peso de otro. No es mirar desde lejos, ofrecer una frase rápida y continuar caminando. Es escuchar, orar, acompañar, ayudar y permanecer cuando la situación no se resuelve inmediatamente.

Algunos dolores necesitan menos consejos y más presencia. Una persona enferma, afligida o agotada puede no requerir un discurso completo, sino alguien que se siente a su lado, haga una llamada, prepare una comida o le recuerde que no está sola.

Pablo llama a esto "la ley de Cristo". Jesús no observó nuestra necesidad desde la distancia. Se encarnó, caminó entre nosotros y cargó en la cruz el peso que jamás habríamos podido soportar. Cada vez que ayudamos a otro con amor sacrificial, reflejamos al Salvador que llevó nuestra culpa.

También debemos aprender a permitir que otros nos ayuden. El orgullo puede hacernos esconder el dolor, fingir fortaleza y rechazar acompañamiento. Terminamos aplastados por cargas que el cuerpo de Cristo habría estado dispuesto a compartir. Pedir ayuda no es debilidad espiritual; puede ser un acto de humildad y obediencia.

La comunidad cristiana no existe para exhibir personas invulnerables, sino para formar una familia de pecadores redimidos que se sostienen mientras caminan hacia Cristo. Algunas veces serás el hombro; otras veces necesitarás apoyarte en uno.

APLICACIÓN PARA HOY

Pregunta al Señor quién necesita hoy una ayuda específica. Evita decir solamente: "Avísame si necesitas algo". Ofrece una acción concreta. Si tú eres quien está cargando demasiado, habla con una persona madura y confiable. Permite que alguien camine contigo.

ORACIÓN

Señor Jesús, gracias porque cargaste mi pecado y mi condenación. Hazme sensible al peso de otros y dispuesto a ayudar. Dame también humildad para recibir apoyo cuando lo necesite. Amén.

PARA MEDITAR:

¿Estoy más acostumbrado a señalar las cargas ajenas o a colocar el hombro debajo de ellas?

DÍA 128 — 8 DE MAYO

DIOS SOSTIENE TUS PASOS

"Por Jehová son ordenados los pasos del hombre, y él aprueba su camino. Cuando el hombre cayere, no quedará postrado, porque Jehová sostiene su mano."
Salmo 37:23–24

Algunos pasos se dan con seguridad; otros, temblando. David conoció tanto la dirección de Dios como la experiencia amarga de caer. Por eso sus palabras no idealizan la vida del creyente. Hablan de un camino guiado por el Señor, pero también de tropiezos reales.

Que Dios ordene los pasos no significa que el ser humano sea una marioneta. Significa que el Señor dirige, corrige, abre y cierra caminos cuando la vida se rinde a Él. Muchas veces su guía se reconoce solamente al mirar hacia atrás. Una puerta cerrada, una demora o una corrección que parecían frustrantes terminan revelándose como misericordia.

El texto no dice "si cayere", sino "cuando cayere". Dios no se sorprende por tus tropiezos. Conoce tu fragilidad, tus luchas y las áreas donde todavía necesitas crecer. La promesa no es que nunca caerás, sino que no quedarás postrado.

Esa diferencia es enorme. Caer puede doler, avergonzar y tener consecuencias. Pero quedar postrado sería aceptar que el fracaso tiene la última palabra. El Señor sostiene la mano de sus hijos, los corrige, los levanta y los devuelve al camino.

Su mano no justifica el pecado. Precisamente porque te ama, no permite que permanezcas cómodamente en el suelo. Te llama al arrepentimiento, te limpia por la obra de Cristo y te enseña a caminar con mayor dependencia.

Quizá otros recuerden tu caída durante años. Dios, sin embargo, no define tu historia solamente por el lugar donde tropezaste, sino por la gracia que te levantó. La mano que te sostiene es más fuerte que el terreno donde resbalaste.

APLICACIÓN PARA HOY

Recuerda una ocasión en la que Dios te levantó después de una caída. Dale gracias. Luego identifica un paso que actualmente te intimida y ora: "Señor, ordena mis pasos y sostiene mi mano". Camina con prudencia, pero no paralizado por el miedo.

ORACIÓN

Señor, conoces mis pasos y mis caídas. Gracias porque no me abandonas en el suelo. Corrige mi camino, afirma mis pies y sostén mi mano mientras avanzo. Amén.

PARA MEDITAR:

¿Vivo dominado por el miedo a caer o confiando en la mano que me levanta?

DÍA 129 — 9 DE MAYO

DESCANSAR TAMBIÉN ES CONFIAR

"En paz me acostaré, y asimismo dormiré;
porque solo tú, Jehová, me haces vivir confiado."
Salmo 4:8

Dormir exige una rendición que pocas veces reconocemos. Al cerrar los ojos suspendemos nuestras tareas, dejamos asuntos pendientes y admitimos que el mundo continuará funcionando sin nuestra vigilancia. Por eso algunas personas no logran descansar: no les falta cansancio, sino que les sobra carga.

David escribió este salmo en medio de presión. No esperó a que todo estuviera resuelto para declarar: “En paz me acostaré”. Su descanso no dependía de la ausencia de enemigos ni de un futuro completamente claro. Dependía del Dios que permanecía despierto mientras él dormía.

La confianza cristiana no niega las responsabilidades. Hay llamadas que realizar, decisiones que tomar y problemas que atender. Pero llega un momento en que continuar pensando no produce soluciones; solamente aumenta el agotamiento. Entonces la fe reconoce el límite: “Señor, hasta aquí llegué hoy. Lo que no pude resolver queda en tus manos”.

Dormir también es aceptar que eres criatura. No tienes fuerzas ilimitadas ni control absoluto. El Señor no te pide que sostengas la vida durante veinticuatro horas sin detenerte. El mismo Dios que estableció el trabajo también creó el descanso.

Una mente saturada puede confundir preocupación con responsabilidad. Pero permanecer despierto imaginando escenarios no siempre es prudencia. Algunas veces es incredulidad disfrazada. Descansar en Dios significa recordar que su soberanía no se debilita cuando tú cierras los ojos.

Cuando el sueño no llega, puedes transformar la noche en oración sencilla, sin alimentar el pánico. No necesitas resolver la vida a las dos de la madrugada. Puedes repetir la verdad: “Tú estás despierto; yo puedo descansar”.

APLICACIÓN PARA HOY

Antes de acostarte, apaga las pantallas unos minutos antes. Escribe la preocupación principal que amenaza con quitarte el sueño y entrégala al Señor. Lee el versículo en voz baja. Si despiertas durante la noche, vuelve a repetirlo como una declaración de confianza.

ORACIÓN

Señor, conoces mis noches inquietas. Te entrego mis asuntos pendientes y mis temores.
Guarda mi mente y concédeme descansar, no porque todo esté resuelto, sino porque tú sigues gobernando. Amén.

PARA MEDITAR:

¿Estoy buscando descanso en Dios o solamente cansancio suficiente para caer rendido?

DÍA 130 — 10 DE MAYO

LA VOZ QUE CALMA EL INTERIOR

"Estad quietos, y conoced que yo soy Dios."
Salmo 46:10

Las voces externas pueden apagarse cerrando una aplicación o alejándose del ruido. Las voces internas son más persistentes. Temores, preguntas, conversaciones imaginarias y deseos de control pueden continuar hablando aun cuando la habitación está en silencio.

El Salmo 46 describe un escenario donde la tierra se estremece y los montes caen al mar. En medio de semejante inestabilidad, Dios dice: "Estad quietos". No es una invitación a la indiferencia, sino a dejar de luchar como si todo dependiera de nosotros.

La quietud bíblica es rendición. Significa detener la resistencia interior y reconocer que hay asuntos que solamente Dios puede gobernar. No es cruzarse de brazos ante las responsabilidades, sino dejar de fabricar escenarios donde intentamos controlar cada resultado.

"Conoced que yo soy Dios" es la razón para aquietarse. La paz no nace de descubrir que eres fuerte, sino de recordar que Él es Dios. Su poder no disminuye cuando tu ánimo cambia. Su soberanía no se altera por una mala noticia. Su fidelidad no depende de que entiendas lo que está haciendo.

La mente ansiosa se concentra tanto en el problema que termina reduciendo a Dios al tamaño de la dificultad. La quietud invierte esa mirada: contempla primero al Señor y luego observa el problema desde la perspectiva correcta.

Jesús también practicó esa confianza. En medio de una tormenta pudo descansar porque conocía al Padre. No ignoraba el viento; simplemente sabía que el viento no ocupaba el trono.

Tal vez hoy no necesitas una respuesta completa, sino recordar quién sigue gobernando. La voz de Dios no siempre elimina inmediatamente el ruido exterior, pero puede establecer silencio santo dentro del corazón.

APLICACIÓN PARA HOY

Toma cinco minutos sin teléfono, música ni conversación. Respira con calma y repite: "Tú eres Dios; yo no". Escribe una situación que no puedes controlar y entrégasela. Cuando la inquietud regrese, recuerda: "Mi alma, permanece quieta delante del Señor".

ORACIÓN

Dios mío, conoces las guerras que ocurren dentro de mí. Detén mi afán de controlarlo todo y enséñame a descansar en tu soberanía. Que tu verdad hable más fuerte que mis temores. Amén.

PARA MEDITAR:

¿Estoy peleando por controlar lo que solamente Dios puede gobernar?

DÍA 131 — 11 DE MAYO

¿QUÉ TAN BUEN VECINO ERES?

"Y el segundo es semejante:
Amarás a tu prójimo como a ti mismo."
Mateo 22:39

Es fácil amar a la humanidad en términos generales. Lo difícil es amar a personas concretas: quien vive al lado, estaciona mal, hace ruido, no saluda o tiene costumbres diferentes. Jesús no dejó el amor en el terreno de las ideas. Lo llevó hasta el prójimo, la persona cercana que aparece en nuestro camino cotidiano.

La fe se prueba también en la calle, el edificio, el parqueo y el vecindario. La manera en que saludas, escuchas, ayudas y respondes comunica algo acerca del Dios que afirmas conocer. Algunas personas nunca escucharán primero un sermón, pero observarán durante mucho tiempo cómo vive un cristiano cerca de ellas.

Amar al prójimo como a uno mismo significa considerar su dignidad y preguntarse: "¿Cómo desearía ser tratado si estuviera en su situación?". No exige permitir abusos ni abandonar límites necesarios. Exige rechazar la indiferencia, el desprecio y el egoísmo.

Jesús contó la historia del buen samaritano para mostrar que la pregunta principal no es quién merece ser considerado prójimo, sino quién está dispuesto a comportarse como tal. El amor se vuelve visible cuando interrumpe la comodidad para acercarse a una necesidad.

Tu hogar puede convertirse en una trinchera donde nadie entra o en un pequeño faro donde la gracia de Dios se asoma. Un saludo amable, una conversación sincera, una ayuda práctica o una taza de café pueden abrir puertas que un discurso apresurado cerraría.

No necesitas viajar al otro lado del mundo para comenzar a vivir en misión. Tal vez el primer campo está al otro lado de la verja, en el apartamento de arriba o en la casa que has visto durante años sin conocer a quienes viven dentro.

APLICACIÓN PARA HOY

Ora por tus vecinos, aunque todavía no conozcas sus nombres. Da un paso sencillo: saludar, ofrecer ayuda o interesarte sinceramente. Si existe algún conflicto pendiente, pide al Señor sabiduría para cambiar tu actitud o buscar reconciliación.

ORACIÓN

Señor Jesús, hazme un vecino paciente, respetuoso y servicial. Líbrame del egoísmo que me encierra y usa mi casa, mis palabras y mis acciones para reflejar tu amor. Amén.

PARA MEDITAR:

¿Qué aprenderían mis vecinos acerca de Cristo solamente observando cómo los trato?

DÍA 132 — 12 DE MAYO

LOS PLANES CAEN, DIOS PERMANECE

"Muchas son las angustias del justo,
pero de todas ellas le librará Jehová."
Salmo 34:19

Preferiríamos que la Biblia prometiera pocas angustias para el justo. Sin embargo, Dios habla con honestidad: la obediencia no elimina automáticamente el sufrimiento. Quien camina con Él también atraviesa pérdidas, demoras, enfermedades, conflictos y frustraciones.

En ocasiones haces lo correcto y el resultado no coincide con lo esperado. Oras, trabajas y actúas con integridad, pero el negocio no prospera, la puerta permanece cerrada o la situación no mejora. Entonces aparece la sospecha: "¿Valió la pena obedecer?".

El salmo invita a medir la fidelidad de Dios no por la ausencia de dificultades, sino por su presencia y su liberación en medio de ellas. "De todas ellas le librará Jehová" no explica el método ni el momento. Afirma quién será el libertador.

La liberación tampoco adopta siempre la forma que imaginamos. Algunas veces Dios quita el problema; otras, nos sostiene dentro de él. Puede librarnos del miedo, de la desesperación, del orgullo o de la amargura que la prueba intenta producir. El Señor no solamente trabaja alrededor de nosotros; trabaja dentro.

No toda frustración es castigo. Una puerta cerrada puede ser protección. Una demora puede ser formación. Un cambio inesperado puede ser redirección. Dios no es un empleado encargado de cumplir nuestros planes; es un Padre que conoce caminos que todavía no vemos.

La angustia no demuestra que Él te abandonó. La cruz misma pareció, por un momento, una derrota. Sin embargo, Dios estaba realizando allí la obra de salvación. Lo que ahora parece interrupción puede formar parte de una historia que solamente comprenderás más adelante.

APLICACIÓN PARA HOY

Recuerda una situación pasada que no salió como querías, pero que después reconociste como protección o dirección divina. Agradece al Señor. Luego entrégale la frustración actual y dile: "No entiendo lo que haces, pero confío en quién eres".

ORACIÓN

Señor, cuando mis planes caen, mi fe tiembla. Ayúdame a confiar en tu presencia y en tu sabiduría. No permitas que la decepción apague mi obediencia. Líbrame como tú sabes y en el tiempo que tú decidas. Amén.

PARA MEDITAR:

¿Mido el amor de Dios por el resultado de mis planes o por su fidelidad constante?

DÍA 133 — 13 DE MAYO

DAR SIN HACER RUIDO

"Mas cuando tú des limosna, no sepa tu izquierda lo que hace tu derecha, para que sea tu limosna en secreto; y tu Padre que ve en lo secreto te recompensará."

Mateo 6:3–4

En una época donde casi todo se publica, Jesús enseña a realizar actos que solamente el Padre vea. No afirma que sea pecado que alguien conozca una buena obra. Confronta la motivación que convierte la generosidad en espectáculo.

Existe una forma de dar que busca aliviar la necesidad y otra que busca alimentar la imagen. Ambas pueden parecer iguales desde fuera, pero Dios ve el corazón. La generosidad cristiana no necesita una cámara para tener valor.

La expresión "no sepa tu izquierda lo que hace tu derecha" describe una manera de dar sin llevar un registro orgulloso. Ayudas y no lo sacas en cara. Sirves y no acumulas argumentos para futuras discusiones. Compartes y dejas el resultado en manos de Dios.

El Señor promete que el Padre ve en secreto. Esto libera al creyente de depender del reconocimiento humano. Quizá nadie agradezca, publique o recuerde lo que hiciste. El Padre sí lo vio, y su memoria es suficiente.

La recompensa no siempre será material. Puede ser un corazón menos esclavo del ego, mayor sensibilidad hacia el necesitado y una semejanza creciente con Cristo. Jesús, siendo rico, se hizo pobre para enriquecernos con su gracia. Toda generosidad cristiana nace de haber recibido primero.

Dar sin esperar devolución también protege de la amargura. Cuando ayudas solamente para que otros correspondan, cada falta de gratitud se convierte en herida. Cuando das para Dios, puedes amar sin llevar contabilidad emocional.

La generosidad secreta es una forma de adoración. Declara que el aplauso del cielo pesa más que el reconocimiento de la gente.

APLICACIÓN PARA HOY

Pídele al Señor que te muestre una persona a quien puedas bendecir de manera práctica. Hazlo sin anunciarlo ni usarlo después como moneda de cambio. Puede ser dinero, comida, tiempo, escucha o una gestión. Luego agradece a Dios por haberte permitido dar.

ORACIÓN

Padre, todo lo que tengo procede de ti. Líbrame de buscar reconocimiento y enséñame a dar con alegría, discreción y amor. Que mi generosidad refleje la gracia que recibí en Cristo. Amén.

PARA MEDITAR:

¿Seguiría dando con la misma alegría si nadie llegara a saberlo?

DÍA 134 — 14 DE MAYO

UNA MESA ABIERTA PARA LA GRACIA

"No os olvidéis de la hospitalidad, porque por ella algunos, sin saberlo, hospedaron ángeles."
Hebreos 13:2

La hospitalidad puede parecer un detalle pequeño, pero en la Biblia ocupa un lugar importante. No es solamente recibir visitas ni preparar una mesa elegante. Es abrir espacio en la vida para que otra persona sea recibida, escuchada y tratada con dignidad.

Los primeros cristianos no contaban con grandes edificios ni numerosos programas. Muchas veces tenían casas, mesas, pan compartido y corazones dispuestos. Dios utilizó esos hogares para fortalecer a la iglesia, proteger a viajeros, enseñar la Palabra y extender el evangelio.

La vida moderna convierte fácilmente la casa en fortaleza privada. Llegamos cansados, cerramos la puerta y deseamos que nadie interrumpa. El descanso es legítimo, pero un hogar completamente cerrado puede perder oportunidades de convertirse en instrumento de gracia.

Hebreos dice: "No os olvidéis". La hospitalidad requiere intención porque pocas veces nace de la comodidad. Implica tiempo, organización, vulnerabilidad y disposición para ser interrumpido.

Pero no depende del tamaño de la casa ni de una comida costosa. Una taza de café y una conversación sin prisa pueden convertirse en ministerio.

La referencia a quienes hospedaron ángeles recuerda que nunca sabemos completamente qué está haciendo Dios cuando recibimos a alguien. El punto no es esperar visitas celestiales visibles, sino reconocer que un acto sencillo puede formar parte de un propósito mucho mayor.

Algunas personas quizá no entren primero en un templo, pero aceptarán sentarse en una sala. Tal vez no escuchen inicialmente un sermón, pero observarán cómo una familia cristiana conversa, sirve y ora. La mesa puede convertirse en un puente hacia Cristo.

Hospitalidad no es exhibición, sino amor encarnado. No pregunta primero si todo está perfecto, sino si el corazón está disponible.

APLICACIÓN PARA HOY

Pídele al Señor que ponga una persona en tu mente. Invítala a compartir una comida sencilla, un café o una conversación. Ora antes de recibirla y pide que tu hogar sea un lugar de paz, escucha y gracia.

ORACIÓN

Señor, tú me recibiste cuando no tenía nada que ofrecer. Haz de mi hogar un lugar donde otros encuentren amor, dignidad y una puerta hacia ti. Líbrame del egoísmo y enséñame a recibir como tú recibes. Amén.

PARA MEDITAR:

¿Mi hogar funciona solamente como refugio privado o también como instrumento de la gracia de Dios?

DÍA 135 — 15 DE MAYO

PACIENCIA CON QUIENES CRECEN DESPACIO

"Con toda humildad y mansedumbre, soportándoos con paciencia los unos a los otros en amor."
Efesios 4:2

La convivencia cristiana enseña verdades que ningún libro puede transmitir por completo. Una de ellas es que las personas no crecen al ritmo que nosotros deseamos. Pablo escribió a una iglesia formada por creyentes en proceso, con temperamentos difíciles, heridas antiguas y hábitos que todavía necesitaban transformación.

"Soportándoos con paciencia" no significa tolerar con desprecio a gente insoportable. Significa amar a personas imperfectas recordando que tú también eres una de ellas. Alguien tuvo paciencia cuando repetiste errores, reaccionaste mal o tardaste demasiado en comprender lo que ahora parece evidente.

La impaciencia suele olvidar la propia historia. Exigimos a otros una madurez que nosotros no tuvimos en etapas semejantes. Esperamos que un recién convertido piense como un creyente experimentado, o que alguien herido sane según nuestro calendario.

El Espíritu Santo trabaja con cada persona de manera sabia y particular. No todos aprenden igual, sanan igual ni abandonan las mismas luchas al mismo tiempo. Esto no significa rebajar la verdad ni llamar bueno a lo malo. Significa corregir con mansedumbre y acompañar con esperanza.

Pablo une paciencia con humildad. La humildad recuerda que no eres dueño del proceso ajeno. Puedes aconsejar, exhortar y orar, pero solamente Dios transforma el corazón. La mansedumbre impide que la verdad sea utilizada como martillo para descargar frustración.

La iglesia no es un museo de personas terminadas, sino un taller donde Dios trabaja con materiales frágiles. Tú también estás en el torno. Antes de desesperarte con alguien, pregúntate qué ocurriría si el Señor fuera contigo tan impaciente como tú estás siendo con esa persona.

La paciencia no es pasividad. Es amor perseverante que dice la verdad sin perder la ternura y continúa creyendo que Dios todavía está obrando.

APLICACIÓN PARA HOY

Piensa en una persona cuyo proceso te frustra. Preséntala al Señor y pídele un corazón paciente. Decide no criticarla hoy. Ofrécele una palabra de ánimo que reconozca la obra de Dios en lugar de señalar solamente lo que todavía falta.

ORACIÓN

Señor, has sido paciente conmigo. Dame humildad y mansedumbre para acompañar a otros sin imponerles mi calendario. Hazme instrumento de su edificación y no una carga adicional. Amén.

PARA MEDITAR:

¿Mi impaciencia con el crecimiento ajeno revela preocupación espiritual o un orgullo que quiere controlar el proceso?

DÍA 136 — 16 DE MAYO

LA IGLESIA COMO CASA DE RESTAURACIÓN

"Dios hace habitar en familia a los desamparados."
Salmo 68:6

Algunas personas llegan a la iglesia con una Biblia nueva y un alma cargada de historias viejas: abandono, abuso, traición, adicciones, culpa y heridas que nunca pudieron explicar. El mundo les prometió libertad, identidad y placer, pero terminó dejándolas más solas y esclavizadas. En medio de esa ruina, Dios hace algo extraordinario: hace habitar en familia a los desamparados.

Esa familia es la iglesia. No simplemente un edificio o una institución, sino un pueblo formado por pecadores alcanzados por la misma gracia. Una iglesia sana no presume perfección. Reconoce que todos sus miembros están siendo tratados por Cristo, el Médico del alma. Allí el herido encuentra acompañamiento, el confundido recibe verdad, el cautivo escucha el evangelio y el que cayó puede comenzar un proceso de restauración.

La iglesia tampoco es un lugar donde se llama bueno a todo. Es un hospital donde el Médico dice la verdad, corta lo que enferma, limpia la herida y enseña nuevamente a caminar. Habrá miembros inmaduros y personas todavía en proceso, porque el Señor trabaja con seres humanos reales. Sin embargo, una congregación fiel aprende a arrepentirse, corregir, perdonar y restaurar.

Quienes ya forman parte de una iglesia deben preguntarse qué clase de ambiente están ayudando a construir. No podemos haber recibido misericordia y tratar con desprecio al quebrantado. Ser iglesia significa escuchar sin convertir el dolor en chisme, enseñar sin humillar, corregir con amor y acompañar al que ya no tiene fuerzas.

Cristo no vino a buscar personas intactas, sino perdidas. Murió y resucitó para perdonar pecados, dar una vida nueva y colocar a los redimidos dentro de una familia espiritual.

APLICACIÓN PARA HOY

Piensa en alguien de tu congregación que parezca aislado, herido o cansado. Ora por esa persona y acércate con respeto. Escucha sin curiosidad, ayuda sin humillar y permite que Cristo use tu presencia como parte de su restauración.

ORACIÓN

Señor Jesús, gracias porque recoges al desamparado y lo haces habitar en familia. Sana lo que el pecado y las heridas han roto en mí. Libra a tu iglesia del orgullo, el chisme y la apariencia. Haznos casa para el solitario, hospital para el herido y taller para quien todavía está en proceso. En tu nombre. Amén.

PARA MEDITAR:

¿Ayudo a que mi iglesia sea una familia donde Cristo restaura, o hago más pesada la carga de quienes llegan heridos?

DÍA 137 — 17 DE MAYO

CICATRICES QUE APRENDEN A CONSOLAR

"El Dios de toda consolación··· nos consuela en todas nuestras tribulaciones, para que podamos también nosotros consolar."
2 Corintios 1:3–4

Algunos dolores parecen no tener explicación mientras se atraviesan. Una pérdida, una traición, una enfermedad o una temporada de soledad pueden dejar preguntas que ninguna respuesta sencilla logra resolver. Sin embargo, Dios no solo sostiene al creyente durante la tribulación; también puede convertir esa experiencia en una herramienta para levantar a otros.

Pablo llama al Señor "Dios de toda consolación". No habla desde una vida cómoda. Conoció persecución, rechazo, enfermedad, abandono y lágrimas. Su testimonio demuestra que no existe aflicción en la que Dios sea un extraño. Él conoce las visibles y las secretas, las que pueden contarse y las que todavía producen vergüenza.

El consuelo divino no siempre elimina inmediatamente la causa del dolor. A veces llega como fuerza para resistir un día más, como una promesa que vuelve a tener sentido, como la presencia de un hermano o como una paz inexplicable. Pero nunca llega sin propósito. Dios consuela para sanar y también para preparar.

La herida tratada por Cristo puede convertirse en lenguaje pastoral. Quien atravesó un duelo aprende a sentarse junto al que llora. Quien fue restaurado después de una caída puede hablar con verdad y misericordia al que está avergonzado. Quien conoció la soledad puede reconocer al que se esconde detrás de una sonrisa.

Esto no significa vivir contando constantemente el dolor ni construir una identidad alrededor de él. La meta no es convertirse en víctima profesional, sino en testigo de la fidelidad de Dios. Las cicatrices no glorifican la herida; señalan al Médico que la cerró.

APLICACIÓN PARA HOY

Recuerda una tribulación en la que Dios te sostuvo. Dale gracias por una forma concreta en que te consoló. Después piensa en alguien que esté atravesando algo parecido y pregúntale al Señor cómo acompañarlo sin discursos fáciles.

ORACIÓN

Padre de misericordias, gracias porque no observaste mi dolor desde lejos. Tú me sostuviste cuando otros no supieron qué decir. Sana lo que todavía duele y utiliza mi historia para consolar a quienes atraviesan su propio valle. Hazme sensible para escuchar, prudente para hablar y humilde para señalarte a ti. En el nombre de Jesús. Amén.

PARA MEDITAR:

¿Veo mis cicatrices solamente como recuerdos de derrota, o como lugares donde Dios puede mostrar a otros su poder para restaurar?

DÍA 138 — 18 DE MAYO

LUZ EN EL LUGAR DE TRABAJO

"Así alumbre vuestra luz delante de los hombres, para que vean vuestras buenas obras y glorifiquen a vuestro Padre."
Mateo 5:16

La mayoría de los creyentes pasa más tiempo en oficinas, talleres, escuelas, hospitales, negocios y hogares que dentro de un templo. Precisamente allí, entre horarios, presiones, clientes difíciles y compañeros complicados, Jesús espera que su luz sea visible. No nos salvó para ser lámparas dominicales, sino testigos cotidianos.

Ser luz no significa hablar de religión durante cada conversación. Significa trabajar de una manera que revele que Cristo gobierna el corazón. La puntualidad, la honestidad, la excelencia, el respeto y la disposición para servir también predican. Cuando rechazas el chisme, dices la verdad aunque te cueste, cumples sin que te vigilen y respondes con dominio propio bajo presión, estás mostrando otra manera de vivir.

Muchas personas nunca entrarán voluntariamente a una iglesia, pero observarán durante años a un creyente en su lugar de trabajo. Si nos ven mentir, murmurar, maltratar, robar tiempo y reaccionar igual que todos, nuestras palabras acerca de Cristo perderán peso. Pero cuando ven una diferencia humilde y constante, comienzan a hacerse preguntas.

La luz cristiana no es perfección. También se manifiesta cuando reconocemos un error y pedimos perdón. Un creyente que falla, pero se humilla y corrige, puede dar un testimonio más claro que alguien que siempre intenta aparentar impecabilidad.

La meta tampoco es que digan: "Qué buena persona". Jesús dijo que las obras deben conducir a glorificar al Padre. Somos lámparas, no la fuente de la luz. Cristo es quien debe ser visto.

APLICACIÓN PARA HOY

Identifica un área laboral donde tu testimonio necesite mejorar: puntualidad, vocabulario, paciencia, excelencia o trato hacia los demás. Preséntala al Señor y realiza hoy una acción concreta que refleje a Cristo.

ORACIÓN

Señor Jesús, alumbra por medio de mi vida donde trabajo. Líbrame de la mediocridad, la queja y la doble conducta. Hazme responsable, honesto, servicial y humilde. Que mis palabras y acciones despierten en otros el deseo de conocer al Dios que transforma mi manera de trabajar. En tu nombre. Amén.

PARA MEDITAR:

Si nadie escuchara mis declaraciones de fe y solo observara mi conducta laboral, ¿encontraría razones para pensar que Cristo vive en mí?

DÍA 139 — 19 DE MAYO

RESPONDER SIN INCENDIAR

"La blanda respuesta quita la ira."
Proverbios 15:1

Muchas relaciones no se rompen por un gran acontecimiento, sino por una acumulación de respuestas ásperas. Una frase impulsiva, un tono humillante o una ironía lanzada en el momento incorrecto pueden dejar heridas que duran años. La boca habla rápidamente, pero el corazón del otro puede tardar mucho tiempo en recuperarse.

La respuesta blanda no es cobardía ni permisividad. Tampoco significa callar ante el pecado o aceptar abusos. Es la capacidad de decir la verdad sin permitir que la ira, el orgullo o el deseo de venganza decidan el tono. Cualquiera puede responder desde la carne. Contestar con mansedumbre cuando alguien provoca requiere el gobierno del Espíritu Santo.

Responder bien comienza antes de abrir la boca. Requiere escuchar, respirar, discernir y recordar que no toda emoción merece convertirse inmediatamente en palabra. A veces, la respuesta más sabia es: "Necesito pensar antes de contestarte". Otras veces será necesario decir: "No quiero que esta conversación nos destruya; hablemos cuando podamos hacerlo con calma".

La blanda respuesta no garantiza que la otra persona cambiará. Algunos continuarán enojados aunque se les trate con respeto. Sin embargo, preserva el corazón del creyente y evita añadir combustible innecesario al conflicto. La victoria no consiste siempre en convencer al otro, sino en no perder el carácter de Cristo mientras se conversa.

También debemos reconocer con humildad cuando fallamos. Pedir perdón por una respuesta hiriente no nos debilita; demuestra que el evangelio está trabajando. El orgullo defiende la frase. La gracia repara el daño.

APLICACIÓN PARA HOY

Antes de responder un mensaje, crítica o comentario que te moleste, haz una pausa y ora: "Señor, gobierna mi respuesta". Si recientemente heriste a alguien con tus palabras, no esperes a que esa persona se acerque primero. Pide perdón.

ORACIÓN

Señor, guarda mi boca y limpia mi corazón. Líbrame del sarcasmo que hiere, del orgullo que se defiende y de la ira que quiere dominar. Dame mansedumbre para responder con verdad, firmeza y gracia. Hazme pacificador y no incendiario. En el nombre de Jesús. Amén.

PARA MEDITAR:

Cuando soy provocado, ¿mis respuestas revelan el carácter de Cristo o las heridas que todavía gobiernan mi corazón?

DíA 140 — 20 DE MAYO

LA DISCIPLINA QUE PROTEGE

"Porque el Señor al que ama, disciplina."
Hebreos 12:6

La cultura suele definir el amor como aprobación permanente. Según esa idea, quien ama nunca confronta, nunca corrige y permite que cada persona siga el camino que prefiera. Dios ama de otra manera. Precisamente porque conoce el daño que produce el pecado, interviene antes de que sus hijos terminen destruidos.

La disciplina divina no es venganza ni un ataque de ira. Cristo ya recibió en la cruz el castigo condenatorio que correspondía a quienes creen. La disciplina del Padre tiene otro propósito:

corregir, formar y proteger. Es la cirugía firme de quien corta aquello que está enfermando el alma.

Dios puede disciplinarnos mediante su Palabra, una consecuencia dolorosa, la corrección de otro creyente, una puerta cerrada o una convicción que no nos deja tranquilos. En ocasiones señala un hábito secreto, una relación peligrosa, una actitud orgullosa o una palabra que debemos reparar. Aunque resulte incómodo, su intervención demuestra que no nos ha abandonado.

Hebreos también reconoce que ninguna disciplina parece agradable mientras se recibe. Duele ser confrontado. El orgullo protesta, busca culpables y se presenta como víctima. Pero después, cuando la corrección es recibida con humildad, produce fruto de justicia y paz.

La pregunta principal no es solamente qué está ocurriendo, sino cómo responderemos. Podemos endurecernos, justificar el pecado y desperdiciar el proceso; o podemos decir: "Padre, muéstrame qué quieres corregir". La disciplina no pretende alejarnos de Dios, sino devolvernos al camino.

APLICACIÓN PARA HOY

Identifica un área donde el Señor te esté confrontando. No la suavices ni culpes a otros. Confiesa lo que corresponda y toma una medida concreta: pedir perdón, cortar una ocasión de pecado, recibir consejo o corregir una conducta.

ORACIÓN

Padre, gracias porque me amas demasiado para dejarme avanzar hacia la destrucción. Perdóname cuando interpreto tu corrección como rechazo. Dame un corazón dócil para recibir tu disciplina. Corta lo que deba ser cortado, endereza lo torcido y forma en mí el carácter de Cristo. En su nombre. Amén.

PARA MEDITAR:

¿Estoy recibiendo la corrección de Dios como la protección de un Padre, o resistiéndola como si fuera el ataque de un enemigo?

DÍA 141 — 21 DE MAYO

EL GOZO QUE RESISTE

"El gozo de Jehová es vuestra fuerza."
Nehemías 8:10

El gozo bíblico no es una sonrisa fingida ni una negación del sufrimiento. Tampoco depende de que la economía mejore, la salud responda o los planes salgan exactamente como esperábamos. Es una fuerza interior que nace de saber quién es Dios y qué ha hecho por nosotros en Cristo.

En tiempos de Nehemías, el pueblo lloraba al escuchar la Palabra y comprender cuánto se había apartado del Señor. Sin embargo, fue llamado a no quedarse hundido, porque aquel día era santo y el gozo del Señor sería su fuerza. El arrepentimiento verdadero no termina en desesperación, sino en la alegría de volver a un Dios misericordioso.

El gozo cristiano puede convivir con las lágrimas. Una persona puede atravesar duelo, enfermedad o escasez y aun conservar una esperanza profunda. No se alegra por el dolor, sino porque el dolor no tiene la última palabra. Cristo murió, resucitó y reina. Esa realidad permanece aunque las circunstancias cambien.

El enemigo procura alimentar el cinismo, la queja y la amargura. Sabe que una persona sin esperanza se paraliza fácilmente. Por eso, regocijarse en el Señor es también una forma de resistencia espiritual. Declara que la oscuridad no decidirá quién es Dios ni gobernará completamente nuestra respuesta.

El gozo se cultiva recordando. Recordamos la salvación, las oraciones respondidas, las veces que Dios sostuvo lo que parecía imposible y las promesas que todavía permanecen. La gratitud abre ventanas en habitaciones donde la tristeza había cerrado todas las cortinas.

APLICACIÓN PARA HOY

Escribe tres razones centradas en Dios por las que puedes alegrarte hoy: su perdón, su presencia, su fidelidad o su promesa de vida eterna. Después comparte una palabra de ánimo con alguien que esté desalentado.

ORACIÓN

Señor, mi ánimo cambia con facilidad, pero tú permaneces. Devuélveme el gozo de tu salvación. Líbrame de la queja y la amargura. Que tu gozo sea mi fuerza para atravesar este día, servir a otros y resistir la desesperanza. En el nombre de Jesús. Amén.

PARA MEDITAR:

¿Mi alegría depende principalmente de lo que sucede a mi alrededor, o de la presencia del Salvador que nunca cambia?

DÍA 142 — 22 DE MAYO

OBEDECER ANTES DE SENTIRSE FUERTE

"Esforzaos y cobrad ánimo,
todos los que esperáis en Jehová."
Salmo 31:24

Una de las excusas más frecuentes para postergar la obediencia es esperar hasta sentirse preparado. "Cuando tenga más fe", "cuando se me quite el miedo", "cuando tenga más fuerzas". Mientras tanto, decisiones necesarias quedan detenidas y el corazón permanece en una sala de espera que Dios nunca ordenó.

La Escritura enseña que muchas veces la fortaleza no aparece antes del paso, sino durante él. Abraham salió sin conocer todos los detalles del camino. Josué tuvo que avanzar hacia el Jordán antes de ver las aguas abrirse. Pedro puso el pie fuera de la barca antes de comprobar cómo sería sostenido.

Esperar en Jehová no significa permanecer inmóvil. Es apoyarse en su carácter mientras se obedece lo que ya ha mostrado. La fuerza de Dios no siempre elimina el temblor. A veces nos permite caminar temblando. La valentía cristiana no es ausencia de miedo, sino obediencia a pesar de él.

Quizá sabes que debes pedir perdón, abandonar un pecado, ordenar tus finanzas, retomar la congregación, buscar ayuda o comenzar una responsabilidad que has evitado. Esperar indefinidamente una emoción favorable puede convertirse en desobediencia disfrazada de prudencia.

Esto no significa actuar de manera impulsiva. Hay decisiones que requieren consejo, oración y planificación. Pero cuando la voluntad de Dios ya es clara, seguir pidiendo señales puede ser una manera elegante de decir que no.

APLICACIÓN PARA HOY

Escribe una sola acción que sabes que debes realizar y has postergado por sentirte débil. Preséntala al Señor con honestidad. Después da hoy un primer paso concreto: hacer una llamada, enviar un mensaje, pedir ayuda o abandonar aquello que sabes que te aparta de Dios.

ORACIÓN

Señor, muchas veces he usado mi debilidad como excusa para no obedecerte. He esperado sentir valor cuando tú querías darme valor mientras caminaba. Hoy decido dar el paso que me corresponde. Sostén mis rodillas, ordena mis pensamientos y dame la fortaleza que viene de tu Espíritu. En el nombre de Jesús. Amén.

PARA MEDITAR:

¿Qué área continúa estancada porque sigo esperando sentirme fuerte antes de obedecer lo que Dios ya me mostró?

DÍA 143 — 23 DE MAYO

LA MIRADA QUE RESTAURA

"Entonces, vuelto el Señor, miró a Pedro."
Lucas 22:61

Pedro negó precisamente aquello que había prometido defender. Después de afirmar que acompañaría a Jesús hasta la muerte, aseguró tres veces que no lo conocía. No fue una equivocación insignificante, sino una caída vergonzosa ocurrida mientras su Maestro era arrestado y maltratado.

Lucas registra un detalle conmovedor: Jesús se volvió y miró a Pedro. No fue una mirada indiferente ni una expresión de sorpresa. Cristo ya conocía la debilidad de su discípulo e incluso había anunciado su negación. Aquella mirada contenía verdad y misericordia al mismo tiempo.

Pedro comprendió lo que había hecho y salió llorando amargamente. La gracia no le permitió trivializar su pecado. Sin embargo, tampoco lo empujó a pensar que todo había terminado. Más adelante, el Señor resucitado lo buscaría, restauraría su llamado y volvería a confiarle el cuidado de sus ovejas.

También nosotros negamos a Cristo de maneras prácticas. Lo hacemos al callar por cobardía, volver a un pecado que creíamos vencido, reaccionar de una forma que contradice nuestra fe o vivir durante horas como si Él no existiera. Después llegan la vergüenza y el deseo de escondernos.

Jesús no minimiza nuestras caídas, pero tampoco abandona a quienes le pertenecen. Su mirada nos confronta para conducirnos al arrepentimiento, no para destruirnos. En la cruz cargó la condenación de nuestros pecados para que pudiéramos volver a Él sin fingimiento.

Nuestra identidad no debe quedar definida por el peor momento de nuestra historia. Pedro fue más que su negación porque la gracia de Cristo escribió los capítulos siguientes.

APLICACIÓN PARA HOY

Presenta al Señor una acción reciente que contradijo tu fe. No la justifiques ni te castigues inútilmente. Confiésala, recibe el perdón que Cristo compró y repara cualquier daño que puedas haber causado.

ORACIÓN

Señor Jesús, tú conoces mis negaciones, mis cobardías y mis caídas. Gracias porque tu mirada me confronta sin abandonarme. Llévame al arrepentimiento verdadero y restaura lo que mi pecado dañó. Que mi identidad descanse en tu gracia y no en mi peor fracaso. Amén.

PARA MEDITAR:

¿Estoy permitiendo que una caída defina toda mi identidad, o estoy creyendo que Cristo todavía puede restaurar y utilizar mi vida?

DíA 144 — 24 DE MAYO

LA ESCUELA DE LA ESPERA

"Jehová cumplirá su propósito en mí."
Salmo 138:8

Esperar es una de las escuelas más difíciles de la fe. Mientras Dios parece guardar silencio, la ansiedad interpreta, el temor imagina y la impaciencia intenta abrir puertas por la fuerza. Sin embargo, el Señor no desperdicia ninguna temporada de espera.

David conoció promesas que tardaron años en cumplirse. Fue ungido rey mucho antes de ocupar el trono. Entre la promesa y su cumplimiento hubo persecución, cuevas, traiciones y días en los que todo parecía contradecir lo que Dios había anunciado. Allí aprendió que el Señor no solo prepara la bendición; también prepara a la persona que la recibirá.

Algunas puertas permanecen cerradas porque todavía no estamos listos para atravesarlas sin destruirnos. Algunas respuestas se retrasan para purificar nuestras motivaciones. Otras veces Dios está moviendo circunstancias y personas que no podemos ver. No conocemos todos sus propósitos, pero sí conocemos su carácter.

La espera revela qué ocupa realmente el centro del corazón. Descubre si amamos a Dios o solamente lo que deseamos recibir de Él. Expone impaciencia, orgullo, dependencia de las personas y necesidad de controlar. Por eso, aunque resulte dolorosa, puede convertirse en un taller de transformación.

El salmista no dice: "Yo cumpliré mi plan". Declara: "Jehová cumplirá su propósito en mí". Nuestra seguridad no descansa en controlar los resultados, sino en pertenecer a un Dios que no abandona la obra de sus manos.

APLICACIÓN PARA HOY

Nombra aquello que estás esperando: provisión, dirección, restauración, sanidad u oportunidad. Después cambia la pregunta "¿Por qué tarda?" por "¿Qué deseas formar en mí mientras espero?". Identifica un área concreta de carácter que necesite crecer.

ORACIÓN

Señor, conoces mi impaciencia y cuánto me cuesta no controlar los tiempos. Te entrego esta espera. Forma en mí paciencia, fe y humildad. No permitas que salga de este proceso con las manos llenas y el corazón igual. Cumple tu propósito en mí, aunque tu calendario contradiga el mío. En el nombre de Jesús. Amén.

PARA MEDITAR:

¿Qué ocupa más mi corazón durante la espera: la respuesta que deseo o la persona en que Dios quiere convertirme?

DÍA 145 — 25 DE MAYO

FE EN MEDIO DEL MIEDO

"En el día que temo, yo en ti confío."
Salmo 56:3

David no afirmó que jamás sintiera miedo. Dijo: "En el día que temo". Había peligros reales, enemigos y razones humanas para preocuparse. La diferencia no estaba en la ausencia del temor, sino en lo que hacía cuando el temor aparecía: confiaba en Dios.

La fe no siempre elimina primero la emoción para después permitirnos actuar. Muchas veces actúa mientras el corazón todavía tiembla. El creyente valiente no es quien nunca siente miedo, sino quien se niega a convertirlo en señor de sus decisiones.

El miedo comienza a gobernar cuando aceptamos sus profecías: "No podrás", "todo saldrá mal", "Dios te abandonará", "es mejor no intentarlo". La mente imagina un futuro donde la gracia de Dios nunca aparece. Pretendemos vivir mañana sin la fuerza que Dios dará mañana, y por eso el escenario parece insoportable.

Confiar no significa negar los riesgos ni actuar imprudentemente. Significa calcularlos sin olvidar a Dios. Él no promete que nada doloroso ocurrirá, pero sí que nada escapará de su soberanía y que ninguna circunstancia podrá separar de su amor a quienes están en Cristo.

Jesús enfrentó la cruz con verdadera angustia, pero se sometió a la voluntad del Padre. Su valentía no fue frialdad emocional, sino obediencia perfecta. Por medio de Él, nosotros también podemos avanzar aunque todavía sintamos temor.

APLICACIÓN PARA HOY

Identifica un miedo que esté influyendo demasiado en tus decisiones: salud, economía, familia, rechazo o futuro. Escríbelo y ora: "Señor, en esto temo, pero en ti confío". Después realiza una acción prudente y concreta que contradiga la parálisis.

ORACIÓN

Señor, conoces los temores que digo y los que escondo. No permitas que gobiernen mis decisiones. Reemplaza mis escenarios de abandono con tus promesas de fidelidad. Dame sabiduría para actuar prudentemente y valentía para obedecer aunque todavía tiemble. Mi confianza no está en mi fuerza, sino en tu presencia. En el nombre de Jesús. Amén.

PARA MEDITAR:

¿Quién está dirigiendo las decisiones más importantes de mi vida: el miedo que imagina el futuro o el Dios que ya está allí?

DÍA 146 — 26 DE MAYO

DIOS TAMBIÉN OBRA EN LO INESPERADO

"Sabemos que a los que aman a Dios, todas las cosas les ayudan a bien."

Romanos 8:28

Los planes pueden derrumbarse aun después de haber orado, trabajado y actuado con responsabilidad. Una puerta se cierra, una relación termina, un proyecto fracasa o una respuesta llega de una manera distinta a la esperada. Entonces surge una pregunta sincera: "Señor, ¿qué estás haciendo?".

Romanos 8:28 no afirma que todas las cosas sean buenas. La enfermedad, la traición, la injusticia y la muerte siguen siendo males. La promesa es que Dios puede tomar incluso aquello que duele y hacerlo servir a su propósito en la vida de quienes lo aman.

El bien mencionado en el contexto no consiste simplemente en comodidad o éxito. El versículo siguiente habla de ser conformados a la imagen de Cristo. Dios utiliza circunstancias agradables y dolorosas para formar humildad, fe, paciencia, obediencia y dependencia.

Los planes frustrados también revelan dónde estaba apoyado el corazón. Es sencillo declarar que Dios es bueno cuando todo coincide con nuestros deseos. La confianza se profundiza cuando podemos decir: "No entiendo este camino, pero sigo creyendo en tu carácter".

La cruz es la demostración suprema. A los ojos humanos, pareció la derrota más injusta de la historia. Sin embargo, por medio de ella Dios estaba realizando la redención. Si pudo producir salvación eterna mediante aquel aparente fracaso, también puede obrar en situaciones cuyo propósito todavía no alcanzamos a ver.

Esto no significa que algún día entenderemos cada detalle. Algunas respuestas solo llegarán en la eternidad. Pero no necesitamos conocer todo el plano para confiar en el Arquitecto.

APLICACIÓN PARA HOY

Presenta una situación que no resultó como esperabas. Dile al Señor con honestidad cuánto te dolió. Después pídele que la use para formar en ti algo semejante a Cristo y para dirigirte hacia su propósito.

ORACIÓN

Señor, tú conoces mis decepciones y las veces que confundí mis planes con tu voluntad. Sana las heridas que dejaron mis expectativas. Ayúdame a creer que sigues siendo bueno cuando no entiendo tus caminos. Usa incluso lo inesperado para formar el carácter de Cristo en mí. En su nombre. Amén.

PARA MEDITAR:

¿Estoy confiando verdaderamente en Dios, o solamente en que Él cumplirá el plan que yo mismo diseñé?

DÍA 147 — 27 DE MAYO

EL EVANGELIO EN LA CASA DE AL LADO

"Amarás a tu prójimo como a ti mismo."
Mateo 22:39

Vivimos rodeados de personas y, sin embargo, podemos pasar años sin conocer a quienes habitan al lado. Compartimos calles, ascensores, estacionamientos y paredes, pero cada hogar permanece encerrado en su propio mundo. Jesús interrumpe esa indiferencia al mandar que amemos al prójimo.

El prójimo no es solamente una idea amplia llamada "humanidad". Es la persona cercana: el anciano que vive solo, la familia nueva del vecindario, la madre agotada, el joven que casi nunca habla o el vecino cuyo carácter resulta difícil. Dios no nos colocó en una comunidad únicamente para dormir allí. También somos enviados como testigos.

La parábola del buen samaritano muestra que amar no consiste en sentir lástima desde lejos. El samaritano se acercó, observó la necesidad y actuó. Nosotros quizá no enfrentemos una emergencia semejante, pero podemos ofrecer un saludo sincero, una conversación, una ayuda práctica, una comida o una oración.

El testimonio comienza antes de mencionar el evangelio. La manera en que manejamos el ruido, respetamos la propiedad, resolvemos desacuerdos y tratamos a quienes nos rodean predica continuamente. Un vecino conflictivo que reparte tratados bíblicos puede cerrar más puertas de las que abre.

Esto no significa esconder el mensaje de Cristo detrás de buenas obras. Las obras crean puentes; el evangelio debe cruzarlos. Cuando exista confianza y oportunidad, debemos estar dispuestos a explicar que nuestra esperanza no nace de una personalidad amable, sino de un Salvador que nos amó cuando éramos sus enemigos.

APLICACIÓN PARA HOY

Escoge a un vecino y comienza a orar por él regularmente. Busca una oportunidad sencilla para saludar, escuchar u ofrecer ayuda. No intentes forzar una conversación religiosa, pero tampoco escondas tu fe si Dios abre la puerta.

ORACIÓN

Señor Jesús, perdóname por pasar de largo frente a personas que viven cerca de mí. Abre mis ojos para ver a mis vecinos como almas eternas. Hazme respetuoso, servicial y sensible. Usa mi casa como punto de luz y dame oportunidades para mostrar y anunciar tu evangelio. En tu nombre. Amén.

PARA MEDITAR:

Si mis vecinos solo conocieran mi fe por la manera en que vivo junto a ellos, ¿tendrían razones para creer que Cristo ha transformado mi corazón?

DÍA 148 — 28 DE MAYO

ESPERANZA PARA EL ALMA ABATIDA

"¿Por qué te abates, oh alma mía, y te turbas dentro de mí? Espera en Dios, porque aún he de alabarle, salvación mía y Dios mío."
Salmo 42:11

El alma también se cansa. Puede seguir cumpliendo, sonriendo y resolviendo mientras por dentro siente que camina con una piedra amarrada al pecho. El salmista no disimula su abatimiento ni se acusa por sentirlo. Se habla con verdad: "¿Por qué te abates, oh alma mía?". Reconoce la turbación, pero no le entrega el gobierno.

Luego se predica a sí mismo: "Espera en Dios". No espera en un cambio repentino de ánimo ni en que todos comprendan lo que vive. Su esperanza descansa en una Persona. La depresión y la tristeza profunda suelen anunciar que nada cambiará, que nadie entiende y que la historia terminó. La fe responde: "Aún he de alabarle". Ese "aún" no niega la oscuridad; declara que la oscuridad no será eterna.

Buscar ayuda pastoral, consejería profesional o atención médica no contradice la fe. Dios también cuida mediante personas capacitadas, descanso, tratamiento y comunidad. El error es convertir el silencio en cárcel y la vergüenza en candado. Cristo conoció la angustia en Getsemaní y no mira tu dolor desde lejos. Él entiende el peso y permanece presente.

APLICACIÓN PARA HOY

Nombra delante del Señor lo que realmente sientes, sin maquillaje espiritual. Después, habla con una persona madura y confiable. Si conoces a alguien abatido, no le prediques desde lejos ni minimices su dolor; escucha, acompaña y ayúdalo a buscar apoyo.

ORACIÓN

Señor, mi alma no siempre sabe explicar lo que lleva dentro. Rompe las mentiras que me hacen sentir abandonado y rodéame de ayuda sabia. Sosténme cuando no tenga fuerzas y enséñame a esperar en ti. En el nombre de Jesús. Amén.

PARA MEDITAR

¿Estoy escondiendo mi abatimiento por vergüenza, o llevándolo a Dios y permitiendo que su pueblo me acompañe?

DÍA 149 — 29 DE MAYO

LAS HUELLAS DE DIOS EN LO COTIDIANO

"Fui joven, y he envejecido,
y no he visto justo desamparado,
ni su descendencia que mendigue pan."
Salmo 37:25

Esperamos mares abiertos y montañas moviéndose, mientras la fidelidad de Dios suele entrar por la puerta vestida de pan diario, una llamada oportuna y fuerzas suficientes para continuar. David mira su vida completa y descubre una constante: el Señor no abandonó al justo.

El versículo no promete ausencia de estrechez ni una existencia sin necesidades. David conoció persecución, peligro y temporadas de incertidumbre. Su testimonio es que, aun en esas etapas, Dios siguió sosteniendo. Unas veces mediante intervenciones sorprendentes; otras, mediante provisiones tan ordinarias que pudieron confundirse con casualidad.

El corazón apresurado desprecia lo pequeño. Pide una señal espectacular mientras pasa por alto que amaneció, que hubo alimento, que alguien llamó, que una puerta permaneció abierta o que recibió paz para atravesar un día difícil. El maná nunca pareció un banquete, pero mantuvo vivo a un pueblo entero. La gracia cotidiana tampoco siempre hace ruido, pero sostiene.

Mirar la fidelidad de Dios en lo sencillo protege de dos enfermedades: la queja crónica y la amnesia espiritual. Quien aprende a reconocer sus huellas deja de medir el amor divino únicamente por lo que todavía falta. El Padre sigue obrando aunque no haya titulares, música de fondo ni una multitud aplaudiendo.

APLICACIÓN PARA HOY

Repasa tu jornada y reconoce tres evidencias concretas del cuidado de Dios. Escríbelas y agradécele por cada una. Luego comparte una de ellas con alguien que necesite recordar que el Señor todavía sostiene.

ORACIÓN

Padre, perdóname por despreciar tus detalles mientras espero grandes señales. Abre mis ojos para reconocer tu provisión diaria, tu protección silenciosa y las personas que usas para sostenerme. Hazme agradecido sin volverme conformista, y confiado sin volverme indiferente. En el nombre de Jesús. Amén.

PARA MEDITAR

¿Cuántas respuestas de Dios he llamado "cosas pequeñas" solamente porque llegaron sin espectáculo?

DÍA 150 — 30 DE MAYO

EL ORGULLO QUE NO ACEPTA CONSEJO

"El camino del necio es derecho en su opinión;
mas el que obedece al consejo es sabio."
Proverbios 12:15

La autosuficiencia suele vestirse de madurez. Dice: "Yo sé lo que hago", "no necesito que nadie me diga nada" y "prefiero resolverlo solo". Proverbios desmonta esa seguridad: el necio considera correcto su propio camino; el sabio escucha consejo.

Aceptar orientación no significa entregar la voluntad a cualquiera. La sabiduría bíblica discierne quién aconseja, desde qué principios y con qué fruto. No toda opinión merece obediencia, pero toda decisión importante merece humildad. El orgullo solo consulta a quienes confirmarán lo que ya decidió. La sabiduría busca voces capaces de decir la verdad, incluso cuando incomoda.

Muchos tropiezos familiares, económicos y ministeriales habrían sido evitados con una conversación honesta antes de actuar. Se firma, se compra, se promete, se responde o se rompe una relación bajo presión; luego se pide a Dios que bendiga lo que nunca fue consultado. El Señor puede corregir caminos torcidos, pero no debemos llamar "fe" a la terquedad.

Escuchar consejo tampoco elimina la responsabilidad personal. Nadie responderá delante de Dios por ti. El consejo piadoso ilumina, confronta y ayuda a descubrir puntos ciegos; después corresponde orar, comparar todo con la Escritura y decidir con integridad.

APLICACIÓN PARA HOY

Identifica una decisión que estás tomando demasiado solo. Busca a una persona madura, discreta y bíblica, explícale la situación completa y dale permiso para contradecirte. No selecciones únicamente al consejero que siempre te da la razón.

ORACIÓN

Señor, líbrame de confundir seguridad con orgullo. Dame oído enseñable, discernimiento para escoger buenos consejeros y humildad para aceptar corrección. Que no use tu nombre para justificar decisiones nacidas de mi impulso. Guíame por tu Palabra y mediante personas sabias. En el nombre de Jesús. Amén.

PARA MEDITAR

¿Busco consejo para conocer la verdad, o solamente para recibir aprobación religiosa sobre lo que ya decidí?

DÍA 151 — 31 DE MAYO

UNA CASA SE LEVANTA CON SABIDURÍA

"Con sabiduría se edificará la casa, y con prudencia se afirmará; y con ciencia se llenarán las cámaras de todo bien preciado y agradable."

Proverbios 24:3–4

Una familia no se fortalece únicamente con ingresos, muebles nuevos o fotografías sonrientes. Proverbios enseña que la casa se edifica con sabiduría, se afirma con prudencia y se llena con conocimiento. La arquitectura más importante del hogar no se ve desde la calle.

La sabiduría decide cómo hablar durante un desacuerdo, qué límites proteger, cuándo pedir perdón y qué heridas necesitan atención. La prudencia evita que una molestia pequeña se convierta en guerra civil doméstica. El conocimiento permite comprender al cónyuge, escuchar a los hijos y reconocer que cada integrante carga temores, necesidades y formas distintas de procesar la vida.

Muchas casas están llenas de objetos valiosos y vacías de conversación segura. Todos viven bajo el mismo techo, pero cada corazón permanece detrás de una puerta cerrada. Cristo no vino solamente a salvar individuos aislados; también transforma la manera en que se relacionan. Donde Él gobierna, la verdad no se usa como martillo, la autoridad no se vuelve tiranía y el silencio no se emplea como castigo.

Reconstruir una familia requiere más que buenas intenciones. Exige oración compartida, escucha sin teléfonos, palabras de gratitud, límites sanos, arrepentimiento y decisiones coherentes. No se arregla en una noche lo que se deterioró durante años, pero una casa comienza a cambiar cuando alguien deja de esperar que todos cambien primero.

APLICACIÓN PARA HOY

Escoge una acción que fortalezca tu hogar: pedir perdón, escuchar sin interrumpir, establecer un tiempo de conversación o detener una costumbre que produce tensión. Hazlo sin discurso y sin exigir reconocimiento inmediato.

ORACIÓN

Señor, edifica mi casa con tu sabiduría. Corrige lo que hemos normalizado, sana lo que se ha herido y enséñanos a tratarnos con verdad y gracia. Que nuestro hogar no sea una vitrina, sino un lugar donde Cristo gobierne. Amén.

PARA MEDITAR

¿Qué estoy aportando diariamente a mi casa: materiales para reconstruirla o pequeñas grietas que algún día la debilitarán?

NUESTRO MENSAJE PARA TI EN JUNIO

LA GRACIA QUE SOSTIENE AL CANSADO

OTTO & MILKY MAÑÓN

Junio llega con un peso que no siempre se ve desde afuera. Ya han pasado varios meses del año, y mucha gente sigue caminando, trabajando, sirviendo, resolviendo, sonriendo··· pero por dentro viene arrastrando un cansancio que no sabe bien cómo explicar. No es solo agotamiento físico. Es un desgaste del alma. Es ese momento en que la fe no se abandona, pero sí siente el tirón del desánimo. Es ese tramo en que el cuerpo sigue, pero el corazón quisiera sentarse un rato a llorar, a callar o simplemente a respirar sin tanta presión encima.

Y precisamente ahí, en ese punto donde muchos se sienten débiles, la gracia de Dios vuelve a recordar algo esencial: el Señor no sostiene solo al fuerte; sostiene, sobre todo, al que ya entendió que no puede solo. El evangelio no fue dado para gente autosuficiente, sino para pecadores cansados, para personas que necesitan misericordia nueva cada mañana, para creyentes que aman a Cristo, pero que a veces llegan al final del día con las manos llenas de cargas y el pecho apretado de tanto aguantar.

Este mes conviene recordar que la gracia no solo perdona pecados; también sostiene procesos. No solo limpia la culpa; también levanta al que se está quedando sin fuerzas. No solo rescata al principio; también acompaña en la mitad del camino, cuando ya pasó la emoción del inicio y todavía no se ve el cierre de muchas cosas. La gracia de Dios no se agota porque tú llegaste cansado a junio. Al contrario, muchas veces es justamente en la debilidad donde el Señor enseña más claramente cuán suficiente es Cristo.

La Escritura está llena de hombres y mujeres que siguieron avanzando con pasos cansados. No todos llegaron cantando victoria todos los días. Algunos llegaron llorando, confundidos, apretando los dientes, haciendo preguntas, pidiendo auxilio. Y aun así, Dios no los soltó. No dejó a David en su angustia, ni a Elías debajo de su agotamiento, ni a Jeremías dentro de su tristeza, ni a Pablo en medio de su debilidad. El mismo Dios sigue sosteniendo hoy a sus hijos, no porque ellos sean de hierro, sino porque Él permanece fiel.

Junio puede ser un mes de descanso santo, de reajuste interior, de volver a mirar a Cristo sin la obligación de aparentar una fuerza que no se tiene. Hace falta dejar de actuar como si todo dependiera del rendimiento personal. Hace falta recordar que Dios no pidió perfección emocional para acercarse a Él. Pidió verdad. Pidió humildad. Pidió que el cansado venga. Pidió que el cargado no siga fingiendo que puede con todo. Cristo sigue diciendo: venid a mí. No a una fórmula. No a una pose religiosa. A Él.

También conviene entender que el cansancio no siempre significa derrota. A veces significa que se ha peleado. A veces significa que se ha cargado demasiado tiempo sin soltar las cosas delante del Señor. A veces significa que se ha servido, amado, trabajado y llorado más de lo que otros saben. Pero aun ahí, el remedio no es endurecerse, sino rendirse otra vez a la gracia. El alma necesita recordar que el descanso no es traición al deber, sino una confesión de fe: Dios sigue siendo Dios aunque el hombre se detenga.

Que este mes no se viva como una carrera desesperada, sino como un tramo en el que el Señor vuelve a enderezar el corazón, a bajar el ruido, a recordar que la vida cristiana no se sostiene por impulso humano, sino por la misericordia de Aquel que prometió completar la obra que comenzó. Que junio sea un mes para respirar en la presencia de Dios, para soltar cargas innecesarias, para hablar con honestidad delante del cielo y para volver a descubrir que la gracia que salvó ayer sigue sosteniendo hoy.

Que el Espíritu Santo traiga quietud donde hay agitación, consuelo donde hay fatiga y verdad donde el cansancio ha empezado a mezclarlo todo. Que el alma vuelva a encontrar reposo en Cristo. Y que, aun en medio del desgaste, quede claro esto: el Señor no abandona a los suyos a mitad del camino.

DÍA 152 — 1 DE JUNIO

MÁS VALE UNA MESA SENCILLA CON AMOR

"Mejor es la comida de legumbres donde hay amor,
que de buey engordado donde hay odio."
Proverbios 15:17

Una mesa puede estar llena de comida y vacía de paz. También puede ser sencilla y convertirse en refugio porque alrededor de ella existe amor. Proverbios coloca ambas escenas frente a nosotros y obliga a revisar qué clase de riqueza estamos construyendo en casa.

La familia moderna corre detrás de más ingresos, más comodidad y más experiencias, pero puede perder lo esencial mientras consigue lo accesorio. No es pecado prosperar ni disfrutar lo que Dios provee. El problema comienza cuando el éxito se compra con ausencia, irritabilidad, desprecio o una guerra permanente entre quienes deberían cuidarse.

El amor doméstico no vive solamente de frases bonitas. Se manifiesta en el tono, la disponibilidad, la paciencia y la manera de resolver desacuerdos. Una comida humilde compartida con respeto vale más que una celebración costosa donde todos caminan sobre un campo minado emocional. La paz de un hogar no se mide por la ausencia de diferencias, sino por la presencia de gracia para tratarlas.

A veces la tensión familiar no necesita otra compra, otro viaje ni otra fotografía. Necesita una conversación sin defensas, un perdón que lleva meses esperando, una distribución más justa de responsabilidades o la decisión de dejar de llevar el estrés del trabajo a la mesa.

APLICACIÓN PARA HOY

Durante una comida, guarda el teléfono y escucha de verdad. Pregunta a los tuyos cómo están, no solamente qué hicieron. Si existe una tensión pendiente, da el primer paso para hablar sin sarcasmo ni acusaciones.

ORACIÓN

Padre, no permitas que busquemos abundancia mientras empobrecemos nuestras relaciones. Danos una mesa con gratitud, conversaciones limpias y amor que se note en el trato diario. Enséñanos a valorar la paz más que la apariencia. En el nombre de Jesús. Amén.

PARA MEDITAR

¿Mi presencia en casa añade descanso y amor, o convierte hasta las bendiciones en una comida acompañada de contienda?

DíA 153 — 2 DE JUNIO

VESTIDOS PARA UNA GUERRA INVISIBLE

"Por lo demás, hermanos míos, fortaleceos en el Señor, y en el poder de su fuerza. Vestíos de toda la armadura de Dios, para que podáis estar firmes contra las asechanzas del diablo."

Efesios 6:10–11

La vida cristiana transcurre en un campo que no siempre puede verse. Pensamientos insistentes, tentaciones calculadas, desánimo, acusación y divisiones no son simples molestias aisladas. Pablo llama al creyente a reconocer la batalla sin volverse supersticioso ni vivir aterrorizado.

La primera orden no es mirar al diablo, sino fortalecerse en el Señor. La guerra espiritual comienza con dependencia, no con dramatismo. El creyente no fabrica poder mediante gritos, fórmulas o imaginación. Se apoya en la fuerza de Cristo, cuya victoria en la cruz ya definió el desenlace final.

"Vestíos de toda la armadura" implica preparación completa. La verdad corrige mentiras; la justicia protege la conducta; el evangelio afirma los pasos; la fe apaga acusaciones; la salvación guarda la mente; la Palabra responde al engaño; la oración mantiene comunión con el Comandante. Descuidar cualquiera de estas áreas abre espacios innecesarios.

El enemigo rara vez anuncia su estrategia. Prefiere cansar lentamente, distraer, normalizar una pequeña desobediencia y enfriar la oración. No siempre busca una caída escandalosa; le basta una vida cristiana adormecida, ocupada y sin vigilancia.

Vestirse espiritualmente no es recitar una lista como amuleto. Es vivir cada pieza: decir la verdad, practicar justicia, recordar el evangelio, creer las promesas, pensar desde la salvación, obedecer la Escritura y orar con perseverancia.

APLICACIÓN PARA HOY

Examina qué parte de tu vida está más descuidada. No intentes corregir siete cosas a la vez. Escoge una y toma hoy una decisión concreta de obediencia.

ORACIÓN

Señor Jesús, fortaléceme en tu poder. Hazme sobrio sin volverme temeroso, vigilante sin volverme obsesivo y firme sin confiar en mí mismo. Vísteme con todo lo que tú has provisto para resistir. Amén.

PARA MEDITAR

¿Estoy enfrentando la batalla espiritual con una vida obediente, o solamente hablando de guerra mientras dejo abiertas las puertas?

DÍA 154 — 3 DE JUNIO

NO CONVIERTAS LA OFENSA EN UN ARCHIVO

"El que cubre la falta busca amistad;
mas el que la divulga, aparta al amigo."
Proverbios 17:9

Una ofensa puede durar minutos y ocupar años dentro del corazón. Se repite la escena, se reconstruye la conversación y se archiva cada detalle como evidencia para un juicio que nunca termina. Proverbios enseña que quien cubre la falta busca amistad, mientras quien insiste en recordarla separa incluso a buenos amigos.

Cubrir una falta no significa encubrir abuso, negar justicia ni fingir que nada ocurrió. Significa no utilizar el error arrepentido como arma permanente. Cuando una persona reconoce su pecado y busca reparar, el amor no convierte aquella caída en apellido. La verdad confronta; la gracia permite reconstruir.

Las relaciones se deterioran cuando el pasado se trae a cada discusión. El cónyuge escucha nuevamente lo que hizo hace cinco años, el hijo recibe una identidad basada en su peor etapa y el hermano descubre que su confesión se convirtió en material de conversación. Eso no es corrección; es condenación administrada domésticamente.

Perdonar no elimina necesariamente las consecuencias ni restablece la confianza de inmediato. La confianza puede requerir tiempo, límites y consistencia. Pero el perdón renuncia a cobrar intereses emocionales todos los días. Cristo no minimizó nuestro pecado; lo llevó a la cruz. Y después de perdonarnos, no nos recibe cada mañana leyendo en voz alta el expediente.

APLICACIÓN PARA HOY

Piensa en una falta que sigues mencionando para herir, controlar o ganar discusiones. Decide dejar de utilizarla como arma. Si la situación requiere límites o conversación, abórdala con claridad, pero sin humillar.

ORACIÓN

Señor, limpia mi memoria de la costumbre de coleccionar ofensas. Dame sabiduría para distinguir entre cubrir con amor y encubrir lo que debe corregirse. Enséñame a perdonar como fui perdonado y a reconstruir sin ingenuidad ni venganza. En el nombre de Jesús. Amén.

PARA MEDITAR

¿Estoy buscando restaurar la relación, o conservar la ofensa porque me concede poder sobre la otra persona?

DÍA 155 — 4 DE JUNIO

UNA CASA NO SE LEVANTA SOLO CON DINERO

"Con sabiduría se edificará la casa, y con prudencia se afirmará; y con ciencia se llenarán las cámaras de todo bien preciado y agradable."

Proverbios 24:3–4

Una vivienda puede comprarse con dinero, pero un hogar necesita sabiduría. Se pueden llenar las habitaciones de muebles costosos y mantener los corazones vacíos de comprensión. Proverbios enseña que la casa se edifica con decisiones prudentes, conversaciones sinceras, límites sanos, respeto y temor de Dios.

Edificar implica trabajo continuo. Ningún matrimonio se fortalece únicamente por haber celebrado una boda, ni una familia permanece unida por compartir apellido. Las relaciones necesitan mantenimiento. Hace falta escuchar antes de responder, reconocer errores, pedir perdón y corregir hábitos que producen tensión. La sabiduría no consiste en evitar todos los conflictos, sino en atravesarlos sin destruir a quienes amamos.

También se requiere prudencia para saber qué asuntos se hablan en privado, qué influencias entran al hogar y qué prioridades gobiernan el tiempo familiar. Una casa se debilita cuando cada persona vive encerrada en su pantalla, cuando las preocupaciones económicas desplazan la oración o cuando el orgullo impide admitir que algo necesita reparación.

Cristo debe ser más que un cuadro en la pared o un nombre mencionado antes de comer. Debe gobernar el tono de las conversaciones, la administración del dinero, la intimidad matrimonial, la disciplina de los hijos y la manera de enfrentar las crisis. La casa edificada sobre su verdad no queda exenta de tormentas, pero posee fundamento para resistirlas.

APLICACIÓN PARA HOY

Observa tu hogar sin comenzar señalando a los demás. Pregunta al Señor qué actitud tuya está debilitando la convivencia y qué cambio concreto puedes iniciar hoy. Tal vez sea escuchar con más atención, pedir perdón, recuperar la oración familiar o dejar de llevar el mal humor del trabajo a la casa.

ORACIÓN

Señor, danos sabiduría para edificar nuestro hogar y humildad para reparar lo que hemos dañado. Gobierna nuestras palabras, decisiones y prioridades. Que nuestra casa sea refugio, escuela de gracia y lugar donde Cristo sea honrado. Amén.

PARA MEDITAR

¿Estoy ayudando a edificar mi casa, o espero que los demás reparen lo que también estoy deteriorando?

DÍA 156 — 5 DE JUNIO

NO FUISTE DISEÑADO PARA CAMINAR SOLO

"Mejores son dos que uno; porque tienen mejor paga de su trabajo. Porque si cayeren, el uno levantará a su compañero."
Eclesiastés 4:9–10

La autosuficiencia suena fuerte hasta que llega una caída. Entonces descubrimos que Dios nunca diseñó la vida para ser recorrida en aislamiento. El matrimonio, la amistad cristiana y la comunión de la iglesia existen, entre otras razones, para que alguien pueda levantarnos cuando nuestras fuerzas disminuyen.

Caminar juntos no significa pensar exactamente igual. Dos personas pueden amar al Señor y tener temperamentos, ritmos y perspectivas diferentes. La unidad no exige uniformidad; exige humildad para escucharse, paciencia para comprenderse y disposición para buscar un propósito mayor que el orgullo individual.

Muchas parejas dejan de caminar juntas sin separarse físicamente. Comparten casa, cuentas y responsabilidades, pero ya no comparten el corazón. Cada uno enfrenta sus preocupaciones solo, toma decisiones por separado y guarda silencios que con el tiempo se convierten en paredes. El problema no siempre comenzó con una gran traición. A veces empezó con pequeñas desconexiones toleradas durante demasiado tiempo.

El compañero que levanta no humilla al que cayó ni utiliza su debilidad para dominarlo. Se acerca, sostiene, confronta cuando es necesario y ayuda a recuperar el paso. Cristo hizo eso con nosotros. No contempló nuestra caída desde lejos; descendió, tomó nuestra condición y cargó lo que nosotros no podíamos levantar.

APLICACIÓN PARA HOY

Busca una conversación sincera con tu cónyuge, familiar o amigo cercano. Pregunta cómo está realmente y escucha sin convertir inmediatamente su respuesta en debate o consejo. Si eres tú quien está cayendo, abandona la apariencia y permite que alguien confiable conozca tu carga.

ORACIÓN

Señor, líbrame del orgullo que me hace caminar solo. Enséñame a levantar sin juzgar y a dejarme ayudar sin vergüenza. Sana las relaciones que se han vuelto distantes y vuelve a unir nuestros pasos alrededor de Cristo. Amén.

PARA MEDITAR

¿Las personas que caminan conmigo encuentran un hombro que las levanta, o una voz que las acusa mientras están en el suelo?

DÍA 157 — 6 DE JUNIO

PALABRAS QUE MARCAN EL CLIMA DEL HOGAR

"La muerte y la vida están en poder de la lengua, y el que la ama comerá de sus frutos."
Proverbios 18:21

El clima emocional de una casa no depende solamente de la temperatura ni del dinero disponible. Muchas veces depende de las palabras que se repiten dentro de ella. Una frase puede dar seguridad o sembrar miedo; puede corregir con dignidad o humillar; puede acercar a una pareja o levantar una pared difícil de derribar.

La lengua produce frutos. Quien siembra críticas permanentes no debe sorprenderse cuando cosecha distancia. Quien ridiculiza a sus hijos puede crear adultos que todavía escuchan aquella voz muchos años después. Quien utiliza el silencio como castigo también está hablando, aunque no pronuncie una palabra.

Hablar vida no significa adular ni evitar conversaciones difíciles. La verdad forma parte del amor. Sin embargo, una corrección no necesita desprecio para ser firme. Se puede decir "esto está mal" sin comunicar "tú no vales nada". Cristo confrontaba el pecado, pero sabía distinguir entre la conducta que debía corregirse y la persona que necesitaba ser restaurada.

También debemos revisar las palabras que pronunciamos sobre nosotros mismos. Repetir constantemente "no sirvo", "nunca cambiaré" o "todo me sale mal" no es humildad. Es permitir que la desesperanza ocupe el lugar de la verdad de Dios. El creyente reconoce sus limitaciones, pero también recuerda que está siendo transformado por la gracia.

APLICACIÓN PARA HOY

Escucha conscientemente tu manera de hablar durante este día. Evita una crítica innecesaria y reemplázala por una palabra específica de agradecimiento o ánimo. Si recuerdas haber herido a alguien con tu lengua, no lo justifiques como sinceridad: pide perdón.

ORACIÓN

Señor, pon guarda a mi boca y limpia la fuente de donde salen mis palabras. Que mi lengua no sea instrumento de muerte, sarcasmo cruel ni humillación. Úsala para decir verdad con amor, corregir con gracia y fortalecer a quienes has puesto cerca de mí. Amén.

PARA MEDITAR

¿Qué fruto están produciendo mis palabras en las personas que más me escuchan?

DÍA 158 — 7 DE JUNIO

DIOS TAMBIÉN MINISTRA AL CUERPO AGOTADO

"Y echándose debajo del enebro, se quedó dormido; y he aquí luego un ángel le tocó, y le dijo: Levántate, come."
1 Reyes 19:5

Elías acababa de vivir una victoria extraordinaria, pero terminó debajo de un árbol deseando morir. La intensidad espiritual no lo hizo inmune al agotamiento. Su cuerpo estaba exhausto, su percepción se había oscurecido y el miedo dominaba sus pensamientos. Dios no comenzó reprendiéndolo con un sermón. Primero le permitió dormir y le dio alimento.

Esta escena corrige una espiritualidad que trata el cuerpo como enemigo. Somos alma y cuerpo. La falta de sueño, la alimentación descuidada y el estrés prolongado afectan la forma en que pensamos, reaccionamos y discernimos. No todo cansancio es ataque demoníaco ni toda tristeza se resuelve repitiendo un versículo con más volumen.

El Señor trató a Elías con ternura, pero no lo dejó instalado debajo del enebro. Después de fortalecerlo, lo hizo caminar, escuchar y volver a su llamado. El descanso bíblico no es abandono permanente de responsabilidades; es recuperación para obedecer con fuerzas renovadas.

Algunas personas necesitan oración y también una cita médica. Necesitan Palabra y también sueño. Necesitan consejería pastoral y quizá atención profesional. Buscar ayuda responsable no niega la fe. Reconoce que Dios puede utilizar diversos medios para cuidar integralmente a sus hijos.

APLICACIÓN PARA HOY

Revisa honestamente tu estado físico y emocional. Pregúntate si estás intentando resolver con culpa espiritual lo que también necesita descanso, alimentación, movimiento o atención médica. Haz hoy un ajuste concreto y responsable.

ORACIÓN

Padre, gracias porque conoces mi alma y también mi cuerpo. Enséñame a reconocer mis límites sin convertirlos en excusa. Dame descanso, claridad y humildad para buscar ayuda cuando la necesite. Después de fortalecerme, vuelve a levantarme para caminar en tu propósito. Amén.

PARA MEDITAR

¿Estoy llamando falta de fe a un agotamiento que Dios quiere que atienda con sabiduría?

DÍA 159 — 8 DE JUNIO

ENDEREZA EL CAMINO ANTES DE ACELERAR

"Examina la senda de tus pies, y todos tus caminos sean rectos. No te desvíes a la derecha ni a la izquierda; aparta tu pie del mal."

Proverbios 4:26–27

La velocidad impresiona, pero no corrige una dirección equivocada. Puedes avanzar rápidamente y alejarte cada vez más del lugar al que debías llegar. Por eso Proverbios no comienza pidiendo rapidez, sino examen: mira por dónde estás caminando.

Examinar la senda significa revisar hábitos, relaciones, decisiones y prioridades. Algunos caminos no parecen peligrosos al principio. Una conversación impropia, una deuda innecesaria, una amistad que alimenta el pecado o un resentimiento pequeño pueden parecer controlables. Sin embargo, toda dirección repetida termina convirtiéndose en destino.

El corazón suele preguntar cuánto puede acercarse al límite sin caer. La sabiduría pregunta cuánto debe apartarse para permanecer íntegro. El texto no dice que contemples el mal desde una distancia prudente, sino que apartes el pie. A veces la obediencia requiere bloquear, cancelar, terminar, confesar o cambiar de ruta.

También conviene revisar los caminos familiares. Una casa puede repetir patrones heredados: gritos, silencios castigadores, desorden financiero, infidelidad o ausencia emocional. Que algo haya sido normal durante generaciones no significa que deba continuar. En Cristo, una familia puede aprender una senda diferente.

APLICACIÓN PARA HOY

Escoge un área de tu vida y examina su dirección, no solamente su situación presente. Pregunta: "Si continúo así durante un año, ¿dónde terminaré?". Si la respuesta te alarma, da hoy el primer paso de corrección.

ORACIÓN

Señor, ilumina la senda de mis pies. Muéstrame los desvíos que he minimizado y dame valentía para apartarme del mal. No permitas que la prisa sustituya la obediencia. Endereza mi caminar y rompe en mi familia los patrones que no te honran. Amén.

PARA MEDITAR

¿Estoy preocupado únicamente por avanzar, o también por comprobar que avanzo en la dirección correcta?

DÍA 160 — 9 DE JUNIO

RESISTIR SIN CONVERTIRSE EN ESPECTÁCULO

"Someteos, pues, a Dios; resistid al diablo, y huirá de vosotros."
Santiago 4:7

La guerra espiritual suele presentarse con mucho ruido y poca obediencia. Santiago invierte ese orden. Antes de mandar a resistir al diablo, manda someterse a Dios. No existe resistencia sólida sin rendición verdadera.

Someterse significa colocar bajo la autoridad del Señor las áreas que más defendemos: pensamientos, deseos, dinero, sexualidad, relaciones y planes. No basta reprender al enemigo mientras se protege una desobediencia. La puerta que no queremos cerrar puede convertirse en el acceso que luego intentamos combatir con gritos.

Resistir tampoco consiste en vivir obsesionado con el diablo. Cristo debe ocupar el centro de la mirada. Resistimos permaneciendo en la verdad, rechazando la tentación, confesando el pecado y obedeciendo la Palabra. El enemigo huye no porque nuestra voz sea impresionante, sino porque encuentra a un creyente refugiado en la autoridad de Cristo.

La tentación gana fuerza cuando se conversa demasiado con ella. Eva escuchó, consideró y finalmente tomó. José, en cambio, huyó. Algunas batallas se ganan orando de rodillas; otras, levantándose rápidamente para salir del lugar donde no debemos permanecer.

La promesa es clara: el enemigo puede ser resistido. No tiene autoridad ilimitada sobre quien pertenece a Cristo. Puede tentar, acusar y engañar, pero no puede obligar al creyente a obedecerle. En el Espíritu Santo existe poder real para decir no.

APLICACIÓN PARA HOY

Identifica una puerta que has dejado entreabierta: contenido, conversación, resentimiento, relación o hábito. Sométela al Señor y toma una medida concreta para cerrarla. No esperes que la tentación desaparezca antes de obedecer.

ORACIÓN

Señor Jesús, someto mi vida a tu autoridad. Muéstrame dónde he querido resistir al enemigo sin rendirme primero a ti. Dame firmeza para rechazar la tentación y humildad para buscar ayuda. Que tu victoria se manifieste en mi obediencia diaria. Amén.

PARA MEDITAR

¿Estoy resistiendo verdaderamente al enemigo, o solamente hablando de guerra mientras protejo aquello que le abre la puerta?

DÍA 161 — 10 DE JUNIO

LA IRA NO DEBE DIRIGIR LA CASA

"No te apresures en tu espíritu a enojarte; porque el enojo reposa en el seno de los necios."

Eclesiastés 7:9

El enojo puede aparecer rápidamente y quedarse viviendo mucho tiempo. Eclesiastés advierte sobre esa combinación: apresurarse para airarse y luego permitir que la ira repose dentro. Lo que comenzó como reacción termina convirtiéndose en ambiente.

Una familia gobernada por la ira aprende a sobrevivir, no a relacionarse. Los hijos miden el humor de los padres antes de hablar. El cónyuge escoge cada palabra como quien camina sobre minas. Nadie sabe cuándo explotará la próxima discusión. Puede haber comida, techo y actividades, pero falta seguridad emocional.

No toda ira es pecaminosa. Existe indignación justa frente al abuso, la mentira y la injusticia. El problema surge cuando el enojo deja de servir a la verdad y comienza a servir al ego. Entonces se grita para dominar, se castiga con silencio, se utilizan palabras humillantes y se justifica todo diciendo: "Así soy yo".

Cristo no nos llama a negar lo que sentimos, sino a someterlo. La ira debe convertirse en conversación responsable, límites adecuados y búsqueda de justicia sin venganza. A veces será necesario alejarse unos minutos antes de responder. Eso no es cobardía; es impedir que la carne tome el micrófono.

APLICACIÓN PARA HOY

Reconoce cuál es tu reacción habitual bajo presión: gritar, retirarte para castigar, insultar o acumular resentimiento. Habla con el Señor y establece una respuesta distinta. Si has creado temor en tu hogar mediante tu enojo, pide perdón sin añadir excusas.

ORACIÓN

Señor, no permitas que la ira repose dentro de mí ni gobierne mi casa. Dame dominio propio para detenerme, sabiduría para hablar y humildad para reparar el daño que he causado. Haz de mi presencia un espacio seguro donde la verdad pueda decirse sin violencia. Amén.

PARA MEDITAR

¿Mi familia puede hablarme con libertad, o primero necesita calcular el estado de mi enojo?

DÍA 162 — 11 DE JUNIO

NO TODA OFENSA MERECE UN JUICIO

"La cordura del hombre detiene su furor, y su honra es pasar por alto la ofensa."

Proverbios 19:11

No toda equivocación necesita convertirse en conferencia, juicio y sentencia. Algunas ofensas deben confrontarse; otras pueden dejarse pasar. La sabiduría consiste en distinguir unas de otras sin actuar desde el orgullo herido.

Pasar por alto no significa tolerar abuso ni ignorar patrones destructivos. Significa renunciar a convertir cada molestia en una batalla. A veces la persona habló cansada, olvidó algo, no comprendió nuestra expectativa o sencillamente tuvo un mal día. La gracia reconoce que los demás también son frágiles.

El orgullo interpreta toda falla como afrenta personal. Por eso colecciona tonos, gestos y palabras. Después construye historias completas con información incompleta. La cordura detiene ese proceso y pregunta antes de acusar. Tal vez no hubo intención de herir. Tal vez nuestra susceptibilidad completó lo que el otro nunca quiso decir.

En el matrimonio y la familia, pasar por alto algunas ofensas preserva la paz. Una relación donde todo se registra termina asfixiada. Nadie puede vivir bajo una auditoría permanente. Cristo no ignora el pecado, pero tampoco nos trata según cada torpeza. Su misericordia nos da espacio para crecer.

APLICACIÓN PARA HOY

Antes de reaccionar a una molestia, pregúntate si se trata de un patrón serio que necesita conversación o de una imperfección que puedes cubrir con gracia. Si decides hablar, hazlo para aclarar y restaurar, no para vencer.

ORACIÓN

Señor, dame discernimiento para saber qué debo confrontar y qué debo dejar pasar. Líbrame de la susceptibilidad que convierte cada detalle en ofensa. Hazme firme ante el pecado, pero amplio en misericordia con las debilidades humanas. Amén.

PARA MEDITAR

¿Cuántos conflictos alimento porque necesito que todo se haga, se diga y se entienda exactamente como yo quiero?

DÍA 163 — 12 DE JUNIO

EL CORAZÓN ROTO NO ES MATERIAL DESECHABLE

"Él sana a los quebrantados de corazón, y venda sus heridas."
Salmo 147:3

Las heridas emocionales no siempre sangran a la vista. Algunas personas aprendieron a funcionar mientras permanecen quebradas. Trabajan, sirven, sonríen y hasta aconsejan, pero ciertas palabras, recuerdos o situaciones siguen tocando lugares que nunca fueron atendidos.

Dios no desprecia esas heridas. El salmo lo presenta como quien se acerca, sana y venda. Vendar implica cuidado paciente. Una herida profunda no se trata con prisa, presión religiosa ni frases que reducen el dolor. Requiere limpieza, protección, tiempo y verdad.

Sanar tampoco significa borrar la memoria. Significa que el recuerdo deja de gobernar el presente. Lo ocurrido forma parte de la historia, pero no conserva autoridad absoluta sobre la identidad. En Cristo, la persona ya no es únicamente "la abandonada", "el abusado", "la traicionada" o "el que fracasó". Es alguien amado, redimido y acompañado por Dios.

El Señor puede utilizar la oración, la Escritura, la comunión de la iglesia, la consejería y el apoyo profesional. Ninguno de esos medios compite necesariamente con la fe. El mismo Dios que sana directamente también obra por medio de personas preparadas.

No conviertas tu herida en trono ni en vergüenza. Tampoco la utilices para justificar que hieras a otros. El dolor explica algunas reacciones, pero no debe gobernarlas para siempre. La gracia sana y también enseña nuevas maneras de responder.

APLICACIÓN PARA HOY

Nombra una herida que aún influye en tus relaciones. Preséntala al Señor y considera qué paso responsable necesitas dar: hablar con alguien confiable, buscar consejería, establecer un límite o perdonar sin negar lo ocurrido.

ORACIÓN

Señor, tú conoces las heridas que escondo y las reacciones que nacen de ellas. Acércate, limpia, venda y restaura. No permitas que mi dolor se convierta en identidad ni en permiso para dañar. Guíame hacia la ayuda y la verdad que necesito. Amén.

PARA MEDITAR

¿Estoy permitiendo que Dios sane mi herida, o la he convertido en explicación permanente para no cambiar?

DÍA 164 — 13 DE JUNIO

SABER CUÁNDO HABLAR Y CUÁNDO CALLAR

"Tiempo de callar, y tiempo de hablar."
Eclesiastés 3:7

El silencio puede ser sabiduría o cobardía. La palabra puede ser valentía o imprudencia. Eclesiastés no declara que una sea siempre mejor que la otra; enseña que cada una posee su momento.

Callar es sabio cuando la emoción todavía gobierna, cuando no tenemos todos los hechos o cuando nuestras palabras solo aumentarían el fuego. También es necesario para escuchar. Muchas conversaciones fracasan porque ambas personas están preparando la defensa mientras la otra habla.

Sin embargo, callar puede convertirse en pecado cuando permite abuso, encubre injusticia o evita pedir perdón. El silencio también puede utilizarse como castigo emocional. Dejar de hablar para controlar al cónyuge o angustiar a la familia no es prudencia; es manipulación sin sonido.

Hablar a tiempo puede salvar una relación. Una confesión sincera, una corrección respetuosa o una expresión de afecto pueden detener años de distancia. Algunas familias aman, pero casi nunca lo dicen. Otras conocen problemas serios, pero nadie quiere ser quien abra la conversación incómoda.

Jesús supo guardar silencio ante acusaciones falsas y también habló con firmeza frente a la hipocresía. Su silencio no nació del miedo, ni sus palabras del descontrol. Ambas cosas estuvieron sometidas al Padre.

APLICACIÓN PARA HOY

Piensa en una conversación pendiente. Pregunta al Señor si has callado por prudencia o por temor. Si debes hablar, escoge un momento adecuado y utiliza palabras claras sin atacar. Si debes callar, hazlo sin convertir el silencio en castigo.

ORACIÓN

Señor, gobierna mi boca y también mis silencios. Enséñame a callar cuando hablar alimentaría la carne y a hablar cuando mi silencio protegería el pecado o prolongaría una herida. Que tanto mis palabras como mi quietud estén bajo tu autoridad. Amén.

PARA MEDITAR

¿Estoy usando el silencio para escuchar y obedecer, o para evitar, controlar y castigar?

DÍA 165 — 14 DE JUNIO

LA SABIDURÍA QUE CONSTRUYE Y LA NECEDAD QUE DEMUELE

"La mujer sabia edifica su casa; mas la necia con sus manos la derriba."
Proverbios 14:1

Aunque el proverbio menciona a la mujer, el principio alcanza a todos los miembros del hogar: nuestras decisiones pueden edificar o demoler. Una casa rara vez se destruye en un solo día. Muchas veces se deteriora mediante pequeñas acciones repetidas: desprecio, indiferencia, secretos, irresponsabilidad y palabras que nunca se reparan.

La sabiduría edifica con paciencia. No espera que todo cambie inmediatamente ni confunde firmeza con dureza. Sabe que la familia necesita verdad, pero también seguridad. Corrige sin convertir el error en identidad, establece límites sin dejar de amar y administra los recursos pensando en el bienestar común.

La necedad, en cambio, actúa por impulso. Prefiere ganar una discusión aunque pierda la relación. Expone intimidades familiares para conseguir aliados, toma decisiones económicas sin consultar y alimenta resentimientos hasta que todos terminan pagando la factura.

Edificar no significa cargar sola o solo con toda la familia. Cada miembro posee responsabilidad. Tampoco significa permanecer en situaciones de abuso. En ocasiones, proteger la casa requiere buscar ayuda, establecer distancia o denunciar lo que está dañando a quienes Dios confió a nuestro cuidado.

Cristo puede reconstruir hogares donde existen ruinas, pero la reconstrucción requiere arrepentimiento y cooperación. No basta pedirle a Dios que sane la familia mientras se continúan practicando las mismas conductas que la enferman.

APLICACIÓN PARA HOY

Identifica una acción repetida con la que edificas y otra con la que debilitas tu hogar. Agradece por la primera y comienza a corregir la segunda. No esperes que todos cambien antes de obedecer tú.

ORACIÓN

Señor, dame sabiduría para edificar y humildad para reconocer lo que mis propias manos han deteriorado. Sana nuestro hogar, corrige nuestros hábitos y haznos colaboradores de tu obra de restauración. En el nombre de Jesús. Amén.

PARA MEDITAR

¿Qué estoy construyendo diariamente con mis decisiones: un hogar donde la gracia puede habitar o una estructura que mis propios hábitos están debilitando?

DÍA 166 — 15 DE JUNIO

LA VERDAD QUE EL CORAZÓN INTENTA SILENCIAR

"La ira de Dios se revela desde el cielo contra toda impiedad e injusticia de los hombres que detienen con injusticia la verdad."

Romanos 1:18

El evangelio es poder de Dios porque la condición humana no se resuelve con educación, prosperidad ni buenas intenciones. Pablo afirma que el hombre detiene la verdad. No carece completamente de luz; resiste la luz que ha recibido porque esta amenaza su deseo de gobernarse sin Dios.

La creación revela poder y diseño. La conciencia acusa y defiende. Sin embargo, el corazón pecador prefiere reinterpretar esas señales antes que rendirse al Creador. La rebelión no comienza siempre con un acto escandaloso. Empieza cuando Dios deja de ser reconocido como Dios y el ser humano se convierte en la medida final de lo bueno y lo malo.

Pablo señala dos síntomas iniciales: no glorificaron a Dios ni le dieron gracias. La ingratitud no es una falta menor. Cuando dejamos de reconocer al Dador, los regalos ocupan su lugar. La inteligencia, el cuerpo, el dinero, la libertad y el placer se transforman en ídolos que prometen autonomía y terminan exigiendo esclavitud.

La mente que rechaza a Dios no permanece neutral. Se envanece y se oscurece. Puede aumentar en información y disminuir en sabiduría. Puede dominar tecnología y seguir incapaz de gobernar sus propios deseos.

La salida no consiste en fabricar una verdad personal, sino en rendirse a la verdad revelada en Cristo. Él no vino solo a informarnos, sino a rescatarnos de la mentira que hemos amado.

APLICACIÓN PARA HOY

Pregunta al Señor en qué área estás resistiendo una verdad que ya conoces. No busques primero el pecado de la cultura. Examina tu propia gratitud, obediencia y disposición para reconocer a Dios como autoridad.

ORACIÓN

Señor, líbrame del autoengaño y de la soberbia que intenta silenciar tu verdad. Vuelve mi corazón agradecido, mi mente humilde y mi voluntad obediente. Que no adore tus regalos mientras rechazo tu gobierno. Amén.

PARA MEDITAR

¿Qué verdad de Dios conozco claramente, pero sigo intentando detener porque contradice lo que deseo?

DÍA 167 — 16 DE JUNIO

EL JUICIO DE SER DEJADO A TU PROPIO DESEO

"Por lo cual también Dios los entregó a la inmundicia, en las concupiscencias de sus corazones."
Romanos 1:24

Una de las expresiones más graves del juicio divino es: "Dios los entregó". No describe un rayo cayendo del cielo, sino algo más aterrador: Dios permite que el ser humano siga el camino que insistió en escoger y experimente sus consecuencias.

Romanos 1 presenta una progresión. El hombre cambia la verdad por la mentira, adora lo creado y termina desordenándose por dentro. El cuerpo, los afectos y la mente dejan de responder al diseño del Creador. Lo que se anuncia como liberación acaba convirtiéndose en esclavitud.

Dios los entrega a la impureza, a pasiones vergonzosas y a una mente reprobada. Esto no significa que Dios produzca el pecado. Significa que retira frenos que el hombre desprecia. El pecador exige autonomía y termina descubriendo que gobernarse sin Dios no conduce a libertad, sino a tiranía de los deseos.

La lista final incluye codicia, envidia, violencia, engaño, soberbia, desobediencia y falta de afecto natural. El deterioro no permanece en la vida privada. Se extiende a familias, instituciones y culturas. El pecado primero pide tolerancia, luego aprobación y finalmente celebración.

Este pasaje no fue dado para alimentar superioridad moral. Fue escrito para mostrarnos de qué somos capaces cuando la gracia no nos detiene. Nadie debe leerlo diciendo únicamente "mira cómo están ellos". La pregunta correcta es: "Señor, ¿dónde estoy resistiendo tus frenos?".

APLICACIÓN PARA HOY

Examina si alimentas una pasión, impureza o mentira que está endureciendo tu conciencia. No esperes perder completamente la sensibilidad. Confiesa mientras la convicción todavía te incomoda y corta el acceso que mantiene vivo ese pecado.

ORACIÓN

Señor, no me dejes avanzar tranquilamente por un camino que me destruye. Despierta mi conciencia, confronta mis deseos y dame arrepentimiento verdadero. Prefiero tu corrección dolorosa antes que ser abandonado a mi propia voluntad. Amén.

PARA MEDITAR

¿Existe alguna desobediencia que antes me inquietaba y que ahora estoy comenzando a llamar normal?

DÍA 168 — 17 DE JUNIO

EL ESPEJO ANTES QUE EL MARTILLO

"Pues en lo que juzgas a otro, te condenas a ti mismo; porque tú que juzgas haces lo mismo."
Romanos 2:1

Después de describir la degradación humana, Pablo se vuelve hacia el moralista que escuchaba satisfecho. Probablemente asentía ante cada pecado mencionado y esperaba que el apóstol continuara golpeando a "esa gente". Entonces Pablo coloca el espejo frente a él.

El problema no es discernir entre bien y mal. La Escritura exige discernimiento. El pecado consiste en condenar con superioridad aquello que practicamos, justificamos o escondemos en nosotros mismos. El hipócrita conoce el estándar suficiente para aplicarlo a otros, pero inventa excepciones cuando llega a su propia vida.

El juicio de Dios es según verdad. No se deja impresionar por reputación, ministerio, afiliación religiosa ni discursos correctos. Conoce las motivaciones, los secretos y la diferencia entre lo que denunciamos públicamente y lo que toleramos en privado.

Pablo también advierte que la paciencia de Dios no debe interpretarse como aprobación. Su benignidad busca llevarnos al arrepentimiento. Cada día sin juicio inmediato es misericordia, no permiso para continuar.

Las obras no compran salvación, pero revelan la dirección del corazón. Una fe que jamás produce arrepentimiento, obediencia ni transformación debe ser examinada. La gracia no convierte el pecado en asunto irrelevante; nos enseña a confesarlo y abandonarlo.

APLICACIÓN PARA HOY

Piensa en el pecado o defecto que más rápidamente criticas en otros. Pregunta si existe una versión más discreta de lo mismo en ti. Antes de corregir a alguien, deja que la Palabra te corrija primero.

ORACIÓN

Señor, rompe mi hipocresía y muéstrame mis puntos ciegos. Que tu bondad no sea excusa para postergar el arrepentimiento. Dame la misma seriedad con mi pecado que suelo exigir respecto al pecado ajeno. Amén.

PARA MEDITAR

¿Utilizo la verdad como espejo para examinarme o principalmente como martillo para golpear a los demás?

DÍA 169 — 18 DE JUNIO

DIOS TAMBIÉN JUZGA LO SECRETO

"En el día en que Dios juzgará por Jesucristo los secretos de los hombres, conforme a mi evangelio."
Romanos 2:16

La justicia humana trabaja con evidencias visibles y testimonios incompletos. Dios, en cambio, conoce los secretos. Ve lo que ocurrió, por qué ocurrió, qué deseaba el corazón y qué intentamos ocultar mediante una apariencia respetable.

Pablo explica que quienes recibieron la Ley y quienes no la recibieron rendirán cuentas con justicia perfecta. Poseer conocimiento bíblico no protege al desobediente. Escuchar sermones, memorizar textos o pertenecer a una congregación aumenta responsabilidad si la verdad conocida nunca llega a gobernar la vida.

Quienes no tuvieron la revelación escrita poseen conciencia. Aunque dañada por el pecado, esta todavía acusa o defiende. Nadie podrá afirmar que Dios juzgó caprichosamente. Él conoce la luz recibida y la respuesta dada.

La expresión "conforme a mi evangelio" parece sorprendente. El evangelio incluye juicio porque la buena noticia no niega la justicia de Dios. Sin embargo, anuncia que el Juez es también el Salvador que cargó en la cruz la condenación de quienes creen.

Cristo conoce el secreto más vergonzoso y aun así llama al arrepentimiento antes del día final. La confesión no le proporciona información nueva; nos saca del escondite. En Él existe perdón verdadero, pero ese perdón no se recibe mediante excusas, sino viniendo a la luz.

APLICACIÓN PARA HOY

Presenta delante de Dios un secreto que continúas justificando o escondiendo. Llámalo por su nombre. Si afecta a otra persona o requiere rendición de cuentas, busca orientación sabia para dar el paso correcto sin seguir encubriéndolo.

ORACIÓN

Señor Jesús, tú conoces todo lo que intento ocultar. Gracias porque antes de juzgarme me llamas a recibir misericordia. Limpia mis secretos con tu sangre y transforma las áreas donde todavía vivo dividido. Hazme caminar en la luz. Amén.

PARA MEDITAR

¿Estoy preparando explicaciones para mis secretos, o llevándolos al único Salvador que puede perdonarlos y transformarlos?

DÍA 170 — 19 DE JUNIO

RELIGIÓN SIN OBEDIENCIA: EL ESCUDO QUE ENGAÑA

"He aquí, tú tienes el sobrenombre de judío, y te apoyas en la ley, y te glorías en Dios."
Romanos 2:17

Los privilegios espirituales pueden convertirse en refugio para evitar el arrepentimiento. El judío al que Pablo se dirige poseía la Ley, conocía la voluntad de Dios y se consideraba guía de otros. El problema no estaba en esos privilegios, sino en utilizarlos como prueba de rectitud mientras la conducta negaba lo enseñado.

La versión moderna aparece cuando alguien confía en su denominación, años de iglesia, conocimiento doctrinal, posición ministerial o capacidad para predicar. Es posible enseñar la verdad sin permitir que esa verdad examine el corazón. También es posible corregir públicamente pecados que se practican discretamente.

Pablo formula preguntas incómodas: tú que enseñas a otro, ¿no te enseñas a ti mismo? Tú que predicas que no se debe robar, ¿robas? La incoherencia no solo daña al hipócrita. Hace que el nombre de Dios sea blasfemado por quienes observan una fe que suena santa, pero produce una vida corrupta.

Esto no exige perfección fingida. El creyente verdadero todavía falla, pero se arrepiente, reconoce su pecado y busca corrección. La hipocresía no consiste en luchar y caer; consiste en mantener una apariencia mientras se protege deliberadamente una doble vida.

La religión puede ocultar la enfermedad, pero solo Cristo puede sanar al enfermo. Dios no salva currículos espirituales, etiquetas ni ministerios. Salva pecadores que abandonan sus defensas y confían en la justicia de Jesús.

APLICACIÓN PARA HOY

Pregúntate qué doctrina, consejo o corrección sueles dar a otros y todavía no aplicas con la misma seriedad. No prepares un nuevo sermón sobre el asunto. Comienza obedeciendo.

ORACIÓN

Señor, no permitas que use mi conocimiento, servicio o historia cristiana como escudo contra tu corrección. Une lo que digo con lo que vivo. Dame arrepentimiento rápido, obediencia sincera y una vida que no provoque burla contra tu nombre. Amén.

PARA MEDITAR

Si nadie pudiera escuchar mis palabras religiosas y solo observara mis decisiones, ¿encontraría evidencia de que Cristo gobierna verdaderamente mi vida?

DÍA 171 — 20 DE JUNIO

LA MARCA QUE DIOS BUSCA EN EL CORAZÓN

"No es judío el que lo es exteriormente, ni es la circuncisión la que se hace exteriormente en la carne; sino que es judío el que lo es en lo interior, y la circuncisión es la del corazón, en espíritu, no en letra; la alabanza del cual no viene de los hombres, sino de Dios."
Romanos 2:28–29

La circuncisión distinguía al pueblo del pacto. Sin embargo, Pablo lanza una advertencia incómoda: una señal exterior sin obediencia interior puede convertirse en una seguridad engañosa. El símbolo era correcto, pero no podía sustituir un corazón rendido.

La aplicación para nosotros es evidente. Bautizarse, congregarse, participar de la Cena del Señor, conocer el lenguaje cristiano o servir en un ministerio no demuestra por sí solo que la vida pertenece a Cristo. Todo eso tiene valor en su lugar, pero se convierte en cascarón cuando no existe una obra real del Espíritu por dentro.

La circuncisión del corazón es la intervención de Dios que corta orgullo, rebeldía, dureza e idolatría. No cambia solamente la etiqueta religiosa; cambia los afectos, las prioridades y la dirección de la vida. El creyente verdadero no es impecable, pero ya no puede hacer las paces con aquello que crucificó a su Salvador.

Pablo añade que su alabanza no proviene de los hombres, sino de Dios. Quien vive buscando aprobación pública terminará cuidando más su apariencia que su alma. Pero quien sabe que Dios mira lo secreto aprende a obedecer aunque nadie aplauda.

APLICACIÓN PARA HOY

Pregúntale al Señor qué área de tu vida necesita ser cortada: un hábito, resentimiento, doblez, orgullo o idolatría. No te conformes con parecer cristiano. Pídele que trate seriamente tu interior.

ORACIÓN

Señor, no permitas que me esconda detrás de ritos, funciones o palabras. Corta de mi corazón lo que compite contigo y hazme tuyo de verdad. Que busque tu aprobación por encima de la humana. En el nombre de Jesús. Amén.

PARA MEDITAR

Si desaparecieran todos los símbolos externos de mi fe, ¿mi manera de vivir seguiría mostrando que Cristo habita en mí?

DÍA 172 — 21 DE JUNIO

DIOS SIGUE SIENDO FIEL

"¿Pues qué, si algunos de ellos han sido incrédulos? ¿Su incredulidad habrá hecho nula la fidelidad de Dios? En ninguna manera; antes bien sea Dios veraz, y todo hombre mentiroso."
Romanos 3:3–4

La infidelidad de Israel podía provocar una pregunta legítima: si el pueblo del pacto falló tantas veces, ¿significa que Dios también falló? Pablo responde con firmeza: "En ninguna manera". La incredulidad humana nunca altera el carácter de Dios.

Él fue fiel al llamar, liberar, corregir y preservar a su pueblo. Siguió siendo fiel cuando Israel se volvió idólatra, cuando rechazó a los profetas y cuando finalmente despreció al Mesías. La fidelidad divina no consiste en aprobar el pecado, sino en cumplir su Palabra a pesar de la inconstancia humana.

Esta verdad consuela, pero también confronta. La fidelidad de Dios no puede convertirse en excusa para la desobediencia. Pablo rechaza la idea torcida de pecar para que la justicia y la gracia de Dios resalten todavía más. Quien usa la paciencia divina como permiso demuestra que no ha comprendido la gracia.

Dios permanece firme cuando tú fluctúas. No deja de ser santo porque tú caíste ni deja de ser misericordioso porque regresaste avergonzado. Precisamente porque Él no cambia, puedes arrepentirte con esperanza. Su fidelidad no alimenta la rebeldía; sostiene el regreso.

APLICACIÓN PARA HOY

Reconoce un área donde has sido inconstante: oración, servicio, obediencia, pureza o una promesa incumplida. No te escondas en la culpa ni abuses de la paciencia divina. Regresa hoy con una decisión concreta.

ORACIÓN

Señor, gracias porque sigues siendo veraz aunque yo haya sido inconstante. Perdóname por usar tu paciencia para aplazar la obediencia. Que tu fidelidad me impulse a regresar, corregir y caminar contigo. En el nombre de Jesús. Amén.

PARA MEDITAR

¿La fidelidad de Dios me mueve al arrepentimiento o la estoy utilizando para justificar una obediencia siempre pospuesta?

DÍA 173 — 22 DE JUNIO

NINGUNO APRUEBA EL EXAMEN

"No hay justo, ni aun uno; no hay quien entienda, no hay quien busque a Dios."
Romanos 3:10–11

Pablo ha llevado al pagano, al moralista y al religioso ante el mismo tribunal. Ahora pronuncia el veredicto: todos están bajo pecado. No existe una categoría humana que pueda presentarse delante de Dios diciendo: "Yo sí cumplí".

Romanos describe una corrupción que alcanza todo el ser. La mente se oscurece, la boca hiere, los pies corren hacia el mal y el corazón se aparta de Dios. El pecado no es solamente una colección de errores aislados; es una condición que deforma deseos, palabras y decisiones.

Entonces aparece la función de la Ley. No fue dada como escalera para que el pecador subiera hasta Dios, sino como espejo para mostrarle su verdadera condición. El espejo puede revelar la suciedad, pero no puede lavarla. Del mismo modo, la Ley descubre el pecado, pero no puede justificar al culpable.

Esta verdad ofende al orgullo porque elimina nuestra comparación favorita: "Yo no soy tan malo como otros". Delante de la santidad divina, ser menos escandaloso que el vecino no equivale a ser justo. Todos necesitamos el mismo Salvador.

El diagnóstico es severo, pero misericordioso. Mientras creas que solo necesitas mejorar un poco, tratarás a Cristo como ayudante. Cuando aceptas que estás perdido sin Él, lo recibes como Redentor.

APLICACIÓN PARA HOY

Renuncia a medir tu vida comparándote con otros. Confiesa que sin Cristo no tienes justicia propia con la cual presentarte delante de Dios. Mira también a los demás como necesitados de gracia, no como inferiores.

ORACIÓN

Señor, acepto tu diagnóstico. No puedo justificarme ni presentarte méritos suficientes. Arranca mi orgullo y enséñame a descansar únicamente en la justicia de Cristo. En su nombre. Amén.

PARA MEDITAR

¿Veo la cruz como una pequeña ayuda para mejorar o como el rescate total de alguien que estaba completamente perdido?

DíA 174 — 23 DE JUNIO

LA JUSTICIA QUE RECIBES GRATIS

"Pero ahora, aparte de la ley, se ha manifestado la justicia de Dios··· siendo justificados gratuitamente por su gracia."

Romanos 3:21, 24

Después de declarar culpable a toda la humanidad, Pablo introduce dos palabras que cambian la historia: "Pero ahora". Donde no había defensa humana, Dios abrió un camino.

La justicia que salva no nace de tu obediencia, disciplina, emoción religiosa ni tradición. Viene de Cristo y se recibe por fe. Dios ofrece gratuitamente lo que ningún pecador podía producir.

Pablo utiliza tres conceptos decisivos. Justificación significa que Dios declara justo al creyente porque Cristo ocupó su lugar. Redención anuncia que el esclavo fue liberado mediante un precio: la sangre de Jesús. Propiciación enseña que la ira justa contra el pecado fue satisfecha en la cruz.

Dios no fingió que el pecado carecía de importancia. Lo juzgó plenamente en su Hijo. Tampoco te recibe porque lograste mejorar lo suficiente. Te recibe sobre la base de la obediencia perfecta de Cristo.

Eso cambia la vida cristiana. Ya no obedeces para convencer a Dios de que te acepte. Obedeces porque en Cristo ya fuiste recibido. Tu crecimiento importa, pero no es el fundamento de tu justificación. La raíz es la gracia; la obediencia es el fruto.

APLICACIÓN PARA HOY

Examina dónde estás apoyando tu seguridad espiritual. Si descansa en tu rendimiento reciente, volverás a la ansiedad. Lleva tu culpa y vergüenza a la cruz y repite: "Mi aceptación descansa en Cristo".

ORACIÓN

Señor Jesús, gracias por justificarme, redimirme y cargar el juicio que merecía. Dejo de apoyarme en mis esfuerzos y descanso en tu obra terminada. Que tu gracia produzca en mí obediencia agradecida. Amén.

PARA MEDITAR

Si Dios me preguntara por qué debería recibirme, ¿hablaría de mis obras o de la obra perfecta de Cristo?

DÍA 175 — 24 DE JUNIO

LA GRACIA DEJA AL ORGULLO SIN DISCURSO

"¿Dónde, pues, está la jactancia? Queda excluida."
Romanos 3:27

Si la salvación es regalo, ¿qué puede presumir el que la recibe? Pablo responde que toda jactancia queda excluida. Nadie puede pararse delante de Dios diciendo: "Yo me salvé, yo lo merecía o yo fui más sabio que los demás".

La fe verdadera dirige la mirada hacia Cristo. Reconoce: "No me rescaté; fui rescatado". Por eso no debería producir arrogancia doctrinal, moral ni ministerial. Cuanto mejor comprendes la gracia, menos necesidad tienes de competir con otros creyentes.

Dios justifica por la fe tanto al judío como al gentil. La iglesia no tiene ciudadanos de primera y segunda categoría. El convertido hace cuarenta años y el recién llegado entran por la misma puerta y dependen del mismo Salvador.

La justificación por fe tampoco elimina la obediencia. Pablo dice que la fe confirma la Ley. La gracia no vuelve irrelevante la santidad; cambia su motivación. Ya no obedeces para comprar aceptación, sino porque has sido aceptado. El amor a Dios comienza donde termina el intento de negociar con Él.

La jactancia puede esconderse detrás de expresiones piadosas: "yo sí conozco doctrina", "yo sí sirvo", "yo nunca caería en eso". La cruz responde a todas ellas: cualquier cosa buena que posees la recibiste.

APLICACIÓN PARA HOY

Identifica una comparación espiritual que alimente tu orgullo. Da gracias por la gracia que recibiste y mira a los demás como compañeros de misericordia, no como rivales.

ORACIÓN

Señor, excluye de mi corazón toda jactancia. Líbrame de presumir conocimiento, servicio o conducta. Que mi boca hable más de lo que Cristo hizo que de lo que yo creo haber logrado. Amén.

PARA MEDITAR

Cuando cuento mi historia cristiana, ¿se escucha principalmente lo que yo hice o lo que Cristo hizo por mí?

DÍA 176 — 25 DE JUNIO

ABRAHAM TAMBIÉN VIVIÓ DE GRACIA

"Porque si Abraham fue justificado por las obras, tiene de qué gloriarse, pero no para con Dios··· Bienaventurado el varón a quien el Señor no inculpa de pecado."

Romanos 4:2, 8

Abraham era el gran referente de Israel. Había salido de su tierra, obedecido el llamado y caminado con Dios. Sin embargo, Pablo afirma que ni siquiera él podía presentarse delante del Señor presumiendo méritos.

La Escritura declara: "Abraham creyó a Dios, y le fue contado por justicia". Su fe no fue pensamiento positivo, sino confianza concreta en la promesa y el carácter divinos. La justicia que necesitaba no surgió de su desempeño; le fue acreditada por gracia.

Pablo utiliza la diferencia entre salario y regalo. Al trabajador se le paga una deuda. Pero Dios justifica al impío, no porque le deba algo, sino porque concede gratuitamente lo que este jamás podría ganar.

David confirma la misma verdad al llamar bienaventurado al hombre cuyos pecados son perdonados y a quien Dios no inculpa. La felicidad más profunda no consiste en poseer una historia impecable, sino en saber que la culpa fue cubierta por otro.

Abraham y David, con toda su grandeza y también con sus fracasos, dependieron del mismo evangelio que nosotros. No existen héroes autosalvados. Existen pecadores alcanzados por una gracia extraordinaria.

APLICACIÓN PARA HOY

Pregúntate si te relacionas con Dios como empleado que espera salario o como hijo que recibe gracia. Cuando el acusador mencione pecados confesados, responde que tu deuda fue puesta sobre Cristo.

ORACIÓN

Señor, gracias porque Abraham y David también dependieron de tu gracia. Enséñame a creer tu Palabra y a descansar en la justicia de Cristo, sin intentar comprar lo que ya me regalaste. Amén.

PARA MEDITAR

¿Vivo intentando acumular méritos delante de Dios o agradeciendo que Él no me inculpa el pecado que Cristo cargó?

DÍA 177 — 26 DE JUNIO

LA PROMESA NO DESCANSA EN TU HISTORIAL

"No por la ley fue dada a Abraham o a su descendencia la promesa··· sino por la justicia de la fe."
Romanos 4:13

La promesa hecha a Abraham no dependió de un expediente perfecto. Llegó por gracia y fue recibida por fe. Dios no escogió a Abraham porque hubiera demostrado previamente una obediencia impecable, sino porque quiso convertirlo en receptor de su promesa.

Si la herencia dependiera de cumplir perfectamente la Ley, nadie podría recibirla. La Ley revela la transgresión y deja al ser humano sin defensa. Por eso la promesa descansa en la fe: para que permanezca firme sobre la fidelidad de Dios y no sobre la inestabilidad del hombre.

Abraham creyó en el Dios que da vida a los muertos y llama las cosas que no son como si fueran. Su confianza no ignoraba lo imposible; se apoyaba en Aquel que gobierna sobre ello.

Esta verdad confronta nuestra costumbre de medir el futuro por el historial. Miramos nuestros fracasos, limitaciones o antecedentes familiares y concluimos que nada diferente puede ocurrir. Pero la fe no descansa en nuestra capacidad para garantizar resultados. Descansa en la capacidad de Dios para cumplir lo que verdaderamente ha prometido.

Eso no significa adjudicarle a Dios cualquier deseo personal. Significa confiar en las promesas que Él sí reveló: perdonar al arrepentido, sostener al creyente, completar su obra y resucitar a los que están en Cristo.

APLICACIÓN PARA HOY

Identifica un área donde tu pasado está dictando tu expectativa. Entrégasela a Dios y afirma una promesa bíblica concreta sobre ella. No confíes en fantasías, sino en la Palabra.

ORACIÓN

Señor, gracias porque tu fidelidad no depende de mi expediente. Enséñame a creer lo que realmente has prometido y a no convertir mis fracasos en límites para tu obra. En el nombre de Jesús. Amén.

PARA MEDITAR

¿Estoy interpretando mi futuro solamente desde mi historial o desde las promesas verdaderas del Dios fiel?

DÍA 178 — 27 DE JUNIO

ESPERANZA FRENTE A LO IMPOSIBLE

"Él creyó en esperanza contra esperanza··· plenamente convencido de que era también poderoso para hacer todo lo que había prometido."

Romanos 4:18, 21

Abraham enfrentaba una realidad humanamente cerrada: su cuerpo envejecido, Sara estéril y una promesa que parecía imposible. Sin embargo, creyó "en esperanza contra esperanza".

Su fe no negó los hechos. Pablo dice que consideró su cuerpo prácticamente muerto. La fe bíblica no llama juventud a la vejez ni salud a la enfermedad. Observa la realidad con honestidad, pero se niega a tratarla como autoridad superior a Dios.

Abraham se fortaleció dando gloria al Señor. La duda se alimenta cuando las circunstancias ocupan todo el campo visual. La fe crece cuando el carácter de Dios vuelve al centro. Él estaba convencido, no de su propia fortaleza, sino de que Dios podía cumplir lo prometido.

Pablo conecta esa fe con el evangelio. Nosotros creemos en Aquel que levantó a Jesús de los muertos. La resurrección es la garantía definitiva de que Dios puede producir vida donde todo parece terminado.

Sin embargo, creer no significa que Dios deba resucitar cada proyecto personal exactamente como lo imaginamos. La fe descansa en su poder y se somete también a su voluntad. Confía en que Él puede, y adora incluso cuando decide obrar de otra manera.

APLICACIÓN PARA HOY

Presenta al Señor una situación que parece imposible. Reconoce los hechos sin disfrazarlos y declara que su poder no ha disminuido. Después, obedece el próximo paso claro sin intentar controlar el resultado.

ORACIÓN

Señor, enséñame a mirar la realidad sin negar tu poder. Fortalece mi fe al contemplar tu carácter y la resurrección de Cristo. Hazme confiar también cuando tu respuesta sea distinta de mi expectativa. Amén.

PARA MEDITAR

¿Mi esperanza descansa en que Dios haga exactamente lo que deseo o en que seguirá siendo fiel cualquiera que sea su respuesta?

DÍA 179 — 28 DE JUNIO

LA GUERRA TERMINÓ

"Justificados, pues, por la fe, tenemos paz para con Dios por medio de nuestro Señor Jesucristo."

Romanos 5:1

La paz con Dios no es una emoción pasajera, sino una nueva condición. Pablo no dice que quizá la tendremos si logramos comportarnos suficientemente bien. Afirma que, habiendo sido justificados, ya la poseemos por medio de Cristo.

Antes éramos enemigos bajo juicio. Ahora somos reconciliados. La cruz puso fin a la hostilidad y abrió acceso a la gracia en la cual permanecemos firmes. No visitamos esa gracia de vez en cuando; vivimos sostenidos por ella.

Pablo introduce entonces una afirmación sorprendente: podemos gloriarnos incluso en las tribulaciones. No porque el dolor sea agradable, sino porque Dios produce mediante él paciencia, carácter probado y esperanza.

La tribulación ya no debe interpretarse automáticamente como rechazo divino. El creyente puede sufrir y continuar en paz con Dios. La tormenta alrededor no cancela la reconciliación asegurada por Cristo.

La esperanza no avergüenza porque el amor de Dios ha sido derramado en nuestros corazones por el Espíritu Santo. En medio del proceso, el Señor no solo explica; también se hace presente.

La paz con Dios sostiene todas las demás formas de paz. Aunque todavía luches con pensamientos, circunstancias o relaciones, la cuestión eterna más grave ya fue resuelta en la cruz.

APLICACIÓN PARA HOY

Nombra la tribulación que más pesa sobre ti y deja de interpretarla como prueba de abandono. Pídele a Dios que produzca paciencia, carácter y esperanza sin permitir que el sufrimiento endurezca tu corazón.

ORACIÓN

Señor Jesús, gracias porque por tu sangre terminó mi enemistad con Dios. Afirma mi corazón en esa paz y utiliza mis tribulaciones para formar en mí paciencia, carácter y esperanza. Amén.

PARA MEDITAR

¿Estoy leyendo mi sufrimiento según mis emociones o según la paz que Cristo aseguró definitivamente?

DÍA 180 — 29 DE JUNIO

EL AMOR QUE LLEGÓ PRIMERO

"Mas Dios muestra su amor para con nosotros,
en que siendo aún pecadores, Cristo murió por nosotros."
Romanos 5:8

El amor humano suele responder a lo admirable. Dios, en cambio, entregó a Cristo cuando todavía éramos débiles, pecadores y enemigos. No esperó una versión mejorada de nosotros. Su amor tomó la iniciativa.

Ese amor no es sentimentalismo. Es sustitución. Jesús ocupó el lugar del culpable y cargó la condenación que este merecía. La cruz no declara que el pecado carezca de gravedad, sino que el amor de Dios fue más profundo que nuestra rebelión.

Pablo presenta tres resultados: justificación, salvación de la ira y reconciliación. El culpable fue declarado justo, el condenado fue librado y el enemigo fue recibido.

Entonces surge un argumento poderoso: si Dios nos reconcilió cuando éramos enemigos, con mayor razón nos sostendrá ahora que pertenecemos a Cristo. Su amor no comenzó por nuestro desempeño y tampoco depende de él para continuar.

Esto no significa que Dios apruebe nuestras caídas. El Padre corrige a sus hijos precisamente porque los ama. Pero la disciplina ocurre dentro de una relación establecida por la gracia, no bajo la amenaza de abandono constante.

Quien comprende este amor deja de vivir intentando convencer a Dios de que lo tolere. Aprende a obedecer como hijo amado y no como enemigo en período de prueba.

APLICACIÓN PARA HOY

Lleva a la cruz un fracaso que todavía utilizas para castigarte. Confiesa lo que deba confesarse, recibe el perdón y deja de tratarte como enemigo si Dios te recibió como hijo.

ORACIÓN

Señor, gracias porque me amaste antes de que pudiera ofrecerte algo. Ayúdame a vivir como reconciliado y a responder con obediencia al amor que Cristo demostró en la cruz. Amén.

PARA MEDITAR

Si Cristo murió por mí cuando era enemigo, ¿por qué sigo dudando de su amor ahora que soy hijo?

DÍA 181 — 30 DE JUNIO

DOS HOMBRES, DOS HERENCIAS

"Porque si por la transgresión de aquel uno murieron los muchos, mucho más la gracia··· abundó para los muchos."
Romanos 5:15

Pablo compara a Adán y a Cristo para explicar dos grandes realidades. Por la desobediencia del primero entraron el pecado y la muerte. Por la obediencia del segundo llegaron la justicia y la vida.

Adán actuó como representante de una humanidad caída. Su pecado no quedó encerrado en una historia antigua; abrió una herencia de culpa, corrupción y mortalidad. Por eso nacemos inclinados a alejarnos de Dios.

Cristo aparece como cabeza de una humanidad nueva. Pablo repite "mucho más" porque la gracia no apenas repara el daño. La obra de Jesús supera la transgresión y concede el don de la justicia a quienes lo reciben por fe.

Estar unido a Cristo implica un cambio de dominio. El creyente ya no pertenece al reino donde la muerte tiene la última palabra. Ha sido trasladado al reinado de la gracia.

Eso no elimina instantáneamente todos los viejos patrones, pero cambia su autoridad. La historia familiar, la culpa, los temores y hábitos heredados no poseen un derecho absoluto sobre quien está unido al nuevo Adán.

Pablo afirma que los que reciben la abundancia de la gracia "reinarán en vida". No se trata de arrogancia ni prosperidad superficial, sino de una existencia donde la gracia gobierna y la muerte ya no define el final.

APLICACIÓN PARA HOY

Identifica un patrón que sueles justificar diciendo: "Yo soy así" o "esto viene de mi familia". Reconoce su realidad, pero sométela a la autoridad de Cristo. Busca ayuda y toma una decisión concreta de obediencia.

ORACIÓN

Señor Jesús, gracias porque tu obediencia es más poderosa que la caída de Adán. Enséñame a vivir bajo el gobierno de tu gracia y no esclavizado a viejas herencias. Amén.

PARA MEDITAR

¿Estoy viviendo como prisionero de la vieja humanidad o como alguien unido al Cristo resucitado?

NUESTRO MENSAJE PARA TI EN JULIO

LA MISERICORDIA QUE TODAVÍA SIGUE HABLANDO

OTTO & MILKY MAÑÓN

Julio llega cuando el año ya perdió el olor a estreno. A esta altura se sienten con mayor claridad los cansancios, las cargas persistentes, las oraciones sin respuesta visible y las metas que no avanzaron como se esperaba.

Sin embargo, julio amaneció. Hubo otro mes, otra mañana y una nueva oportunidad para escuchar la voz de Dios. Eso no es salario por buena conducta. Es misericordia. Cada día recibido vuelve a recordarnos el corazón de este libro: seguimos aquí porque el Señor ha querido sostener, corregir, perdonar y conceder tiempo.

Durante junio comenzamos a caminar más directamente por Romanos. La carta ya nos mostró que ningún ser humano puede justificarse, que la justicia viene de Cristo y que la gracia es más poderosa que nuestra caída. Julio continuará profundizando esas verdades.

Romanos no permite que el corazón se refugie en frases bonitas. Primero diagnostica, luego anuncia la cura. Expone el pecado, derriba la autosuficiencia y deja sin argumentos al moralista y al religioso. Después muestra la grandeza de la justificación, la reconciliación y la vida nueva en Cristo.

Esa confrontación también es misericordia. Algunas veces Dios consuela la herida; otras veces la abre para limpiarla. Algunas mañanas acaricia; otras opera. Ambas acciones proceden del mismo amor.

El alma cansada no necesita solamente motivación. Necesita una base firme. Las emociones cambian, las circunstancias se mueven y la fuerza humana se agota. El evangelio permanece. Cristo no vino para darle una pequeña mejoría al pecador, sino para rescatarlo, declararlo justo y trasladarlo de muerte a vida.

Por eso estos devocionales no deben leerse como un tratado frío. Romanos habla a matrimonios, familias, conciencias heridas, personas tentadas y creyentes que luchan con culpa. La doctrina no nos aleja de la vida cotidiana; nos enseña a interpretarla desde la verdad de Dios.

Julio puede convertirse en una estación de renovación si permitimos que la Palabra llegue más allá de la superficie. No basta con subrayar versículos; hace falta rendirse a ellos. No basta con admirar la gracia; hay que dejarla gobernar nuestras decisiones. No basta con confesar que Cristo es Señor; es necesario abandonar lo que todavía pretende ocupar su trono.

Que cada mañana de este mes encuentre un corazón dispuesto a ser consolado y corregido, abrazado y examinado. Que nadie confunda la paciencia de Dios con indiferencia. Si todavía nos habla, todavía llama al arrepentimiento. Si todavía concede tiempo, todavía ofrece una oportunidad para obedecer.

Y que al abrir los ojos cada día quede claro que este nuevo amanecer tampoco fue ganado. Fue concedido. La misericordia volvió a llegar antes que nosotros y nos encontró respirando, aprendiendo y necesitando otra vez la gracia de Cristo.

DÍA 182 — 1 DE JULIO

LA GRACIA SIEMPRE TIENE LA ÚLTIMA PALABRA

"Pero la ley se introdujo para que el pecado abundase; mas cuando el pecado abundó, sobreabundó la gracia."

Romanos 5:20

Pablo cierra su comparación entre Adán y Cristo con una declaración gloriosa: donde el pecado abundó, la gracia sobreabundó. No está celebrando la maldad ni sugiriendo que pecar más produce una gracia mejor. Está afirmando que ninguna profundidad de pecado supera la suficiencia de Cristo.

La Ley hizo visible la gravedad de la transgresión. Como una luz encendida en un cuarto sucio, no produjo el desorden; lo expuso. El mandamiento revela cuánto nos desviamos y elimina la ilusión de que podemos salvarnos.

Pero la gracia no llega solamente para cubrir el expediente. Viene a reinar. Pablo contrasta dos gobiernos: el pecado reina para muerte; la gracia reina mediante la justicia para vida eterna.

Esa distinción importa. La gracia no es permiso para continuar bajo el antiguo tirano mientras Dios paga las consecuencias. Es un nuevo dominio que perdona, transforma y enseña a vivir de otra manera.

Tal vez un pecado repetido te ha convencido de que agotaste la paciencia divina. Romanos no minimiza tu responsabilidad, pero tampoco permite que declares insuficiente la cruz. El arrepentido siempre encontrará en Cristo más gracia que culpa.

La respuesta correcta no es libertinaje, sino rendición. Si la gracia reina, también debe gobernar tus decisiones, palabras, relaciones y secretos.

APLICACIÓN PARA HOY

Confiesa un pecado que has escondido por vergüenza o repetición. Recibe el perdón sin justificar la conducta y toma una medida concreta para dejar de alimentarla.

ORACIÓN

Señor, gracias porque tu gracia supera mi pecado. No permitas que la use como excusa, sino como poder para arrepentirme y cambiar. Reina en mis pensamientos, decisiones y hábitos. En el nombre de Jesús. Amén.

PARA MEDITAR

¿Estoy utilizando la gracia para esconder mi pecado o permitiendo que ella gobierne y transforme mi vida?

DÍA 183 — 2 DE JULIO

EL PECADO YA NO ES TU DUEÑO

"¿Perseveraremos en el pecado para que la gracia abunde? En ninguna manera. Porque los que hemos muerto al pecado, ¿cómo viviremos aún en él?"
Romanos 6:1–2

La afirmación de que la gracia sobreabunda podía ser torcida: si Dios perdona, ¿por qué no seguir pecando? Pablo responde con indignación: "En ninguna manera". La gracia no concede licencia para permanecer igual; une al creyente con la muerte y resurrección de Cristo.

Morir al pecado no significa que la tentación desapareció. Significa que su autoridad fue quebrada. El pecado todavía lucha, pero ya no posee el derecho de gobernar. Antes eras esclavo; ahora puedes resistir por el poder del Espíritu.

El bautismo representa esta unión. Al descender al agua se retrata la sepultura con Cristo; al salir, la vida nueva. El rito no salva por sí mismo, pero proclama que la vieja existencia ya no define al creyente.

Pablo dice que nuestro viejo hombre fue crucificado para que no sirvamos más al pecado. No promete ausencia de batalla, sino un cambio de señorío. La lucha continúa precisamente porque ahora existe una nueva lealtad.

Por eso la frase "yo soy así" no puede utilizarse como sentencia definitiva. En Cristo hay libertad para confesar, buscar ayuda, cerrar accesos y aprender nuevas formas de obediencia.

La gracia que perdona también entrena. No te deja en la tumba de tus antiguos hábitos; te llama a caminar en novedad de vida.

APLICACIÓN PARA HOY

Nombra un patrón que actúa como si todavía fuera tu dueño. Declara que en Cristo perdió su autoridad y toma una medida práctica: confesar, bloquear un acceso, establecer un límite o pedir acompañamiento.

ORACIÓN

Señor Jesús, gracias porque tu muerte rompió el dominio del pecado y tu resurrección me dio vida nueva. Enséñame a vivir como libre y a no regresar voluntariamente a las cadenas. Amén.

PARA MEDITAR

Cuando cedo al pecado, ¿pienso como un esclavo sin opción o recuerdo que Cristo quebró el poder de mi antiguo amo?

DÍA 184 — 3 DE JULIO

VIVOS PARA DIOS

"Así también vosotros consideraos muertos al pecado, pero vivos para Dios en Cristo Jesús, Señor nuestro."
Romanos 6:11

Pablo pasa de explicar lo que Cristo hizo a mostrar cómo esa verdad debe gobernar la vida diaria. La palabra central es "consideraos": tengan por cierto lo que Dios ya declaró. La victoria cristiana no comienza con una sensación extraordinaria, sino aprendiendo a pensar de acuerdo con el evangelio.

Estar muerto al pecado no significa que la tentación desapareció. Significa que ya no perteneces al antiguo amo. El pecado todavía toca la puerta, pero no posee las llaves de la casa. En Cristo has recibido una nueva identidad y una nueva capacidad para obedecer.

Por eso Pablo ordena: "No reine, pues, el pecado en vuestro cuerpo mortal". El pecado quiere recuperar el trono mediante deseos, rutinas y decisiones aparentemente pequeñas. Cada vez que entregas tus ojos, boca, mente o cuerpo a una práctica, los estás presentando a un señor. La santidad se construye precisamente en esas entregas cotidianas.

No estás bajo la Ley como medio para ganar aceptación, sino bajo la gracia que te recibió y ahora te transforma. La gracia no solamente perdona la esclavitud; rompe su autoridad y enseña al hijo de Dios a vivir en libertad.

APLICACIÓN PARA HOY

Identifica una parte de tu vida que has presentado repetidamente al pecado. Entrégasela conscientemente a Dios y toma una medida concreta: elimina un acceso, cambia una rutina, confiesa la lucha o pide acompañamiento.

ORACIÓN

Señor, me considero muerto al pecado y vivo para ti en Cristo. Te presento mis pensamientos, palabras, deseos y acciones. Gobierna lo que antes entregué a mis viejos impulsos y hazme instrumento de justicia. Amén.

PARA MEDITAR

¿Mis decisiones están presentando mi vida al pecado que esclaviza o al Dios que me hizo libre?

DÍA 185 — 4 DE JULIO

LIBERTAD PARA SERVIR AL SEÑOR CORRECTO

"¿Pecaremos, porque no estamos bajo la ley, sino bajo la gracia? En ninguna manera."
Romanos 6:15

La gracia puede ser malinterpretada por un corazón que todavía desea conservar sus cadenas. Si Dios perdona, algunos preguntan, ¿qué importancia tiene continuar pecando? Pablo rechaza esa lógica con firmeza. La libertad cristiana no es permiso para regresar voluntariamente a aquello que destruye.

Todos servimos a algo. Lo que obedeces termina gobernándote; lo que alimentas se fortalece. El pecado promete independencia, pero siempre termina cobrando obediencia. Puede disfrazarse de placer, derecho, costumbre o necesidad, pero detrás de cada concesión va formando una cadena.

Antes de Cristo presentábamos nuestros miembros a la inmundicia y al desorden. Eso podía manifestarse en inmoralidad visible, pero también en orgullo, egoísmo, resentimiento o adoración al éxito. Ahora, libertados del dominio del pecado, podemos entregar la vida al servicio de la justicia.

Dios no te exige obediencia para comenzar a amarte. Te alcanzó por gracia para que, desde esa seguridad, puedas obedecerlo. Nadie es más libre que quien ya no está obligado a servir a sus impulsos y puede someterse al Señor que da vida.

APLICACIÓN PARA HOY

Examina a qué estás entregando tu tiempo, atención, cuerpo y pensamientos. Sustituye una antigua entrega por una nueva: cambia queja por gratitud, chisme por oración, inmoralidad por pureza o impulsividad por dominio propio.

ORACIÓN

Señor Jesús, gracias por liberarme del antiguo amo. Te entrego mi mente, mis ojos, mis palabras, mi tiempo y mis deseos. Enséñame a disfrutar la libertad de obedecerte por amor y no por temor. Amén.

PARA MEDITAR

Si alguien observara aquello a lo que entrego mis fuerzas, ¿diría que sirvo al pecado o a la justicia?

DÍA 186 — 5 DE JULIO

DOS PAGOS COMPLETAMENTE DISTINTOS

"Porque la paga del pecado es muerte, mas la dádiva de Dios es vida eterna en Cristo Jesús Señor nuestro."
Romanos 6:23

Pablo termina este capítulo colocando dos resultados frente a nosotros. El pecado paga salario; Dios entrega un regalo. Ambos caminos producen fruto, pero sus finales no podrían ser más diferentes.

Cuando éramos esclavos del pecado vivíamos desligados de la justicia. Quizá teníamos principios, educación o religión, pero Dios no gobernaba nuestras decisiones. Pablo invita a mirar hacia atrás y preguntar qué fruto dejaron aquellas cosas que ahora producen vergüenza.

El pecado suele pagar primero con placer y después con muerte. Mata sensibilidad, confianza, comunión, paz e integridad. Promete alivio inmediato, pero termina aumentando el vacío que supuestamente venía a llenar.

El servicio a Dios produce santificación. No perfección instantánea, sino una transformación real y progresiva. El Señor corrige, limpia, fortalece y aparta la vida para su propósito. Su resultado final es vida eterna.

La diferencia entre "paga" y "dádiva" resume el evangelio. La muerte es el salario que el pecado justamente produce. La vida eterna no es un sueldo por conducta religiosa; es el regalo de Dios en Cristo. No se compra, se recibe. No se presume, se agradece.

APLICACIÓN PARA HOY

Pregúntate qué salario estás cobrando de algún pecado tolerado: distancia, dureza, conflicto o vergüenza. Deja de trabajar para un amo que solamente paga muerte y vuelve a rendirte al Dios que regala vida.

ORACIÓN

Señor, reconozco el fruto amargo que el pecado ha producido en mí. Renuncio a mis antiguas lealtades y recibo con gratitud la vida que me diste en Cristo. Hazme amar la santidad y caminar contigo. Amén.

PARA MEDITAR

¿Mis decisiones actuales me acercan al fruto de la santificación o al salario destructivo del pecado?

DíA 187 — 6 DE JULIO

UNIDOS AL RESUCITADO

"Así también vosotros, hermanos míos, habéis muerto a la ley mediante el cuerpo de Cristo, para que seáis de otro, del que resucitó de los muertos, a fin de que llevemos fruto para Dios."
Romanos 7:4

Pablo utiliza el matrimonio para explicar un cambio de relación. Mientras una persona vive, el vínculo legal permanece; la muerte modifica esa condición. De manera semejante, mediante la muerte de Cristo, el creyente quedó libre de la Ley como sistema de justificación.

La Ley es santa, justa y buena. El problema somos nosotros. Puede señalar la codicia, el orgullo y la mentira, pero no puede arrancarlos del corazón. Funciona como un espejo que revela cada mancha sin poseer agua para lavarla.

Morir a la Ley no significa vivir sin obediencia ni llamar irrelevantes los mandamientos. Significa dejar de utilizarlos como escalera para ganar aceptación. Cristo cumplió la Ley y cargó la condenación de quienes la quebrantaron.

El evangelio no te libera para dejarte sin pertenencia. Fuiste unido a otro: Jesucristo resucitado. La obediencia ya no nace de un intento desesperado por conseguir que Dios te reciba. Es fruto de estar unido al Hijo que ya te hizo suyo.

Servir "en novedad de espíritu" significa que la vida cristiana no consiste en marcar reglas secas, sino en responder al Espíritu desde una relación viva con Cristo. La gracia no reduce la responsabilidad; cambia su fuente.

APLICACIÓN PARA HOY

Observa si estás obedeciendo para sentirte aceptado o porque ya fuiste recibido en Cristo. Entrégale al Señor alguna disciplina que se haya vuelto rutina sin comunión.

ORACIÓN

Señor Jesús, gracias porque ya no dependo de mi desempeño para justificarme. Me uniste a ti para que produzca fruto para Dios. Renueva mi obediencia por medio de tu Espíritu. Amén.

PARA MEDITAR

Cuando fallo, ¿corro a Cristo o intento pagar mi culpa mediante esfuerzos religiosos?

DÍA 188 — 7 DE JULIO

EL ESPEJO QUE REVELA EL PECADO

"¿Es pecado la ley? En ninguna manera; pero yo no conocí el pecado sino por la ley."
Romanos 7:7

Una fe que evita hablar del pecado puede resultar cómoda, pero no puede sanar el corazón. Pablo aclara que la Ley no es mala. El problema está en aquello que revela dentro de nosotros.

El mandamiento "no codiciarás" no creó la codicia. Encendió la luz sobre un deseo que ya estaba allí. De repente, la comparación, la envidia y la frustración por lo que otros poseen dejan de parecer emociones inocentes y reciben su nombre verdadero.

Por eso resulta tentador conservar una religión con canciones, frases inspiradoras y pocas confrontaciones bíblicas. La Palabra impide seguir llamando "carácter" al orgullo, "necesidad" a la idolatría o "debilidad" a una rebelión que nos negamos a confesar.

Sin embargo, Dios no enciende la luz para abandonarte desnudo y avergonzado. La Ley diagnostica; Cristo cura. El mandamiento te quita las excusas para que la cruz se convierta en tu refugio verdadero.

Sentirse confrontado por la Escritura no es la peor señal. Mucho más peligroso es leerla, descubrir la condición del corazón y continuar sin arrepentimiento. La convicción es una misericordia cuando te lleva a Jesús.

APLICACIÓN PARA HOY

Pídele a Dios que muestre algo que has normalizado y que su Palabra llama pecado. No discutas con el texto ni maquilles lo descubierto. Confiésalo y permite que la gracia comience a transformarlo.

ORACIÓN

Señor, gracias por la luz de tu Ley. Muéstrame lo que he preferido ignorar y llévame a Cristo con humildad. Que tu Palabra no sea decoración, sino espejo que produce arrepentimiento. Amén.

PARA MEDITAR

Al ser confrontado por la Biblia, ¿busco una excusa o busco a Cristo?

DÍA 189 — 8 DE JULIO

LA GUERRA DENTRO DE MÍ

"Porque no hago el bien que quiero, sino el mal que no quiero, eso hago."
Romanos 7:19

Pocas declaraciones describen con tanta honestidad el conflicto que experimenta quien desea obedecer a Dios y todavía enfrenta la fuerza del pecado. Pablo expone la distancia dolorosa entre conocer lo bueno y realizarlo perfectamente.

El creyente promete reaccionar mejor y vuelve a responder mal. Decide abandonar cierto hábito y tropieza otra vez. Quiere orar, servir y perseverar, pero descubre resistencia dentro de sí. Entonces aparece la acusación: "No sirves, nunca cambiarás, quizá tu fe no es verdadera".

Romanos 7 no justifica la desobediencia ni invita a rendirse. Revela que el conocimiento de la Ley, por sí solo, no produce poder para obedecer. La voluntad humana necesita algo más que instrucciones: necesita la obra del Espíritu.

El inconverso puede vivir cómodamente en el pecado. Quien ha sido alcanzado por Cristo ya no puede pecar con la misma tranquilidad. La presencia de lucha no equivale automáticamente a ausencia de fe. En muchos casos muestra que ahora existen dos deseos en conflicto.

Pablo no termina diciendo: "Así soy". Clama por un Libertador. La respuesta no es una técnica más fuerte, sino Jesucristo. El cansancio debe llevarte a una dependencia más profunda, no a una resignación más cómoda.

APLICACIÓN PARA HOY

Nombra delante del Señor la contradicción entre lo que deseas y lo que practicas. Busca acompañamiento maduro, rendición de cuentas y medidas concretas. No conviertas la lucha secreta en residencia permanente.

ORACIÓN

Señor, quiero obedecerte y muchas veces termino haciendo lo contrario. Confieso mi debilidad y necesito tu Espíritu. Renueva mi mente, fortalece mi voluntad y acércame a personas que me ayuden a caminar en verdad. Amén.

PARA MEDITAR

¿Mi frustración me está llevando a esconderme o a depender más profundamente de Cristo?

DÍA 190 — 9 DE JULIO

DEL CLAMOR A LA GRATITUD

"¡Miserable de mí! ¿Quién me librará de este cuerpo de muerte? Gracias doy a Dios, por Jesucristo Señor nuestro."
Romanos 7:24–25

Pablo llega al límite de la autosuficiencia. No pregunta cómo podría rescatarse, sino quién puede librarlo. Ya comprendió que el problema no se resuelve mediante una versión más disciplinada de sí mismo.

También nosotros podemos cansarnos de nuestras contradicciones. La distancia entre lo que confesamos y practicamos, las caídas repetidas y las promesas incumplidas pueden llevarnos a pensar que somos una decepción irremediable.

Pero entre "miserable de mí" y "gracias a Dios" aparece una persona: Jesucristo. La salida no nace de la fuerza interior del pecador, sino de la obra del Salvador.

Cristo cargó nuestros pecados, venció la muerte y dio su Espíritu. Él comienza a producir nuevos deseos, a renovar la mente y a capacitar para una obediencia que nosotros no podríamos fabricar.

Romanos 7 termina reconociendo que la lucha continúa mientras permanezcamos en este cuerpo. Pero no termina sin esperanza. El capítulo siguiente anunciará que no existe condenación para quienes están en Cristo.

Ver nuestra miseria sin mirar al Salvador produce desesperación. Hablar de gracia sin reconocer nuestra miseria produce superficialidad. El evangelio mantiene ambas verdades juntas y nos enseña a agradecer sin trivializar el pecado.

APLICACIÓN PARA HOY

Reconoce una debilidad sin maquillarla y agradece específicamente una transformación que Cristo ya haya producido. Permite que esa memoria alimente la esperanza de que todavía sigue obrando.

ORACIÓN

Señor Jesús, sin ti no puedo salvarme ni transformarme. Gracias por tu cruz, resurrección y Espíritu. Cada vez que descubra mi debilidad, enséñame a correr hacia ti y no a esconderme. Amén.

PARA MEDITAR

En esta temporada, ¿estoy contemplando más mi fracaso o la suficiencia de Cristo?

DÍA 191 — 10 DE JULIO

EL VEREDICTO YA FUE PRONUNCIADO

"Ninguna condenación hay para los que están en Cristo Jesús."
Romanos 8:1

Esta declaración no anuncia una condenación reducida ni suspendida temporalmente. Para quien está en Cristo, la sentencia es definitiva: ninguna condenación.

Dios no dejó de considerar grave el pecado. La condena cayó sobre Jesús en la cruz. Él cargó el juicio que correspondía al culpable, y su justicia fue acreditada a quienes creen.

Muchos conocen el versículo, pero viven como si todavía esperaran sentencia. Una caída reactiva culpas antiguas, errores confesados vuelven a la memoria y la conciencia comienza a cobrar una deuda que Cristo ya pagó.

Romanos 8 corrige esa teología interior. Dios puede disciplinar, confrontar y corregir a sus hijos, pero no los vuelve a colocar bajo la condenación que Cristo agotó. La corrección paternal no es una nueva sentencia judicial.

La frase decisiva es "en Cristo Jesús". Esta seguridad no nace de portarse mejor que antes, sino de estar unido al Salvador por la fe. Fuera de Él seguimos culpables; en Él somos justificados.

La ausencia de condenación no fomenta descuido. El que se sabe recibido puede acercarse para confesar, levantarse y continuar luchando. La condenación empuja a esconderse; la gracia conduce al arrepentimiento.

APLICACIÓN PARA HOY

Escribe una culpa confesada que todavía te persigue. Colócala bajo Romanos 8:1 y rehúsa pagar emocionalmente lo que Cristo ya llevó. Si existe algo no confesado, tráelo hoy a la luz.

ORACIÓN

Señor Jesús, gracias porque en ti no queda condenación sobre mí. Sana mi conciencia y enséñame a distinguir tu corrección de la acusación destructiva. Hazme caminar como hijo justificado. Amén.

PARA MEDITAR

¿Vivo como alguien declarado libre o como quien todavía espera una sentencia que ya cayó sobre Cristo?

DÍA 192 — 11 DE JULIO

YA NO ERES HUÉRFANO

"No habéis recibido el espíritu de esclavitud para estar otra vez en temor, sino que habéis recibido el Espíritu de adopción, por el cual clamamos: ¡Abba, Padre!"
Romanos 8:15

Algunos creyentes conocen a Dios principalmente como Juez y apenas se atreven a acercarse a Él como Padre. Otros cargan historias familiares tan dolorosas que la palabra "padre" les recuerda abandono, dureza o ausencia.

Pablo anuncia que el Espíritu Santo no reproduce la esclavitud del temor. No mantiene al creyente pensando que será expulsado de la casa después de cada tropiezo. Es el Espíritu de adopción.

En el mundo romano, la adopción concedía nombre, lugar, herencia y protección legal. El adoptado no era un huésped tolerado, sino miembro verdadero de la familia. En Cristo, Dios no te mantiene en el corredor; te concede lugar en su mesa.

Ese mismo Espíritu produce el clamor: "Abba, Padre". No es irreverencia, sino cercanía reverente. El Dios santo abrió una relación que el pecador jamás habría podido reclamar.

Muchos continúan viviendo como empleados espirituales: trabajan para evitar el despido y miden su posición según su rendimiento. Pero no obedecemos para convertirnos en hijos. Obedecemos porque el Padre ya nos recibió por medio de Cristo.

Un hijo arrepentido no huye de la casa cada vez que falla. Corre hacia el Padre, reconoce su pecado y recibe corrección dentro de una relación segura.

APLICACIÓN PARA HOY

Habla con Dios llamándolo "Padre". Si esa palabra te resulta difícil, exprésalo con honestidad y pide al Espíritu que sane tu percepción de la paternidad divina.

ORACIÓN

Padre, gracias porque en Cristo no soy esclavo ni visitante. Tu Espíritu me asegura que pertenezco a tu familia. Sana mi temor y enséñame a obedecerte desde la seguridad de tu amor. Amén.

PARA MEDITAR

¿Me relaciono con Dios como empleado temeroso o como hijo adoptado que aprende a confiar?

DÍA 193 — 12 DE JULIO

EL DOLOR NO ES EL FINAL

"Tengo por cierto que las aflicciones del tiempo presente no son comparables con la gloria venidera que en nosotros ha de manifestarse."
Romanos 8:18

Algunos sufrimientos no se resuelven con una frase animadora. Enfermedades prolongadas, pérdidas, traiciones e injusticias requieren algo más sólido que optimismo.

Pablo no minimiza las aflicciones. Las coloca en una balanza. Después de conocer azotes, cárceles, rechazo y peligro, afirma que el peso de la gloria venidera supera incomparablemente el dolor presente.

La esperanza cristiana no consiste en fingir que nada duele. Consiste en saber que el sufrimiento no escribirá el último capítulo. Dios completará su obra: habrá resurrección, cuerpos sin corrupción, creación restaurada y comunión sin interrupciones con Cristo.

Mientras esperamos, la creación gime, nosotros gemimos y el Espíritu intercede. El evangelio no elimina el gemido, pero evita que sea inútil. Sufrimos acompañados y orientados hacia una esperanza cierta.

No toda aflicción puede explicarse de inmediato. Algunas preguntas permanecerán abiertas durante años. Sin embargo, ninguna prueba puede cancelar la promesa de gloria.

El dolor presente es real, pero temporal. La gloria será eterna. Esta comparación no reduce tus lágrimas; les concede un horizonte.

APLICACIÓN PARA HOY

Nombra la aflicción que más pesa y preséntala sin minimizarla. Pide que Dios evite que el dolor se convierta en amargura y fortalezca tu esperanza en la resurrección.

ORACIÓN

Señor, conoces lo que me hiere y cansa. Sosténme mientras espero y recuérdame que mi historia no concluye en esta aflicción. Afirma mis ojos en la gloria que has prometido. Amén.

PARA MEDITAR

¿Cómo cambiaría mi manera de sufrir si recordara diariamente que la gloria venidera será incomparable?

DÍA 194 — 13 DE JULIO

EL ESPÍRITU TRADUCE TUS SILENCIOS

"El Espíritu nos ayuda en nuestra debilidad; pues qué hemos de pedir como conviene, no lo sabemos, pero el Espíritu mismo intercede por nosotros con gemidos indecibles."
Romanos 8:26

Algunas oraciones terminan antes de comenzar. El corazón está lleno, pero faltan palabras. Solo aparecen suspiros, lágrimas o silencios que parecen demasiado torpes para presentarlos delante de Dios.

Pablo reconoce esta limitación: no siempre sabemos pedir como conviene. La madurez cristiana no elimina todos los momentos de confusión. A veces el dolor mezcla deseos, temores y preguntas hasta que resulta difícil formular una petición clara.

Justamente allí el Espíritu ayuda. No espera que organices perfectamente tus emociones. Habita en ti e intercede conforme a la voluntad de Dios.

Los "gemidos indecibles" no dependen de elocuencia humana. El Espíritu conoce la raíz que tú apenas percibes. Mientras pides una salida inmediata, Él puede interceder por una transformación más profunda. Mientras solamente ves el problema, Él conoce el propósito del Padre.

Esto no vuelve innecesaria la oración. La hace posible en medio de la debilidad. Incluso decir "Señor, tú sabes" puede convertirse en un acto verdadero de dependencia.

Dios no está coleccionando discursos impresionantes. Escucha a sus hijos. Una oración corta, pronunciada con sinceridad, puede expresar más fe que muchas palabras repetidas sin corazón.

APLICACIÓN PARA HOY

Acércate, aunque no sepas qué decir. Pronuncia una frase sencilla: "Padre, no sé pedir, pero aquí estoy". Permanece unos minutos en silencio consciente de la intercesión del Espíritu.

ORACIÓN

Señor, gracias porque mi debilidad no interrumpe tu obra. Cuando se terminen mis palabras, conserva viva mi confianza. Espíritu Santo, intercede y alinea mi corazón con la voluntad del Padre. Amén.

PARA MEDITAR

¿He abandonado alguna oración porque pensé que necesitaba palabras mejores para ser escuchado?

DÍA 195 — 14 DE JULIO

PROPÓSITO EN MEDIO DEL CAOS

"Sabemos que a los que aman a Dios, todas las cosas les ayudan a bien, esto es, a los que conforme a su propósito son llamados."
Romanos 8:28

Este versículo no promete que todo será agradable ni que cada situación terminará como deseamos. Pablo escribe en un contexto de sufrimiento, espera y gemidos. Aun así, afirma que Dios hace cooperar todas las cosas para el bien de quienes le pertenecen.

No todas las cosas son buenas. El abuso, la enfermedad, la traición y el pecado siguen siendo males. Pero ninguno posee poder para derrotar definitivamente el propósito de Dios. Él no necesita aprobar el mal para gobernar por encima de él.

El "bien" prometido tampoco equivale siempre a comodidad. El versículo siguiente lo relaciona con ser conformados a la imagen de Cristo. Dios puede utilizar una pérdida para desprendernos de un ídolo, una demora para producir paciencia o una herida redimida para capacitarnos a acompañar a otros.

Desde nuestra posición vemos piezas sueltas. El Señor contempla el cuadro completo. Algunas conexiones quizá nunca sean comprendidas en esta vida, pero ninguna experiencia rendida a Él tiene que desperdiciarse.

La promesa pertenece a quienes aman a Dios y han sido llamados conforme a su propósito. No significa que cada capricho personal será protegido, sino que el plan redentor de Dios llegará a su meta.

APLICACIÓN PARA HOY

Escribe una situación que todavía no comprendes y entrégala sin exigir una explicación inmediata. Pide que Dios la utilice para hacerte más semejante a Cristo.

ORACIÓN

Padre, no llamo bueno a lo que me hirió, pero creo que tú eres capaz de redimirlo. Evita que la amargura gobierne mi corazón y cumple tu propósito aun en aquello que no entiendo. Amén.

PARA MEDITAR

¿Estoy buscando solamente que Dios cambie mis circunstancias o permitiendo que también me transforme a través de ellas?

DÍA 196 — 15 DE JULIO

DIOS ESTÁ A FAVOR DE SUS HIJOS

"Si Dios es por nosotros, ¿quién contra nosotros?
El que no escatimó ni a su propio Hijo···
¿cómo no nos dará también con él todas las cosas?"
Romanos 8:31–32

Las circunstancias pueden producir la impresión de que todo está en contra. Pablo responde recordando una realidad superior: Dios se comprometió con la salvación de su pueblo en Cristo.

"Dios es por nosotros" no significa que respaldará cada deseo o decisión. Significa que se ha puesto a favor de nuestra redención, santificación y destino eterno. Ninguna oposición puede anular lo que Él determinó completar.

La prueba máxima está en la cruz. El Padre no escatimó a su propio Hijo. Si entregó lo más precioso para rescatarnos, no abandonará a mitad del camino la obra que compró con semejante precio.

"Todas las cosas" no constituye una promesa de caprichos satisfechos. Incluye todo cuanto sea necesario para cumplir su propósito: gracia, perdón, Espíritu, fortaleza, dirección, corrección y provisión conforme a su sabiduría.

Cuando aparezca el temor, la cruz debe convertirse en la interpretación principal del corazón. Las voces contrarias pueden ser numerosas, pero ninguna pesa más que el Dios que entregó a Cristo.

Esta confianza no produce arrogancia. Quien sabe que Dios está a su favor no necesita aplastar a otros ni fingir invulnerabilidad. Camina con humildad, sabiendo que todo depende de la gracia.

APLICACIÓN PARA HOY

Lleva una situación que te hace sentir en desventaja y comienza tu oración recordando la cruz. Después actúa con la serenidad de quien sabe que su futuro está en manos del Padre.

ORACIÓN

Padre, gracias porque diste a tu Hijo y comprometiste tu poder con mi salvación. Haz que la cruz pese más que mis temores y que viva con confianza humilde en tu cuidado. Amén.

PARA MEDITAR

¿Mis reacciones muestran que creo que Dios está comprometido con mi bien eterno?

DÍA 197 — 16 DE JULIO

LA ACUSACIÓN NO DICTA EL VEREDICTO

"¿Quién acusará a los escogidos de Dios? Dios es el que justifica. ¿Quién es el que condenará? Cristo es el que murió··· el que también intercede por nosotros."
Romanos 8:33–34

La conciencia recuerda pecados, el enemigo acusa y algunas personas conservan una versión de nosotros basada en el peor momento de nuestra historia. Pablo no niega la existencia de acusadores; les niega la autoridad final.

"Dios es el que justifica." El Juez que conocía todo el expediente declaró justo al creyente sobre la base de Cristo. Esa justificación no es una emoción, sino un veredicto fundamentado en la cruz.

El único que tendría autoridad para condenar es Jesucristo, el Hijo santo. Sin embargo, Él murió, resucitó y ahora intercede por los suyos. El posible Juez se convirtió voluntariamente en nuestro Sustituto y Abogado.

Esto no significa responder a toda acusación diciendo que somos inocentes. Algunas señalan pecados reales que deben confesarse, repararse y abandonarse. El evangelio no elimina la responsabilidad; elimina la condenación eterna del arrepentido.

Cuando el acusador dice "culpable", Cristo presenta su obra terminada. Cuando el pasado insiste en definirte, la resurrección anuncia que la gracia puede escribir una historia nueva.

No debes vivir permanentemente sentado en el banquillo después de que Dios pronunció justificación. Levántate, repara lo que corresponda y continúa caminando bajo la intercesión de Cristo.

APLICACIÓN PARA HOY

Escribe la acusación más repetida en tu mente. Examina si exige arrepentimiento o si recicla una culpa ya confesada. Responde con la verdad correspondiente.

ORACIÓN

Señor Jesús, llévame al arrepentimiento verdadero y líbrame de la condenación falsa. Gracias porque moriste, resucitaste e intercedes por mí. Que tu voz tenga mayor peso que cualquier acusación. Amén.

PARA MEDITAR

¿Escucho más al acusador o al Cristo que vive para interceder por mí?

DÍA 198 — 17 DE JULIO

NINGUNA TRIBULACIÓN ROMPE SU AMOR

"¿Quién nos separará del amor de Cristo? ¿Tribulación, o angustia, o persecución, o hambre, o desnudez, o peligro, o espada?"
Romanos 8:35

El sufrimiento suele formular una pregunta silenciosa: "¿Dónde está Dios ahora?". La enfermedad, la escasez o el conflicto pueden susurrar que, si Cristo realmente amara, estas cosas no estarían ocurriendo.

Pablo derriba esa conclusión. El amor de Cristo no se mide por ausencia de problemas. De ser así, el apóstol habría sido uno de los menos amados, pues conoció cárceles, azotes, hambre y peligro.

La tribulación no demuestra abandono. Puede convertirse en el escenario donde la fidelidad de Cristo se hace más visible. Él no prometió evitar todo dolor, sino permanecer con los suyos dentro de él.

Las circunstancias cambian y las emociones también. El amor de Cristo está sellado en sangre. Nos amó cuando éramos enemigos; no se vuelve inconstante ahora que fuimos reconciliados.

El enemigo procura utilizar el dolor para distorsionar el carácter de Dios. Frente a cada prueba aparecen dos caminos: endurecerse contra Él o llorar en su presencia sin soltar su mano.

La promesa no significa que comprenderás cada pérdida. Significa que ninguna pérdida posee autoridad para cortar la relación que Cristo aseguró.

APLICACIÓN PARA HOY

Nombra aquello que amenaza tu confianza en el amor de Dios. Pide ayuda, consuelo y salida, pero también una comprensión más profunda de su presencia en medio del proceso.

ORACIÓN

Señor Jesús, perdóname por medir tu amor según mi comodidad. Sosténme en esta prueba y evita que el dolor me haga interpretar mal tu corazón. Hazme recordar que tú no me sueltas. Amén.

PARA MEDITAR

Al llegar la dificultad, ¿concluyo que Dios dejó de amarme o corro hacia el amor que la cruz ya demostró?

DÍA 199 — 18 DE JULIO

UN AMOR IMPOSIBLE DE ROMPER

"Ni la muerte, ni la vida··· ni ninguna otra cosa creada nos podrá separar del amor de Dios, que es en Cristo Jesús Señor nuestro."

Romanos 8:38–39

Pablo amplía su afirmación para que no quede ninguna excepción imaginable. Muerte, vida, poderes espirituales, presente, futuro, altura, profundidad y cualquier otra cosa creada carecen de poder para separar al creyente del amor de Dios en Cristo.

La muerte no rompe esa relación. Para quien pertenece al Señor, se convierte en entrada a su presencia. Tampoco la vida, con sus luchas, dudas y temporadas difíciles, puede convencer a Dios de abandonar a los que compró.

Ninguna fuerza espiritual posee autoridad superior a la sangre de Cristo. El enemigo puede tentar, acusar y confundir, pero no deshacer la unión establecida por Dios.

Ni siquiera el futuro desconocido queda fuera de esta promesa. Todo lo que pueda sorprenderte ya es conocido por el Padre. No existe un acontecimiento escondido capaz de aparecer mañana y obligarlo a retirar su amor.

Tampoco existe abismo tan profundo donde su brazo no alcance. El creyente puede caer gravemente y necesitar corrección, restauración y consecuencias, pero no encontrará un amor débil e incapaz de rescatar.

Esta seguridad no vuelve liviano el pecado. Produce gratitud, reverencia y deseo de obedecer al Dios cuyo amor es más firme que nuestras fluctuaciones.

APLICACIÓN PARA HOY

Escribe aquello que temes que pueda separarte de Dios. Coloca Romanos 8:38–39 sobre esa lista y agradece que ninguna realidad creada supera al amor del Creador.

ORACIÓN

Padre, gracias porque nada puede romper tu amor manifestado en Cristo. Haz que esta seguridad produzca obediencia y paz, no descuido. Guárdame confiado en tu fidelidad. Amén.

PARA MEDITAR

¿Cómo cambiarían mis temores si creyera profundamente que ninguna cosa creada puede separarme del amor de Dios?

DÍA 200 — 19 DE JULIO

EL DOLOR POR QUIENES RECHAZAN A CRISTO

"Verdad digo en Cristo··· que tengo gran tristeza
y continuo dolor en mi corazón."
Romanos 9:1–2

Antes de explicar la elección, las promesas y el propósito soberano de Dios, Pablo abre su corazón. No comienza con una discusión fría, sino con dolor por sus hermanos israelitas que poseían grandes privilegios espirituales y aun así rechazaban al Mesías.

Su declaración extrema —desear ser anatema por amor a ellos— expresa la intensidad de su carga, no la posibilidad real de intercambiar su salvación. Cristo sí hizo lo que Pablo solamente podía expresar como deseo: se hizo maldición para rescatar pecadores.

Israel tenía pactos, culto, promesas y una historia extraordinaria. Sin embargo, los privilegios religiosos no sustituyen la fe. También hoy alguien puede crecer en una congregación, conocer himnos y utilizar lenguaje cristiano sin haberse rendido verdaderamente a Jesús.

Un evangelio sin lágrimas por los perdidos puede convertirse en teoría. Quizá existen personas cercanas por quienes antes orabas con insistencia y cuya lejanía ya comenzaste a considerar normal.

El dolor cristiano no debe convertirse en manipulación ni desesperación. Se lleva delante de Dios para mantener el corazón tierno, perseverar en oración y aprovechar con sabiduría las oportunidades de hablar.

Cristo lloró sobre Jerusalén. Nadie ama más a los perdidos que Él. Nuestra carga es real, pero no somos sus salvadores.

APLICACIÓN PARA HOY

Escribe varios nombres por los que dejaste de orar con constancia. Preséntalos nuevamente y pide amor, perseverancia, sabiduría y oportunidades apropiadas.

ORACIÓN

Señor Jesús, devuélveme sensibilidad por quienes viven sin ti. Líbrame de indiferencia, manipulación y desesperación. Enséñame a orar, amar y hablar confiando en que tú los amas más que yo. Amén.

PARA MEDITAR

¿Todavía me duele que personas cercanas vivan sin Cristo o ya me acostumbré a su lejanía?

DÍA 201 — 20 DE JULIO

SU PALABRA NO HA FALLADO

"No que la palabra de Dios haya fallado··· Así que no depende del que quiere, ni del que corre, sino de Dios que tiene misericordia."

Romanos 9:6, 16

El rechazo de muchos israelitas parecía plantear una pregunta seria: si Dios había dado promesas a Israel, ¿había fallado su Palabra? Pablo responde que no todos los descendientes físicos pertenecían al Israel espiritual.

Desde el principio, la promesa avanzó por la elección soberana de Dios: Isaac y no Ismael, Jacob y no Esaú. Esto confronta la pretensión humana de controlar la misericordia o convertir la salvación en recompensa por esfuerzo.

"No depende del que quiere, ni del que corre" no elimina la responsabilidad de creer, arrepentirse y obedecer. Afirma que la raíz de la salvación no está en la superioridad del pecador, sino en la misericordia de Dios.

Esta verdad humilla y consuela. Humilla porque nadie puede presumir haber sido más sabio o digno. Consuela porque el propósito de Dios no descansa sobre la inestabilidad de nuestras emociones.

Quedarán preguntas difíciles. No siempre comprenderemos por qué unas puertas se abren, otras permanecen cerradas y algunos corazones parecen endurecerse. Romanos 9 no responde cada misterio, pero declara que Dios no fracasa ni actúa injustamente.

Su soberanía tampoco justifica la pasividad. Pablo creyó en ella y, al mismo tiempo, predicó, sufrió, oró y evangelizó. La salvación pertenece al Señor; la obediencia del testigo sigue siendo necesaria.

APLICACIÓN PARA HOY

Presenta una situación donde secretamente cuestionas el proceder de Dios. Reconoce lo que no entiendes y descansa en lo que sí sabes de su carácter.

ORACIÓN

Padre, tu Palabra no falla. Humilla mi orgullo y afirma mi confianza. Líbrame de utilizar tu soberanía como excusa para la pasividad y hazme fiel en lo que sí me corresponde obedecer. Amén.

PARA MEDITAR

Al no comprender los caminos de Dios, ¿lo acuso o descanso en la fidelidad de su Palabra?

DÍA 202 — 21 DE JULIO

MISERICORDIA Y ENDURECIMIENTO

"De quien quiere, tiene misericordia,
y al que quiere endurecer, endurece."
Romanos 9:18

Este texto nos obliga a reconocer la autoridad absoluta de Dios. Pablo recuerda a Faraón, un gobernante cruel que resistió repetidamente el mandato divino. Su dureza fue utilizada para manifestar el poder de Dios y liberar a Israel.

La Escritura afirma tanto que Faraón endureció su corazón como que Dios lo endureció. El Señor no convirtió en malvado a un hombre inocente. Juzgó una rebelión que Faraón ya abrazaba y lo entregó progresivamente a la obstinación que había escogido.

Ese juicio debe producir temor reverente. La convicción no es una molestia que deba silenciarse, sino una misericordia. Cuando Dios incomoda la conciencia, interrumpe una decisión o expone un pecado, todavía está llamando al arrepentimiento.

Mirando hacia atrás, muchos reconoceremos momentos en que la gracia frenó una caída. No evitamos ciertos pecados porque fuéramos superiores, sino porque el Señor puso límites, envió advertencias o cambió circunstancias.

La soberanía y la responsabilidad humana aparecen juntas, aunque nuestra mente no logre explicar completamente su relación. El hombre responde por su rechazo y Dios continúa siendo soberano en la misericordia.

Mientras alguien viva, debemos seguir orando. El Señor puede quebrantar corazones que parecen de piedra. Esta doctrina no debe enfriar la compasión, sino aumentar la gratitud y la intercesión.

APLICACIÓN PARA HOY

Recuerda una ocasión en que Dios frenó tu camino hacia el pecado. Agradécele y ora por una persona endurecida sin asumir que está fuera del alcance de la gracia.

ORACIÓN

Señor, gracias por cada vez que interrumpiste mi rebeldía. Conserva sensible mi conciencia y ten misericordia de quienes hoy te resisten. Haz lo que nosotros no podemos hacer: despertar el corazón. Amén.

PARA MEDITAR

¿Estoy respondiendo humildemente a la convicción de Dios o acostumbrándome a resistirla?

DÍA 203 — 22 DE JULIO

EL BARRO DELANTE DEL ALFARERO

"Mas antes, oh hombre, ¿quién eres tú para que alterques con Dios? ¿Dirá el vaso de barro al que lo formó: Por qué me has hecho así?"
Romanos 9:20

Pablo no prohíbe toda pregunta sincera. Los salmos están llenos de creyentes que preguntaron

"¿por qué?". Su confrontación se dirige a la criatura que pretende sentar al Creador en el banquillo y exigirle que ajuste su gobierno a la lógica humana.

La imagen del barro recuerda nuestra limitación. No vemos el diseño completo, desconocemos innumerables consecuencias y apenas comprendemos una fracción de la historia. Dios, en cambio, posee sabiduría perfecta.

Eso no significa que cada sufrimiento deba llamarse directamente "molde de Dios" ni que toda presión sea una disciplina específica. Existen consecuencias, injusticias y males reales. Pero el Alfarero sigue siendo capaz de utilizar incluso esas cosas sin cometer injusticia.

Dios no necesita nuestra aprobación, pero ha mostrado su carácter en Cristo. La cruz demuestra que su soberanía no es fría, caprichosa ni distante. El Alfarero entró en el sufrimiento de su creación para redimirla.

La paz comienza cuando dejamos de exigir conocimiento total antes de confiar. No porque las preguntas desaparezcan, sino porque sabemos en manos de quién permanecen.

La humildad no dice que el dolor carece de importancia. Confiesa que nuestro entendimiento no es suficiente para juzgar al Dios santo, sabio y bueno.

APLICACIÓN PARA HOY

Escribe un "¿por qué?" que todavía cargas. Preséntalo sin irreverencia ni maquillaje y añade: "No comprendo, pero confío en el carácter que revelaste en Cristo".

ORACIÓN

Padre, perdóname por las veces que convertí mis preguntas en acusaciones. Soy barro y tú eres el Alfarero. Dame humildad para descansar en tu sabiduría mientras espero. Amén.

PARA MEDITAR

¿Exijo comprender completamente a Dios antes de confiar o descanso en su carácter mientras sigo preguntando?

DÍA 204 — 23 DE JULIO

VASOS QUE EXHIBEN MISERICORDIA

"Para hacer notorias las riquezas de su gloria, las mostró para con los vasos de misericordia que él preparó de antemano para gloria."
Romanos 9:23

Romanos 9 habla de ira, paciencia, poder y misericordia. El juicio divino no resulta popular, pero surge necesariamente de la santidad de Dios frente a una humanidad rebelde.

Los "vasos de ira" no describen personas moralmente inocentes dañadas arbitrariamente. Pablo contempla seres humanos caídos a quienes Dios soporta con mucha paciencia, aun mientras persisten en su oposición.

Lo sorprendente no es solamente que exista juicio, sino que exista semejante paciencia. El Creador tiene derecho a juzgar el pecado y, sin embargo, llama, advierte y concede tiempo.

Frente a ellos aparecen los "vasos de misericordia". El nombre elimina toda jactancia. No somos recipientes de buen comportamiento ni personas que obligaron a Dios a recompensarlas. Somos pecadores sobre quienes decidió mostrar las riquezas de su gloria.

La salvación convierte la vida en una vitrina de gracia. El creyente no debe contar su historia como héroe que encontró la salida, sino como cautivo rescatado por una misericordia que no merecía.

Eso también transforma la mirada hacia el incrédulo. No lo observamos desde una plataforma de superioridad. Recordamos que nosotros también dependimos completamente de la intervención divina.

APLICACIÓN PARA HOY

Recuerda quién eras sin Cristo y permite que esa memoria produzca gratitud, no culpa. Ora por alguien difícil como persona que todavía puede convertirse en testimonio de misericordia.

ORACIÓN

Señor, gracias por soportarme con paciencia y hacer de mi vida un vaso de misericordia. Líbrame del orgullo espiritual y permite que otros vean en mí las riquezas de tu gracia. Amén.

PARA MEDITAR

¿Mi testimonio presenta mis méritos o la misericordia que me alcanzó cuando no tenía nada que ofrecer?

DÍA 205 — 24 DE JULIO

LA FIDELIDAD DEL REMANENTE

"Si fuere el número de los hijos de Israel como la arena del mar, tan solo el remanente será salvo."
Romanos 9:27

Pablo cita a Isaías para demostrar que el rechazo de muchos israelitas no significaba el fracaso de Dios. El Señor había anunciado que preservaría un remanente en medio del juicio.

El remanente no es una élite orgullosa. Está compuesto por quienes dependen de la gracia y permanecen fieles a la revelación divina mientras la mayoría se aparta.

Israel podía ser numeroso y conservar templo, fiestas y tradición, pero solamente pertenecer al pueblo visible no garantizaba salvación. De igual manera, la cercanía exterior a una congregación no sustituye la fe viva en Cristo.

Las estadísticas religiosas pueden impresionar al ser humano. Dios examina corazones. Una iglesia llena puede esconder frialdad espiritual, mientras una comunidad pequeña puede conservar profunda fidelidad al evangelio.

Ser parte del remanente no consiste en sentirse superior ni sospechar de todos los demás. Significa perseverar humildemente en la verdad, rechazar la idolatría y negarse a reemplazar a Cristo con apariencia religiosa.

El texto debe despertar, no producir paranoia. No invita a vivir preguntando obsesivamente quién es verdadero, sino a examinar si nuestra propia fe descansa en Jesús y produce obediencia.

APLICACIÓN PARA HOY

Revisa tu relación con la Palabra, la oración, la congregación y el pecado. No te compares con otros. Pregunta si tu fe sigue viva, centrada en Cristo y abierta a la corrección.

ORACIÓN

Señor, guárdame de la apariencia religiosa sin vida. Hazme perseverar con humildad, amar tu verdad y depender de tu gracia hasta el final. Amén.

PARA MEDITAR

¿Mi seguridad descansa en pertenecer a un ambiente cristiano o en una relación viva con Cristo?

DÍA 206 — 25 DE JULIO

LA ROCA QUE DERRIBA EL ORGULLO

"Tropezaron en la piedra de tropiezo…
y el que creyere en él, no será avergonzado."
Romanos 9:32–33

Israel perseguía una justicia basada en la Ley, pero no la alcanzó porque buscaba establecerla mediante obras. Los gentiles, sin poseer aquellos privilegios, recibieron por fe la justicia ofrecida en Cristo.

Eso resultaba ofensivo para el orgullo religioso. ¿Cómo podían ser aceptados quienes no tenían la misma historia, disciplina ni tradición? La respuesta era que todos necesitaban la misma justicia ajena.

Cristo se convierte en piedra de tropiezo para quien insiste en salvarse a sí mismo. No vino para completar nuestra justicia defectuosa, sino para reemplazarla con la suya. No añade un poco de gracia a nuestros méritos; declara inútil toda pretensión de justificarnos.

La misma piedra que derriba el orgullo es la roca donde descansa la fe. Quien cree en Él no será avergonzado. Jesús no defrauda al que abandona su expediente y se entrega por completo a su obra.

También dentro de la iglesia podemos volver a construir justicia propia. Los años de servicio, conocimiento o conducta comienzan a ocupar el lugar que corresponde solamente a Cristo.

El remedio es regresar continuamente a la cruz. No acudimos a ella únicamente al comienzo de la fe. Dependemos de la justicia de Jesús todos los días.

APLICACIÓN PARA HOY

Observa cómo reaccionas después de fallar. ¿Corres a la gracia o intentas compensar con obras? Renuncia a pagar tu culpa mediante desempeño religioso.

ORACIÓN

Señor Jesús, derriba mi orgullo y sé mi roca firme. Renuncio a presentar mis obras como justicia. Descanso únicamente en tu obediencia, tu cruz y tu resurrección. Amén.

PARA MEDITAR

Si me quitaran todo lo que hago para Dios y me dejaran solamente con Cristo, ¿sentiría que aún lo tengo todo?

DÍA 207 — 26 DE JULIO

MUCHO FUEGO, POCA LUZ

"Tienen celo de Dios, pero no conforme a ciencia."
Romanos 10:2

Israel no era indiferente. Poseía fervor, disciplina y actividad religiosa. El problema no era falta de fuego, sino ausencia de conocimiento verdadero. Su celo estaba mal dirigido porque procuraba establecer justicia propia en lugar de sujetarse a la justicia de Dios.

La intensidad no convierte automáticamente una práctica en espiritual. Puede existir activismo sin evangelio, sacrificio sin humildad, defensa apasionada de tradiciones humanas y ministerios ruidosos sin obediencia a la Palabra.

Pablo conocía ese camino. Antes de su conversión fue extremadamente celoso y persiguió a la iglesia convencido de servir a Dios. Su sinceridad no transformaba el error en verdad.

"El fin de la Ley es Cristo" significa que Él es su meta y cumplimiento. La Ley apuntaba hacia Jesús, quien la obedeció perfectamente y ofrece su justicia al creyente.

La pasión cristiana debe permanecer sometida a la verdad. El Espíritu no solamente produce entusiasmo; conduce a Cristo, corrige motivaciones y forma obediencia.

Podemos agotarnos trabajando para Dios mientras secretamente buscamos reconocimiento, control o identidad. La obra comienza a ocupar el lugar del Señor de la obra.

El celo correcto nace de haber sido justificado por gracia. No intenta demostrar mérito, sino responder agradecidamente al amor recibido.

APLICACIÓN PARA HOY

Examina por qué haces lo que haces. Pregunta cómo reaccionarías si nadie te alabara, mencionara o reconociera. Entrega al Señor cualquier servicio alimentado por el ego.

ORACIÓN

Señor Jesús, líbrame del celo sin verdad. Somete mi pasión a tu Palabra y purifica mis motivaciones. Que mi servicio brote de la gracia recibida y busque solamente tu gloria. Amén.

PARA MEDITAR

¿Mi pasión por Dios está dirigida por su verdad o por mi necesidad de demostrar algo?

DÍA 208 — 27 DE JULIO

LA SALVACIÓN ESTÁ CERCA

"Cerca de ti está la palabra, en tu boca y en tu corazón··· Si confesares con tu boca que Jesús es el Señor, y creyeres en tu corazón que Dios le levantó de los muertos, serás salvo."
Romanos 10:8–9

Pablo contrasta la justicia por la Ley con la justicia por la fe. La primera exigiría obediencia perfecta: hacer todas las cosas y vivir por ellas. El problema no está en la rectitud del camino, sino en que ningún pecador logra recorrerlo sin fallar.

La justicia por fe no exige subir al cielo ni descender al abismo. Cristo ya vino, murió y resucitó. La obra imposible fue realizada por Dios; nuestra respuesta es creer.

“La palabra está cerca” derriba la idea de que la salvación requiere una hazaña mística. El evangelio ha llegado hasta nosotros y presenta claramente al Salvador.

Confesar que Jesús es Señor no equivale a repetir una fórmula. Significa reconocer su autoridad y rendirle la vida. Creer que Dios lo levantó de los muertos es descansar en que su obra resulta suficiente para perdonar y dar vida.

La boca y el corazón aparecen unidos. Una confesión sin fe es sonido vacío; una supuesta fe que se avergüenza permanentemente de Cristo necesita ser examinada.

La promesa es firme: “serás salvo”. La seguridad no descansa en comprender toda la teología ni alcanzar perfección inmediata, sino en Jesucristo crucificado y resucitado.

APLICACIÓN PARA HOY

Si nunca te has rendido verdaderamente a Cristo, cree y confiésalo hoy. Si ya eres creyente, revisa si has vuelto a depender de tu rendimiento semanal.

ORACIÓN

Señor Jesús, creo que moriste y resucitaste. Confieso que eres Señor y renuncio a salvarme por mis obras. Afirma mi corazón en la justicia que se recibe por fe. Amén.

PARA MEDITAR

¿Descanso en la obra terminada de Cristo o continúo intentando alcanzar por esfuerzo lo que Dios ofrece por gracia?

DÍA 209 — 28 DE JULIO

PIES DISPUESTOS A LLEVAR BUENAS NOTICIAS

"¿Cómo creerán en aquel de quien no han oído? ¿Y cómo oirán sin haber quien les predique?"
Romanos 10:14

La invitación del evangelio es amplia: todo aquel que invoque el nombre del Señor será salvo. Inmediatamente Pablo muestra el medio ordinario que Dios decidió utilizar para que esa noticia llegue: personas enviadas que anuncian a Cristo.

Nadie invoca a quien no conoce ni cree en alguien de quien jamás ha oído. La fe viene mediante el mensaje, y el mensaje necesita una voz.

Dios podría anunciar el evangelio diariamente desde el cielo. En su sabiduría decidió utilizar creyentes comunes: voces que a veces tiemblan, pero obedecen.

Eso concede importancia eterna a conversaciones sencillas. Una llamada, una invitación, un testimonio o una explicación clara del evangelio pueden formar parte del camino por el cual alguien llega a Cristo.

Isaías llama hermosos los pies de quienes anuncian la paz. No resalta plataformas ni producción, sino disponibilidad para moverse. Evangelizar implica acercarse, escuchar y hablar cuando el Señor abre la puerta.

No todos predican de la misma manera ni poseen idénticos dones. Sin embargo, todo creyente puede ser testigo. Algunos siembran, otros riegan y Dios produce el crecimiento.

No eres responsable de convertir a nadie. Sí eres responsable de no esconder permanentemente la noticia que un día alguien compartió contigo.

APLICACIÓN PARA HOY

Piensa en una persona específica, ora por ella y busca una oportunidad natural para compartir un testimonio, invitarla o explicarle brevemente quién es Jesús.

ORACIÓN

Señor, gracias por la persona que me habló de Cristo. Hazme un testigo disponible. Quita mi vergüenza y permite que mis pasos lleven tu paz hacia alguien que necesita oír. Amén.

PARA MEDITAR

¿Quién podría escuchar acerca de Cristo a través de mí si hoy decido obedecer?

DÍA 210 — 29 DE JULIO

UN EVANGELIO ENTERO

"Con el corazón se cree para justicia,
pero con la boca se confiesa para salvación."
Romanos 10:10

Responder al evangelio no consiste en repetir palabras mágicas ni sentir una emoción pasajera. Pablo une fe interior y confesión pública: el corazón cree y la boca reconoce a Jesús como Señor.

Creer para justicia significa abandonar la confianza en el expediente propio y recibir la justicia de Cristo. Es trasladar el peso desde "yo puedo lograrlo" hacia "Él lo hizo por mí".

Confesar que Jesús es Señor implica reconocer su autoridad. No es accesorio para temporadas difíciles, sino dueño legítimo de decisiones, relaciones, cuerpo y futuro.

La Escritura promete que quien cree en Él no será avergonzado. Eso no elimina tropiezos ni burlas humanas. Significa que nadie quedará finalmente defraudado por haber puesto su esperanza en Cristo.

Tampoco existe diferencia entre judío y griego. El religioso y el hombre de pasado escandaloso entran por la misma puerta. Ninguna herencia espiritual concede trato preferencial y ningún historial arrepentido coloca a alguien fuera del alcance de la gracia.

"Todo aquel" incluye al que reconoce su necesidad e invoca sinceramente al Señor. La salvación no exige perfección previa. Produce una vida que comienza a someterse al Salvador.

APLICACIÓN PARA HOY

Examina si alguna parte de tu vida permanece fuera del señorío que confiesas. Entrégala y recuerda que tu seguridad está en Cristo, no en una buena racha espiritual.

ORACIÓN

Señor Jesús, creo en ti y confieso que eres Señor. No quiero un evangelio reducido a palabras. Gobierna mis decisiones y enséñame a vivir de acuerdo con lo que mi boca declara. Amén.

PARA MEDITAR

¿Mi confesión de que Jesús es Señor se refleja en las áreas concretas de mi vida?

DíA 211 — 30 DE JULIO

FIDELIDAD AUN SIN RESULTADOS VISIBLES

"No todos obedecieron al evangelio··· Así que la fe es por el oír, y el oír, por la palabra de Dios."
Romanos 10:16–17

Quien ha compartido el evangelio y recibido indiferencia conoce la pregunta: "¿Sirve de algo continuar?". Isaías también clamó: "¿Quién ha creído a nuestro anuncio?". El rechazo no es una experiencia nueva para los mensajeros de Dios.

Pablo mantiene juntas dos verdades. La fe viene por oír la Palabra, de modo que debemos seguir anunciándola. Pero no todos quienes oyen obedecen. El mensajero no puede fabricar fe dentro de otra persona.

El poder está en el evangelio, no en la manipulación emocional ni en la personalidad del predicador. Nuestra tarea consiste en presentar a Cristo con claridad, amor y fidelidad.

Dios describe a Israel como un pueblo rebelde ante el cual extendió sus manos todo el día. Él mismo conoce el dolor de llamar y recibir resistencia.

Esto libra de dos extremos. No debemos asumir toda la culpa por el rechazo de otros, como si fuéramos sus salvadores. Tampoco debemos endurecernos y decidir no hablar nunca más.

El pasaje también examina al oyente. Es posible escuchar mucha Biblia y obedecer muy poco. La exposición frecuente a la verdad no reemplaza la rendición.

APLICACIÓN PARA HOY

Presenta a la persona por quien has orado mucho. Pide perseverancia, oportunidades y descanso de culpas falsas. Después pregunta si tú estás resistiendo alguna verdad que ya escuchaste.

ORACIÓN

Señor, hazme fiel al anunciar y humilde para dejar los resultados en tus manos. Guarda mi corazón de la amargura y muéstrame cualquier área donde yo mismo oigo sin obedecer. Amén.

PARA MEDITAR

¿El rechazo de otros me está llevando a abandonar la misión o a depender nuevamente de Dios?

DÍA 212 — 31 DE JULIO

DIOS NO HA DESECHADO A SU PUEBLO

"¿Ha desechado Dios a su pueblo? En ninguna manera··· No ha desechado Dios a su pueblo, al cual desde antes conoció."
Romanos 11:1–2

Pablo vuelve a una pregunta decisiva: si gran parte de Israel rechazó al Mesías, ¿significa que Dios desechó definitivamente a su pueblo? Su respuesta es contundente: "En ninguna manera".

Él mismo, israelita y creyente en Cristo, era prueba de que Dios conservaba un remanente. La incredulidad de muchos no había cancelado las promesas ni derrotado la fidelidad divina.

El contexto trata directamente con Israel, por lo que no debemos convertir el pasaje en una promesa superficial de que ninguna decisión humana tiene consecuencias. Pablo habla del cumplimiento soberano del propósito de Dios y del remanente preservado por gracia.

Sin embargo, el texto sí revela algo esencial sobre su carácter: las apariencias inmediatas no determinan si Dios está cumpliendo su Palabra. Lo que parecía fracaso formaba parte de una historia que Pablo continuará explicando.

También nosotros podemos juzgar la fidelidad divina solamente por lo que sentimos o vemos hoy. Una temporada seca, una respuesta demorada o una situación incomprensible nos hace pensar que Dios dejó de obrar.

Las emociones importan, pero no son el tribunal que decide si Él permanece fiel. Su carácter, sus promesas y la obra de Cristo poseen mayor autoridad que nuestro estado de ánimo.

La fe no exige fingir entusiasmo. A veces consiste sencillamente en continuar confiando mientras el corazón atraviesa una estación gris.

APLICACIÓN PARA HOY

Deja de medir la fidelidad de Dios exclusivamente por tus emociones actuales. Repite una verdad bíblica objetiva y descansa en ella aunque todavía no sientas alivio.

ORACIÓN

Señor, gracias porque tu propósito no fracasa. Guárdame de interpretar tu carácter solamente desde mis emociones. Enséñame a caminar por fe mientras espero comprender lo que ahora no veo. Amén.

PARA MEDITAR

¿Estoy evaluando la fidelidad de Dios por su Palabra o por el estado cambiante de mis emociones?

NUESTRO MENSAJE PARA TI EN AGOSTO

ROMANOS 11–14:

MISERICORDIA QUE HUMILLA, GRACIA QUE TRANSFORMA

OTTO & MILKY MAÑÓN

Agosto amaneció, y ese simple hecho vuelve a predicar el mensaje central de este libro: seguimos aquí por misericordia. No llegamos porque conserváramos intactas las fuerzas, porque nunca dudáramos o porque hubiéramos cumplido perfectamente todo lo prometido. Llegamos sostenidos. Dios volvió a concedernos tiempo para escuchar, corregir, obedecer, descansar y comenzar otra vez.

Durante este mes, Romanos nos conduce desde los misterios de la soberanía divina hasta los lugares más prácticos de la vida cristiana. Pablo habla de Israel, del remanente preservado por gracia, del peligro de la incredulidad y de la esperanza de restauración. Pero no presenta estas verdades para alimentar discusiones interminables. Su propósito es derribar la arrogancia y conducirnos a la adoración.

El creyente gentil no puede presumir. Fue injertado en un olivo que no plantó y participa de promesas que no produjo. La raíz lo sostiene; él no sostiene la raíz. Todo lo que posee en Cristo es regalo: justificación, adopción, Espíritu Santo, pertenencia al pueblo de Dios y esperanza eterna.

Esa gracia no debe producir ligereza, sino temor reverente. Pablo advierte contra la soberbia de quien presume permanecer firme mientras desprecia al que cayó. La fe verdadera no se pavonea delante de las ramas desgajadas. Tiembla, agradece y reconoce que continúa dependiendo de la misma misericordia que lo alcanzó al principio.

Romanos 11 también abre una ventana de esperanza. Dios no ha terminado su propósito con Israel. El endurecimiento no es total ni la historia está fuera de control. El Señor sigue preservando un remanente, llamando a los gentiles y conduciendo la historia hacia la manifestación completa de su sabiduría. No conocemos cada detalle del calendario divino, pero sí sabemos que su Palabra no fracasa.

Después de contemplar esa profundidad, Pablo exclama: "¡Oh profundidad de las riquezas de la sabiduría y de la ciencia de Dios!". La teología bien recibida no infla la cabeza; dobla las rodillas.

Cuando la doctrina no produce humildad, gratitud y adoración, todavía no ha descendido lo suficiente al corazón.

Romanos 12 lleva esa misericordia a la vida diaria. El cuerpo se convierte en sacrificio vivo. La mente necesita renovación. Los dones dejan de ser adornos personales y se transforman en herramientas para servir al cuerpo de Cristo. El amor debe ser sincero, la honra mutua, la oración constante y la generosidad visible.

Pablo tampoco idealiza las relaciones humanas. Habla de perseguidores, enemigos, conflictos y heridas. Sin embargo, manda bendecir, buscar la paz y vencer el mal con el bien. No porque la injusticia carezca de importancia, sino porque el creyente no debe permitir que el pecado ajeno determine su carácter. Cristo sigue gobernando la boca, las reacciones y los límites.

Romanos 13 coloca la fe en la plaza pública. El cristiano vive bajo autoridades imperfectas, cumple sus responsabilidades, paga lo que debe y conserva una conciencia limpia. No idolatra gobiernos ni se entrega a la anarquía. Sabe que su ciudadanía suprema está en los cielos y, precisamente por eso, procura vivir con integridad en la tierra.

El capítulo también llama a despertar. La salvación está más cerca que cuando creímos. La noche avanza, pero el día viene. Esa certeza no debe producir especulaciones nerviosas, sino santidad concreta: desechar las obras de las tinieblas, andar honestamente y vestirse del Señor Jesucristo.

Finalmente, Romanos 14 nos enseña a distinguir el evangelio de nuestras preferencias. No toda diferencia merece una guerra. La iglesia necesita convicciones firmes sobre lo esencial y humildad en los asuntos secundarios. El hermano no debe convertirse en enemigo porque come distinto, celebra de otra manera o sostiene una opinión diferente en materias donde la Escritura permite libertad.

Que agosto nos encuentre menos orgullosos y más agradecidos, menos inclinados a discutir y más dispuestos a servir. Que la soberanía de Dios produzca descanso, que su misericordia destruya la jactancia y que la gracia recibida se vuelva obediencia visible.

Otro mes amaneció. Otra vez la puerta sigue abierta. Otra vez Cristo llama. Y si todavía podemos oír su voz, arrepentirnos y caminar con Él, es porque su misericordia volvió a levantarse antes que nosotros.

DÍA 213 — 1 DE AGOSTO

DIOS CONSERVA UN REMANENTE

"Señor, a tus profetas han dado muerte… y solo yo he quedado. Pero ¿qué le dice la divina respuesta? Me he reservado siete mil…"
Romanos 11:3–4

La fidelidad puede sentirse solitaria. Después de observar tanta indiferencia, corrupción o ligereza espiritual, alguien puede comenzar a pensar: "Ya nadie quiere obedecer. Soy el único que intenta permanecer firme".

Elías conoció ese agotamiento. Había confrontado la idolatría, visto responder a Dios con fuego y soportado una presión enorme. Aun así, el miedo y el cansancio redujeron su visión hasta convencerlo de que toda fidelidad había desaparecido.

Dios respondió: "Me he reservado siete mil". El profeta no conocía todo lo que el Señor estaba haciendo. La apostasía hacía mucho ruido, pero la gracia continuaba preservando personas que no habían doblado sus rodillas ante Baal.

También hoy existen creyentes que oran sin publicidad, familias que permanecen fieles, jóvenes que escogen pureza y congregaciones que predican el evangelio sin convertirlo en espectáculo. Quizá no dominan las conversaciones ni las pantallas, pero Dios los conoce.

Pensar "solo yo he quedado" puede nacer del cansancio, pero también alimentar orgullo. La obra nunca depende de una sola persona. El Señor no necesita héroes que se consideren indispensables, sino siervos humildes que permanezcan.

APLICACIÓN PARA HOY

Rechaza tanto el desánimo como la superioridad. Pídele al Señor que te haga parte de su remanente fiel y agradece por creyentes cuya perseverancia quizá nunca aparecerá en público.

ORACIÓN

Señor, cuando la oscuridad me haga sentir solo, recuérdame que tu obra es mayor que lo que alcanzo a ver. Guárdame firme, humilde y libre de creer que todo depende de mí. En el nombre de Jesús. Amén.

PARA MEDITAR

¿He confundido lo que no puedo ver con algo que no existe?

DÍA 214 — 2 DE AGOSTO

EL PELIGRO DE UNA CONCIENCIA ADORMECIDA

"Lo que buscaba Israel no lo ha alcanzado; pero los escogidos sí lo han alcanzado, y los demás fueron endurecidos."
Romanos 11:7

El endurecimiento espiritual no comienza necesariamente con una rebelión escandalosa. Muchas veces se desarrolla mediante pequeñas resistencias repetidas: una verdad ignorada, una convicción aplazada, un pecado justificado y otro llamado de Dios tratado como ruido de fondo.

Romanos 11 muestra que parte de Israel persistió en su rechazo hasta experimentar endurecimiento. Dios no convirtió en incrédulos a personas que deseaban humildemente creer. Juzgó una resistencia obstinada y las entregó a las consecuencias de aquello que escogían.

Ese texto debe producir temor reverente. Escuchar la Palabra repetidamente sin responder no es una posición neutral. Cada obediencia sensibiliza la conciencia; cada resistencia sostenida puede endurecerla.

Una señal preocupante aparece cuando el pecado deja de inquietar, la oración se vuelve irrelevante y el arrepentimiento parece innecesario. Otra surge cuando se conocen muchas verdades bíblicas, pero ninguna logra mover la voluntad.

No confundas insensibilidad con madurez. El creyente maduro no siente menos necesidad de arrepentirse; reconoce más rápidamente aquello que debe llevar a la cruz.

La incomodidad que produce la convicción es una misericordia. Mientras el Espíritu señale, llame y confronte, no apagues su voz. Corre hacia la luz antes de acostumbrarte a la oscuridad.

APLICACIÓN PARA HOY

Pregúntate qué área de tu vida has dejado de tomar en serio. No busques una explicación que te tranquilice. Confiesa, obedece y pide que Dios vuelva sensible tu conciencia.

ORACIÓN

Señor, no permitas que me acostumbre a resistirte. Despierta mi conciencia, rompe mis excusas y dame prontitud para obedecer cuando tu Palabra me confronte. Amén.

PARA MEDITAR

¿Estoy respondiendo a la convicción o aprendiendo a vivir cómodamente junto a ella?

DÍA 215 — 3 DE AGOSTO

EL TROPIEZO NO CANCELÓ EL PROPÓSITO

"¿Han tropezado para que cayesen? En ninguna manera; pero por su transgresión vino la salvación a los gentiles."
Romanos 11:11

El rechazo de gran parte de Israel parecía un fracaso definitivo. Sin embargo, Pablo pregunta si tropezaron para quedar destruidos sin esperanza y responde: "En ninguna manera".

Dios utilizó incluso aquella incredulidad para extender el evangelio entre los gentiles. No llamó bueno al pecado ni aprobó el rechazo de Cristo. Mostró que la maldad humana no puede derrotar su propósito redentor.

Esa verdad ofrece esperanza sin trivializar nuestras caídas. Algunas decisiones producen consecuencias dolorosas que no desaparecen con una oración rápida. Pero ninguna historia arrepentida tiene que permanecer fuera del alcance de la gracia.

El Señor puede utilizar un fracaso para quebrar orgullo, desarrollar compasión y equiparnos para ayudar a otros. Aquello que antes fue motivo de vergüenza puede convertirse, después de una restauración verdadera, en testimonio de la paciencia divina.

Esto no significa pecar para obtener una buena historia. Significa que el pecado no tiene autoridad para escribir el último capítulo cuando la vida es rendida nuevamente a Cristo.

Pablo mira además hacia una restauración futura de Israel. Si Dios produjo riqueza espiritual para los gentiles en medio de aquel tropiezo, ¿cuánto más manifestará su gloria al cumplir plenamente su propósito?

APLICACIÓN PARA HOY

Presenta una caída pasada que todavía utilizas para condenarte. Reconoce su gravedad, recibe el perdón de Cristo y pregunta cómo puede Dios utilizar lo aprendido para servir a otros.

ORACIÓN

Señor, no justifico mis tropiezos, pero tampoco quiero tratarlos como si fueran mayores que tu gracia. Redime mi historia y convierte mis cicatrices en instrumentos de humildad y servicio. Amén.

PARA MEDITAR

¿Estoy permitiendo que un fracaso pasado dicte un final que Dios todavía no ha escrito?

DÍA 216 — 4 DE AGOSTO

INJERTADOS POR PURA GRACIA

"Si algunas de las ramas fueron desgajadas,
y tú, siendo olivo silvestre, has sido injertado···
no te jactes contra las ramas."
Romanos 11:17–18

Pablo compara a Israel con un olivo cultivado por Dios a través de los pactos y las promesas. Los gentiles aparecen como ramas de olivo silvestre injertadas, contra naturaleza, para participar de la rica savia.

La imagen destruye cualquier superioridad. No llegamos con derechos adquiridos, tradición propia ni méritos espirituales. Fuimos incorporados por gracia a una historia que no comenzó con nosotros.

Por eso Pablo advierte: "No te jactes contra las ramas". La iglesia no tiene permiso para despreciar al pueblo judío ni para presumir que reemplazó a Israel por poseer alguna superioridad moral. La raíz sostiene las ramas; las ramas no producen la raíz.

El mismo principio debe gobernar nuestras relaciones con otros creyentes. Cuando observamos debilidad, caída o ignorancia, recordemos que tampoco nosotros generamos la vida que poseemos. Cristo nos sostiene.

La gracia mal entendida se convierte en plataforma para orgullo. La gracia correctamente recibida produce gratitud, reverencia y paciencia con los demás.

No eras un árbol autosuficiente al cual Dios decidió añadir un adorno. Eras rama silvestre, y el Jardinero te dio una vida que no procedía de ti.

APLICACIÓN PARA HOY

Examina si desprecias a Israel, a otra tradición cristiana o a creyentes menos maduros. Confiesa la jactancia y agradece que la vida espiritual que posees procede de Cristo.

ORACIÓN

Señor, gracias por injertarme por gracia. Líbrame de despreciar a otros y recuérdame que no sostengo la raíz; la raíz me sostiene a mí. Amén.

PARA MEDITAR

¿Mi comprensión de la gracia me ha hecho humilde o solamente más seguro de mi propia opinión?

DÍA 217 — 5 DE AGOSTO

UNA FE QUE PERMANECE CON TEMOR

"Tú por la fe estás en pie; no te ensoberbezcas, sino teme."
Romanos 11:20

La permanencia del creyente nunca debe convertirse en motivo de orgullo. Pablo recuerda a los gentiles que algunas ramas fueron desgajadas por incredulidad y que ellos permanecían por la fe.

"No te ensoberbezcas, sino teme" no promueve un terror constante a ser expulsado por cada tropiezo. Habla del temor reverente de quien reconoce la santidad de Dios, la gravedad de la incredulidad y su dependencia continua de la gracia.

La seguridad bíblica no dice: "Puedo vivir como quiera porque pronuncié una confesión hace años". Tampoco mantiene al hijo de Dios imaginando que una caída accidental destruyó todo. Produce perseverancia, arrepentimiento y vigilancia.

El texto advierte especialmente contra la presunción colectiva. Ninguna iglesia, denominación o pueblo puede utilizar sus privilegios como garantía mientras abandona la fe que dice confesar.

Estar en pie por la fe significa continuar descansando en Cristo. No confiamos en nuestra estabilidad emocional, conocimiento o disciplina. Nos sostenemos de Aquel que salva y guarda.

El temor santo evita que la gracia se convierta en excusa. Nos hace humildes con los caídos, serios frente al pecado y agradecidos por cada día de perseverancia.

APLICACIÓN PARA HOY

Revisa si tu seguridad se apoya en Cristo o en una experiencia, título o tradición. Pide un temor que no destruya la paz, sino la arrogancia.

ORACIÓN

Señor, estoy en pie por tu gracia. Guárdame de la presunción y del miedo servil. Dame reverencia, humildad y una fe que persevere aferrada a Cristo. Amén.

PARA MEDITAR

¿Mi seguridad espiritual produce obediencia humilde o confianza descuidada?

DÍA 218 — 6 DE AGOSTO

PODEROSO PARA VOLVER A INJERTAR

"Si no permanecieren en incredulidad, serán injertados, pues poderoso es Dios para volverlos a injertar."
Romanos 11:23

Después de una advertencia seria, Pablo abre una puerta de esperanza. Las ramas desgajadas por incredulidad pueden ser injertadas nuevamente si abandonan esa incredulidad, porque Dios conserva poder para restaurar.

El texto se refiere directamente a Israel y afirma que su rechazo no tiene que ser definitivo. El Dios que incorporó a gentiles también puede traer nuevamente a las ramas naturales a su propio olivo.

Esta verdad anima a interceder sin presumir que conocemos el desenlace de cada persona. Quizá alguien que amaste se enfrió, abandonó la congregación o vive como si nunca hubiera escuchado el evangelio. No puedes declarar automáticamente que todo está bien, pero tampoco que su caso está cerrado.

Dios sigue siendo capaz de despertar, convencer y restaurar. Mientras haya vida, existe razón para proclamar el evangelio y orar.

La esperanza no elimina el llamado al arrepentimiento. Pablo no dice que la incredulidad carezca de consecuencias. Dice: "si no permanecieren" en ella. La restauración no consiste en recibir aprobación para continuar lejos, sino en volver a la fe.

El Señor puede hacer lo que tú no puedes: quebrar resistencia, iluminar la mente y devolver al pródigo con una humildad nueva.

APLICACIÓN PARA HOY

Vuelve a presentar delante de Dios a una persona que habías considerado irrecuperable. Ora con esperanza y, cuando sea apropiado, mantén abierta una puerta de verdad y amor.

ORACIÓN

Señor, tú eres poderoso para restaurar. Te entrego a quienes hoy permanecen lejos. Quebranta la incredulidad, abre sus ojos y tráelos nuevamente a la confianza en Cristo. Amén.

PARA MEDITAR

¿He cerrado definitivamente un caso que Dios todavía puede transformar?

DÍA 219 — 7 DE AGOSTO

UN MISTERIO QUE DESTRUYE LA ARROGANCIA

"No quiero, hermanos, que ignoréis este misterio, para que no seáis arrogantes en cuanto a vosotros mismos."
Romanos 11:25

Pablo revela el misterio del endurecimiento parcial de Israel y la entrada de la plenitud de los gentiles con un propósito pastoral: impedir la arrogancia.

El endurecimiento es "en parte". Siempre ha existido un remanente judío que cree en Jesús. También aparece la expresión "hasta que", indicando que el propósito de Dios continúa avanzando.

La frase "todo Israel será salvo" ha recibido distintas interpretaciones entre creyentes fieles. Muchos entienden que Pablo anuncia una futura conversión amplia de Israel como pueblo. Otros destacan la totalidad del pueblo redimido compuesto por judíos y gentiles. El punto indiscutible es que Dios cumplirá su Palabra y que nadie debe utilizar este misterio para presumir.

La profecía bíblica no fue dada para producir expertos arrogantes capaces de discutir fechas mientras descuidan la obediencia. Debe conducir a adoración, humildad, oración y misión.

La historia no camina sin dirección. Dios sigue llamando personas de todas las naciones y no ha olvidado sus propósitos relacionados con Israel.

Esto también recuerda que la oportunidad de anunciar el evangelio no debe darse por sentada. Todavía la puerta permanece abierta y todavía Dios utiliza mensajeros humanos.

APLICACIÓN PARA HOY

Ora por la salvación de judíos y gentiles. Rechaza toda especulación que alimente orgullo y pregunta cómo puedes participar hoy en la misión de Dios.

ORACIÓN

Señor, tus caminos me superan. Líbrame de usar la profecía para sentirme superior. Hazme humilde, agradecido y comprometido con anunciar a Cristo. Amén.

PARA MEDITAR

¿Los misterios bíblicos me conducen a servir y adorar o solamente a discutir?

DÍA 220 — 8 DE AGOSTO

TODOS NECESITADOS DE MISERICORDIA

"Dios sujetó a todos en desobediencia,
para tener misericordia de todos."
Romanos 11:32

Judíos y gentiles quedan colocados bajo un mismo diagnóstico: desobediencia. Ningún grupo puede presumir superioridad ni presentarse delante de Dios con un expediente impecable.

"Todos" no enseña que cada individuo será salvo independientemente de su respuesta a Cristo. Declara que todas las clases de personas, judíos y gentiles, necesitan y pueden recibir la misma misericordia.

Dios permitió que la humanidad mostrara su incapacidad para justificarse. Así quedó eliminada la ilusión de que algunos necesitaban salvación completa y otros solamente una pequeña ayuda.

Cuando Pablo contempla cómo Dios ha gobernado la historia, no termina diseñando un esquema orgulloso. Exclama: "¡Oh profundidad de las riquezas de la sabiduría y de la ciencia de Dios!".

La doctrina correcta desemboca en adoración. Saber que todos dependemos de misericordia destruye el desprecio, porque nadie llega a Cristo desde una posición de ventaja.

También combate la desesperanza. Ninguna categoría de pecador está excluida de la invitación del evangelio. La cruz es suficiente para toda persona que se arrepiente y cree.

APLICACIÓN PARA HOY

Identifica a alguien que, en tu interior, consideras demasiado perdido. Colócalo junto a ti bajo el mismo diagnóstico y ora para que la misericordia de Dios lo alcance.

ORACIÓN

Señor, yo también fui encerrado bajo desobediencia y solo tu misericordia pudo rescatarme. Quita mi orgullo y enséñame a mirar a otros con compasión y esperanza. Amén.

PARA MEDITAR

¿Me considero un pecador rescatado o una persona superior que necesitaba pocos ajustes?

DÍA 221 — 9 DE AGOSTO

EL ALTAR DE LA VIDA ENTERA

"Presentéis vuestros cuerpos en sacrificio vivo, santo, agradable a Dios, que es vuestro culto racional."
Romanos 12:1

Después de once capítulos exponiendo las misericordias de Dios, Pablo pregunta mediante la práctica: ¿cómo responde una persona que ha recibido semejante gracia?

La respuesta es presentar el cuerpo. No solamente los pensamientos religiosos, las canciones o las horas dentro del templo. Ojos, boca, manos, sexualidad, descanso, trabajo, alimentación y tiempo quedan incluidos en la adoración.

Un sacrificio vivo no muere una vez sobre el altar. Se entrega diariamente. Cada mañana vuelve a decir: "Esta vida ya no me pertenece de manera absoluta; fue comprada por Cristo".

Pablo no utiliza la culpa como motivación. Ruega "por las misericordias de Dios". La obediencia cristiana nace como respuesta al evangelio, no como intento de pagar por él.

Llamarlo "culto racional" significa que entregar la vida es la reacción coherente de quien comprendió lo que Dios hizo. Lo extraño no es consagrarse; lo extraño sería recibir tanta misericordia y continuar viviendo exclusivamente para uno mismo.

El culto no termina con la bendición final del domingo. Continúa en lo que miras cuando estás solo, en el tono utilizado en casa y en la manera de administrar el cuerpo que Dios te confió.

APLICACIÓN PARA HOY

Presenta conscientemente cada parte de tu cuerpo al Señor. Identifica una práctica que contradiga esa entrega y toma una medida concreta para corregirla.

ORACIÓN

Señor, por tus misericordias presento mi cuerpo como sacrificio vivo. Gobierna lo que miro, digo, hago y deseo. Que mi adoración continúe cuando nadie me observa. Amén.

PARA MEDITAR

¿Mi vida cotidiana confirma la adoración que expreso con mis labios?

DÍA 222 — 10 DE AGOSTO

UNA MENTE QUE YA NO COPIA AL SIGLO

"No os conforméis a este siglo, sino transformaos por medio de la renovación de vuestro entendimiento."
Romanos 12:2

Cada época posee un molde. Define qué debe celebrarse, qué debe avergonzar, qué significa éxito y cuáles deseos deben obedecerse sin preguntas.

Pablo advierte que el creyente puede adoptar ese esquema casi sin notarlo. Las ideas entran mediante conversaciones, entretenimiento, publicidad, redes y costumbres repetidas hasta parecer naturales.

La transformación cristiana comienza con la renovación del entendimiento. No consiste únicamente en cambiar apariencia, vocabulario o grupo social. El Espíritu modifica la manera de interpretar a Dios, el pecado, el cuerpo, el dinero, el sufrimiento y la eternidad.

Esa renovación no ocurre automáticamente. Requiere exposición constante a la Escritura, disposición para recibir corrección y obediencia aun cuando la verdad contradiga preferencias personales.

El resultado es discernir la voluntad buena, agradable y perfecta de Dios. Muchas preguntas acerca de su voluntad se aclaran cuando dejamos de alimentar una mentalidad moldeada por el mundo.

No todo lo popular es falso ni todo lo antiguo es santo. El criterio no es llevar la contraria por deporte, sino someter cada pensamiento a la Palabra.

APLICACIÓN PARA HOY

Escoge un área —dinero, sexualidad, familia, éxito o descanso— y compara tus ideas con la enseñanza bíblica. Corrige una práctica que refleje más al siglo que a Cristo.

ORACIÓN

Señor, renueva mi entendimiento. Desinstala las mentiras que adopté sin examinarlas y enséñame a pensar conforme a tu verdad. Amén.

PARA MEDITAR

¿Mis decisiones reflejan una mente renovada o un pensamiento prestado de la cultura?

DÍA 223 — 11 DE AGOSTO

CORDURA PARA MIRARTE A TI MISMO

"No tenga más alto concepto de sí que el que debe tener, sino que piense de sí con cordura."

Romanos 12:3

Pablo no manda despreciarse ni repetir que uno carece de valor. Tampoco aprueba la inflación personal que convierte cada talento en prueba de superioridad. Ordena pensar con cordura.

Una percepción exagerada produce arrogancia, resistencia a la corrección y competencia. Una percepción destruida paraliza, alimenta autocompasión y desprecia aquello que Dios sí ha colocado en la persona.

Ambos extremos mantienen el "yo" en el centro. La cordura mira desde la gracia: pecador redimido, débil pero capacitado, limitado pero útil, amado sin ser indispensable.

Dios repartió diferentes medidas de fe y distintos dones. No te exige desarrollar la función de otra persona. Te llama a utilizar fielmente lo que confió a tus manos.

La comparación altera la percepción. Al mirar solamente a quienes parecen más capaces, puedes sentirte inútil. Al compararte con quienes consideras menos maduros, puedes inflarte. Cristo, no otra persona, debe ser la medida.

Pensar con cordura permite reconocer fortalezas sin presumir y debilidades sin desesperarse. También facilita pedir ayuda, recibir corrección y celebrar lo que Dios hace mediante otros.

APLICACIÓN PARA HOY

Identifica un área de orgullo y otra de autodesprecio. Preséntalas al Señor y realiza una acción equilibrada: sirve sin ser visto o acepta una tarea que habías rechazado por inseguridad.

ORACIÓN

Señor, líbrame de inflarme y de anularme. Enséñame a verme con verdad, gratitud y sobriedad, y a utilizar fielmente lo que me diste. Amén.

PARA MEDITAR

¿Me miro desde la gracia de Dios o desde comparaciones que deforman mi identidad?

DíA 224 — 12 DE AGOSTO

MIEMBROS LOS UNOS DE LOS OTROS

"Siendo muchos, somos un cuerpo en Cristo,
y todos miembros los unos de los otros."
Romanos 12:5

La iglesia no es un auditorio lleno de consumidores independientes. Es un cuerpo vivo compuesto por miembros distintos que se necesitan mutuamente.

En un cuerpo sano, el ojo no desprecia la mano ni el pie compite con el oído. Cada parte cumple una función diferente y contribuye al bienestar común.

Los problemas comienzan cuando el don se convierte en propiedad privada. Alguien utiliza su capacidad para construir nombre, exigir reconocimiento o disminuir el servicio ajeno. Entonces lo que debía fortalecer termina enfermando al cuerpo.

Ser "miembros los unos de los otros" significa que lo recibido por uno fue dado también para beneficio de los demás. Tu enseñanza, generosidad, liderazgo, misericordia o servicio no te pertenecen exclusivamente.

El aislamiento tampoco es una señal de madurez. Nadie posee todos los dones ni puede cumplir solo la misión de la iglesia. Necesitamos recibir, no solamente ofrecer.

Una congregación madura no elimina las diferencias. Aprende a coordinarlas bajo el señorío de Cristo.

APLICACIÓN PARA HOY

Pregunta qué función estás cumpliendo actualmente en tu comunidad de fe. Busca una necesidad concreta y sirve sin esperar una plataforma.

ORACIÓN

Señor, gracias por hacerme miembro de un cuerpo. Líbrame de competir, aislarme o despreciar mi función. Enséñame a dar y recibir con humildad. Amén.

PARA MEDITAR

¿Estoy participando activamente en el cuerpo o solamente observando cómo otros lo sostienen?

DÍA 225 — 13 DE AGOSTO

DONES CONVERTIDOS EN SERVICIO

"Teniendo diferentes dones, según la gracia que nos es dada, úsense."

Romanos 12:6

Los dones espirituales no fueron entregados para decorar biografías ni construir jerarquías. Son expresiones de la gracia destinadas a edificar a otros.

Pablo menciona profecía, servicio, enseñanza, exhortación, generosidad, liderazgo y misericordia. El énfasis no está en descubrir una etiqueta impresionante, sino en utilizar fielmente lo recibido.

Quien sirve debe servir, no esperar reconocimiento antes de comenzar. Quien enseña necesita dedicarse a enseñar con claridad. Quien exhorta debe hacerlo con verdad y amor. El que reparte, con generosidad; el que dirige, con diligencia; el que muestra misericordia, con alegría.

Cada don puede contaminarse. La enseñanza puede alimentar orgullo intelectual. El liderazgo puede convertirse en control. La generosidad puede buscar aplausos y la misericordia puede tratar al necesitado con superioridad.

El problema no siempre está en el don, sino en la motivación. Una capacidad utilizada para engrandecer al portador deja de reflejar adecuadamente la gracia que la concedió.

No esperes una plataforma perfecta. Los dones crecen mientras sirven necesidades reales. El aula, la cocina, la llamada telefónica y la visita al enfermo también pueden convertirse en altares.

APLICACIÓN PARA HOY

Identifica una capacidad que Dios te dio y utilízala para beneficiar concretamente a alguien, sin publicar ni anunciar lo que hiciste.

ORACIÓN

Señor, gracias por los dones recibidos. Purifica mis motivaciones y conviértelos en instrumentos de amor, edificación y adoración. Amén.

PARA MEDITAR

¿Utilizo mis dones para servir al cuerpo o para aumentar mi propia importancia?

DÍA 226 — 14 DE AGOSTO

AMOR SIN MÁSCARAS

"El amor sea sin fingimiento. Aborreced lo malo, seguid lo bueno."
Romanos 12:9

El amor cristiano no es una cortesía que sonríe delante y destruye detrás. Pablo exige un amor sin actuación, doble intención ni afecto utilizado como mecanismo de conveniencia.

Por eso une amor y santidad. "Aborreced lo malo; seguid lo bueno." Amar no significa aprobar todo lo que otra persona desea. El pecado destruye, y quien ama de verdad no puede celebrarlo como si fuera inofensivo.

Al mismo tiempo, odiar el mal no concede permiso para despreciar al pecador. Cristo habló con verdad y recibió a personas rotas sin confundir compasión con complicidad.

El amor fingido evita conversaciones difíciles para conservar una apariencia agradable. El amor duro disfruta confrontando y olvida la ternura. El amor bíblico sostiene verdad y gracia en las mismas manos.

También se revela en lo cotidiano: el tono utilizado en casa, la manera de hablar del ausente y la disposición a servir cuando no habrá recompensa.

No preguntes solamente si sientes afecto. Pregunta si buscas realmente el bien del otro conforme a Dios.

APLICACIÓN PARA HOY

Piensa en una relación donde has practicado cortesía externa y resentimiento interno. Ora por esa persona y decide una acción sincera: conversar, pedir perdón, ayudar o dejar de hablar a sus espaldas.

ORACIÓN

Señor, purifica mi manera de amar. Quita las máscaras, el resentimiento y la cobardía. Enséñame a unir verdad, santidad y ternura. Amén.

PARA MEDITAR

¿Mi amor permanece cuando no hay beneficios ni personas observando?

DÍA 227 — 15 DE AGOSTO

UN CORAZÓN QUE NO PIERDE EL FUEGO

"En lo que requiere diligencia, no perezosos; fervientes en espíritu; sirviendo al Señor."
Romanos 12:11

La pereza espiritual rara vez anuncia su llegada. Se instala mediante oraciones pospuestas, lectura bíblica ocasional, servicio abandonado y una lista interminable de "mañana comienzo".

Pablo llama a la diligencia y al fervor. No se refiere a vivir acelerado ni a confundir agotamiento con fidelidad. Habla de un corazón despierto, dispuesto a obedecer y consciente de que sirve al Señor.

El fervor bíblico tampoco equivale a gritos o emociones permanentes. Puede expresarse silenciosamente en quien continúa orando, cuidando y obedeciendo durante una temporada difícil.

La diligencia sin comunión produce activismo. El fervor sin verdad se vuelve fanatismo. El servicio sin amor termina alimentando orgullo o resentimiento.

"Sirviendo al Señor" ordena todo. La tarea visible y la invisible adquieren dignidad porque Cristo es quien la recibe.

El fuego espiritual necesita alimento. La Palabra, la oración, la congregación y la obediencia mantienen sensible el corazón. Descuidarlos mientras se espera conservar fervor es como apagar una lámpara y exigirle que continúe alumbrando.

APLICACIÓN PARA HOY

Identifica una disciplina abandonada. Retómala con una acción pequeña y sostenible, sin intentar compensar meses de descuido en una sola jornada.

ORACIÓN

Señor, despierta mi diligencia y conserva vivo mi fervor. Líbrame de la pereza, del activismo y del servicio realizado para ser visto. Amén.

PARA MEDITAR

¿Mi falta de fervor se debe a una temporada difícil o a descuidos que me niego a corregir?

DíA 228 — 16 DE AGOSTO

LA HONRA QUE NO COMPITE

"Amándoos los unos a los otros con amor fraternal; en cuanto a honra, prefiriéndoos los unos a los otros."
Romanos 12:10

La cultura enseña a buscar reconocimiento. Pablo manda adelantarse para honrar a los demás.

Honrar no consiste en adular, idolatrar ni negar errores. Significa reconocer el valor de otra persona, agradecer su servicio y tratarla como alguien creado por Dios.

La competencia teme celebrar dones ajenos porque interpreta el éxito del otro como pérdida propia. El amor fraternal piensa de otra manera: la bendición de un miembro beneficia al cuerpo entero.

La honra también se expresa al escuchar, ceder espacio, defender al ausente de una crítica injusta y agradecer trabajos que suelen darse por sentados.

No todas las personas poseen autoridad sobre ti, pero todas deben ser tratadas con dignidad. Los límites saludables pueden mantenerse sin humillación ni desprecio.

Una iglesia donde cada cual exige reconocimiento termina agotada. Una comunidad que aprende a honrar crea espacio para que los dones florezcan sin tantas guerras de ego.

Cristo no se aferró a su posición, sino que tomó forma de siervo. Toda honra cristiana comienza contemplando esa humildad.

APLICACIÓN PARA HOY

Reconoce sinceramente algo bueno en una persona cercana. Hazlo sin compararte ni convertir el elogio en una conversación sobre ti.

ORACIÓN

Señor, quita mi necesidad de competir por atención. Enséñame a reconocer, agradecer y honrar a otros con sinceridad y humildad. Amén.

PARA MEDITAR

¿Celebro con libertad lo que Dios hace mediante otros o lo vivo como amenaza?

DÍA 229 — 17 DE AGOSTO

ESPERANZA, PACIENCIA Y ORACIÓN

"Gozosos en la esperanza; sufridos en la tribulación; constantes en la oración."

Romanos 12:12

Tres frases breves resumen una vida espiritual resistente.

El gozo en la esperanza no exige negar la tristeza. Nace de saber que Cristo reina, regresará y completará la obra comenzada. Las circunstancias pueden doler sin destruir el horizonte.

Ser sufridos en la tribulación significa permanecer bajo presión sin abandonar la fe. No convierte el dolor en algo deseable ni prohíbe buscar ayuda. Enseña que la prueba no recibe autoridad para separarnos de Dios.

La constancia en la oración sostiene las otras dos. Sin comunión, la esperanza puede convertirse en teoría y la tribulación termina ocupando toda la visión.

Constancia no significa producir oraciones largas todos los días. Significa volver a Dios una y otra vez: con palabras, lágrimas, agradecimiento o silencio.

La esperanza mira hacia adelante, la paciencia permanece en el presente y la oración mantiene el corazón unido al Señor durante ambos procesos.

Cuando alguna de estas áreas se debilita, las otras también sufren. La oración recuerda las promesas; las promesas renuevan la esperanza; la esperanza fortalece para soportar.

APLICACIÓN PARA HOY

Identifica cuál de las tres áreas necesita atención. Responde con una acción concreta: recordar una promesa, pedir acompañamiento en la prueba o separar un tiempo real para orar.

ORACIÓN

Señor, renueva mi esperanza, sosténme en la tribulación y hazme constante en la oración. Que ninguna temporada apague mi confianza en ti. Amén.

PARA MEDITAR

¿Cuál de estas tres marcas necesita ser restaurada con mayor urgencia en mi vida?

DÍA 230 — 18 DE AGOSTO

MANOS ABIERTAS Y PUERTAS DISPONIBLES

"Compartiendo para las necesidades de los santos; practicando la hospitalidad."
Romanos 12:13

La fe cristiana toca la billetera, la despensa, la agenda y la puerta de la casa. Pablo no separa espiritualidad de generosidad.

Compartir con los santos significa tomar en serio las necesidades de la familia de la fe. No requiere poseer abundancia. La iglesia primitiva muchas veces compartió desde recursos limitados.

La hospitalidad tampoco exige una casa perfecta. Consiste en ofrecer espacio, mesa, tiempo y atención. Una taza de café servida con amor puede comunicar más cuidado que una actividad costosa.

La palabra "practicando" implica intención. La hospitalidad rara vez ocurre por accidente en vidas saturadas. Necesita espacio reservado para recibir.

La generosidad no elimina la prudencia ni obliga a financiar irresponsabilidad. Busca ayudar de manera sabia, digna y realmente beneficiosa.

En una sociedad donde aumenta el aislamiento, abrir la vida puede convertirse en una poderosa señal del evangelio. La casa deja de ser solamente refugio privado y se vuelve instrumento de consuelo.

APLICACIÓN PARA HOY

Busca una necesidad concreta que puedas aliviar o una persona a quien puedas recibir. Ofrece algo real: alimento, transporte, tiempo, escucha o compañía.

ORACIÓN

Señor, todo lo que poseo viene de ti. Abre mis manos y mi puerta. Dame sabiduría para compartir sin orgullo y recibir a otros con amor sincero. Amén.

PARA MEDITAR

¿Mi forma de vivir deja espacio para las necesidades y la presencia de otras personas?

DÍA 231 — 19 DE AGOSTO

PALABRAS DE BENDICIÓN DESDE UNA HERIDA

"Bendecid a los que os persiguen; bendecid, y no maldigáis."
Romanos 12:14

Bendecir al perseguidor contradice el impulso natural. La herida desea devolver golpe, exponer al culpable o imaginar su caída.

Pablo no manda fingir que nada ocurrió. Tampoco prohíbe denunciar delitos, establecer límites o buscar protección. Ordena que el corazón y la boca no sean gobernados por la misma maldad que causó el daño.

La maldición puede aparecer como sarcasmo, difamación, deseo de desgracia o una oración utilizada para disfrazar venganza.

Bendecir significa pedir que Dios conceda arrepentimiento, luz y salvación. No es declarar inocente al agresor, sino negarse a deshumanizarlo.

Cristo oró por quienes lo crucificaban. Esa reacción no nació de debilidad, sino de un amor que no permitía que la crueldad ajena definiera su carácter.

Entregar el juicio a Dios libera de convertirse en juez, jurado y verdugo emocional. Él conoce todos los hechos y juzgará con una justicia que nosotros no podemos producir.

APLICACIÓN PARA HOY

Menciona delante de Dios a alguien que te hirió. Pide justicia, protección y también arrepentimiento para esa persona. Confiesa cualquier palabra maliciosa que hayas utilizado.

ORACIÓN

Señor, guarda mi boca y mi corazón del veneno. Dame sabiduría para poner límites y gracia para no responder desde el odio. Bendice con arrepentimiento a quien me hizo daño. Amén.

PARA MEDITAR

¿La herida está determinando mi lenguaje o sigo permitiendo que Cristo gobierne mis palabras?

DÍA 232 — 20 DE AGOSTO

COMPARTIR LA RISA Y EL LLANTO

"Gozaos con los que se gozan; llorad con los que lloran."
Romanos 12:15

Alegrarse con quien recibe algo que también deseábamos puede resultar más difícil que acompañar una pérdida. La bendición ajena revela rápidamente si el corazón está libre de competencia.

El amor cristiano celebra sin introducir comparaciones. Puede felicitar por un matrimonio, trabajo, ministerio o respuesta de oración aunque todavía continúe esperando algo semejante.

Llorar con quien llora exige otra clase de humildad. No entra al dolor con recetas rápidas ni sermones improvisados. Escucha, acompaña y reconoce que algunas heridas necesitan presencia antes que explicaciones.

Pablo añade que debemos vivir unánimes, asociarnos con los humildes y no ser sabios en nuestra propia opinión. La comunión se destruye cuando cada persona necesita tener la última palabra o solamente busca relaciones que aumenten su importancia.

Unidad no significa pensar idénticamente en todo. Significa permanecer orientados hacia Cristo, dispuestos a escuchar y renunciar al orgullo.

Una iglesia sana ofrece espacio para celebración y duelo. Nadie necesita esconder sus lágrimas ni reducir su alegría para evitar la envidia de los demás.

APLICACIÓN PARA HOY

Felicita sinceramente a alguien que recibió una bendición. Después acércate a una persona que sufre y escucha sin apresurarte a corregir su dolor.

ORACIÓN

Señor, líbrame de la envidia y de la indiferencia. Enséñame a entrar con amor en la alegría y el sufrimiento de mis hermanos. Amén.

PARA MEDITAR

¿Puedo celebrar el bien ajeno sin convertirlo en comparación con mi propia vida?

DÍA 233 — 21 DE AGOSTO

ROMPER EL CICLO DEL DESQUITE

"No paguéis a nadie mal por mal··· Si es posible, en cuanto dependa de vosotros, estad en paz con todos."
Romanos 12:17–18

La lógica del desquite parece justa: "Me hicieron daño; ahora deben sentir lo mismo". Sin embargo, devolver mal por mal multiplica precisamente aquello que afirmamos condenar.

Pablo no exige pasividad ante abusos ni renuncia a los mecanismos legítimos de justicia. Enseña que la respuesta del creyente no debe copiar el pecado del agresor.

Es posible confrontar sin insultar, denunciar sin inventar, establecer distancia sin cultivar odio y terminar una relación dañina sin desear destrucción.

“Procurad lo bueno delante de todos” no significa vivir para las apariencias. Llama a mantener una conducta íntegra que incluso quienes discrepan puedan reconocer como limpia.

Pablo también es realista: “Si es posible”. Algunas personas rechazan toda reconciliación. La paz requiere más de una voluntad. Pero el creyente debe hacer cuanto dependa de él: pedir perdón, hablar con verdad y abandonar maniobras de castigo.

Después de cumplir su parte, puede entregar el resultado a Dios sin seguir manipulando para obtener una respuesta determinada.

APLICACIÓN PARA HOY

Examina un conflicto. Pregunta qué depende todavía de ti y hazlo: pedir perdón, aclarar, devolver algo o establecer un límite respetuoso.

ORACIÓN

Señor, líbrame de devolver mal por mal. Dame humildad para hacer mi parte, sabiduría para poner límites y paz para entregarte lo que no puedo resolver. Amén.

PARA MEDITAR

¿Estoy buscando reconciliación verdadera o solamente una forma más elegante de ganar el conflicto?

DÍA 234 — 22 DE AGOSTO

EL BIEN COMO RESPUESTA AL MAL

“No seas vencido de lo malo, sino vence con el bien el mal.”
Romanos 12:21

El mal no solamente busca herir. Intenta reproducirse dentro de la persona herida, convirtiéndola en una versión distinta de quien la dañó.

Por eso Pablo prohíbe la venganza personal y manda dejar lugar a la ira de Dios. Él no pide ignorar la justicia, sino confiarla al único Juez que posee conocimiento perfecto y motivaciones puras.

Dar alimento o agua al enemigo no significa sostener su abuso ni exponerse nuevamente al peligro. Describe una negativa a deshumanizarlo y una disposición a hacer el bien cuando exista una necesidad legítima.

Las "ascuas de fuego" probablemente señalan la vergüenza o convicción que una respuesta bondadosa puede despertar. El bien inesperado confronta porque rompe el guion de la hostilidad.

El mal vence cuando logra gobernar nuestras palabras, sueños y decisiones. Es derrotado cuando, por el Espíritu, seguimos actuando conforme al carácter de Cristo.

A veces vencer con el bien incluye distancia, denuncia y límites. La bondad bíblica no es ingenuidad. Busca impedir que la injusticia continúe sin permitir que el odio ocupe el corazón.

APLICACIÓN PARA HOY

Entrega a Dios un deseo concreto de venganza. Pregunta si existe alguna respuesta buena, segura y sabia que puedas ofrecer sin negar la verdad.

ORACIÓN

Señor, tú eres Juez justo. Te entrego mi deseo de desquite. Protege mi corazón y enséñame a vencer el mal sin imitarlo. Amén.

PARA MEDITAR

¿El daño recibido me está convirtiendo lentamente en aquello que digo rechazar?

DÍA 235 — 23 DE AGOSTO

AUTORIDAD BAJO EL GOBIERNO DE DIOS

"Sométase toda persona a las autoridades superiores; porque no hay autoridad sino de parte de Dios."

Romanos 13:1

Pablo escribió estas palabras bajo el dominio romano, no dentro de una sociedad gobernada por autoridades perfectas. Por eso el texto no puede reducirse a obedecer solamente cuando aprobamos al gobernante.

La autoridad civil forma parte del orden providencial de Dios. Eso no significa que cada decisión gubernamental exprese su voluntad moral ni que todo funcionario posea aprobación divina sobre su conducta.

La sumisión cristiana tampoco es obediencia ciega. Cuando una autoridad exige desobedecer claramente a Dios, los apóstoles respondieron: "Es necesario obedecer a Dios antes que a los hombres".

Fuera de ese conflicto, el creyente procura respetar la ley, evitar la anarquía y mantener un testimonio responsable. Puede criticar políticas, denunciar injusticias y utilizar medios legales sin convertir el desprecio personal en virtud.

Ningún gobierno merece adoración. Tampoco toda oposición representa valentía espiritual. Cristo continúa siendo Señor tanto sobre gobernantes como sobre ciudadanos.

Esta verdad libera de la idolatría política y de la desesperación. Las autoridades son temporales; el reino de Dios permanece.

APLICACIÓN PARA HOY

Examina tu lenguaje acerca de quienes gobiernan. Conserva tus convicciones, pero elimina la mentira, la deshumanización y el odio. Ora por las autoridades.

ORACIÓN

Señor, enséñame a honrar el orden sin idolatrar al poder. Dame valentía para obedecerte cuando exista conflicto y humildad para someterme cuando no lo haya. Amén.

PARA MEDITAR

¿Mi actitud frente a la autoridad está gobernada por convicción bíblica o por ira personal?

DÍA 236 — 24 DE AGOSTO

UNA CONCIENCIA QUE NO NECESITA VIGILANCIA

"Es necesario estarle sujetos, no solamente por razón del castigo, sino también por causa de la conciencia."
Romanos 13:5

La obediencia basada solamente en miedo funciona mientras alguien observa. La conciencia cristiana actúa aun cuando parece posible escapar de las consecuencias.

Pablo describe a la autoridad civil según su propósito: promover el bien y contener el mal. Las autoridades pueden traicionar ese diseño, pero el creyente no recibe permiso para traicionar su propia integridad.

Obedecer por conciencia significa reconocer que Dios ve lo realizado en secreto. La honestidad no depende de la posibilidad de una multa ni el respeto de la presencia de una cámara.

Esto se aplica al tránsito, los impuestos, los contratos, los documentos y toda responsabilidad pública. Las pequeñas desobediencias justificadas como "todo el mundo lo hace" también forman el carácter.

La conciencia necesita ser educada por la Escritura. No todo sentimiento de culpa procede de Dios, y una conciencia mal formada puede condenar lo permitido o aprobar lo pecaminoso.

El creyente no sigue su conciencia como autoridad suprema. La somete a la Palabra para que sea limpiada, informada y mantenida sensible.

APLICACIÓN PARA HOY

Identifica una conducta que mantienes solamente porque temes ser descubierto. Corrígela por reverencia a Dios, aunque nadie llegue a enterarse.

ORACIÓN

Señor, forma en mí una conciencia limpia y bíblica. Hazme obediente en público y en secreto, no por miedo al castigo, sino por amor a ti. Amén.

PARA MEDITAR

¿Mi integridad permanece cuando desaparece toda vigilancia humana?

DÍA 237 — 25 DE AGOSTO

CUENTAS CLARAS, TESTIMONIO LIMPIO

"Pagad a todos lo que debéis: al que tributo, tributo; al que impuesto, impuesto; al que respeto, respeto; al que honra, honra."
Romanos 13:7

La espiritualidad bíblica entra en facturas, impuestos, compromisos y palabras dadas. Pablo no permite que la fe permanezca encerrada en actividades religiosas.

Pagar lo debido no significa aprobar cada uso que un gobierno haga del dinero. Significa cumplir responsablemente las obligaciones legítimas mientras utilizamos los mecanismos disponibles para cuestionar injusticias.

El principio alcanza también las deudas privadas. El creyente no debe esconderse, mentir ni desaparecer cuando una obligación se vuelve difícil. Puede negociar, solicitar ayuda y establecer un plan honesto.

Pablo incluye respeto y honra. Existen personas a quienes quizá no debemos dinero, pero sí agradecimiento, reconocimiento o un trato digno.

Honrar no exige llamar bueno a lo malo. Los padres, líderes y autoridades pueden necesitar corrección o límites. Aun así, la verdad puede comunicarse sin humillación deliberada.

Una conciencia limpia no siempre significa estar libre de toda deuda financiera. Significa enfrentar las obligaciones con honestidad y hacer responsablemente cuanto sea posible.

APLICACIÓN PARA HOY

Revisa una deuda económica o relacional que has postergado. Da un primer paso verificable: llamar, organizar un pago, pedir perdón o expresar gratitud.

ORACIÓN

Señor, ordena mis responsabilidades. Dame honestidad para enfrentar lo que debo, disciplina para cumplir y humildad para respetar y honrar correctamente. Amén.

PARA MEDITAR

¿Mi forma de manejar compromisos confirma o contradice el evangelio que anuncio?

DÍA 238 — 26 DE AGOSTO

LA DEUDA PERMANENTE DEL AMOR

"No debáis a nadie nada, sino el amaros unos a otros."
Romanos 13:8

Pablo no está prohibiendo toda obligación financiera responsable. Después de ordenar pagar lo debido, presenta una deuda que nunca termina de saldarse: amar al prójimo.

El amor resume la intención moral de mandamientos como no adulterar, no matar, no hurtar, no mentir y no codiciar. Quien busca realmente el bien del otro no utilizará su cuerpo, reputación o posesiones como instrumentos de satisfacción propia.

"El amor no hace mal al prójimo" ofrece una prueba concreta. Antes de hablar, publicar o decidir, podemos preguntar: ¿esto procura su bien conforme a Dios o simplemente satisface mi enojo?

Amar no significa evitar toda confrontación. A veces el bien del prójimo exige advertir, corregir o poner límites. Pero incluso esas acciones deben buscar restauración y no humillación.

Tampoco podemos declarar que ya amamos suficiente. Cada día vuelve a presentar oportunidades para servir, perdonar, escuchar y decir la verdad con gracia.

El amor cristiano no depende únicamente de simpatía. Es una deuda nacida del amor inmerecido que primero recibimos de Cristo.

APLICACIÓN PARA HOY

Escribe el nombre de alguien a quien estás tratando principalmente desde la irritación. Pregunta cuál acción buscaría realmente su bien y llévala a cabo.

ORACIÓN

Señor, tú me amaste primero. Enséñame a pagar diariamente esta deuda santa, buscando el bien de mi prójimo con verdad y gracia. Amén.

PARA MEDITAR

¿Estoy más pendiente del amor que otros me deben o del amor que yo fui llamado a ofrecer?

DÍA 239 — 27 DE AGOSTO

LA HORA DE DESPERTAR

"Es ya hora de levantarnos del sueño; porque ahora está más cerca de nosotros nuestra salvación que cuando creímos."
Romanos 13:11

El sueño espiritual permite continuar realizando actividades mientras el corazón pierde sensibilidad. Se puede asistir, cantar, trabajar y conversar sin recordar con claridad para qué se está viviendo.

Pablo manda conocer el tiempo. Cada día transcurrido acerca al creyente a la consumación de su salvación: la resurrección, la presencia plena de Cristo y el cumplimiento final de sus promesas.

No necesitamos calcular fechas para reconocer esa cercanía. Basta comprender que nuestra vida es breve y que hoy estamos más cerca del encuentro con el Señor que ayer.

La urgencia bíblica no produce histeria. Despierta prioridades. Ayuda a distinguir entre responsabilidades necesarias y distracciones que consumen la vida sin dejar fruto.

El enemigo no necesita destruir públicamente a una persona para neutralizarla. Puede bastarle mantenerla saturada, distraída y espiritualmente adormecida.

Despertar significa volver a orar, reconciliarse, servir, abandonar un pecado o responder a un llamado que hemos postergado.

APLICACIÓN PARA HOY

Identifica un área dormida y toma una decisión sencilla pero inmediata. No esperes sentir entusiasmo para comenzar a obedecer.

ORACIÓN

Señor, despiértame del letargo. Ordena mis prioridades y hazme vivir consciente de que cada día me acerca a tu presencia. Amén.

PARA MEDITAR

¿Estoy utilizando el tiempo como alguien que espera encontrarse con Cristo?

DÍA 240 — 28 DE AGOSTO

ARMADOS CON LA LUZ

"La noche está avanzada, y se acerca el día. Desechemos, pues, las obras de las tinieblas, y vistámonos las armas de la luz."
Romanos 13:12

La noche representa el presente siglo marcado por pecado y muerte. El día señala la manifestación plena del reino de Cristo.

Pablo no ordena contemplar fascinados la oscuridad. Manda desechar sus obras y vestirse con armas de luz.

Desechar implica sacar, no administrar con moderación. Algunos hábitos no necesitan una nueva explicación, sino una ruptura clara.

Sin embargo, abandonar algo no basta. El espacio debe llenarse con verdad, pureza, amor, oración y dominio propio. Una vida vacía de pecado, pero también vacía de comunión, queda vulnerable.

Pablo llama "armas" a la luz porque la santidad participa en una batalla. Decir la verdad en una cultura de engaño, conservar pureza y amar en medio del odio son actos de resistencia espiritual.

La luz también expone. Por eso algunas áreas del corazón prefieren permanecer sin examinar. Pero Cristo alumbra para limpiar y restaurar, no para avergonzar por entretenimiento.

El día se acerca. Vivir preparados no significa almacenar temor, sino caminar en una obediencia que pueda recibir la luz sin huir.

APLICACIÓN PARA HOY

Identifica una obra de tinieblas tolerada y reemplázala con una práctica de luz. No solamente elimines; ocupa el espacio con algo santo.

ORACIÓN

Señor, saca de mí lo que pertenece a la noche y vísteme con tus armas de luz. Hazme íntegro, puro y valiente mientras espero tu día. Amén.

PARA MEDITAR

¿Qué debo desechar y con qué verdad debo reemplazarlo?

DÍA 241 — 29 DE AGOSTO

UNA VIDA QUE RESISTE LA LUZ

"Andemos como de día, honestamente; no en glotonerías y borracheras, no en lujurias y lascivias, no en contiendas y envidia."
Romanos 13:13

Andar como de día significa vivir sin una personalidad pública y otra secreta. La integridad no exige perfección, pero sí una vida abierta al arrepentimiento y a la corrección.

Pablo menciona excesos, inmoralidad, contiendas y envidia. A primera vista parecen pecados diferentes, pero todos prosperan mejor en la oscuridad y mediante el autoengaño.

La glotonería y la embriaguez buscan consuelo en excesos. La lujuria convierte a otras personas en objetos. Las contiendas y la envidia alimentan rivalidades que terminan destruyendo relaciones.

La luz no solamente revela conductas; descubre necesidades mal dirigidas. Detrás de algunos excesos hay ansiedad, detrás de ciertas fantasías existe vacío y detrás de la envidia puede esconderse una identidad insegura.

Llevar algo a la luz puede requerir confesión, ayuda pastoral, consejería o tratamiento profesional. Pedir apoyo no contradice la fe. Puede formar parte de la obediencia.

Cristo no ilumina para dejar a la persona expuesta y sin esperanza. Lo hace para limpiar, sanar y devolver libertad.

APLICACIÓN PARA HOY

Nombra un rincón que ocultas. Compártelo con Dios y, cuando sea necesario, con una persona madura y confiable que pueda acompañarte.

ORACIÓN

Señor, quiero andar como de día. Alumbra mis excesos, impurezas, rivalidades y envidias. Dame humildad para pedir ayuda y valentía para cambiar. Amén.

PARA MEDITAR

¿Qué parte de mi vida todavía depende de que nadie la descubra?

DÍA 242 — 30 DE AGOSTO

VESTIDOS DEL SEÑOR JESUCRISTO

"Vestíos del Señor Jesucristo,
y no proveáis para los deseos de la carne."
Romanos 13:14

Pablo no deja desnudo al creyente después de pedirle abandonar las obras de las tinieblas. Le ordena vestirse de Cristo.

Vestirse del Señor significa permitir que su carácter cubra pensamientos, palabras y reacciones. Es recordar conscientemente a quién representamos antes de responder, mirar o decidir.

La segunda orden es igualmente práctica: no proveer para la carne. La tentación puede aparecer sin ser invitada, pero muchas veces nosotros preparamos cuidadosamente el escenario donde crecerá.

Proveer significa facilitar acceso, conservar conversaciones, visitar lugares o consumir contenidos que despiertan deseos desordenados. Después decimos que la caída fue repentina, aunque llevábamos días organizándole alojamiento.

La sabiduría no presume fuerza. Reconoce límites y evita aquello que debilita. José huyó; no organizó un debate prolongado junto a la tentación.

Vestirse de Cristo también implica llenar la mente con su Palabra, buscar comunidad y desarrollar hábitos que fortalezcan al espíritu.

No basta pedir que Dios quite deseos mientras continuamos alimentándolos. La gracia capacita para realizar cortes concretos.

APLICACIÓN PARA HOY

Identifica una provisión que estás haciendo para la carne. Elimina el acceso, cambia la rutina o solicita rendición de cuentas.

ORACIÓN

Señor Jesús, quiero vestirme de ti. Gobierna mi mente y mis deseos. Dame humildad para reconocer mis límites y valentía para cerrar toda puerta que alimenta la carne. Amén.

PARA MEDITAR

¿Estoy resistiendo la tentación mientras secretamente preparo las condiciones para caer?

DÍA 243 — 31 DE AGOSTO

UNA MESA MÁS GRANDE QUE NUESTRAS OPINIONES

"Recibid al débil en la fe, pero no para contender sobre opiniones."
Romanos 14:1

La iglesia de Roma reunía creyentes con convicciones distintas sobre alimentos y días especiales. Pablo no trató esos asuntos secundarios como si fueran el centro del evangelio.

El débil en la fe era quien todavía no comprendía plenamente ciertas libertades cristianas. El fuerte no debía ridiculizarlo ni utilizar su conocimiento para aplastarlo.

Recibir no significa invitar a alguien con el único propósito de corregirlo. Pablo dice: "no para contender". La mesa cristiana no debe convertirse inmediatamente en tribunal.

Esto no enseña que toda doctrina sea secundaria. La identidad de Cristo, su resurrección, el evangelio y la santidad moral no son simples opiniones. Pero tampoco cada preferencia personal merece elevarse al nivel de dogma.

La madurez se demuestra tanto por lo que conocemos como por la manera de tratar a quien todavía no lo entiende. El conocimiento sin amor puede destruir al hermano que pretendía edificar.

También el débil debe evitar juzgar al que disfruta una libertad legítima. Ambos pertenecen al mismo Señor y comparecerán delante de Él.

Una congregación saludable aprende a colocar lo esencial en el centro, lo secundario en su lugar y a los hermanos alrededor de la misma mesa.

APLICACIÓN PARA HOY

Piensa en alguien con quien discrepas en un asunto secundario. Pregunta si lo has tratado como hermano o como amenaza. Corrige el tono o pide perdón cuando corresponda.

ORACIÓN

Señor, dame firmeza en lo esencial y humildad en lo secundario. Líbrame de convertir mis preferencias en mandamientos y enséñame a recibir a quienes tú recibiste. Amén.

PARA MEDITAR

¿Mi manera de defender una opinión revela madurez cristiana o apego orgulloso a tener la razón?

NUESTRO MENSAJE PARA TI EN SEPTIEMBRE

VIVIR EL EVANGELIO EN LA VIDA REAL

OTTO & MILKY MAÑÓN

Septiembre llega con otro ritmo. Ya pasaron los días que parecían más ligeros, y la vida vuelve a apretar. Regresan los horarios, las cuentas, los compromisos, las responsabilidades y ese cansancio callado que muchas veces nadie ve. Para algunos, este mes trae orden. Para otros, presión. Y para muchos, ambas cosas al mismo tiempo. Aun así, septiembre sigue siendo un regalo de Dios: otro amanecer inmerecido y otra oportunidad para caminar cerca del Señor en medio de la vida real.

A veces se piensa que la fe brilla más en los días extraordinarios, cuando todo sale bien, el corazón está animado y sobran las fuerzas. Pero muchas veces se ve con mayor claridad en los días comunes: cuando toca levantarse sin ganas, resolver problemas sin perder la paz, amar con el corazón cansado y seguir obedeciendo, aunque nadie aplauda. Ahí también se manifiesta Cristo. Ahí madura el alma.

El evangelio no fue dado solamente para momentos especiales. Fue dado para sostener la vida entera: el hogar, el trabajo, las conversaciones difíciles, el cansancio mental, la lucha contra el pecado y la ansiedad por el mañana. Fue dado para el creyente que ama a Dios, pero que a veces siente que el peso cotidiano lo va vaciando por dentro. El Señor no camina con los suyos únicamente en los montes altos; también los acompaña en la rutina, la presión y el desgaste.

Septiembre puede ser un mes de gran bendición, no porque todo vaya a salir perfectamente ni porque las cargas desaparezcan, sino porque el alma puede aprender a depender más del Señor en lo cotidiano. Algunas personas llegan a este mes con el cuerpo presente y el corazón golpeado. Han seguido adelante, pero arrastran preguntas, tristezas, decepciones y batallas que casi nadie conoce. En esos casos, lo primero que necesitan no es una frase bonita, sino gracia, verdad y la seguridad de que Dios no abandona a los suyos a mitad del camino.

Cada amanecer continúa siendo misericordia. No despertamos porque lo merezcamos, sino porque Dios quiso concedernos un día más: para corregir lo torcido, pedir perdón, ordenar el corazón, colocar nuevamente a Cristo en el centro, amar mejor a la familia, servir con un espíritu más limpio y dejar de vivir con el piloto automático encendido.

Esa puede ser una de las grandes lecciones del mes: no permitir que la rutina apague el alma. Sin darnos cuenta, podemos seguir funcionando exteriormente mientras por dentro nos vamos secando. Podemos orar sin ternura, servir sin gozo, trabajar sin gratitud y hablar de Dios mientras vivimos distraídos de su presencia. Por eso necesitamos detenernos y decirle con sinceridad: "No permitas que me acostumbre a vivir lejos de ti. No dejes que el afán me robe el temor, la sensibilidad y el gozo de caminar contigo".

La fidelidad tampoco siempre parece grande ante los ojos de la gente. Con frecuencia se ve pequeña: callar una respuesta hiriente, continuar orando por un hijo, trabajar con integridad, rechazar una tentación secreta, perseverar en medio del cansancio y seguir creyendo cuando las emociones no ayudan. Esas pequeñas obediencias son preciosas delante de Dios. El cielo no las desprecia. Muchas veces, precisamente allí, el Señor está formando más profundamente a sus hijos.

Si septiembre trae presión, que también traiga profundidad. Si trae cansancio, que produzca dependencia. Si trae orden exterior, que también provoque orden interior. No basta con tener agenda; hace falta mantener el corazón bien colocado delante de Dios. No basta con cumplir tareas; hay que evitar perder el alma en el proceso. No basta con sobrevivir el mes; debemos vivirlo con fe, gratitud y una esperanza que no dependa de las circunstancias.

Y si alguien llega triste, seco o agotado, todavía hay esperanza. Dios sabe restaurar sin hacer ruido, levantar al débil, traer paz aunque no cambie todo inmediatamente y renovar fuerzas en medio del camino. Él continúa sosteniendo a los suyos cuando sienten que ya no pueden más.

Que septiembre no sea solamente un mes para correr de una cosa a otra. Que sea un mes para respirar gracia, mirar cada amanecer como un regalo inmerecido y recordar que Cristo sigue siendo suficiente en la alegría y el cansancio, la abundancia y la estrechez, los días livianos y los días pesados. Si Dios permitió abrir los ojos una vez más, todavía hay misericordia, propósito y esperanza.

DÍA 244 — 1 DE SEPTIEMBRE

NO DESPRECIES AL QUE COME NI JUZGUES AL QUE SE ABSTIENE

"Porque uno cree que se ha de comer de todo; otro, que es débil, come legumbres. El que come, no menosprecie al que no come, y el que no come, no juzgue al que come; porque Dios le ha recibido."

Romanos 14:2-3

Las diferencias de conciencia producen dos tentaciones opuestas. Quien disfruta de mayor libertad puede despreciar al hermano más cauteloso, considerándolo inmaduro, anticuado o excesivamente religioso. Quien se abstiene puede juzgar al que actúa con libertad, sospechando que es carnal, descuidado o poco comprometido con Dios.

Pablo confronta a ambos. Al fuerte le dice que no menosprecie. Al débil le ordena que no juzgue. Uno peca desde la superioridad intelectual; el otro, desde la superioridad moral. Los dos pueden terminar utilizando una convicción secundaria para colocarse por encima de alguien a quien Cristo recibió.

El problema de fondo no era la comida. Era el orgullo. A veces el corazón puede convertir hasta un plato de legumbres en púlpito para predicar su propia superioridad. El que come piensa que comprende mejor la gracia; el que se abstiene cree que practica una santidad mayor. Mientras discuten, ambos olvidan la frase que debería cerrar el pleito: "Dios le ha recibido".

Si Dios recibió al hermano por medio de Cristo, ninguna diferencia secundaria nos autoriza a tratarlo como creyente de segunda categoría. Recibirlo no significa aprobar cualquier doctrina o conducta. Significa reconocer que, en asuntos donde la Escritura permite libertad de conciencia, no somos dueños de la puerta de la familia de Dios.

La iglesia necesita creyentes capaces de sostener convicciones sin convertirlas en armas. La madurez no obliga a todos a comer lo mismo, vestir igual ni adoptar idénticas costumbres. Enseña a convivir bajo el señorío de Cristo sin desprecio ni condenación.

APLICACIÓN PARA HOY

Examina tu reacción hacia quien practica una libertad que tú no tienes o mantiene una restricción que tú no necesitas. Renuncia al apodo, la burla o el juicio interior. Recuerda conscientemente: "Dios lo ha recibido".

ORACIÓN

Señor, líbrame del desprecio y del juicio orgulloso. Enséñame a sostener mis convicciones con humildad y a recibir a mis hermanos porque tú los recibiste en Cristo. Amén.

PARA MEDITAR

¿Estoy evaluando a mis hermanos por la gracia de Cristo o por la medida de mis preferencias personales?

DÍA 245 — 2 DE SEPTIEMBRE

CADA UNO RINDE CUENTAS A SU SEÑOR

"¿Tú quién eres, que juzgas al criado ajeno? Para su propio señor está en pie, o cae; pero estará firme, porque poderoso es el Señor para hacerle estar firme."
Romanos 14:4

Pablo lleva la conversación a un nivel más profundo. No solo existen diferencias de opinión; también existe la tentación de convertirnos en señores de la conciencia ajena. Cuando hacemos de nuestras preferencias la medida de todos, nos sentamos en una silla que no nos corresponde. Por eso pregunta: "¿Tú quién eres, que juzgas al criado ajeno?".

Tu hermano no te pertenece. No es tu propiedad espiritual ni tiene que responder delante de ti como si fueras su juez definitivo. Pertenece a Cristo. Él conoce su historia completa, sus intenciones, las batallas que libra, las heridas que carga y las verdades que todavía está aprendiendo. Tú observas un momento; Cristo ve la película entera.

"Para su propio señor está en pie, o cae." Esta afirmación no elimina la corrección bíblica ni la responsabilidad de exhortarnos mutuamente. Elimina la arrogancia de quien pretende ocupar el lugar de Dios. Nuestra responsabilidad es amar, enseñar, advertir con humildad y orar. El resultado final descansa en las manos del Señor.

Pablo añade una declaración llena de esperanza: "Estará firme, porque poderoso es el Señor para hacerle estar firme". La estabilidad del hermano no depende de que tú lo controles, sino de que Cristo lo sostenga. Cuando olvidamos esto, el orgullo se disfraza de celo y comenzamos a cargar una responsabilidad que solo pertenece al Señor.

Esa verdad también te consuela. Quizás ves áreas de tu propia vida donde todavía eres débil y tropiezas. Tu firmeza definitiva tampoco depende de tu fuerza, sino del poder del Señor que te corrige, restaura y sostiene.

APLICACIÓN PARA HOY

Pregúntate a quién has estado juzgando como si fuera siervo tuyo y no de Cristo. Luego identifica un área personal donde necesitas recordar que tu firmeza depende de Dios. Entrégale ambas cosas y renuncia al deseo de controlar procesos ajenos.

ORACIÓN

Señor, perdóname por ocupar una silla que no me corresponde. He juzgado a tus hijos como si fueran míos y no tuyos. Ayúdame a exhortar con humildad y a confiar en que eres poderoso para sostenerlos. También pongo delante de ti mis debilidades. Hazme estar firme en tu gracia. En el nombre de Jesús. Amén.

PARA MEDITAR

¿Me resulta más fácil juzgar el proceso ajeno que descansar en el poder de Dios para sostenernos a todos?

DÍA 246 — 3 DE SEPTIEMBRE

VIVIR CON LA CONCIENCIA DELANTE DEL SEÑOR

"Uno hace diferencia entre día y día; otro juzga iguales todos los días. Cada uno esté plenamente convencido en su propia mente."
Romanos 14:5

En la iglesia de Roma, algunos creyentes guardaban determinados días como especialmente santos, mientras otros entendían que todos los días pertenecían igualmente al Señor. También había diferencias respecto a los alimentos. Mismas ovejas, mismo Pastor, pero conciencias en distintos niveles de formación. Pablo no les ordena uniformarse, sino estar plenamente convencidos en su propia mente.

Estar convencido no significa ser terco. Significa actuar con honestidad delante de Dios, sin seguir ciegamente a la mayoría, copiar a alguien admirado ni dejarse dominar por la presión del grupo. En ciertos asuntos la Escritura es clara y no admite negociación. Sin embargo, existen otros donde permite convicciones personales relacionadas con la conciencia, la historia y las debilidades de cada creyente.

El punto central es que tanto el que guarda el día como quien no lo guarda procuran honrar al Señor. El que come da gracias; quien se abstiene también da gracias. Dios observa la motivación del corazón en estos asuntos secundarios. Lo que le desagrada no es necesariamente una práctica distinta, sino el orgullo que utiliza una convicción personal para sentirse superior.

Este pasaje nos obliga a revisar por qué hacemos lo que hacemos. Tal vez ciertas costumbres nacen del amor a Dios. Pero otras pueden mantenerse por miedo, tradición vacía, presión familiar o deseo de aprobación. La libertad cristiana tampoco significa vivir sin freno. Significa obedecer con una conciencia formada por la Palabra y rendida ante el Señor.

APLICACIÓN PARA HOY

Piensa en alguna práctica que consideras importante o en algo que no haces por convicción. Pregúntate si lo haces para honrar a Dios o solamente porque "siempre ha sido así". Pídele al Señor que alinee tu conciencia con su Palabra y te enseñe a respetar a quienes, en asuntos secundarios, actúan de manera diferente.

ORACIÓN

Señor, tú miras más allá de mis costumbres y conoces mis motivaciones. Que mis decisiones nazcan del amor a ti y no del miedo, el orgullo o la presión humana. Forma mi conciencia mediante tu Palabra y enséñame a caminar con convicción sin despreciar a mis hermanos. En el nombre de Jesús. Amén.

PARA MEDITAR

En los asuntos secundarios, ¿procuro honrar al Señor o quedar bien con quienes me rodean?

DÍA 247 — 4 DE SEPTIEMBRE

NINGUNO VIVE PARA SÍ: CRISTO ES EL DUEÑO

"Porque ninguno de nosotros vive para sí, y ninguno muere para sí. Pues si vivimos, para el Señor vivimos; y si morimos, para el Señor morimos."

Romanos 14:7–8

En medio de una discusión sobre comidas, días y conciencias, Pablo eleva la mirada hacia el punto central: la vida cristiana no gira alrededor de nosotros mismos, sino del Señor a quien pertenecemos. "Ninguno de nosotros vive para sí." Esa declaración confronta el individualismo moderno que repite: "Mi vida es mía, yo decido y nadie tiene derecho a decirme nada". El evangelio responde: fuiste comprado por precio; ya no te perteneces.

"Si vivimos, para el Señor vivimos; y si morimos, para el Señor morimos." Cada respiro, decisión, día común, alegría y sufrimiento está bajo una misma declaración: "Del Señor somos". No eres alguien que invita a Dios a participar en determinadas áreas. Eres una persona rescatada por Cristo que reconoce que la totalidad de su vida pertenece a Él.

Pablo explica la razón: Cristo murió, resucitó y volvió a vivir para ser Señor de muertos y vivos. Jesús no te salvó solamente de la condenación; te rescató para gobernarte. Su muerte pagó tu deuda y su resurrección confirma su derecho sobre tu vida.

Esta verdad cambia la forma de evaluar planes, relaciones, derechos, posesiones y decisiones. La pregunta principal deja de ser: "¿Qué quiero yo?" y pasa a ser: "¿Qué honra al Señor al que pertenezco?". Incluso la muerte pierde su carácter de abismo definitivo y se convierte en entrada a la presencia de Aquel para quien vivimos.

APLICACIÓN PARA HOY

Repite conscientemente: "Del Señor soy". Luego identifica un área donde has estado actuando como dueño absoluto: tu tiempo, dinero, cuerpo, futuro o alguna relación. Pregúntate si la estás viviendo para ti o para Cristo y ríndela específicamente a su señorío.

ORACIÓN

Señor Jesús, gracias porque moriste y resucitaste para perdonarme y ser mi Señor. Reconozco que no vivo para mí ni moriré para mí. Te entrego mis decisiones, derechos, deseos, planes y temores. Que todo lo que haga lleve esta marca: fue hecho para el Señor. Amén.

PARA MEDITAR

¿Mi manera de vivir demuestra que me pertenezco a mí mismo o que pertenezco a Cristo?

DÍA 248 — 5 DE SEPTIEMBRE

ANTE QUIÉN RENDIRÁS CUENTAS

"Porque todos compareceremos ante el tribunal de Cristo··· De manera que cada uno de nosotros dará a Dios cuenta de sí."
Romanos 14:10, 12

Algunos creyentes de Roma se sentían con derecho a mirar por encima del hombro a otros por cuestiones de comida, días y prácticas secundarias. Pablo corta aquella actitud preguntando: "¿Por qué juzgas a tu hermano? ¿Por qué lo menosprecias?". Y ofrece una razón solemne: todos compareceremos ante el tribunal de Cristo.

No compareceremos ante la opinión pública, la familia, las redes sociales ni el tribunal de nuestras preferencias religiosas. Estaremos delante del Señor resucitado, quien conoce pensamientos, intenciones y motivaciones. Saberlo debería ajustar tanto la manera en que tratamos a nuestros hermanos como la forma en que examinamos nuestro propio corazón.

Con frecuencia nos comportamos como inspectores de la vida ajena, pesando y dictando veredictos sobre la espiritualidad de otros. Sin embargo, solo Cristo ve la película completa. Nosotros observamos fragmentos, reacciones o temporadas; Él conoce toda la historia.

Pablo recuerda que llegará el día en que toda rodilla se doblará y toda lengua confesará a Dios. No es poesía religiosa, sino una cita inevitable. El ateo, el religioso orgulloso, el burlador, el hipócrita y el creyente redimido estarán delante de Cristo. La diferencia no será quién evitó el tribunal, sino quién llegará cubierto por la justicia del Salvador.

Esta verdad también libera de una carga indebida. No responderás por todas las decisiones ajenas, pero sí por tus palabras, juicios, actitudes y omisiones. En aquel día no presentarás la lista de errores de otros, sino tu propia vida.

APLICACIÓN PARA HOY

Piensa en alguien a quien hayas juzgado duramente. Recuerda que esa persona dará cuentas a Cristo, no a ti. Después mira hacia dentro: ¿qué área de tu vida necesitaría ser corregida si hoy tuvieras que presentarla delante del Señor?

ORACIÓN

Señor Jesús, un día estaré delante de ti sin máscaras ni pretextos. Perdóname por juzgar a mis hermanos como si fuera el juez final. Limpia mi corazón y hazme vivir con temor reverente, humildad y confianza en tu gracia. En tu nombre. Amén.

PARA MEDITAR

Si hoy tuviera que dar cuentas por la manera en que trato a mis hermanos, ¿me alegraría recordar mis palabras?

DÍA 249 — 6 DE SEPTIEMBRE

DECIDIR NO SER PIEDRA DE TROPIEZO

"No nos juzguemos más los unos a los otros; sino más bien decidid no poner tropiezo u ocasión de caer al hermano."

Romanos 14:13

Después de recordarnos que todos daremos cuentas a Cristo, Pablo pasa del diagnóstico a una decisión concreta: dejar de juzgarnos y resolver no ser ocasión de caída para otro creyente. No basta con evitar críticas; debemos considerar activamente cómo nuestras palabras y conductas afectan a quienes caminan a nuestro lado.

Un tropiezo es aquello que debilita la conciencia del hermano, lo confunde o lo empuja a actuar contra lo que cree correcto. No siempre consiste en enseñar una gran herejía. A veces surge al ejercer la libertad sin amor, manejar temas sensibles con ligereza o normalizar conductas que despiertan luchas graves en alguien más débil.

El problema no es disfrutar de la libertad cristiana, sino hacerlo sin pensar en los demás. Podemos afirmar: "Sé que esto no es pecado para mí". Pero si nuestra conducta hiere o empuja a otro a caer, el problema ya no es solamente la práctica, sino nuestra indiferencia.

Esto no significa esclavizar la conciencia a todas las opiniones humanas. Significa recordar que el amor está por encima del derecho personal. "Cada uno que resuelva con Dios" puede sonar independiente y hasta maduro, pero Romanos responde que amar al hermano sí es asunto nuestro. No podemos cargar su fe por él, pero podemos decidir no convertirnos en piedra en su camino.

Eso exige vigilar lo que decimos, publicamos y normalizamos; el tono con que tratamos temas delicados y los lugares donde ejercemos nuestra libertad. El amor renuncia voluntariamente a algo legítimo cuando esa renuncia protege y edifica.

APLICACIÓN PARA HOY

Pregúntale al Señor si alguna palabra, actitud o práctica tuya se ha convertido en tropiezo para alguien. Si viene un nombre a tu mente, ora por esa persona y acércate con humildad. Decide conscientemente ser ayuda y no obstáculo en el camino de tus hermanos.

ORACIÓN

Señor, perdóname por las ocasiones en que he usado mi libertad pensando solamente en mí. Hazme sensible a la conciencia de mis hermanos y dispuesto a renunciar a lo necesario para contribuir a su crecimiento. Que mi vida anime a otros a seguirte más de cerca. En el nombre de Jesús. Amén.

PARA MEDITAR

Cuando ejerzo mi libertad, ¿pienso únicamente en lo que puedo hacer o también en cómo afectará a los demás?

DíA 250 — 7 DE SEPTIEMBRE

EL AMOR VALE MÁS QUE MI DERECHO

"Pero si por causa de la comida tu hermano es contristado, ya no andas conforme al amor. No destruyas con tu comida a aquel por quien Cristo murió."

Romanos 14:15

Pablo entra en un terreno delicado: algo legítimo para mí puede convertirse en una carga para otro. En Roma, ciertos creyentes podían comer de todo con plena libertad, mientras otros, por su historia y conciencia, se sentían confundidos o heridos al observar determinadas prácticas. El problema no estaba solamente en el plato, sino en el corazón del hermano.

Pablo afirma que, si por causa de nuestra comida el hermano es contristado, ya no caminamos conforme al amor. Podemos tener razón doctrinal y estar equivocados en la manera de tratar a los demás.

"Derecho tengo" es una expresión muy utilizada, incluso entre creyentes. Tenemos derecho a opinar, decidir y disfrutar de la libertad cristiana en asuntos no prohibidos por la Biblia. Sin embargo, el evangelio presenta una realidad superior: el amor vale más que mi derecho.

Cristo tenía derecho a ser servido, pero tomó forma de siervo. No se aferró a sus privilegios; los puso al servicio de nuestra salvación. Cuando insistimos en ejercer la libertad sin importar cómo afecta a un hermano débil, nos alejamos del modelo de Jesús aunque podamos defender muy bien nuestra postura.

"No destruyas con tu comida a aquel por quien Cristo murió." La persona que consideras excesivamente sensible, complicada o legalista es alguien por quien el Hijo de Dios derramó su sangre. Cristo consideró que valía la cruz. ¿No podrá valer para nosotros una renuncia temporal?

No debemos vivir esclavizados por cualquier opinión, pero sí gobernados por el amor. Habrá momentos para ejercer la libertad y otros en que el Espíritu indicará: "Aquí, por amor, renuncia". Esa es la lógica de la cruz aplicada a la vida cotidiana.

APLICACIÓN PARA HOY

Piensa en algún asunto donde hayas dicho: "Yo sé lo que hago", sin considerar el efecto en otros. Pregúntale al Señor si estás caminando conforme al amor. Si renunciar a algo legítimo puede proteger a un hermano, permite que el amor pese más que tu derecho.

ORACIÓN

Señor Jesús, tú no te aferraste a tus derechos, sino que te entregaste por mí. Perdóname por defender mi libertad sin considerar a otros. Enséñame a mirar a mis hermanos como personas por quienes diste tu vida. En tu nombre. Amén.

PARA MEDITAR

¿Estoy dispuesto a renunciar a algo legítimo para reflejar mejor el amor de Cristo?

DÍA 251 — 8 DE SEPTIEMBRE

EL REINO QUE NO CABE EN UN PLATO

"Porque el reino de Dios no es comida ni bebida, sino justicia, paz y gozo en el Espíritu Santo."
Romanos 14:17

Las discusiones en Roma giraban alrededor de cuestiones concretas: qué podía comerse, qué debía evitarse y qué días convenía guardar. Eran temas importantes para conciencias formadas en contextos diferentes. Sin embargo, Pablo les recuerda que el reino de Dios no cabe en un plato ni se define por un menú.

El reino es justicia, paz y gozo en el Espíritu Santo. Justicia: una vida alineada con la voluntad de Dios. Paz: reconciliación con Dios que también transforma nuestras relaciones. Gozo: la alegría profunda de sabernos hijos por gracia, aun en medio de circunstancias difíciles.

Cuando estas realidades ocupan el centro, los asuntos secundarios dejan de sonar como cuestiones de vida o muerte. Pablo añade que quien sirve a Cristo de esta manera agrada a Dios y es aprobado por los hombres. Servir al Señor no consiste en ganar cada debate, imponer perspectivas ni demostrar cuánto sabemos. Consiste en vivir la justicia, buscar la paz y manifestar el gozo que produce el Espíritu.

"Sigamos lo que contribuye a la paz y a la mutua edificación." Esta paz no consiste en esconder problemas ni evitar toda corrección. Es decidir que invertiremos nuestras fuerzas en construir y restaurar, no en herir y derribar. En ocasiones, aunque tengamos razón, discutir no edifica. En otras será necesario corregir, pero siempre buscando recuperar al hermano, no destruirlo.

El reino se hace visible cuando la prioridad deja de ser ganar y pasa a ser reflejar a Cristo. Una conversación puede demostrar más del reino por su espíritu que por la exactitud de todos sus argumentos.

APLICACIÓN PARA HOY

Revisa tus conversaciones recientes. ¿Estabas defendiendo el reino o tu posición? ¿Tus palabras produjeron justicia, paz y gozo, o dejaron cansancio y resentimiento? Decide utilizar hoy tu voz para construir y fortalecer.

ORACIÓN

Señor, gracias porque tu reino es justicia, paz y gozo en el Espíritu Santo. Líbrame de reducir la fe a mis preferencias y descuidar lo esencial. Haz que mis palabras contribuyan a la paz y edificación. En el nombre de Jesús. Amén.

PARA MEDITAR

¿Mis reacciones reflejan el reino de Dios o solamente mis preferencias personales?

DÍA 252 — 9 DE SEPTIEMBRE

FE QUE NO TRAICIONA LA CONCIENCIA

"¿Tienes tú fe? Tenla para contigo delante de Dios…
y todo lo que no proviene de fe, es pecado."
Romanos 14:22–23

Pablo aterriza la libertad cristiana en un punto profundamente personal: la relación entre la fe y la conciencia. "¿Tienes tú fe? Tenla para contigo delante de Dios." No conviertas tu medida en regla universal ni utilices tu libertad como exhibición. Vive tus convicciones con honestidad delante del Señor.

"Bienaventurado el que no se condena a sí mismo en lo que aprueba." Dichoso quien, al examinarse delante de Dios, no descubre que está defendiendo algo que su propia conciencia sabe que no está bien. Algunos llaman libertad a aquello que interiormente les produce acusación constante. Se justifican comparándose y diciendo que otros hacen cosas peores, pero no tienen paz.

La verdadera dicha consiste en poder afirmar que lo aprobado por nosotros también puede presentarse limpiamente delante del Señor. Luego Pablo advierte: quien duda y aun así actúa se condena, porque no procede por fe. El problema no está solamente en lo que se hace, sino en el lugar interior desde donde se hace.

Si actuamos contra nuestra conciencia, aunque la conducta no sea pecado para otro, se convierte en pecado para nosotros. No porque el objeto haya cambiado, sino porque decidimos ignorar la luz recibida.

"Todo lo que no proviene de fe, es pecado." También pecamos cuando vivimos determinadas áreas como si Dios no existiera y tomamos decisiones sin rendírselas. La fe debe penetrar nuestra manera de consumir, responder, disfrutar, renunciar y escoger.

Este texto nos libra de dos extremos: la esclavitud a las conciencias ajenas y la falsa libertad que traiciona la propia.

APLICACIÓN PARA HOY

Piensa en alguna decisión que repetidamente te produce inquietud, aunque insistas en que "no es para tanto". Pregunta al Señor si estás llamando libertad a algo que te condena interiormente. Tal vez el acto de fe de hoy consista en dejarlo.

ORACIÓN

Señor, tú conoces dónde racionalizo mis conductas y silencio mi conciencia. Alinea mi fe, mi conciencia y mis decisiones. No permitas que llame normal a lo que hiere mi comunión contigo. Enséñame a vivir por fe también en lo cotidiano. En el nombre de Jesús. Amén.

PARA MEDITAR

¿Continúo haciendo algo porque todos lo hacen, aunque mi conciencia no tenga paz delante de Dios?

DíA 253 — 10 DE SEPTIEMBRE

EL FUERTE SOSTIENE AL DÉBIL

"Así que, los que somos fuertes debemos soportar las flaquezas de los débiles, y no agradarnos a nosotros mismos."
Romanos 15:1

Pablo cambia de capítulo, pero no de tema. Después de hablar de conciencia, tropiezos y amor, se dirige a quienes se consideran fuertes. No habla de una élite espiritual, sino de creyentes que comprenden mejor la libertad cristiana y cuya conciencia ha sido más formada. Su responsabilidad no consiste en mirar al débil por encima del hombro, sino en sostenerlo.

"Soportar" no significa aguantar con molestia, sino cargar, acompañar y ayudar a crecer. El fuerte no utiliza su conocimiento para ganar discusiones, sino para inclinarse y servir. La primera cosa que debe crucificar es el deseo de agradarse a sí mismo.

"No agradarnos a nosotros mismos" contradice el impulso de conservar intactas nuestras preferencias y evitar toda incomodidad provocada por la fragilidad ajena. El evangelio enseña que, si Dios nos concedió fuerza, no fue para exhibirla, sino para ponerla al servicio de quienes todavía tiemblan.

Pablo añade que debemos agradar al prójimo "en lo que es bueno, para edificación". No se trata de satisfacer caprichos ni tolerar pecados. Se trata de ceder y ajustar asuntos legítimos cuando eso contribuye al crecimiento del hermano.

El modelo es Cristo: "Porque ni aun Cristo se agradó a sí mismo". Él, que tenía todo derecho a ser servido, lavó pies, soportó incomprensión y se entregó hasta la cruz. Si el Hijo de Dios no hizo de su comodidad el centro, tampoco sus discípulos pueden convertirla en bandera.

En la práctica, sostener al débil significa explicar una vez más, cuidar las palabras, acompañar procesos lentos y tolerar inmadureces sin consentirlas. Puede ser cansado, pero es profundamente cristiano.

APLICACIÓN PARA HOY

Identifica un área donde Dios te haya dado mayor conocimiento o madurez. Pregúntate si la utilizas para servir o para sentirte superior. Busca hoy una persona a quien puedas escuchar, apoyar o acompañar.

ORACIÓN

Señor Jesús, tú eres el fuerte que se hizo siervo por mí. Líbrame de vivir centrado en mi comodidad. Si me has dado conocimiento o experiencia, ayúdame a utilizarlo para sostener al débil y edificarlo. En tu nombre. Amén.

PARA MEDITAR

¿Uso mi fortaleza para servirme a mí mismo o para sostener a quienes todavía están creciendo?

DÍA 254 — 11 DE SEPTIEMBRE

LAS ESCRITURAS SOSTIENEN AL QUE SE CAE

"Porque las cosas que se escribieron antes, para nuestra enseñanza se escribieron, a fin de que por la paciencia y la consolación de las Escrituras, tengamos esperanza."
Romanos 15:4

Pablo acaba de hablar del fuerte que sostiene al débil y ahora muestra la herramienta indispensable para hacerlo: las Escrituras. La paciencia que necesitamos con otros no depende únicamente del temperamento. El consuelo que necesitamos en nuestras heridas no nace del pensamiento positivo. La esperanza que nos mantiene firmes no es meramente emocional. Todo esto es alimentado por la Palabra.

"Para nuestra enseñanza se escribieron." La Biblia no fue dada como un libro decorativo para abrir cuando sobra tiempo o cuando el ánimo acompaña. Fue escrita para formarnos, corregirnos, realinearnos y equiparnos. La fe no crece por accidente, sino mediante exposición constante a la verdad.

Cuando no aprendemos de las Escrituras, terminamos siendo instruidos por las emociones, la cultura, las heridas o los impulsos. Ninguno de ellos puede conducirnos con seguridad hacia Cristo.

Pablo dice que por la paciencia y consolación de las Escrituras tenemos esperanza. La Palabra nos enseña a esperar cuando todavía no vemos respuesta. Esa paciencia produce consuelo al recordarnos que Dios no ha cambiado, continúa siendo bueno y cumplirá lo prometido. De ese consuelo nace una esperanza firme.

Si la paciencia se está desmoronando y la esperanza se debilita, conviene examinar cuánto nos hemos desconectado de la Palabra. Queremos sostener a otros, soportar flaquezas y vivir para edificación, pero sin Escrituras agotamos rápidamente nuestras reservas.

APLICACIÓN PARA HOY

Pregúntate cuándo fue la última vez que la Biblia te enseñó algo incómodo y transformador. Abre hoy un pasaje como Romanos 8, Salmo 46 o Isaías 40. Léelo lentamente, buscando paciencia, consolación y esperanza, no simplemente cumplir una rutina.

ORACIÓN

Señor, gracias por tu Palabra que me enseña, corrige y sostiene. Confieso que muchas veces busco consuelo en lugares que terminan dejándome vacío. Devuélveme al alimento de las Escrituras y produce en mí paciencia, consuelo y esperanza. En el nombre de Jesús. Amén.

PARA MEDITAR

¿En qué área estoy intentando sostenerme con mis fuerzas en lugar de apoyarme en las Escrituras?

DíA 255 — 12 DE SEPTIEMBRE

EL DIOS QUE UNE LO QUE EL MUNDO ROMPE

"Pero el Dios de la paciencia y de la consolación
os dé entre vosotros un mismo sentir según Cristo Jesús."
Romanos 15:5

Pablo no pide unidad por sentimentalismo ni porque las discusiones ofrezcan mala imagen. Comprende que la unidad cristiana es un milagro y que solamente el Dios de la paciencia y la consolación puede producir un mismo sentir en un grupo de pecadores redimidos.

No se trata de uniformidad, como si todos debieran pensar exactamente igual en cada asunto. Se trata de armonía: distintas personas sometiendo su mente, preferencias y carácter al mismo Cristo.

Un mismo sentir "según Cristo Jesús" no se basa en afinidades, sino en su carácter. Cristo piensa con humildad, gracia, verdad y amor sacrificial. Una iglesia puede reunir personalidades, culturas y opiniones diferentes y continuar unida cuando todos se inclinan ante el mismo Señor.

La meta es que "unánimes, a una voz", glorifiquemos a Dios. La unidad no es el destino final, sino el medio por el cual la iglesia ofrece un testimonio claro. El enemigo lo sabe y por eso exagera diferencias, enciende susceptibilidades, distorsiona palabras y alimenta orgullo.

La paciencia y el consuelo son indispensables. Una comunidad impaciente se irrita, acusa y divide. Una comunidad sin consuelo es tan frágil que cada desacuerdo amenaza con romperla. Pero cuando Dios derrama paciencia y consolación, los resentimientos pierden poder y las diferencias pueden manejarse con madurez.

Una iglesia unida predica el evangelio antes de abrir la boca. Cuando personas imperfectas aprenden a glorificar juntas al Señor, el mundo contempla algo que no puede explicar sin Cristo.

APLICACIÓN PARA HOY

Piensa en alguien de tu familia espiritual con quien exista tensión. Ora por esa persona y pídele a Dios humildad para pedir perdón, paciencia para esperar procesos y amor para no rendirte. Da un paso pequeño pero real hacia la reconciliación.

ORACIÓN

Señor, Dios de la paciencia y del consuelo, forma en mí un corazón capaz de vivir en unidad. Arranca la susceptibilidad, el orgullo y la necesidad de ganar. Alinea mi mente con Cristo y haz que contribuya a la armonía de tu iglesia. Amén.

PARA MEDITAR

¿Estoy aportando unidad y consuelo o tensión e irritación al cuerpo de Cristo?

DÍA 256 — 13 DE SEPTIEMBRE

RECIBIR AL QUE CRISTO YA RECIBIÓ

"Por tanto, recibíos los unos a los otros, como también Cristo nos recibió, para gloria de Dios."
Romanos 15:7

Pablo aterriza la unidad en un mandato imposible de cumplir sin gracia: "Recibíos los unos a los otros". No significa simplemente tolerarse o compartir el mismo espacio religioso. Recibir es abrir el corazón, incluir, acompañar y honrar. Es mirar al hermano —frágil, distinto e imperfecto— y reconocer que, si Cristo lo recibió, nosotros no tenemos autoridad para dejarlo fuera.

El estándar no son nuestras afinidades ni preferencias, sino Cristo: "como también Cristo nos recibió". ¿Cómo lo hizo? No esperó que mejoráramos antes de abrir la puerta ni nos aceptó provisionalmente. Nos recibió con nuestra historia, desorden, heridas y luchas. Nos limpió con su sangre y comenzó pacientemente a transformarnos.

Recibir al otro cuesta tiempo, paciencia y renuncia al orgullo. Implica convivir con sus aristas y permitir que también encuentre las nuestras. Sin embargo, Dios no es glorificado solamente cuando amamos a quienes nos resultan agradables, sino cuando damos espacio a aquellos que Cristo ama aunque sean muy diferentes.

En el trasfondo de este texto estaba la tensión entre judíos y gentiles: culturas, tradiciones y formas de vida distintas. Pablo no les ordenó levantar iglesias separadas, sino recibirse porque Cristo formó un solo cuerpo.

La pregunta es personal: ¿a quién mantienes en la periferia de tu corazón? ¿A quién toleras, pero no recibes? El evangelio te obliga a recordar que tú también eras difícil de recibir y, aun así, Cristo abrió la puerta.

APLICACIÓN PARA HOY

Piensa en una persona que te cueste recibir. Ora por ella y pregúntale al Señor cómo puedes hacerle espacio de manera concreta. Puede ser mediante un saludo más cálido, una conversación, un mensaje o un gesto de hospitalidad.

ORACIÓN

Señor Jesús, gracias porque me recibiste cuando no merecía nada. Arranca de mí la dureza, el favoritismo y la frialdad. Enséñame a recibir a mis hermanos con la misma gracia con que tú me recibiste. Que mi manera de amar dé gloria al Padre. Amén.

PARA MEDITAR

¿A quién trato como visitante tolerado cuando Cristo lo ha recibido como hijo amado?

DÍA 257 — 14 DE SEPTIEMBRE

CRISTO, ESPERANZA DE TODAS LAS NACIONES

"Estará la raíz de Isaí, y el que se levantará a regir los gentiles; los gentiles esperarán en él."
Romanos 15:12

Pablo cita a Isaías para mostrar que el plan de Dios siempre incluyó a las naciones. Cristo no vino solamente por un grupo étnico, una tradición cultural ni una escuela religiosa. Él es la raíz de Isaí, heredero legítimo del trono mesiánico, y también el Rey prometido a los gentiles. No es un Mesías regional; es el Salvador del mundo.

"Los gentiles esperarán en él." Estas palabras anuncian que pueblos que nunca caminaron por Jerusalén, recibieron la Ley ni participaron originalmente del pacto pondrían su esperanza en Cristo. También recuerdan que nadie está demasiado lejos, roto o endurecido para quedar fuera de su alcance.

Pablo utiliza esta profecía como fundamento de la unidad. Judíos y gentiles no se unen porque compartan cultura, sino porque comparten a Cristo. Lo que sistemas, tratados y costumbres humanas jamás lograron, el evangelio lo hizo: crear un pueblo nuevo nacido de la gracia.

La esperanza del mundo no descansa finalmente en reformas humanas, movimientos políticos, prosperidad económica ni avances tecnológicos. Todas esas cosas pueden producir beneficios temporales, pero ninguna puede reconciliar al pecador con Dios ni vencer la muerte. La esperanza de las naciones es una Persona.

Eso también habla a nuestras circunstancias particulares. Si Cristo puede reunir pueblos y transformar generaciones, también puede gobernar nuestras familias, sanar lugares rotos y traer luz a quienes consideramos imposibles. Nuestros límites no limitan al Rey.

APLICACIÓN PARA HOY

Pregúntate en qué área has dejado de esperar en Cristo y comenzado a depender exclusivamente de planes, contactos o estrategias. Declara delante del Señor: "Mi esperanza está en ti". Luego piensa en alguien que vive lejos de Dios y ora específicamente por su salvación.

ORACIÓN

Señor Jesús, tú eres Rey de toda nación y esperanza del mundo. Gracias porque tu plan me alcanzó. Te entrego mis temores, cálculos y expectativas humanas. Reina en mi vida, mi hogar y las personas que aún no te conocen. Amén.

PARA MEDITAR

Si Cristo es la esperanza de las naciones, ¿por qué me cuesta confiarle los desafíos de mi vida cotidiana?

DÍA 258 — 15 DE SEPTIEMBRE

LA ABUNDANCIA QUE SOLO EL ESPÍRITU PRODUCE

"Y el Dios de esperanza os llene de todo gozo y paz en el creer, para que abundéis en esperanza por el poder del Espíritu Santo."
Romanos 15:13

Este es uno de los deseos pastorales más hermosos de la carta. Pablo no ora para que los creyentes tengan una pequeña dosis de gozo, paz o esperanza. Pide que Dios los llene hasta que abunden. La vida cristiana no fue diseñada para sostenerse únicamente con escasas reservas humanas, sino mediante la abundancia que produce el Espíritu.

Pablo llama al Señor "Dios de esperanza". No solamente da esperanza; Él mismo es su fuente. Por eso la esperanza cristiana no es una emoción fabricada con frases positivas, sino la consecuencia de conocer al Dios que nunca falla.

"Os llene de todo gozo y paz en el creer." La frase clave es "en el creer". Las circunstancias cambiantes no pueden garantizar gozo ni paz. La fe sí puede recibirlos al descansar en que Dios gobierna, Cristo reina y el Espíritu continúa obrando.

La paz no significa que todo salga como deseamos, sino saber que permanecemos en manos de un Dios que nunca improvisa. El gozo tampoco niega el dolor; lo atraviesa recordando que nuestra historia termina en la presencia de Cristo.

"Para que abundéis en esperanza." No se trata de una esperanza apenas sobreviviente, sino desbordante. No afirma que nada malo sucede, sino que ninguna circunstancia tiene más autoridad que el Señor.

Todo ocurre "por el poder del Espíritu Santo". No podemos fabricar mediante disciplina mental el fruto que solo Él produce. Quien intenta hacerlo termina agotado. Quien depende del Espíritu recibe recursos que no nacen de sí mismo.

APLICACIÓN PARA HOY

Nombra delante del Señor el área donde necesitas gozo, paz y esperanza. Entrégale el control que has intentado conservar y realiza un acto de fe: agradece por su fidelidad aunque todavía no veas la respuesta.

ORACIÓN

Señor, Dios de esperanza, te entrego mis preocupaciones y temores. Límpiame de la incredulidad que roba mi gozo y de la ansiedad que apaga mi paz. Lléname por el poder del Espíritu Santo hasta que mi vida rebose confianza en ti. En el nombre de Jesús. Amén.

PARA MEDITAR

¿Mi esperanza está abundando o apenas sobreviviendo con recursos humanos?

DÍA 259 — 16 DE SEPTIEMBRE

EL MINISTERIO QUE NACE DE LA GRACIA

"Estoy seguro de que vosotros mismos estáis llenos de bondad, llenos de todo conocimiento, de tal manera que podéis amonestaros los unos a los otros."

Romanos 15:14

Pablo conoce los conflictos y tensiones de la iglesia de Roma y, aun así, reconoce que sus miembros están llenos de bondad y conocimiento. No porque sean perfectos, sino porque la gracia de Cristo ha sembrado algo nuevo en ellos.

Estar llenos de conocimiento no significa saberlo todo. Significa haber recibido suficiente verdad para caminar, discernir y ayudar a otros. El conocimiento espiritual no es acumulación de datos, sino luz que permite contemplar la vida desde la perspectiva de Dios.

Por eso afirma que pueden amonestarse mutuamente. Amonestar no es regañar por irritación, sino advertir, aconsejar y corregir con gracia y verdad. Una iglesia donde nadie corrige a nadie puede ser una comunidad donde las personas no se aman lo suficiente. Pero una iglesia donde todos corrigen sin bondad se convierte en un lugar que hiere más de lo que sana.

La amonestación cristiana necesita las dos cosas que menciona Pablo: bondad y conocimiento. Bondad sin conocimiento puede convertirse en permisividad. Conocimiento sin bondad fácilmente se vuelve crueldad religiosa.

También debemos estar dispuestos a recibir corrección. Nadie crece aislado, creyéndose autosuficiente o rechazando toda voz que contradiga su percepción. Dios utiliza a la iglesia para mostrarnos puntos ciegos y protegernos de caminos peligrosos.

El ministerio no comienza con una plataforma ni un título. Nace cuando la gracia recibida se pone al servicio de otros. A veces será mediante una palabra de ánimo; otras, mediante una advertencia pronunciada con lágrimas.

APLICACIÓN PARA HOY

Piensa si existe alguien a quien debas aconsejar con amor. Ora antes de hablar y examina tus motivos. Pregúntate también si has rechazado alguna corrección simplemente porque tocó tu orgullo.

ORACIÓN

Señor, gracias por la bondad y la luz que tu gracia produce. Enséñame a amonestar para edificar, no para exponer. Hazme también humilde para recibir corrección sin levantar defensas. Utiliza a tu pueblo para formarme y úsame para cuidar a otros. En el nombre de Jesús. Amén.

PARA MEDITAR

Cuando alguien me corrige con amor, ¿lo considero una amenaza o un regalo de Dios?

DÍA 260 — 17 DE SEPTIEMBRE

EL LLAMADO NO SE INVENTA

"Os he escrito··· por la gracia que me es dada por Dios para ser ministro de Jesucristo a los gentiles, ministrando el evangelio de Dios."

Romanos 15:15–16

Pablo reconoce que escribió con atrevimiento. No por arrogancia, sino porque la iglesia necesitaba recordar verdades capaces de incomodar y corregir. La autoridad con que habla no nace de su personalidad, preparación ni pasado religioso, sino de la gracia que Dios le concedió para servir a Jesucristo.

Pablo no se autoproclamó ni fabricó una posición para sentirse importante. Fue llamado. Su identidad era ser ministro de Cristo; su misión, servir entre los gentiles; su mensaje, el evangelio de Dios. No promovía una agenda personal, sino la verdad que le había sido confiada.

Su llamado no era un logro para exhibir, sino un privilegio que lo humillaba. La misma gracia que lo llamó lo sostuvo durante viajes, persecuciones, cárceles y rechazos. Por eso podía hablar con valentía: no defendía caprichos personales, sino el mensaje de Cristo.

Todo ministerio verdadero nace de la gracia, no del ego, y permanece sano solamente mientras el evangelio continúa siendo el centro. Cuando el líder se convierte en protagonista, el servicio se enferma. Cuando Cristo ocupa el centro, incluso las tareas invisibles adquieren valor eterno.

Cada creyente ha recibido alguna gracia para servir en su contexto. No todos tendrán un ministerio público, pero todos pueden recordar verdades, acompañar, enseñar, orar, ayudar y testificar. No necesitamos inventarnos funciones para sentirnos útiles; necesitamos discernir dónde Dios ya está produciendo fruto.

APLICACIÓN PARA HOY

Pregúntale al Señor qué gracia te ha dado para servir en esta temporada. Observa dónde se abren puertas, dónde otros han sido edificados y qué necesidades despiertan una carga santa en ti. No imites el llamado ajeno ni busques validación.

ORACIÓN

Señor, gracias por la gracia que me has dado para servir. No permitas que invente ministerios por orgullo ni que esconda tu llamado por temor. Dame valentía y mansedumbre para cumplir fielmente la asignación que has puesto delante de mí. Que todo apunte al evangelio y no a mi nombre. Amén.

PARA MEDITAR

¿Mi servicio apunta a Cristo o a mi necesidad de sentirme visto y validado?

DÍA 261 — 18 DE SEPTIEMBRE

UNA VIDA QUE SE VUELVE OFRENDA

"Para que la ofrenda de los gentiles sea agradable, santificada por el Espíritu Santo."
Romanos 15:16

Pablo describe su ministerio con una imagen sacerdotal. La ofrenda que presenta delante de Dios no consiste en animales ni incienso, sino en vidas transformadas por el evangelio. Sus viajes, predicaciones, lágrimas y prisiones apuntaban a entregar una comunidad apartada para el Señor.

La palabra "agradable" no significa simplemente bonita, sino aceptada y aprobada por Dios. Pablo no está obsesionado con impresionar al público, sino con que el fruto de su ministerio sea genuino delante del cielo.

Aquella ofrenda es "santificada por el Espíritu Santo". Allí descansa el ministro: la transformación verdadera no depende finalmente de su talento ni de su esfuerzo. Pablo predica, enseña, exhorta y acompaña, pero sabe que solo el Espíritu puede regenerar, purificar y consagrar.

Cada creyente puede contemplar su propia vida como una ofrenda. La obediencia, la lucha contra el pecado, la integridad en el trabajo, la paciencia con personas difíciles y la fidelidad en lo secreto forman parte de aquello que presentamos delante de Dios.

No será una ofrenda perfecta, pero debe ser verdadera. El Señor no espera que lleguemos ya terminados; espera que nos entreguemos para que el Espíritu continúe santificándonos.

Esta verdad elimina dos cargas. Elimina el orgullo, porque la obra pertenece al Espíritu. Y elimina la desesperación, porque nuestra debilidad no es mayor que su poder transformador. Nosotros presentamos la vida; Él la limpia, corrige y hace útil.

APLICACIÓN PARA HOY

Piensa en qué parte de tu vida está tratando el Espíritu y cuál continúas reservando para ti. Ofrécele un área concreta: un hábito, una actitud, un temor o una ambición. No pienses primero en resultados, sino en entrega.

ORACIÓN

Espíritu Santo, gracias porque eres tú quien santifica mi vida. Te entrego mis áreas dispersas, hábitos, deseos y temores. Haz de mí una ofrenda agradable delante del Padre: no perfecta todavía, pero sincera y consagrada. En el nombre de Jesús. Amén.

PARA MEDITAR

¿Estoy presentando mi vida completa como ofrenda o solamente aquello que me sobra?

DÍA 262 — 19 DE SEPTIEMBRE

EL FRUTO HABLA MÁS QUE LAS PALABRAS

"Tengo de qué gloriarme en Cristo Jesús en lo que a Dios se refiere. Porque no osaría hablar sino de lo que Cristo ha hecho por medio de mí."
Romanos 15:17–18

Pablo afirma que tiene de qué gloriarse, pero aclara inmediatamente dónde está su gloria: en Cristo Jesús. No se celebra a sí mismo ni presenta un catálogo de logros personales. Se maravilla de que Dios haya decidido hacer obras reales por medio de un pecador alcanzado por gracia.

"No osaría hablar sino de lo que Cristo ha hecho por medio de mí." Pablo teme atribuirse lo que solamente Cristo puede producir. El ministerio sano no dice: "Miren lo que logré", sino: "Miren lo que el Señor hizo, aun utilizando mis manos débiles".

El fruto que Pablo destaca es la obediencia de los gentiles. No menciona fama, prestigio, cantidad de seguidores ni reconocimiento. El evangelio verdadero produce obediencia. Donde Cristo obra, la vida comienza a cambiar.

Esto no significa perfección inmediata, sino una nueva dirección. Las cadenas empiezan a romperse, los afectos se ordenan, el pecado deja de disfrutarse tranquilamente y la voluntad aprende a rendirse.

El fruto genuino no necesita propaganda exagerada. Habla mediante vidas transformadas, matrimonios restaurados, personas reconciliadas, hábitos abandonados y corazones que comienzan a amar lo que antes despreciaban.

También debemos examinar qué contamos cuando hablamos de nuestra vida espiritual. Podemos convertir testimonios en monumentos al ego o utilizarlos para exaltar a Cristo. La diferencia está en quién aparece como protagonista.

APLICACIÓN PARA HOY

Haz memoria de algo que Cristo haya realizado por medio de ti durante el último año: una conversación, un servicio, un acto de perdón o una ayuda. Escríbelo y dale toda la gloria. Después identifica un área donde todavía necesitas que produzca obediencia.

ORACIÓN

Señor Jesús, gracias por todo lo que has hecho por medio de mí a pesar de mis limitaciones. Perdóname cuando intento quedarme con tu gloria. Produce en mí obediencia verdadera y permite que mi vida testifique de tu poder, no de mi capacidad. Amén.

PARA MEDITAR

¿Mis palabras resaltan mis esfuerzos o las obras de Cristo en mí?

DÍA 263 — 20 DE SEPTIEMBRE

EL ESPÍRITU ABRE CAMINOS IMPOSIBLES

"Con potencia de señales y prodigios, en el poder del Espíritu de Dios··· he predicado el evangelio de Cristo."

Romanos 15:19

Pablo no viajó confiando únicamente en su energía, preparación o inteligencia. Reconocía que su ministerio avanzaba por el poder del Espíritu. Las señales y prodigios no eran espectáculos diseñados para engrandecer al mensajero, sino confirmaciones de que Dios respaldaba la proclamación del evangelio.

Desde Jerusalén hasta Ilírico, Pablo recorrió una enorme región sin medios modernos de transporte ni comunicación. ¿Cómo pudo avanzar tanto un hombre tan limitado y perseguido? Mediante el poder del Espíritu de Dios. Donde Él guía, también proporciona resistencia, oportunidades, puertas abiertas y protección.

El centro continuaba siendo “el evangelio de Cristo”. Pablo no predicaba autoayuda religiosa, filosofía popular ni una versión del mensaje adaptada para evitar toda incomodidad. Proclamaba a Cristo crucificado y resucitado. El poder del Espíritu no respalda el ego humano; respalda el evangelio del Hijo.

Esta verdad también alcanza la vida cotidiana. No podemos vencer luchas internas, perseverar en el servicio ni cumplir responsabilidades espirituales únicamente por disciplina. Nuestras fuerzas se agotan. El Espíritu, en cambio, puede sostener, corregir, capacitar y abrir caminos que no sabemos construir.

Depender del Espíritu no significa sentarse pasivamente. Pablo trabajó, caminó, predicó y soportó dificultades. Pero actuaba reconociendo que el fruto y el poder no procedían de él. La verdadera dependencia trabaja sin atribuirse la gloria.

APLICACIÓN PARA HOY

Identifica un área donde necesitas el poder del Espíritu y no simplemente otro esfuerzo humano. Nómbrala delante de Dios. Pídele fuerzas, dirección y puertas abiertas. Después obedece el próximo paso que ya conoces, confiando en que Él hará lo que tú no puedes.

ORACIÓN

Espíritu Santo, reconozco mi debilidad y la rapidez con que se agotan mis fuerzas. Lléname para enfrentar mis responsabilidades, luchas internas y desafíos. Abre caminos, derriba obstáculos y exalta a Cristo mediante mi vida. Amén.

PARA MEDITAR

¿Estoy avanzando confiado en mis recursos o dependiendo verdaderamente del poder del Espíritu?

DÍA 264 — 21 DE SEPTIEMBRE

LA AMBICIÓN SANTA QUE DA DIRECCIÓN

“Me esforcé a predicar el evangelio, no donde Cristo ya hubiese sido nombrado, para no edificar sobre fundamento ajeno.”

Romanos 15:20

Pablo tenía ambición, pero no una ambición carnal de fama, comodidad o prestigio. Su deseo era llevar el evangelio a lugares donde Cristo todavía no había sido anunciado. No corría detrás de posiciones, sino de almas. Su vida no estaba gobernada por impulsos, sino por una dirección clara recibida de Dios.

"No donde Cristo ya hubiese sido nombrado." Pablo no despreciaba el trabajo de otros. Simplemente comprendía su asignación particular. Dios utiliza a algunos para fortalecer obras existentes y a otros para abrir caminos nuevos. Pablo sabía que su llamado era pionero.

Esto enseña que no todos deben servir en el mismo terreno ni de la misma manera. Gran parte de la frustración cristiana nace de comparar asignaciones. Alguien intenta ser maestro porque admira al que enseña; otro quiere liderar porque ve la plataforma, sin reconocer la gracia que Dios realmente le concedió.

La vida cristiana necesita propósito, pero no uno inventado para sentirnos importantes. Necesitamos discernirlo mediante la Palabra, la oración, la comunidad y el fruto que el Espíritu va produciendo.

Quien desconoce su asignación desperdicia energía persiguiendo responsabilidades ajenas. Quien la entiende aprende a decir no a las distracciones y sí a aquello que verdaderamente le corresponde.

La ambición santa no afirma: "Quiero ser más grande que otros". Dice: "Quiero cumplir fielmente lo que Cristo me pidió". Esa clase de ambición ordena la vida, purifica las motivaciones y evita que corramos detrás de cada oportunidad que aparece.

APLICACIÓN PARA HOY

Pregúntale al Señor cuál es tu asignación en esta temporada. Puede ser discipular a alguien, fortalecer tu familia, servir en una congregación o testificar en el trabajo. Escríbela y comienza a organizar tus prioridades alrededor de ella.

ORACIÓN

Señor Jesús, dame una ambición santa. Líbrame de buscar reconocimiento y de compararme con otros. Muéstrame el terreno que me has asignado y concédeme valentía, perseverancia y humildad para trabajarlo. En tu nombre. Amén.

PARA MEDITAR

¿Vivo con un propósito espiritual claro o solamente reacciono a lo que aparece cada día?

DÍA 265 — 22 DE SEPTIEMBRE

IMPEDIMENTOS QUE TAMBIÉN GUÍAN

"Por lo cual también me he visto impedido muchas veces de ir a vosotros."
Romanos 15:22

Pablo amaba a la iglesia de Roma y deseaba visitarla, pero había sido impedido muchas veces. No por falta de interés ni mala planificación, sino porque la obra en otros lugares todavía reclamaba su atención. Aquellos obstáculos no necesariamente significaban fracaso; también podían formar parte de la dirección de Dios.

El creyente inmaduro interpreta todo impedimento como ataque. El creyente maduro aprende a discernir. Algunos obstáculos provienen del enemigo y deben enfrentarse con oración, perseverancia y sabiduría. Otros proceden de la providencia divina: Dios cierra una puerta para proteger, enfocar, preparar o impedir que lleguemos antes de tiempo.

Pablo deseaba llegar a Roma, pero no lo hizo cuando quiso ni de la manera que hubiera imaginado. Finalmente llegó años después, como prisionero y bajo vigilancia. Sin embargo, llegó dentro del propósito de Dios. La providencia puede conducirnos por caminos que jamás habríamos elegido y, aun así, llevarnos exactamente donde debemos estar.

No debemos medir la voluntad de Dios por el cumplimiento inmediato de nuestros planes. Una puerta cerrada no siempre significa abandono, y una demora no siempre significa rechazo. En ocasiones, el Señor está atendiendo circunstancias que todavía no vemos o terminando una obra necesaria en nosotros.

Discernir requiere oración y paciencia. No todo obstáculo debe aceptarse pasivamente, pero tampoco todo debe derribarse a la fuerza. Podemos perder años peleando contra una puerta que Dios mismo cerró.

APLICACIÓN PARA HOY

Piensa en un impedimento que te frustra. Preséntalo delante del Señor y ora: "Si viene de ti, dame paz y entendimiento. Si debo resistirlo, dame fuerza y sabiduría". Renuncia a permitir que la ansiedad tome decisiones por ti.

ORACIÓN

Padre, tú conoces mis planes y frustraciones. Ayúdame a discernir entre la oposición que debo resistir y la puerta que tú has cerrado. Que no fuerce caminos por impaciencia ni abandone tu voluntad por cansancio. Dirige mis pasos. En el nombre de Jesús. Amén.

PARA MEDITAR

¿Estoy llamando ataque a algo que quizá sea protección o dirección del Señor?

DÍA 266 — 23 DE SEPTIEMBRE

DIOS TAMBIÉN REDIRECCIONA

"Mas ahora, no teniendo más campo en estas regiones, y deseando desde hace muchos años ir a vosotros."

Romanos 15:23

Pablo reconoce que su asignación particular en aquella región había terminado. "No teniendo más campo" no significa que ya no quedara ninguna necesidad, sino que el trabajo que Dios le había encomendado allí estaba cumplido. La madurez espiritual también consiste en saber cuándo llegar, cuándo permanecer y cuándo dejar un lugar.

Pablo llevaba años deseando ir a Roma. Su deseo era bueno y legítimo, pero no gobernaba sus pasos. La misión recibida de Dios tenía prioridad sobre sus preferencias personales. Solamente cuando terminó el trabajo que le correspondía, comenzó a avanzar hacia la siguiente etapa.

Dios tiene derecho a redireccionarnos sin someter su plan a nuestra comodidad. Puede cambiar asignaciones, cerrar temporadas, abrir otras, movernos, detenernos o modificar el ritmo. Nuestra responsabilidad no consiste en controlar el calendario, sino en discernir y obedecer.

A veces nos mantiene en un lugar más tiempo del que deseamos. Otras veces nos llama a salir justamente cuando comenzábamos a sentirnos cómodos. En ambos casos, su sabiduría supera nuestra percepción.

No toda incomodidad significa que debemos marcharnos, ni toda comodidad significa que debemos quedarnos. Tampoco conviene tomar decisiones importantes solamente por cansancio, frustración o emoción. Necesitamos permitir que Dios determine cuándo un campo continúa siendo nuestra responsabilidad y cuándo ha llegado el momento de avanzar.

Obedecer cuando el mapa cambia exige fe. Sin embargo, nuestra seguridad no descansa en conservar un lugar conocido, sino en permanecer cerca del Señor que dirige.

APLICACIÓN PARA HOY

Piensa en alguna transición relacionada con trabajo, ministerio, familia, ciudad o ritmo de vida. Pregúntale al Señor si nace de su dirección o de tus impulsos. No aceleres ni retrases el movimiento por miedo.

ORACIÓN

Señor, tú eres dueño de mis caminos. Te entrego mis deseos, tiempos y agendas. Redirígeme cuando sea necesario y dame obediencia para seguirte sin resentimiento. Que mi seguridad no esté en permanecer donde estoy cómodo, sino donde tú me quieras. Amén.

PARA MEDITAR

¿Acepto la redirección de Dios o lucho contra ella porque altera mis planes?

DÍA 267 — 24 DE SEPTIEMBRE

DAR PARA LA OBRA: AMOR EN ACCIÓN

"Voy a Jerusalén para ministrar a los santos.
Porque Macedonia y Acaya tuvieron a bien hacer una ofrenda para los pobres que hay entre los santos."
Romanos 15:25–26

Pablo muestra un aspecto profundamente práctico del evangelio: la generosidad. No se trata de un sentimiento compasivo ni de palabras amables, sino de una ofrenda concreta destinada a sostener a creyentes necesitados.

Las iglesias de Macedonia y Acaya decidieron contribuir. No todas eran comunidades ricas. Algunas atravesaban pobreza severa. Sin embargo, entendieron que la obra de Dios y el cuidado de los hermanos no se sostienen solamente con buenas intenciones, sino mediante entrega real.

Los creyentes de Jerusalén enfrentaban pobreza, persecución y pérdida de oportunidades por seguir a Cristo. Para las iglesias gentiles no eran desconocidos lejanos, sino miembros del mismo cuerpo.

Pablo dice que los gentiles eran deudores espirituales. Habían recibido de Israel las Escrituras, los profetas y, finalmente, al Mesías. Ahora respondían compartiendo bienes materiales con hermanos judíos necesitados.

Esto demuestra que la unidad cristiana no es solamente doctrina. También se expresa en la economía del reino: quienes tienen comparten con quienes necesitan. La gracia recibida abre la mano.

Dar no es una transacción para comprar favores de Dios ni una cuota para calmar la conciencia. Es adoración, gratitud y amor. Tampoco depende exclusivamente de tener abundancia. El creyente maduro no espera convertirse en rico para comenzar a ser generoso.

La cantidad tendrá importancia práctica, pero Dios también observa la disposición. Una pequeña ofrenda entregada con sacrificio puede revelar más amor que una gran cantidad dada sin involucrar el corazón.

APLICACIÓN PARA HOY

Piensa en una persona o ministerio que necesite apoyo. Pregúntale al Señor qué puedes compartir hoy: dinero, comida, tiempo, transporte o ayuda práctica. No esperes a tener condiciones perfectas.

ORACIÓN

Señor, todo lo que poseo procede de ti. Líbrame de un corazón tacaño, temeroso y calculador. Abre mis ojos a las necesidades de mis hermanos y hazme generoso como tú has sido conmigo. En el nombre de Jesús. Amén.

PARA MEDITAR

¿Mi manera de dar refleja la gracia que he recibido o el miedo de quedarme sin nada?

DÍA 268 — 25 DE SEPTIEMBRE

DAR NO ES PERDER

"Cuando haya concluido esto, y les haya entregado este fruto, pasaré entre vosotros rumbo a España."
Romanos 15:28

Pablo llama "fruto" a la ofrenda que lleva a Jerusalén. No la considera una carga, un trámite económico ni una interrupción desagradable de su misión. La generosidad es fruto espiritual. Cuando el corazón comparte, el Espíritu está produciendo algo que no nace naturalmente del egoísmo humano.

"Cuando haya concluido esto." Pablo contempla la entrega como una responsabilidad que debe completarse fielmente. Llevar los recursos con integridad, cuidado y amor formaba parte de su ministerio tanto como predicar.

No habla simplemente de dinero, sino de fruto, porque para Dios la ofrenda expresa obediencia, gratitud y comunión. Las cifras son importantes para atender necesidades reales, pero el cielo también examina el corazón que entrega.

Luego Pablo desea continuar hacia Roma y España. Su vida es una cadena de obediencias: servir, entregar, avanzar y predicar. La fidelidad en una responsabilidad prepara el camino para la siguiente.

Afirma también que llegará con abundancia de la bendición del evangelio de Cristo. No promete traer riquezas materiales ni comodidades, sino la plenitud del mensaje de Jesús. Donde el evangelio ocupa el centro, el dinero deja de ser ídolo y se convierte en herramienta de servicio.

Dar no significa empobrecerse espiritualmente. Quien da movido por la gracia se llena de Cristo, aprende dependencia y participa en la alegría de ver necesidades atendidas. Esto no garantiza enriquecimiento material, pero sí una vida liberada del dominio de la avaricia.

APLICACIÓN PARA HOY

Pregúntate si estás dando como fruto de la gracia o como obligación pesada. Separa algo concreto —recursos, tiempo, ayuda o compañía— y entrégalo a una necesidad real sin buscar reconocimiento.

ORACIÓN

Señor, transforma mi generosidad en fruto y no en rutina. Que mis ofrendas y actos de servicio sean expresiones del evangelio, libres de orgullo, manipulación y temor. Haz de mi vida una ruta de bendición. En el nombre de Jesús. Amén.

PARA MEDITAR

¿Doy esperando recibir algo a cambio o porque Cristo ya me ha dado todo?

DÍA 269 — 26 DE SEPTIEMBRE

PEDIR ORACIÓN ES UN ACTO DE FE

"Os ruego, hermanos, por nuestro Señor Jesucristo y por el amor del Espíritu, que me ayudéis orando por mí a Dios."
Romanos 15:30

El apóstol Pablo, misionero, teólogo y escritor de buena parte del Nuevo Testamento, pide oración. No lo hace como cortesía religiosa ni como frase automática para cerrar una carta. Ruega a los hermanos que lo ayuden orando.

Esto desmonta el mito del creyente autosuficiente. Si Pablo necesitaba intercesores, ninguno de nosotros ha alcanzado un nivel espiritual donde pueda caminar solo. También desmonta la imagen del líder que ora por todos, pero jamás reconoce sus propias necesidades.

Pedir oración no es señal de fracaso, sino de humildad. El orgullo dice: "Yo puedo solo". La madurez dice: "Necesito que ores por mí".

Pablo fundamenta su petición en el señorío de Cristo y el amor del Espíritu. Oramos porque Jesús gobierna y porque el Espíritu une a los miembros del cuerpo. La oración compartida no es un trámite; es una forma en que la iglesia participa en las cargas y misiones de sus hermanos.

Pablo necesitaba protección, dirección, valentía y aceptación para su servicio. No confiaba solamente en su experiencia. Comprendía que muchas batallas se ganan mediante creyentes que interceden desde lugares donde nadie los ve.

La autosuficiencia aísla. La intercesión conecta. Cuando pedimos oración estamos confesando que nuestra esperanza no descansa en la fuerza personal, sino en el poder de Dios actuando también a través de su pueblo.

APLICACIÓN PARA HOY

Pide oración a una persona madura. No necesitas contar detalles que no correspondan, pero sí expresar con honestidad una necesidad concreta. Después pregúntale cómo puedes orar por ella. Permite que la comunión deje de ser superficial.

ORACIÓN

Señor Jesús, líbrame del orgullo que me hace creer que puedo caminar sin ayuda. Dame humildad para pedir oración y sensibilidad para interceder por otros. Utiliza a tu cuerpo para sostenerme y úsame también para sostener a mis hermanos. Amén.

PARA MEDITAR

¿A quién puedo pedir oración hoy y por quién debo comenzar a interceder con mayor intención?

DÍA 270 — 27 DE SEPTIEMBRE

LA ORACIÓN ANTE PELIGROS INVISIBLES

"Que sea librado de los rebeldes que están en Judea, y que la ofrenda de mi servicio a los santos en Jerusalén sea acepta."
Romanos 15:31

Pablo pide oración por dos asuntos muy concretos: ser protegido de personas peligrosas y que su servicio sea recibido adecuadamente.

En Judea había opositores que no se limitaban a discrepar de su teología. Querían detenerlo y, en algunos casos, matarlo. Pablo no romantiza el ministerio ni niega el peligro. Tampoco reacciona con paranoia. Pide oración.

La intercesión no significa que jamás enfrentaremos oposición. Pablo fue atacado, arrestado y encarcelado. Sin embargo, ninguna amenaza pudo destruir el propósito que Dios había determinado cumplir mediante su vida. La oración no siempre elimina el conflicto, pero lo coloca bajo la soberanía divina.

También pide que la ofrenda sea aceptada. No solamente le preocupan los enemigos externos, sino los posibles malentendidos internos. Algunos creyentes judíos podían recibir con sospecha una contribución procedente de iglesias gentiles.

Esto revela una profunda sabiduría pastoral. A veces una obra bien intencionada puede verse afectada por heridas, rivalidades, prejuicios o interpretaciones equivocadas. Por eso necesitamos que Dios prepare tanto a quien sirve como a quien recibe.

La oración protege frente al peligro visible e invisible. También abre caminos en los corazones, corrige percepciones y evita que una bendición sea rechazada por desconfianza.

El creyente maduro no deposita toda su seguridad en experiencia, planificación o carisma. Trabaja responsablemente, pero pide que Dios guarde el camino y prepare los corazones.

APLICACIÓN PARA HOY

Ora por protección frente a peligros que no puedes anticipar y por la manera en que será recibido tu servicio. Pide que Dios elimine sospechas injustas, purifique tus motivaciones y te conceda sabiduría.

ORACIÓN

Señor, líbrame de peligros visibles e invisibles. Guárdame de quienes podrían hacer daño y protege también mi corazón del temor. Prepara a quienes recibirán mi servicio y evita que los malentendidos destruyan lo que deseas hacer. En el nombre de Jesús. Amén.

PARA MEDITAR

¿Estoy enfrentando los peligros con oración o solamente con ansiedad y autosuficiencia?

DÍA 271 — 28 DE SEPTIEMBRE

LLEGAR CON EL CORAZÓN ENTERO

"Para que con gozo llegue a vosotros por la voluntad de Dios, y que sea recreado juntamente con vosotros."
Romanos 15:32

Pablo anhela llegar a Roma, pero no de cualquier manera. Desea llegar con gozo, por la voluntad de Dios y para ser recreado junto a la iglesia. Estos tres deseos revelan un corazón sabio.

Quiere llegar con gozo. Llegar físicamente no siempre equivale a vencer. Podemos alcanzar una meta con el alma drenada, amarga y herida. Pablo pide que el sufrimiento del camino no destruya su espíritu. El gozo no elimina necesariamente la dificultad, pero impide que el dolor tenga la última palabra.

También desea llegar por la voluntad de Dios. No pretende alcanzar Roma por terquedad ni convertir un deseo legítimo en ídolo. Su meta principal no es cumplir su proyecto, sino caminar dentro de la providencia divina.

Esto exige madurez. Muchas veces queremos que Dios bendiga el plan que ya decidimos, en lugar de preguntarle si verdaderamente procede de Él. Pablo no solamente pregunta adónde irá, sino cuándo y cómo quiere Dios llevarlo.

Finalmente espera ser recreado juntamente con los creyentes. El apóstol reconoce que necesita descanso, ánimo y renovación mediante la comunión. Nadie es tan fuerte espiritualmente que no necesite hermanos.

La iglesia debería ser un lugar donde el cansado encuentre aliento, no otra carga innecesaria; donde pueda ser escuchado y fortalecido, no obligado a fingir que siempre está bien.

El aislamiento puede parecer protección, pero termina privándonos de uno de los medios que Dios utiliza para restaurar fuerzas.

APLICACIÓN PARA HOY

Pide gozo para atravesar lo que tienes delante, dirección para no forzar caminos y comunión que recree tu alma. Acércate a una persona madura que te ayude a respirar espiritualmente.

ORACIÓN

Señor, dame gozo para caminar, somete mis planes a tu voluntad y utiliza a tus hijos para renovar mi alma cansada. No permitas que el aislamiento me prive de la comunión que diseñaste para mi edificación. En el nombre de Jesús. Amén.

PARA MEDITAR

¿Estoy buscando una comunión que recree mi alma o caminando solo mientras espero fuerzas?

DÍA 272 — 29 DE SEPTIEMBRE

EL DIOS QUE TE ESTABLECE

"Y al que puede confirmaros según mi evangelio y la predicación de Jesucristo."
Romanos 16:25

Pablo concluye la carta colocando delante del lector una verdad que sostiene toda la vida cristiana: Dios es quien puede confirmarnos, afirmarnos y mantenernos firmes cuando todo alrededor se mueve.

Él nos afirma en la verdad. La fe no se sostiene únicamente por fuerza de voluntad. Dios utiliza el evangelio para fijarnos en Cristo cuando el mundo ofrece filosofías seductoras, emociones cambiantes y versiones distorsionadas de la verdad.

También nos establece en medio de las pruebas. Existen temporadas donde parecen moverse la salud, las finanzas, las relaciones, los planes y la paz interior. Sin embargo, la estabilidad del creyente no depende de ausencia de crisis, sino de la presencia del Dios que no cambia.

Dios también fortalece para perseverar. El evangelio no solamente salva al comienzo; sostiene durante todo el camino. Nos confirma cuando el ánimo decae, la oración se enfría y la tentación presiona.

Pablo llama "mi evangelio" al mensaje, no porque lo haya inventado, sino porque se apropió de él y experimentó su poder. Sabía lo que era ser sostenido cuando ya no podía sostenerse.

Necesitamos recordar que nuestra relación con Dios no descansa finalmente en la firmeza con que nosotros nos aferramos a Cristo, sino en la fidelidad con que Cristo nos sostiene. Nuestra fe puede temblar; su mano no.

Esto no fomenta pasividad. Nos impulsa a utilizar los medios que Él ha provisto: Palabra, oración, obediencia y comunión. Pero elimina la ilusión de que todo depende de nuestra estabilidad emocional.

APLICACIÓN PARA HOY

Identifica un área donde te sientes inestable. Preséntala al Señor y reconoce: "Solo tú puedes confirmarme aquí". Repite las verdades del evangelio por encima de lo que dictan tus emociones.

ORACIÓN

Señor, tú eres quien me sostiene. No confío en mi disciplina ni en mi estabilidad emocional. Confío en tu poder para afirmarme en la verdad, fortalecerme en la fe y guardarme en tu voluntad. Que el evangelio que me salvó continúe sosteniéndome. Amén.

PARA MEDITAR

¿Estoy intentando sostener solo mi vida espiritual o descansando en el Dios que puede confirmarme?

DÍA 273 — 30 DE SEPTIEMBRE

LA OBEDIENCIA QUE BROTA DE LA FE

"Según el mandamiento del Dios eterno,
para que todas las naciones obedezcan a la fe."
Romanos 16:26

La meta del evangelio no es solamente transmitir información, producir emoción ni ofrecer inspiración. Es generar obediencia nacida de la fe. No una obediencia motivada por miedo, tradición o apariencia religiosa, sino la respuesta de un corazón transformado por Cristo.

Pablo presenta al menos tres verdades. Primero, el evangelio procede del Dios eterno. No es una moda, invención humana ni producto cultural. Antes de que existiéramos, Dios ya había determinado salvar pecadores por medio de Cristo. Por eso el mensaje no puede modificarse para acomodarse al gusto de cada época.

Segundo, el evangelio es para todas las naciones. No es propiedad de una raza, país ni tradición. Donde existe un ser humano, existe un alma necesitada de reconciliación con Dios. Nadie está demasiado quebrado, confundido u hostil para quedar fuera del alcance del mensaje.

Tercero, el evangelio produce obediencia. La fe auténtica no consiste solamente en aceptar mentalmente ciertas afirmaciones. Es rendirse al señorío de Cristo. Donde Él salva, también comienza a gobernar.

La obediencia no compra la salvación, pero sí evidencia que la fe está viva. Se manifiesta en la manera de hablar, perdonar, administrar, decidir, esperar y relacionarnos.

El propósito de la predicación no termina cuando alguien escucha o levanta una mano. El evangelio busca formar discípulos cuya vida entera aprenda a obedecer a Cristo.

Al cerrar este mes, conviene examinar si la verdad recibida se ha convertido en transformación. Podemos acumular conocimiento bíblico y continuar resistiendo en las mismas áreas. La fe que no toca la conducta termina reducida a discurso.

APLICACIÓN PARA HOY

Pregúntale al Señor qué área necesita alinearse con la obediencia de la fe: una decisión, hábito, pensamiento o resentimiento. Entrégasela conscientemente y da un paso concreto.

ORACIÓN

Dios eterno, enséñame a obedecerte desde el corazón. Quita de mí la obediencia vacía y permite que tu evangelio gobierne mis decisiones, emociones y motivaciones. Que mi vida demuestre que tu salvación no solamente perdona, sino que transforma. En el nombre de Jesús. Amén.

PARA MEDITAR

¿Mi fe está produciendo obediencia real o solamente palabras espirituales?

NUESTRO MENSAJE PARA TI EN OCTUBRE

DIOS SIGUE DANDO MAÑANAS A UN CORAZÓN QUE TODAVÍA ESTÁ EN PROCESO

OTTO & MILKY MAÑÓN

Octubre llega cuando el año ya muestra sus huellas. Se han acumulado cansancios, algunas oraciones continúan en espera, Dios ha concedido victorias en ciertas áreas y en otras todavía corrige con paciencia. A estas alturas pueden aparecer dos tentaciones: enorgullecerse por haber llegado tan lejos o desanimarse porque aún quedan luchas y asuntos sin resolver. Ninguna mirada es saludable si olvida lo principal: octubre amaneció por misericordia.

Ese es el pulso de este libro. Si todavía queda aliento, oportunidad de escuchar la voz de Dios, pedir perdón, corregir caminos y seguir creciendo, es porque el Señor quiso conceder más tiempo. No hemos llegado hasta aquí por mérito ni permanecemos en pie por fuerza propia. Seguimos caminando porque su misericordia volvió a amanecer.

Octubre no tiene el entusiasmo de los comienzos ni todavía el vértigo del cierre. Es uno de esos tramos donde la vida se vuelve más real. Lo débil se hace evidente, lo firme se prueba y aquello que quedó sin atender comienza a pasar factura. Precisamente ahí, Dios recuerda que sus amaneceres inmerecidos son evidencia diaria de su paciencia con personas que continúan en proceso.

No conviene vivir este mes con arrogancia espiritual, como si todo estuviera resuelto, ni con resignación, como si ya fuera demasiado tarde para cambiar. Hace falta humildad agradecida: humildad para reconocer lo que necesita luz y gratitud porque Dios no ha soltado a los suyos. Sigue enseñando, frenando al apresurado, consolando al que llora, incomodando al que se enfría y despertando al que comenzaba a vivir en automático.

Uno de los peligros de esta etapa consiste en acostumbrarse a la gracia. Se normaliza abrir los ojos, escuchar la Palabra y recibir la paciencia de Dios. Al disminuir el asombro, también disminuyen la gratitud, la sensibilidad y el temor santo. Octubre debe recordarnos que cada día continúa siendo un regalo serio.

Seguir en proceso no significa estar fuera de la mano de Dios. Muchas veces, la incomodidad ante nuestras propias zonas grises demuestra que el Señor continúa trabajando. El problema no es estar en proceso, sino acomodarse en él sin querer parecerse más a Cristo.

Este mes también invita a una obediencia más consciente. No una obediencia de espectáculo, emoción pasajera o promesas infladas que duran tres días, sino una obediencia sobria, profunda y visible en las cosas pequeñas: la manera de hablar, pensar, reaccionar, tratar a la familia, enfrentar la tentación en secreto y responder a Dios al recibir corrección.

Mientras exista una nueva mañana, todavía queda oportunidad. Oportunidad de volver a Cristo con más verdad, rendir lo que aún se retiene, dejar de vivir por costumbre y reconocer que el Señor no ha seguido concediendo días para que el alma se duerma, sino para que despierte.

Que octubre encuentre el corazón más disponible, agradecido y reverente. Que cada amanecer vuelva a predicar lo mismo: si todavía existe luz, tiempo y oportunidad de responderle al Señor, es porque su misericordia abrió nuevamente la puerta.

DÍA 274 — 1 DE OCTUBRE

DIOS SIGUE HABLANDO AUNQUE YA LO HABÍAS OÍDO

“Por tanto, es necesario que con más diligencia atendamos a las cosas que hemos oído, no sea que nos deslicemos.”

Hebreos 2:1

Una forma de enfriarse no siempre se nota inmediatamente. No ocurre mediante una caída escandalosa, sino al continuar oyendo la verdad sin darle el mismo peso. Se escucha un sermón, se lee un pasaje y se recibe una exhortación, pero todo comienza a resbalar. No porque la Palabra haya perdido poder, sino porque el corazón trata como rutinario lo que continúa siendo santo.

Hebreos advierte sobre un deslizamiento lento. Es la imagen de una embarcación que, por no atender la corriente, termina lejos del lugar donde debía permanecer. Así sucede con el alma. No siempre se aparta por rebelión abierta; a veces se aleja por descuido, por escuchar sin responder y por conocer verdades que ya no gobiernan la conducta.

Sin embargo, hoy tienes otra oportunidad para atender. Eso es misericordia. Dios pudo dejarte acostumbrado, distraído o endurecido, pero volvió a colocar su verdad delante de ti. No desprecies esa paciencia. Algunas personas pospusieron tanto la obediencia que el tiempo se les terminó. Tú todavía tienes este día.

La madurez no consiste en aburrirse de las verdades conocidas, sino en permitir que sigan descendiendo más profundamente. Quizá no necesitas una palabra nueva, sino obedecer por fin aquella que has escuchado muchas veces.

APLICACIÓN PARA HOY

Identifica una verdad bíblica que conoces, pero todavía no gobierna una parte de tu vida. Deja de tratarla como información familiar y responde con una decisión concreta de obediencia.

ORACIÓN

Señor, perdóname por escuchar tu Palabra sin la diligencia que merece. Gracias porque vuelves a advertirme y no me dejas deslizarme sin llamarme. Hazme responder con obediencia a lo que ya me enseñaste. En el nombre de Jesús. Amén.

PARA MEDITAR

¿Estoy atendiendo seriamente lo que Dios ha dicho o deslizándome mientras aparento permanecer en el mismo lugar?

DÍA 275 — 2 DE OCTUBRE

EL CORAZÓN PUEDE ENFRIARSE SIN HACER RUIDO

"Pero tengo contra ti, que has dejado tu primer amor."
Apocalipsis 2:4

No todo enfriamiento espiritual llega acompañado de escándalo. A veces entra silenciosamente. La persona continúa congregándose, cumpliendo responsabilidades y diciendo las palabras correctas, pero algo dentro ya no arde igual. La oración pierde peso, la Palabra deja de sorprender y la obediencia se vuelve mecánica. El alma sigue moviéndose alrededor de Dios, pero ya no disfruta realmente de Dios.

Eso sucedió en Éfeso. El Señor no los acusó primeramente de herejía abierta, sino de haber abandonado su primer amor. Conservaban disciplina y actividad, pero habían perdido ternura. Había estructura, pero menos deleite; verdad, pero menos afecto vivo por Cristo.

Esto demuestra que podemos seguir funcionando mientras el corazón se enfría. Podemos permanecer en el ambiente correcto y perder lentamente el gozo de la comunión con el Señor. El mayor peligro no es sentir sequedad, sino acostumbrarse a ella y llamarla normalidad, madurez o carácter.

Pero observa la misericordia de Cristo: Él lo señala. No permite que los suyos se enfríen sin confrontarlos. Si todavía puedes leer, escuchar, orar y responder, no todo está perdido. Este amanecer significa que Cristo todavía llama al corazón, no solo a continuar haciendo cosas para Él, sino a volver a amarlo con sinceridad.

El enfriamiento no se resuelve con teatro emocional ni con culpabilidad estéril. Se resuelve mirando otra vez a Cristo, recordando quién es, qué hizo, de dónde te sacó y cuánta paciencia ha tenido contigo.

APLICACIÓN PARA HOY

Pregúntate si mantienes la forma mientras el afecto por Cristo se ha debilitado. Aparta un momento para buscarlo sin prisa y reconocer delante de Él cualquier frialdad.

ORACIÓN

Señor, no quiero conservar apariencia espiritual mientras mi corazón se enfría. Perdóname por vivir de rutina. Aviva mi amor por tu presencia, tu Palabra y tu nombre. Gracias porque todavía me llamas a volver. Amén.

PARA MEDITAR

¿Estoy verdaderamente cerca de Cristo o solamente acostumbrado a moverme entre cosas relacionadas con Él?

DÍA 276 — 3 DE OCTUBRE

EL ALMA NECESITA VOLVER A TEMBLAR

"Servid a Jehová con temor, y alegraos con temblor."
Salmo 2:11

Existe una alegría que no es superficial ni ligera. Es el gozo del alma que sabe quién es Dios. Por eso el salmista une dos realidades que muchos separan: alegría y temblor. La vida delante del Señor no debe ser sombría, pero tampoco liviana. Conoce el gozo, pero también el peso santo de relacionarse con el Rey del cielo y de la tierra.

Uno de los peligros del paso del tiempo es perder ese temblor. No necesariamente porque se abandone la fe, sino porque se comienza a vivir con demasiada familiaridad. Se canta, se sirve, se ora y se lee la Escritura sin reverencia. Dios empieza a ser tratado como acompañante sentimental y no como el Señor soberano que merece amor, obediencia y temor.

Al dejar de temblar el alma, muchas cosas se aflojan. La lengua se vuelve descuidada, el pecado más negociable, la adoración pierde gravedad y la oración se llena de prisa. La Palabra se convierte en material conocido y el corazón aprende a moverse alrededor de Dios sin postrarse verdaderamente delante de Él.

Por eso necesitamos pedir que el Señor devuelva ese temblor bueno. No terror servil, sino reverencia viva; no angustia de condenado, sino asombro de redimido. El creyente no huye de Dios como de un tirano. Tiembla agradecido delante del Dios santo que lo rescató por misericordia.

Que hoy hayas despertado es motivo de alegría, pero también de reverencia. Has recibido otra mañana que no se te debía. Que el gozo por ella no pierda el santo temblor.

APLICACIÓN PARA HOY

Acércate hoy a Dios sin prisa. Lee un pasaje lentamente, reconoce quién está hablándote y pídele que quite toda ligereza en tu manera de tratar lo santo.

ORACIÓN

Señor, quiero servirte con temor y alegrarme con temblor. Perdóname por tratar tu presencia con liviandad. Devuelve a mi corazón el asombro, la reverencia y el gozo santo de conocerte. En el nombre de Jesús. Amén.

PARA MEDITAR

¿Mi manera de vivir muestra reverencia ante Dios o demasiada familiaridad con las cosas santas?

DÍA 277 — 4 DE OCTUBRE

DIOS TODAVÍA TRABAJA EN LO QUE IBAS A DAR POR PERDIDO

"¿Hay para Dios alguna cosa difícil?"
Génesis 18:14

El alma puede dejar de esperar sin admitirlo. No siempre se vuelve incrédula de manera abierta; sencillamente se resigna. Ya no ora con el mismo deseo ni pide con la misma esperanza. Algo interior comienza a decir: "Esto no cambiará. Se quedó así. Está demasiado lejos". Entonces ciertos asuntos terminan archivados como casos cerrados.

Sara se rió al escuchar la promesa. No fue risa de alegría, sino de incredulidad cansada. Su edad, su cuerpo y toda lógica humana gritaban que era demasiado tarde. Dios respondió con una pregunta que todavía rompe los ataúdes fabricados apresuradamente por la resignación: "¿Hay para Dios alguna cosa difícil?".

Esto no significa que el Señor hará exactamente lo que deseas ni según tu calendario. Significa que su poder no está limitado por tu desgaste, tus estadísticas o aquello que tú declaraste imposible. A veces Dios no ha dejado de obrar; eres tú quien dejó de esperar que lo hiciera.

Este amanecer demuestra que el Señor continúa dando tiempo. Ese tiempo puede servir para corregirte, pero también para recordarte que Él conserva la última palabra sobre lo que ya dabas por perdido. No entierres demasiado pronto lo que Dios no ha cerrado. No declares definitivo lo que continúa en sus manos.

La fe no exige resultados a la medida. Se rinde a la voluntad de Dios, pero se niega a reducir su poder al tamaño de las circunstancias. Puede decir: "Señor, no sé qué harás, pero sé que nada es demasiado difícil para ti".

APLICACIÓN PARA HOY

Trae nuevamente delante del Señor una persona, una restauración o una situación que habías archivado. Ora con esperanza rendida, sin imponerle el resultado.

ORACIÓN

Señor, perdóname por llamar imposible a lo que continúa en tus manos. Vuelvo a presentarte aquello que había entregado a la resignación. Haz tu voluntad y ayúdame a confiar en tu poder y sabiduría. Amén.

PARA MEDITAR

¿Qué he declarado imposible solamente porque para mí parece demasiado tarde?

DÍA 278 — 5 DE OCTUBRE

NO TODO DOLOR ES CASTIGO; A VECES ES PODA

"Todo pámpano que en mí lleva fruto, lo limpiará, para que lleve más fruto."
Juan 15:2

No todo dolor significa que Dios te haya abandonado. No toda incomodidad demuestra que estés fuera de su voluntad. Algunas veces lo que duele no es castigo, sino poda. Y aunque la poda incomoda, también expresa amor. El labrador corta la rama no para destruirla, sino para hacerla más fructífera.

Resulta difícil entenderlo al desaparecer una comodidad, moverse una seguridad o tocar el Señor precisamente un área que considerábamos bastante ordenada. Sin embargo, Jesús afirma que el Padre limpia al pámpano que ya lleva fruto. Esto significa que incluso la vida que muestra señales de gracia todavía necesita tratamiento.

La carne preferiría crecimiento sin corte, madurez sin pérdida y fruto sin renuncia. Pero el Padre no se conforma con mantenernos verdes por fuera mientras conservamos cosas que estorban. A veces el crecimiento que pedimos llega mediante un recorte que jamás habríamos escogido. La misericordia no siempre añade; en ocasiones quita.

Si atraviesas un tiempo de poda, no concluyas rápidamente que Dios está en tu contra. Puede estar tratándote precisamente como una rama que le pertenece. El corte duele, pero su intención es amorosa. La limpieza incomoda, pero apunta hacia más fruto. Peor sería que el Padre te dejara intacto en todo aquello que limita tu crecimiento.

No todo lo que Dios retira era malo en sí mismo. Algunas cosas simplemente cumplieron su propósito, ocupaban demasiado espacio o estaban consumiendo fuerzas que debían alimentar un fruto mejor.

APLICACIÓN PARA HOY

Presenta al Señor aquello que está siendo removido o corregido. Pregunta con humildad si puede tratarse de su poda y pídele que el dolor no se desperdicie.

ORACIÓN

Padre, quisiera fruto sin corte y crecimiento sin renuncia. Perdóname por resistir tu mano. Si estás podando mi vida, ayúdame a confiar en tu amor y produce en mí el fruto que deseas. En el nombre de Jesús. Amén.

PARA MEDITAR

¿Estoy interpretando toda incomodidad como rechazo cuando podría ser la mano amorosa del Padre limpiándome?

DÍA 279 — 6 DE OCTUBRE

EL ALMA DEBE VOLVER A SU LUGAR DE DESCANSO

"En descanso y en reposo seréis salvos; en quietud y en confianza será vuestra fortaleza."

Isaías 30:15

Algunos cansancios no provienen solamente de lo que hacemos, sino de la manera en que vivimos por dentro. Pensamos demasiado, cargamos más de lo debido e intentamos resolver anticipadamente problemas que todavía no han llegado. El alma se llena de ruido, tensión y escenarios imaginarios hasta perder la capacidad de descansar, incluso al detenerse el cuerpo.

Isaías coloca el dedo sobre una herida común: "En quietud y en confianza será vuestra fortaleza". Eso contradice una época que identifica fortaleza con correr más, preverlo todo y mantener control absoluto. Dios enseña otra dirección. La fuerza del creyente no nace primeramente de su capacidad para sostenerlo todo, sino de su confianza en Aquel que sostiene todas las cosas.

El pueblo prefería sus planes antes que descansar en Dios. Quería asegurar, resolver y buscar ayuda donde parecía más lógico. El Señor les mostró que la salida no estaba en su agitación, sino en volver al reposo de la fe. Muchas veces no perdemos la paz porque Dios se haya alejado, sino porque abandonamos nuestro lugar de descanso.

Reposar no significa irresponsabilidad. Significa dejar de vivir como si todo dependiera de nosotros. No eres salvador de tu familia, dueño del mañana ni señor de las circunstancias. Existen responsabilidades que te corresponden, pero también cargas que hace tiempo debiste devolver al trono.

Este amanecer no significa que ahora podrás controlarlo todo mejor. Significa que Dios vuelve a darte la oportunidad de descansar en su gobierno y cumplir tus responsabilidades sin el veneno de la autosuficiencia.

APLICACIÓN PARA HOY

Identifica una carga que has llevado como si todo dependiera de ti. Entrégala conscientemente al Señor y cumple solamente la parte que realmente te corresponde.

ORACIÓN

Señor, perdóname por cargar lo que solamente tú puedes sostener. Enséñame a reposar, confiar y trabajar sin ansiedad. Mi fortaleza no está en mi control, sino en tu fidelidad. Amén.

PARA MEDITAR

¿Busco fortaleza controlándolo todo o descansando en el gobierno de Dios?

DÍA 280 — 7 DE OCTUBRE

LA BATALLA DE HOY TAMBIÉN SE PELEA CON LA BOCA

"Pon guarda a mi boca, oh Jehová; guarda la puerta de mis labios."
Salmo 141:3

Algunos días se dañan más con la boca que con las manos. Una respuesta impaciente, una crítica innecesaria, una exageración o una queja pronunciada sin cuidado pueden transformar por completo el ambiente. La lengua tiene capacidad para herir rápidamente y dejar marcas que tardan mucho en desaparecer. Por eso David no pide primeramente fuerza para sus brazos, sino vigilancia para sus labios.

Hablar correctamente no es solamente un asunto de educación; es un asunto espiritual. La boca expresa lo que llena el corazón. Si el corazón está irritado, herido o cansado, las palabras salen con mayor filo. Allí se demuestra si la vida espiritual alcanza las conversaciones diarias o permanece únicamente en ideas hermosas.

Pedirle a Dios que guarde la boca significa reconocer que, sin su ayuda, podemos decir cosas que lamentaremos. No todo pensamiento debe pronunciarse ni toda emoción merece convertirse en discurso. Muchas batallas se deciden durante unos pocos segundos: en la pausa antes de contestar, en el comentario que decidimos callar o en la verdad que expresamos con mansedumbre en lugar de veneno.

También existen pecados de silencio. A veces debemos hablar para defender al débil, reconocer una falta o expresar gratitud. Tener la boca bajo el gobierno de Dios no significa permanecer siempre callados, sino saber cuándo hablar, cómo hacerlo y con qué intención.

Hoy recibiste una nueva oportunidad para utilizar la lengua con el propósito de bendecir, consolar, corregir con amor y comunicar gracia.

APLICACIÓN PARA HOY

Antes de comenzar conversaciones importantes, repite esta oración del salmista. Si ya dijiste algo hiriente, no te excuses: pide perdón y procura reparar.

ORACIÓN

Señor, pon guarda a mi boca. Detén las palabras que nacen del orgullo, el cansancio o la ira. Enséñame a hablar con verdad, gracia y dominio propio. Que mi lengua edifique y honre tu nombre. Amén.

PARA MEDITAR

Si Dios guardara estrictamente hoy la puerta de mis labios, ¿cuántas palabras quedarían sin pronunciarse?

DíA 281 — 8 DE OCTUBRE

EL ENOJO NO PUEDE QUEDARSE A VIVIR EN TU PECHO

"Airaos, pero no pequéis; no se ponga el sol sobre vuestro enojo, ni deis lugar al diablo."
Efesios 4:26–27

El enojo no siempre llega vestido de pecado evidente. Puede presentarse como deseo de justicia, orden o claridad. Existen cosas que deben molestarnos y situaciones que necesitan confrontación. El problema comienza al dejar el enojo de ser una reacción y convertirse en residente permanente del corazón. Entonces ya no corrige: corroe. Ya no alerta: intoxica.

Pablo no niega que exista una ira legítima, pero prohíbe utilizarla como plataforma para pecar. "No se ponga el sol sobre vuestro enojo" no significa que toda conversación compleja deba resolverse mágicamente antes de dormir. Significa que el corazón no fue diseñado para incubar resentimiento noche tras noche.

"Ni deis lugar al diablo" es una advertencia seria. El enojo no tratado produce sospechas, exageraciones, frialdad, dureza y división. A veces creemos que solamente estamos procesando lo ocurrido, cuando en realidad alimentamos una raíz que pronto dará fruto amargo.

Tratar el enojo no significa negar la injusticia ni reconciliarse irresponsablemente con quien continúa haciendo daño. Puede requerir límites claros, una conversación honesta o ayuda externa. Pero ninguna de esas medidas necesita estar acompañada por odio.

Si amaneciste todavía cargando un enojo antiguo, no utilices este día para calentarlo nuevamente. Dios no te concedió otra mañana para perfeccionar tu amargura, sino para llevarla a la luz, entregarle el juicio y permitir que Él limpie tu interior.

APLICACIÓN PARA HOY

Identifica el enojo que repites y alimentas mentalmente. Preséntalo al Señor y decide cuál paso responsable corresponde: hablar, perdonar, establecer un límite o pedir ayuda.

ORACIÓN

Señor, tú conoces lo que me hirió. No quiero usar mi enojo para pecar ni darle espacio al enemigo. Dame verdad para enfrentar lo ocurrido, sabiduría para actuar y gracia para no convertirme en una persona amargada. Amén.

PARA MEDITAR

¿Mi enojo es una reacción que entrego a Dios o una habitación donde ya comenzó a vivir la amargura?

DÍA 282 — 9 DE OCTUBRE

NO TODO LO QUE PARECE VIVO ESTÁ DESPIERTO

"Yo conozco tus obras, que tienes nombre de que vives, y estás muerto."
Apocalipsis 3:1

Pocas declaraciones resultan tan incómodas como esta: tener reputación de vida y, sin embargo, estar muerto. La actividad, el movimiento y el buen nombre estaban presentes, pero delante del Señor la realidad era diferente. Esto produce santo temor, porque una cosa es la opinión que otros tienen de nuestra espiritualidad y otra lo que Cristo encuentra al mirar el interior.

Es posible proyectar vitalidad de manera convincente. Podemos hablar, servir, cantar, organizar y responder correctamente. Pero la actividad no siempre equivale a vida. La costumbre puede disfrazarse de fervor, la disciplina de comunión y la reputación de realidad. Mientras otros dicen que todo marcha bien, el alma sabe que algo se está secando.

El problema de Sardis no era solamente cometer pecados visibles, sino continuar proyectando vida mientras el interior moría. Esto puede suceder lentamente, por descuido, confianza en la apariencia, orgullo espiritual o dependencia de experiencias pasadas. Se vive recordando lo que Dios hizo años atrás, pero sin comunión fresca con Él en el presente.

Sin embargo, Cristo denuncia la condición porque todavía llama al arrepentimiento. Esa confrontación es misericordia. Si hoy recibiste otra mañana, también recibiste oportunidad de abandonar el autoengaño antes de profundizar una apariencia vacía.

No pidas solamente parecer vivo. Pide estarlo. No te conformes con conservar nombre, cargo o reputación. Busca realidad delante de Dios. Al final no vivirás del concepto que otros tengan de ti, sino de la verdad con la que Cristo te encuentre.

APLICACIÓN PARA HOY

Pregunta al Señor si tu vida espiritual actual depende más de reputación, recuerdos o actividad que de comunión verdadera. No protejas la imagen; busca vida.

ORACIÓN

Señor, líbrame de conformarme con nombre de vida mientras mi interior se seca. Muéstrame toda costumbre sin comunión y toda actividad sin fuego. Prefiero tu corrección a sostener una apariencia vacía. Amén.

PARA MEDITAR

Si Cristo evaluara mi vida más allá de toda reputación, ¿encontraría verdadera comunión con Él?

DÍA 283 — 10 DE OCTUBRE

VOLVER A DECIRLE QUE SÍ AL SEÑOR

"Ahora pues, Jehová, tú eres nuestro padre; nosotros barro, y tú el que nos formaste."
Isaías 64:8

Ciertas temporadas exigen más que ánimo: exigen una rendición renovada. No necesariamente porque el corazón haya negado a Dios abiertamente, sino porque comenzó a resistirse en pequeñas áreas, administrando cosas que todavía no han sido entregadas completamente.

Isaías presenta una imagen sencilla: barro y alfarero. El barro no determina su forma ni impone condiciones al artesano. Se deja trabajar. Esto hiere el orgullo humano, porque nos agrada la idea de ser salvados, pero no siempre la de ser moldeados. Queremos perdón sin proceso, consuelo sin corrección y propósito sin permitir que Dios toque nuestra forma.

Sin embargo, el Alfarero también es Padre. No manipula el barro con crueldad. Presiona si hace falta, añade agua, detiene el torno y comienza nuevamente si es necesario. Su propósito no es destruir la pieza, sino darle la forma que Él conoce desde el principio.

A veces nos resistimos porque no comprendemos el diseño. Interpretamos la presión como rechazo y el proceso como demora inútil. Pero el barro no necesita conocer todo el proyecto para permanecer seguro; necesita continuar en las manos del Alfarero.

Si hoy hubo amanecer, el taller volvió a abrir. Existe otra oportunidad para dejarse tocar, corregir y formar. Quizá la oración más necesaria no sea pedir una respuesta nueva, sino decir: "Haz conmigo lo que quieras, pero no permitas que me endurezca fuera de tus manos".

APLICACIÓN PARA HOY

Identifica un área concreta que todavía responde "no" o "todavía no" a Dios. Entrégala sin generalidades y acepta su derecho a moldearla.

ORACIÓN

Padre, tú eres el Alfarero y yo soy barro. Perdóname por querer tu ayuda sin entregarte mi forma, mis tiempos y mis resistencias. Vuelvo a decirte que sí. Moldéame y no permitas que me endurezca. En el nombre de Jesús. Amén.

PARA MEDITAR

¿Qué parte de mi vida continúa resistiéndose a las manos del Alfarero?

DíA 284 — 11 DE OCTUBRE

REGRESAR A LA SENCILLEZ

"Temo que como la serpiente con su astucia engañó a Eva, vuestros sentidos sean extraviados de la sincera fidelidad a Cristo."
2 Corintios 11:3

No toda desviación espiritual comienza con un gran pecado. Algunas veces empieza al complicarse el corazón. Se llena de ruido, comparaciones, intereses mezclados y muchas actividades alrededor de Dios, pero pierde la sencillez delante de Él. La vida quizá no se ve peor exteriormente; solamente se vuelve más enredada por dentro.

Pablo habla de sincera fidelidad a Cristo. Esa expresión une dos realidades necesarias: sinceridad y constancia. La sinceridad mantiene el corazón verdadero; la fidelidad lo conserva firme. Al faltar una, aparece un cristianismo extraño: correcto, pero poco transparente; emotivo, pero inconstante.

La serpiente engañó con astucia. El enemigo continúa trabajando de esa manera. No siempre aparta al creyente mediante una negación abierta de la fe. Puede extraviarlo llenándolo de activismo, vanidad espiritual, pensamientos divididos y preocupaciones secundarias. No necesariamente deja de hablar de Jesús, pero pierde la sencillez de pertenecerle verdaderamente.

Con el paso del tiempo podemos continuar haciendo cosas buenas mientras el corazón se complica. Queremos impresionar, controlar, sostener una imagen y atender demasiados asuntos. En medio de eso desaparece la frescura de una devoción sencilla: amar a Cristo, obedecer su voz, caminar en verdad y conservar una conciencia limpia.

Este amanecer trae oportunidad para volver. No a una fe ingenua, sino a una fidelidad sin tanta doblez. Algunas misericordias llegan quitando cargas y devolviendo el corazón a lo esencial.

APLICACIÓN PARA HOY

Revisa qué ruido, preocupación o ambición está complicando tu relación con Cristo. Reduce lo innecesario y vuelve a lo básico: Palabra, oración, obediencia y verdad.

ORACIÓN

Señor, límpiame de todo lo que extravía mis sentidos. Ordena mis afectos y devuélveme la sincera fidelidad a Cristo. Quiero una vida menos enredada y más centrada en ti. Amén.

PARA MEDITAR

¿Mi vida espiritual se vuelve más centrada en Cristo o cada vez más cargada y distraída?

DÍA 285 — 12 DE OCTUBRE

ESPERAR SIN VOLVERSE ÁSPERO

"Bueno es Jehová a los que en él esperan, al alma que le busca."
Lamentaciones 3:25

Esperar no consiste solamente en permanecer quieto; muchas veces consiste en conservar el corazón blando. El problema no es únicamente cuánto tarda una respuesta, sino en qué clase de persona nos convertimos durante la demora. Algunos continúan esperando, pero se vuelven ásperos, desconfiados, cínicos y pesados por dentro.

La Escritura afirma que Jehová es bueno con quienes esperan en Él y continúan buscándolo. Existe una espera que se convierte en distancia y otra que se vuelve oración. Una produce queja; la otra, dependencia. No siempre puedes escoger la duración del proceso, pero puedes pedir que Dios no permita que destruya tu corazón.

Lamentaciones nació en medio de ruina, llanto y pérdidas. Aun así, proclama que Dios continúa siendo bueno. Su bondad no desaparece porque tu calendario no coincida con el suyo. Su silencio no significa descuido ni su demora crueldad. Él conoce aquello que está formando mientras tú esperas.

La espera también revela dónde estaba puesta la confianza. Si solamente buscábamos una respuesta, nos alejaremos al no llegar. Si buscamos al Señor, la demora puede profundizar nuestra comunión con Él. Esto no elimina el dolor, pero evita que se transforme en amargura.

Si hoy despertaste todavía esperando, no desperdicies esta mañana permitiendo que la demora endurezca tu carácter. Es otro día para esperar buscándolo, no solamente soportando el paso de las horas.

APLICACIÓN PARA HOY

Presenta al Señor la espera que más te desgasta. Pídele no solo una respuesta, sino también que te conserve sensible, humilde y limpio durante el proceso.

ORACIÓN

Señor, tú sabes cuánto pesa continuar esperando. No permitas que esta demora me vuelva áspero, incrédulo o amargado. Enséñame a buscarte mientras espero y a descansar en tu bondad. En el nombre de Jesús. Amén.

PARA MEDITAR

¿Esta espera está produciendo una búsqueda más profunda de Dios o un corazón cada vez más duro?

DÍA 286 — 13 DE OCTUBRE

NO DEJES PARA MAÑANA LO QUE DIOS TE MARCÓ HOY

"El que al viento observa, no sembrará;
y el que mira a las nubes, no segará."
Eclesiastés 11:4

Algunas obediencias se enfrían porque se analizan demasiado. No falta claridad; sobra demora. Esperamos el momento ideal, el ánimo perfecto, la tranquilidad completa y una certeza sin ninguna posibilidad de riesgo. Mientras observamos cada nube y calculamos cada viento, el tiempo continúa pasando.

Eclesiastés señala esa trampa. Quien observa demasiado las condiciones nunca siembra. Existe una prudencia sana, pero también una cautela carnal que se disfraza de sabiduría mientras posterga lo que Dios ya mostró. Lo que se pospone durante demasiado tiempo termina volviéndose más difícil.

Esto sucede al pedir perdón, abandonar una práctica, iniciar una disciplina, conversar con alguien, servir, confesar o reconciliarse. El corazón posee una extraordinaria capacidad para convertir el "todavía no" en una costumbre. Después se sorprende al volverse pesadísimo aquello que al principio parecía sencillo.

No todo impulso debe seguirse, pero toda obediencia clara debe atenderse. La fe no espera condiciones perfectas; actúa con la luz que Dios ha concedido. La persona prudente puede sentir temor y aun así avanzar. La persona paralizada llama prudencia a su desobediencia.

Los amaneceres inmerecidos también contienen urgencia. Este día no fue concedido para continuar empujando hacia mañana lo que el Señor marcó hoy. Fue dado para sembrar y responder, aunque el escenario todavía no sea ideal.

APLICACIÓN PARA HOY

Identifica una obediencia clara que has pospuesto bajo argumentos razonables. Da hoy el primer paso concreto, aunque no puedas completar todo el proceso.

ORACIÓN

Señor, perdóname por disfrazar mi demora de prudencia. Dame un corazón dispuesto a obedecer con la luz que ya recibí. No quiero seguir mirando vientos y nubes mientras dejo pasar el tiempo de sembrar. Amén.

PARA MEDITAR

¿Qué obediencia sigo retrasando mientras espero un momento perfecto que probablemente nunca llegará?

DÍA 287 — 14 DE OCTUBRE

EL ORGULLO ESCONDIDO DETRÁS DE LA AUTOEXPLICACIÓN

"En la boca del necio está la vara de la soberbia."
Proverbios 14:3

La soberbia no siempre habla con voz fuerte. A veces se presenta mediante explicaciones interminables. Siempre existe una razón para suavizar la falta, reinterpretar lo sucedido o trasladar parte de la responsabilidad hacia otra persona. Muchas veces eso no es claridad, sino orgullo que se resiste a quedar mal.

La soberbia puede vestirse de argumentos, matices convenientes y discursos cuidadosamente organizados. Surge una necesidad desesperada de demostrar que uno no fue tan culpable como parece. Proverbios afirma que la boca del necio lleva la vara de la soberbia porque sus propias palabras terminan revelando un corazón demasiado comprometido con proteger su imagen.

La humildad tiene una belleza más sencilla. Reconoce, confiesa y acepta corrección. No necesita defender cada rincón de su reputación. Comprende que la verdad delante de Dios vale más que quedar bien delante de las personas. Esto produce descanso, porque administrar continuamente las apariencias resulta agotador.

Explicar el contexto puede ser necesario, especialmente ante una acusación injusta. Pero existe una diferencia entre aclarar la verdad y utilizarla para evadir toda responsabilidad. El corazón humilde puede decir: "Esto ocurrió, pero mi parte estuvo mal y debo reconocerla".

Este amanecer ofrece otra oportunidad para dejar de defenderte tanto y rendirte más. La misericordia de Dios no fue concedida para ayudarte a perfeccionar tus excusas, sino para liberarte y permitirte caminar en verdad.

APLICACIÓN PARA HOY

Piensa en una conversación reciente donde te justificaste demasiado. Pregúntate cuál parte debes reconocer sin añadir defensas. Si corresponde, vuelve a esa persona y asume tu responsabilidad.

ORACIÓN

Señor, perdóname por utilizar palabras para proteger mi imagen. Líbrame de la soberbia que se esconde detrás de mis explicaciones. Dame humildad para reconocer mis fallas sin maquillaje y caminar en verdad. Amén.

PARA MEDITAR

Al fallar, ¿me preocupa más quedar bien ante las personas o quedar limpio delante de Dios?

DÍA 288 — 15 DE OCTUBRE

LO QUE HACES EN SECRETO TAMBIÉN ESTÁ FORMANDO TU ETERNIDAD

"Tú, cuando ores, entra en tu aposento, y cerrada la puerta, ora a tu Padre que está en secreto."
Mateo 6:6

El mundo valora lo visible: aquello que se publica, se celebra y produce reputación. Dios trabaja con otra lógica. Le importa lo que hacemos sin aplausos, la persona que somos al cerrarse la puerta y quedar solos delante de Él.

Jesús habla de entrar al aposento y orar en secreto. No prohíbe toda oración pública, sino que confronta el corazón que únicamente funciona al tener audiencia. Una pregunta seria de la vida espiritual es esta: ¿qué queda de nuestra comunión con Dios si nadie está mirando?

Lo secreto forma más de lo que imaginamos. Forma deseos, conciencia, hábitos, hambre espiritual y temor de Dios. También puede formar hipocresía si solo sabemos comportarnos correctamente en espacios visibles. La vida sólida no se construye únicamente mediante actos públicos, sino mediante un corazón que busca a Dios sin plataforma ni presión social.

En el aposento no existe reputación que proteger ni personaje que interpretar. Allí no impresiona la elocuencia. El Padre ya conoce las verdaderas cargas, luchas y motivaciones. Por eso la oración secreta puede ser más honesta. No necesitas explicarle lo que aparentas ser; puedes presentarte tal como eres.

Este amanecer te concede tiempo para cultivar esa realidad. No necesitas comenzar con una hora entera ni con palabras extraordinarias. Necesitas verdad, silencio y disposición para permanecer delante del Padre.

APLICACIÓN PARA HOY

Aparta algunos minutos sin teléfono, multitarea ni testigos. Cierra la puerta y habla con Dios sobre aquello que normalmente escondes detrás de palabras religiosas.

ORACIÓN

Padre, perdóname por cuidar más mi imagen visible que mi comunión contigo. Enséñame a buscarte sin audiencia, máscara ni prisa. Que mi vida secreta forme un corazón verdadero y sostenga todo lo que hago en público. Amén.

PARA MEDITAR

Si desaparecieran todos los lugares donde otros pueden verme espiritual, ¿qué quedaría realmente de mi vida con Dios?

DÍA 289 — 16 DE OCTUBRE

LIMPIAR LA CASA POR DENTRO

"Limpia primero lo de dentro del vaso y del plato, para que también lo de fuera sea limpio."
Mateo 23:26

Podemos aprender a arreglar bastante bien la parte exterior. Cuidamos el lenguaje, la conducta visible y la imagen. Todo eso tiene importancia, pero el orden se invierte al intentar vivir de una limpieza externa mientras el interior acumula resentimiento, orgullo, deseos torcidos o doblez.

Cristo ordena: "Limpia primero lo de dentro". No enseña que lo exterior sea irrelevante, sino que la transformación verdadera comienza en el corazón. El evangelio no se conforma con maquillar comportamientos; va hacia la raíz. No busca solamente modales cristianos, sino verdad en lo íntimo.

La limpieza interior resulta más difícil porque no se consigue simplemente cambiando ciertas formas. Requiere examen, arrepentimiento, confesión y proceso. Exige permitir que Dios toque aquello que preferiríamos continuar administrando en privado. Sin embargo, esa confrontación también es misericordia. Si hoy recibiste otro amanecer, tienes una nueva oportunidad para ordenar la casa por dentro y no vivir únicamente de decoración espiritual.

No temas la luz de Cristo. Él no expone para humillar sin esperanza, sino para sanar. Lo que confronta, puede perdonarlo. Lo que alumbra, puede enderezarlo. Lo que limpia, lo limpia realmente.

Limpiar tampoco significa alcanzar perfección inmediata. Significa dejar de esconder, justificar o proteger aquello que el Señor está señalando. El proceso comienza al abrir la puerta.

APLICACIÓN PARA HOY

Pregunta al Señor qué rincón interior necesita limpieza urgente. Nombra pensamientos, heridas o actitudes sin utilizar términos generales. Entrégale esa área y acepta los pasos que Él muestre.

ORACIÓN

Señor, muchas veces me preocupa más verme bien que estar limpio. Entra en los rincones que he evitado. Limpia lo de dentro, alumbra lo escondido y forma en mí una vida íntegra. En el nombre de Jesús. Amén.

PARA MEDITAR

¿Estoy invirtiendo más esfuerzo en mi apariencia espiritual que en la limpieza real de mi corazón?

DÍA 290 — 17 DE OCTUBRE

LA ENVIDIA DISFRAZADA DE DESÁNIMO

"Apacible es el corazón, vida de la carne;
mas la envidia es carcoma de los huesos."
Proverbios 14:30

No toda tristeza nace del cansancio. A veces aquello que llamamos desánimo tiene un nombre menos agradable: envidia. Miramos la familia, las oportunidades, el ministerio o el avance de otra persona, y algo interior comienza a torcerse. No siempre se expresa abiertamente. Puede disfrazarse de crítica, comparación silenciosa o incapacidad para celebrar sinceramente el bien ajeno.

La Escritura llama a la envidia "carcoma de los huesos". No es una molestia inofensiva; corroe lentamente. Le quita paz al alma, gratitud al corazón y limpieza a la mirada. Hace que vivamos observando lateralmente en lugar de mirar hacia Dios. Comenzamos a medir nuestra historia según el progreso ajeno y perdemos de vista lo que el Señor nos ha dado y pedido.

El corazón apacible recibe con mayor descanso el lugar que Dios le asignó. No significa que no tenga deseos o luchas, sino que ya no necesita compararse para sentirse valioso. Puede alegrarse con quienes se alegran porque entiende que la bendición concedida a otro no representa abandono para él.

La comparación también distorsiona. Conocemos una parte visible de la vida ajena, pero ignoramos sus luchas, responsabilidades y procesos. Terminamos envidiando una fotografía incompleta.

Este día no fue entregado para desperdiciarlo comparándote, sino para vivirlo con fidelidad en el tramo que Dios te señaló. La envidia te saca de tu llamado; la gratitud te devuelve.

APLICACIÓN PARA HOY

Reconoce delante de Dios con quién has estado comparándote. Bendice en oración a esa persona y agradece específicamente por tres misericordias presentes en tu propia vida.

ORACIÓN

Señor, perdóname por permitir que la comparación contamine mi mirada. Límpiame de la envidia y dame un corazón apacible, agradecido y libre para celebrar tu gracia en los demás. Amén.

PARA MEDITAR

¿Mi desánimo proviene solamente del cansancio o también de observar demasiado la vida ajena?

DÍA 291 — 18 DE OCTUBRE

NO TODO LO URGENTE ES LO MÁS IMPORTANTE

"Marta, Marta, afanada y turbada estás con muchas cosas. Pero solo una cosa es necesaria."
Lucas 10:41–42

Ciertas temporadas convierten la vida en una lista interminable. Todo urge, exige respuesta y llega al mismo tiempo. Sin darnos cuenta, comenzamos a vivir bajo la presión de lo inmediato. Apagamos fuegos y resolvemos responsabilidades legítimas, pero el alma se seca porque lo urgente devoró lo necesario.

Marta no estaba haciendo algo malo. Servía y atendía tareas útiles. El problema era el desorden interior que convirtió su servicio en afán y turbación. Mientras ella se llenaba de muchas cosas, María permanecía a los pies de Jesús. El Señor no desprecia el servicio; establece el orden correcto: una cosa es necesaria.

Muchas personas no se apartan de Dios mediante un pecado escandaloso, sino por saturación. La agenda se llena hasta no dejar alma para sentarse delante de Cristo con atención. Entonces se vive de pendiente en pendiente mientras la comunión verdadera queda continuamente para después.

La frase "solo una cosa es necesaria" no significa abandonar el trabajo, la familia o las obligaciones. Significa que ninguna responsabilidad puede ocupar el lugar desde el cual recibimos fuerza para cumplirlas. La presencia de Cristo no es otra tarea añadida a la lista; es el centro que ordena todas las demás.

Este amanecer ofrece una oportunidad para distinguir nuevamente entre lo urgente y lo necesario. Tal vez no puedas eliminar todas tus responsabilidades, pero sí puedes dejar de tratarlas como más importantes que escuchar al Señor.

APLICACIÓN PARA HOY

Aparta un tiempo definido para estar con Cristo antes de que las urgencias ocupen todo el día. Revisa también qué compromiso innecesario puedes reducir o eliminar.

ORACIÓN

Señor, perdóname por permitir que el afán desordene mi corazón. Enséñame a servir sin perder tu presencia y a distinguir lo urgente de lo verdaderamente necesario. Quiero volver a sentarme a tus pies. Amén.

PARA MEDITAR

¿Qué cosa necesaria estoy descuidando porque lo urgente ha ocupado demasiado espacio?

DíA 292 — 19 DE OCTUBRE

VOLVER A LA GRATITUD

"Bendice, alma mía, a Jehová,
y no olvides ninguno de sus beneficios."
Salmo 103:2

El olvido espiritual no significa únicamente perder información bíblica. También ocurre al dejar de contar las bondades de Dios. El alma continúa respirando, trabajando y resolviendo, pero ya no bendice ni recuerda. Al debilitarse la memoria de la gracia, la queja encuentra terreno fértil.

David habla con su propia alma. Le ordena bendecir al Señor y no olvidar sus beneficios. Esto demuestra que la gratitud no siempre aparece espontáneamente; algunas veces debemos despertarla. Es necesario luchar contra la prisa, la costumbre y esa tendencia interior que solamente observa lo que falta, tarda o todavía duele.

Ser agradecido no exige negar las pérdidas ni convertir la vida en una postal falsa. Significa reconocer que, aun en medio de las dificultades, continúan cayendo misericordias: perdón, sustento, corrección, protección, pan, personas, advertencias, Palabra y esperanza. Sobre todo, Cristo. Quien tiene a Cristo no vive una existencia vacía de beneficios, aunque todavía atraviese situaciones dolorosas.

El agradecimiento también cambia la manera de interpretar el presente. No elimina los problemas, pero impide que se conviertan en la única realidad visible. Nos recuerda que el Dios que hoy permite una carga es el mismo que ayer nos sostuvo y mañana continuará siendo fiel.

Que hoy haya amanecido ya forma parte de la cuenta. Esta mañana no se te debía y, sin embargo, llegó. La misericordia no estaba ausente; quizá se había vuelto demasiado habitual para tus ojos.

APLICACIÓN PARA HOY

Escribe cinco beneficios concretos recibidos recientemente. Incluye cosas sencillas que normalmente das por sentadas y agradécelas en oración.

ORACIÓN

Señor, perdóname por vivir rodeado de tus beneficios sin detenerme a bendecirte. Despierta mi memoria espiritual y enséñame a reconocer tu bondad en lo grande y en lo pequeño. Gracias por este amanecer inmerecido. Amén.

PARA MEDITAR

¿Mi alma está más entrenada para contar lo que le falta o para recordar lo que Dios ya le concedió?

DÍA 293 — 20 DE OCTUBRE

DEJAR DE MIRAR ATRÁS PARA OBEDECER HOY

"Ninguno que poniendo su mano en el arado mira hacia atrás, es apto para el reino de Dios."
Lucas 9:62

Algunas miradas hacia el pasado impiden caminar. No toda memoria es dañina, pero ciertas memorias se convierten en excusa, nostalgia o prisión. Miramos lo que perdimos, lo que fuimos, lo que no resultó o lo que pudo haber sucedido, y el corazón queda detenido en escenas antiguas mientras la obediencia presente se debilita.

Jesús habla con firmeza. Quien coloca la mano en el arado necesita mirar hacia adelante. No porque el pasado deje de existir, sino porque el reino exige dirección. Si el labrador vuelve continuamente la cabeza, el surco termina torcido. Algunos creyentes aman a Dios, pero viven demasiado concentrados en un ayer que ya no pueden modificar.

A veces se mira atrás con culpa; otras, idealizando una temporada anterior. Ambos extremos debilitan el presente. El enemigo conoce la utilidad de mantener un corazón atrapado en lo ocurrido: se vuelve menos disponible para aquello que Dios solicita ahora.

Entregar el pasado no significa negar responsabilidades. Quizá todavía debas reparar daños, pedir perdón o aprender una lección. Pero una vez realizado lo posible, no puedes convertir el ayer en señor de tu vida.

Este amanecer ofrece una nueva porción de tiempo para obedecer en el presente. Cristo continúa siendo Señor hoy. Su reino mantiene llamados y tareas para este día. El arado no funciona bien con una cabeza permanentemente vuelta hacia atrás.

APLICACIÓN PARA HOY

Identifica qué recuerdo consume demasiado espacio: culpa, nostalgia, resentimiento o frustración. Haz lo que todavía corresponda y luego entrégalo al Señor para concentrarte en la obediencia actual.

ORACIÓN

Señor, tú conoces lo que todavía arrastra mi mirada hacia atrás. Ayúdame a aprender, reparar y soltar. No quiero torcer el surco por vivir atrapado en lo que ya pasó. Dame fidelidad para obedecerte hoy. Amén.

PARA MEDITAR

¿Qué parte de mi pasado está quitándole enfoque y fuerza a mi obediencia presente?

DÍA 294 — 21 DE OCTUBRE

LA PUREZA DE INTENCIÓN

"Todas las cosas son puras para los puros; mas para los corrompidos e incrédulos nada les es puro."
Tito 1:15

Delante de Dios no solamente importa lo que hacemos, sino desde dónde lo hacemos. Dos personas pueden realizar la misma acción, pero una estar movida por amor y la otra por orgullo, competencia o necesidad de aprobación. El Señor no observa únicamente las manos; también examina el motor del corazón.

Pablo afirma que para los corrompidos nada es puro. Al torcerse el interior, incluso las cosas buenas pueden contaminarse. Se sirve para ser visto, se ayuda esperando deuda emocional, se corrige con superioridad y se habla de Dios buscando reconocimiento. El acto quizá sea correcto, pero la motivación está mezclada.

Por eso no basta preguntar: "¿Estoy haciendo lo correcto?". También debemos preguntar: "¿Por qué lo hago?". La pureza cristiana no se limita al cuerpo o al lenguaje; alcanza las intenciones. Esto incomoda porque muestra cuánto sabe el corazón mezclar devoción con ego y servicio con vanidad.

Pero Dios también puede limpiar la fuente. Este amanecer trae tiempo para pedir que no solamente cambie la conducta, sino que purifique la motivación. Esa es una expresión delicada de su gracia. No se conforma con que hagamos cosas correctas; desea que nazcan de un corazón cada vez más verdadero.

Al ser limpiadas las intenciones, el servicio se vuelve más ligero. Ya no necesita tanto reconocimiento ni control. La obediencia pierde teatralidad y el alma descansa porque no tiene que sostener tantas capas de apariencia.

APLICACIÓN PARA HOY

Escoge una acción correcta que realizas frecuentemente y examina su motivación. Pregunta si buscas la gloria de Dios, el bien del otro o tu propia validación.

ORACIÓN

Señor, tú conoces no solamente mis actos, sino también mis motivos. Perdóname por mezclar cosas buenas con orgullo y necesidad de aprobación. Purifica la fuente de mis acciones y hazme servir con un corazón limpio. Amén.

PARA MEDITAR

Si Dios examinara las intenciones detrás de mis mejores acciones, ¿qué encontraría?

DÍA 295 — 22 DE OCTUBRE

VOLVER A LA MANSEDUMBRE

"Con toda humildad y mansedumbre,
soportándoos con paciencia
los unos a los otros en amor."
Efesios 4:2

La mansedumbre no es debilidad, cobardía ni ausencia de carácter. Es fuerza bajo gobierno. Es poder que no necesita explotar para demostrar que existe. Consiste en no responder siempre desde la carne, aunque existan argumentos y razones para imponerse.

Pablo une humildad, mansedumbre, paciencia y amor porque caminan juntas. Al faltar humildad, la mansedumbre se vuelve casi imposible. Al faltar amor, la paciencia se agota rápidamente. Y si todo pasa por el ego, cualquier diferencia parece una amenaza.

La mansedumbre se prueba en la convivencia: al tratar con personas lentas, inmaduras, distintas o cansadas. No se mide principalmente durante los grandes discursos, sino al ser interrumpidos, malinterpretados, corregidos o privados del lugar que creemos merecer. Allí se revela si el Espíritu gobierna el carácter.

Jesús fue manso, pero jamás débil. Confrontó la hipocresía, defendió la verdad y caminó decidido hacia la cruz. Sin embargo, no utilizó su poder para alimentar su ego ni respondió a cada provocación. La mansedumbre sabe cuándo hablar, cuándo callar y cómo mantenerse firme sin convertirse en violencia.

Este día representa otra oportunidad para parecernos más a Cristo. No solamente para responder mejor por educación, sino para ser transformados por dentro. La mansedumbre no es maquillaje del temperamento; es la obra de Dios en un corazón que deja de defender constantemente su propio trono.

APLICACIÓN PARA HOY

Observa tu tono durante conversaciones difíciles. Antes de responder, pregúntate si buscas edificar, aclarar o simplemente imponerte. Practica una pausa consciente.

ORACIÓN

Señor, perdóname por responder con dureza y deseo de imponerme. Enséñame la mansedumbre de Cristo. Gobierna mi fuerza, mi tono y mis reacciones. Hazme humilde, paciente y firme sin dejar de amar. Amén.

PARA MEDITAR

Quienes conviven conmigo ¿encuentran un carácter manso o una persona demasiado rápida para endurecerse?

DÍA 296 — 23 DE OCTUBRE

DEJA DE BUSCAR SEÑALES Y EMPIEZA A OBEDECER

"Bienaventurados los que no vieron, y creyeron."
Juan 20:29

Tomás quería ver y tocar. No le bastaba el testimonio recibido; deseaba una señal ajustada a sus condiciones. Aunque Jesús, en su misericordia, salió a su encuentro, también dejó una palabra para todos los tiempos: bienaventurados quienes no vieron y creyeron.

El corazón humano conserva esa misma tendencia. Quiere obedecer, pero con garantías adicionales. Desea avanzar solamente al estar todo claro y existir una seguridad casi matemática. Mientras espera confirmaciones extraordinarias, puede dejar de responder a la verdad que ya tiene delante.

La fe bíblica no es irracional, pero sí rendida. No exige conocer todos los detalles antes de obedecer. Confía en el carácter de Dios, en su Palabra y en su fidelidad. No vive dependiendo de experiencias especiales ni de una sucesión infinita de confirmaciones.

Esto no elimina la necesidad de discernimiento. Ciertas decisiones requieren esperar, pedir consejo y examinar cuidadosamente las circunstancias. Pero también existen áreas en las que Dios ya habló con claridad y continuar pidiendo señales es una manera religiosa de retrasar la obediencia.

Cada amanecer es una oportunidad para creer sin imponer condiciones. Quizá Dios no te muestre todo el camino, pero te ha dado suficiente luz para el próximo paso. La guía muchas veces llega mientras caminamos, no antes de comenzar.

APLICACIÓN PARA HOY

Identifica un área donde continúas esperando una señal adicional a pesar de que la Escritura ya es clara. Da un paso sencillo de obediencia con la luz recibida.

ORACIÓN

Señor, perdóname por retrasar la obediencia esperando señales que no me debes. Gracias porque tu Palabra y tu carácter son suficientes. Enséñame a caminar por fe y a confiar en que continuarás guiándome. Amén.

PARA MEDITAR

¿Estoy esperando una señal para obedecer o utilizando esa espera como excusa para no rendirme?

DÍA 297 — 24 DE OCTUBRE

EL CANSANCIO NO LE DA DERECHO A TU BOCA A ACUSAR A DIOS

"¿No has sabido, no has oído que el Dios eterno es Jehová? No desfallece, ni se fatiga con cansancio."

Isaías 40:28

El cansancio no solamente agota el cuerpo; también desnuda el corazón. Al estar fatigados hablamos, pensamos y reaccionamos de manera diferente. Resulta más fácil quejarse, exagerar o comenzar a hablar como si Dios se hubiera tardado demasiado y el cielo estuviera incumpliendo sus obligaciones.

Isaías no comienza hablando de nuestra debilidad, sino de Dios. Jehová no desfallece ni se fatiga. No pierde claridad, no actúa desde agotamiento y no se confunde con el cansancio que nubla nuestra mente. Esto resulta necesario porque muchas veces interpretamos a Dios desde nuestra propia condición. Como nos sentimos vacíos, imaginamos que Él está distante. Como llegamos al límite, suponemos que también su atención disminuyó.

Nuestro cansancio sí importa. El mismo capítulo promete nuevas fuerzas. Pero antes de levantarnos, Dios nos reubica: su estabilidad no depende de nuestro nivel de energía. Su fidelidad no disminuye al bajar el ánimo. Su gobierno no se debilita porque nosotros ya no podemos más.

El cansancio puede llevarnos a clamar como hijos o a reclamar como acreedores. El hijo dice: "Padre, necesito ayuda". El acreedor dice: "Después de todo lo que he hecho, me debes una respuesta". Una postura produce descanso; la otra, amargura.

Si hoy amaneciste cansado, recuerda que no estás sostenido por tus reservas, sino por el Dios eterno. Puedes llegar vacío sin acusarlo y pedir renovación sin convertir tu necesidad en exigencia.

APLICACIÓN PARA HOY

Escucha cómo has estado hablando con Dios. Si la fatiga produjo reclamo orgulloso, reconócelo. Descansa, pide ayuda y acepta tus límites sin vergüenza.

ORACIÓN

Señor, perdóname por hablar como si me debieras algo. Gracias porque tú no te fatigas al llegar yo al límite. Recíbeme en mi debilidad y renueva mi confianza en tu fidelidad. Amén.

PARA MEDITAR

¿Mi cansancio me lleva a depender más de Dios o a tratarlo como si estuviera fallándome?

DÍA 298 — 25 DE OCTUBRE

APRENDER A ESCUCHAR EVITA HERIDAS INNECESARIAS

"Todo hombre sea pronto para oír, tardo para hablar, tardo para airarse."

Santiago 1:19

Muchas heridas podrían evitarse si escucháramos antes de responder. Sin embargo, el corazón humano suele hacer lo contrario: habla rápido, interpreta apresuradamente y se enoja antes de comprender. Escuchamos buscando el momento para defendernos, no con el deseo verdadero de entender.

Santiago establece otro orden: primero oír, después hablar y mucho más lentamente airarse. Esto no es solamente una norma de buena comunicación, sino disciplina espiritual. Escuchar requiere humildad, porque reconoce que quizá no tenemos toda la información, que podemos haber entendido mal y que la otra persona también merece ser considerada.

Ser pronto para oír no significa aceptar toda acusación ni renunciar a expresar la verdad. Significa no responder a una versión incompleta de lo ocurrido. A veces la ira crece sobre una suposición que una pregunta sencilla habría aclarado.

También debemos escuchar a Dios. Algunas personas son rápidas para presentar peticiones, opiniones y explicaciones, pero lentas para permanecer en silencio delante de la Palabra. Oran hablando todo el tiempo y casi nunca permiten que la Escritura confronte sus conclusiones.

La lengua apresurada suele trabajar junto a un corazón impaciente. Por eso aprender a escuchar también exige dominio propio. La pausa que parece pequeña puede impedir una discusión, una herida o una decisión equivocada.

Este amanecer trae otra oportunidad para relacionarte de manera diferente. No necesitas tener siempre la última palabra. En ocasiones, el acto más sabio y amoroso será escuchar completamente antes de formar un veredicto.

APLICACIÓN PARA HOY

Durante una conversación importante, no interrumpas. Haz una pregunta para confirmar lo que entendiste antes de responder. Aplica la misma disposición al leer la Escritura.

ORACIÓN

Señor, perdóname por hablar demasiado rápido y escuchar demasiado poco. Dame humildad para comprender antes de responder, dominio propio para frenar la ira y sabiduría para usar bien mis palabras. Amén.

PARA MEDITAR

¿Escucho para comprender o solamente espero mi turno para defenderme?

DÍA 299 — 26 DE OCTUBRE

VOLVER A REVISAR EL RUMBO

"Considerad bien vuestros caminos."

Hageo 1:5

Existen temporadas en las que no falta movimiento, sino dirección. Hacemos muchas cosas, resolvemos pendientes y llenamos la agenda, pero no nos detenemos a preguntar hacia dónde estamos caminando realmente. El alma puede vivir muy ocupada y profundamente desordenada al mismo tiempo.

La palabra de Hageo es directa: "Considerad bien vuestros caminos". Dios llama al pueblo a detenerse y examinar dónde invierte tiempo, fuerzas, afectos y recursos. No porque Él desconozca la respuesta, sino porque ellos habían continuado avanzando sin reconocer que sus prioridades estaban fuera de lugar.

No siempre es necesaria una gran caída para requerir corrección. Bastan varias semanas de automático, dejar lo importante para después o llenar la vida de actividades mientras el corazón pierde enfoque. El Señor, en su misericordia, interrumpe con una pregunta que puede salvar mucho: "¿Por dónde vas verdaderamente?".

Examinar el rumbo no significa vivir paralizado, analizando cada paso con miedo. Significa revisar periódicamente si nuestras decisiones continúan alineadas con la Palabra y el llamado de Dios. Un pequeño desvío mantenido durante mucho tiempo termina llevando muy lejos.

Qué regalo es que Dios todavía detenga nuestro avance para corregirnos. Este amanecer no fue concedido únicamente para cumplir tareas. También ofrece oportunidad de revisar la dirección antes de continuar recorriendo una ruta que necesita ajustes.

No temas ese examen. Más peligroso que detenerse a mirar el camino es seguir caminando rápidamente en la dirección equivocada.

APLICACIÓN PARA HOY

Revisa cuatro áreas: relación con Dios, familia, uso del tiempo y administración de recursos. Identifica dónde existe mayor desorden y realiza un ajuste concreto.

ORACIÓN

Señor, perdóname por moverme mucho sin revisar hacia dónde voy. Muéstrame cualquier desviación y dame humildad para corregir el rumbo. Gracias por detenerme antes de que me aleje más. Amén.

PARA MEDITAR

¿Mi vida muestra dirección clara hacia Dios o mucho movimiento sin verdadero enfoque?

DÍA 300 — 27 DE OCTUBRE

EL ALMA QUIERE RESULTADOS MÁS RÁPIDOS QUE EL PROCESO

"Mejor es el fin del negocio que su principio; mejor es el sufrido de espíritu que el altivo de espíritu."
Eclesiastés 7:8

Nos agradan los comienzos. Existe emoción en los planes y energía en los primeros pasos. Lo difícil suele ser permanecer durante el proceso, al desaparecer la novedad y todavía no verse el resultado. Allí surgen la impaciencia, la frustración y el deseo de apurar lo que Dios continúa formando lentamente.

Eclesiastés afirma que mejor es el fin que el principio y el sufrido de espíritu que el altivo. El orgulloso no siempre parece arrogante; a veces se revela mediante su impaciencia. No soporta procesos largos porque cree que su calendario debería gobernar la obra de Dios.

El Señor no solamente se interesa por llevarte a cierto resultado. También observa aquello en lo que te estás convirtiendo mientras llegas. Si concediera algunas respuestas demasiado pronto, quizá recibirías el resultado con un carácter incapaz de sostenerlo. Por eso el proceso también es misericordia.

Puede que estés cansado de una batalla lenta. Has orado, esperado y obedecido, pero ciertas cosas avanzan con una velocidad desesperante. No desprecies el ritmo de Dios. Él contempla el desenlace y también la clase de persona que está saliendo del proceso.

La paciencia bíblica no es resignación pasiva. Continúa obedeciendo, aprendiendo y esperando. No abandona el camino porque el fruto tarda. Comprende que la raíz crece muchas veces cuando todavía no existe nada visible sobre la tierra.

Este amanecer ofrece otra oportunidad para caminar sin exigir resultados inmediatos. Dios no desperdicia el trayecto.

APLICACIÓN PARA HOY

Identifica el proceso que más impaciencia produce. Pregunta qué carácter quiere formar Dios allí y obedece en lo que corresponde hoy, sin intentar controlar el resultado final.

ORACIÓN

Señor, perdóname por querer frutos rápidos sin permitirte formar mis raíces. Dame paciencia, humildad y perseverancia para caminar a tu ritmo. Que este proceso produzca en mí lo que tú deseas. Amén.

PARA MEDITAR

¿Estoy honrando a Dios durante el proceso o solamente quiero llegar al resultado?

DíA 301 — 28 DE OCTUBRE

VOLVER A DESCANSAR COMO HIJO

"En verdad que me he comportado y he acallado mi alma como un niño destetado de su madre."

Salmo 131:2

No todo descanso consiste en dormir. Existe un reposo más profundo: el del alma que deja de luchar interiormente por explicaciones inmediatas y control absoluto. Ese descanso no nace de comprenderlo todo, sino de permanecer cerca de Dios como un hijo seguro.

El salmista utiliza la imagen de un niño destetado junto a su madre. Ya no está dominado por la exigencia inmediata. Existe quietud, cercanía y confianza. La imagen confronta porque muchas agitaciones no provienen solamente de los problemas, sino de la inmadurez con que queremos manejarlos.

El alma exige respuestas, resultados y soluciones instantáneas. Si no llegan, se desordena y concluye que algo está mal. Pero la madurez espiritual aprende otra postura: no conocer todo y aun así descansar en la cercanía del Padre.

A veces intentamos descansar únicamente después de cambiar las circunstancias. Dios invita a descansar antes, en medio de lo que todavía no se resuelve. No porque el problema sea pequeño, sino porque la presencia del Padre es más segura que cualquier respuesta.

Algunas cargas no se alivian completando pendientes, sino regresando al lugar de hijo. Este amanecer no existe solamente para producir, correr y resolver. También permite que el alma vuelva a su reposo.

Acallar el alma no significa negar emociones. Significa llevarlas delante de Dios hasta que dejen de gobernar. Puedes llorar, preguntar y sentir dolor sin abandonar la postura de confianza.

APLICACIÓN PARA HOY

Permanece algunos minutos en silencio delante de Dios. Al aparecer una preocupación, entrégala sin desarrollar otra vez todos sus posibles escenarios. Repite: "Padre, estoy en tus manos".

ORACIÓN

Padre, mi alma se agita y exige respuestas rápidas. Enséñame a descansar en tu cercanía. Acalla lo que está demasiado inquieto y recuérdame que soy tu hijo, sostenido aun sin entender. Amén.

PARA MEDITAR

¿Mi alma descansa delante de Dios o vive agitada como si todo dependiera de una respuesta inmediata?

DÍA 302 — 29 DE OCTUBRE

VOLVER A AMAR LA VERDAD

"Compra la verdad, y no la vendas."
Proverbios 23:23

La verdad cuesta al corregir, dejar mal parado al orgullo o exigir cambiar de opinión. Muchas personas dicen amarla mientras las favorece, pero si demanda arrepentimiento, la negocian, recortan o sustituyen por algo más cómodo.

Proverbios utiliza un lenguaje de mercado: compra la verdad y no la vendas. Trátala como tesoro, no como accesorio. No la sueltes por conveniencia, presión, imagen o comodidad emocional. La verdad de Dios no fue dada para decorar la vida, sino para gobernarla.

No siempre vendemos la verdad públicamente. Podemos cambiarla por una excusa útil, por quedar bien, por evitar una conversación necesaria o por mantener una paz falsa. Poco a poco, la conciencia se acostumbra a realizar descuentos peligrosos.

Amar la verdad no significa utilizarla como arma contra otros. La persona verdaderamente comprometida con ella permite que primero la confronte a sí misma. No se limita a defender doctrinas correctas; también acepta que la verdad examine su carácter, sus palabras y sus motivaciones.

La verdad puede herir, pero hiere como bisturí, no como enemigo. Corta para sanar, muestra la enfermedad para conducirnos al Médico. Bendita la misericordia de Dios que no permite que vivamos cómodamente dentro de una mentira.

Este amanecer es otra oportunidad para tratar la verdad como un regalo demasiado valioso para venderlo barato. Quizá obedecerla cueste, pero la mentira siempre termina cobrando mucho más.

APLICACIÓN PARA HOY

Identifica un área donde suavizas la verdad por conveniencia. Puede tratarse de una actitud, relación o decisión. Reconoce lo que Dios dice y actúa en consecuencia.

ORACIÓN

Señor, no quiero vender tu verdad por comodidad ni miedo. Hazme amarla cuando consuela y también cuando corrige. Dame humildad para obedecerla y gracia para comunicarla sin orgullo. Amén.

PARA MEDITAR

¿Trato la verdad de Dios como tesoro o la negocio cuando amenaza mi comodidad?

DÍA 303 — 30 DE OCTUBRE

YA NO TIENES QUE SEGUIR CARGANDO ESA CULPA

"Mi pecado te declaré, y no encubrí mi iniquidad… y tú perdonaste la maldad de mi pecado."
Salmo 32:5

Algunas culpas permanecen no porque Dios se haya negado a perdonar, sino porque continuamos cargándolas como si todavía tuviéramos que pagarlas. Confesamos, pero seguimos repasando la escena y castigándonos repetidamente, como si la obra de Cristo necesitara nuestra vergüenza para completarse.

David muestra otro camino: declaró su pecado y no encubrió su iniquidad. No maquilló ni administró la culpa en secreto. La llevó a la luz y Dios perdonó. No minimizó la gravedad del pecado; lo trató mediante misericordia verdadera.

Muchas veces lo más difícil no es reconocer la falta, sino aceptar el perdón. El orgullo también puede disfrazarse de falsa humildad y decir: "Dios perdona a otros, pero lo mío fue demasiado". Aunque parezca quebrantamiento, esa afirmación coloca nuestra evaluación por encima de la suficiencia de la cruz.

Aceptar el perdón no significa tratar livianamente el pecado. La persona perdonada reconoce el daño, enfrenta consecuencias y procura reparar al ser posible. Pero deja de vivir como acusada sin esperanza. Camina como pecadora limpiada que aprendió a traer su oscuridad a la luz.

También debemos distinguir entre culpa y convicción. La convicción del Espíritu es específica y conduce al arrepentimiento. La culpa acusadora es repetitiva, vaga y pretende mantenernos alejados de Dios aun después de confesar.

Este amanecer ofrece una oportunidad para dejar de encubrir lo pendiente y abandonar cargas que Cristo ya llevó.

APLICACIÓN PARA HOY

Si existe pecado sin confesar, llámalo por su nombre delante de Dios. Si ya lo confesaste y reparaste lo posible, responde a la acusación con la promesa del perdón.

ORACIÓN

Señor, gracias porque perdonas cuando confieso. Líbrame de esconder lo que debo traer a la luz y de cargar culpas que tú ya limpiaste. Enséñame a caminar como alguien verdaderamente perdonado. Amén.

PARA MEDITAR

¿Estoy viviendo bajo la convicción que restaura o bajo una acusación que Cristo ya respondió?

DÍA 304 — 31 DE OCTUBRE

DIOS TE ENSEÑA A TERMINAR BIEN LO QUE EMPEZÓ CONTIGO

"Fiel es el que os llama, el cual también lo hará."
1 Tesalonicenses 5:24

Es humano comenzar con fuerza y llegar al final con menos ánimo. Sucede en proyectos, relaciones, promesas y también en la vida espiritual. Empezamos con claridad, pero el tiempo revela cansancio, distracción y luchas repetidas. Entonces aparece una pregunta: "¿Podré llegar bien? ¿No terminaré aflojando otra vez?".

La respuesta más profunda no consiste en mirarte más a ti mismo, sino en contemplar al Dios que te llamó. Pablo no dice: "Fuerte eres tú y lo lograrás". Declara: "Fiel es el que os llama, el cual también lo hará". La obra no depende de la perfección de tu pulso, sino de la fidelidad de su mano.

Esto no produce pasividad. El mismo Dios que preserva también llama a velar, obedecer y perseverar. Sin embargo, elimina la arrogancia y la desesperación. No permaneces porque poseas fuerza inagotable, sino porque Él obra en ti para querer y hacer su voluntad.

A esta altura del año ya has visto debilidades, tropiezos y cansancios reales. Y, sin embargo, aquí estás. No por virtud intacta, sino porque el Dios que llama también sostiene. El que comienza, completa. El que corrige, preserva. Este amanecer es otra evidencia de que todavía continúa trabajando.

Quizá no puedas garantizar cómo te sentirás mañana, pero puedes confiar en quién será Dios mañana. Su fidelidad no disminuye cuando tú tiemblas. Su llamado no fue un impulso pasajero y su obra no es improvisada.

Terminar bien no significa llegar sin cicatrices, sino llegar sostenido, corregido y todavía aferrado a Cristo.

APLICACIÓN PARA HOY

Mira el mes que termina y reconoce tres maneras en que Dios fue más constante que tú. Entrégale también las áreas donde temes no perseverar.

ORACIÓN

Señor, gracias porque tu fidelidad ha sido mayor que mis fuerzas. No descanso en mi capacidad de sostenerme, sino en tu mano. Continúa lo que comenzaste, corrige lo que falta y llévame por tu gracia hasta el final. Amén.

PARA MEDITAR

Cuando pienso en mi futuro espiritual, ¿descanso más en mi fuerza o en la fidelidad del Dios que me llamó?

NUESTRO MENSAJE PARA TI EN NOVIEMBRE

EL AÑO AVANZA Y EL ALMA RECUERDA QUIÉN LA HA SOSTENIDO

OTTO & MILKY MAÑÓN

Noviembre llega con un peso distinto. El año se inclina hacia su cierre y comienzan a verse con mayor claridad las respuestas recibidas, las oraciones todavía pendientes, las pequeñas victorias, las correcciones que dolieron y los cansancios acumulados. También se hacen evidentes muchas misericordias que, por repetirse cada mañana, corren el peligro de parecernos normales. Por eso necesitamos entrar a este mes con la conciencia despierta: si hemos llegado hasta aquí, no ha sido por mérito, sino por misericordia.

Cada día vivido ha sido una concesión de la paciencia divina. Cada oportunidad para arrepentirnos, corregir el rumbo, amar mejor, servir con limpieza y volver a Cristo ha sido un regalo. No llegamos a noviembre por derecho adquirido. Llegamos porque el Señor quiso seguir dándonos tiempo, y esa verdad debería producir reverencia, gratitud y una obediencia más consciente.

Este mes puede tentar al corazón de dos maneras. Algunos mirarán lo avanzado y pensarán que ya están bastante bien. Otros contemplarán lo pendiente y concluirán que han cambiado muy poco. Ambas miradas se corrigen al contemplar a Dios. La vida cristiana no se mide correctamente desde el orgullo ni desde el desaliento, sino desde la fidelidad del Señor que continúa trabajando en personas todavía en proceso.

Noviembre también invita a recordar. Conviene pensar cuántas veces Dios sostuvo lo que estaba por quebrarse, frenó decisiones torcidas, dio paz en medio del ruido, corrigió antes de que el daño fuera mayor y concedió un amanecer cuando no sabíamos cómo enfrentar el día. Esa memoria no alimenta el ego; alimenta la gratitud.

Lo que queda del año no debe gastarse solamente cerrando asuntos visibles. También debe servir para ordenar el corazón, recuperar la sencillez, examinar las motivaciones y vivir con menos apariencia y más verdad. No se trata de resolverlo todo antes de diciembre, sino de caminar con sobriedad delante del Dios que no se ha cansado de enseñar, confrontar, sostener y consolar.

Que noviembre encuentre el alma más atenta, humilde y agradecida. Y que cada mañana vuelva a predicar lo mismo: si todavía existe luz, tiempo y oportunidad de responderle a Dios, es porque su misericordia volvió a amanecer.

DÍA 305 — 1 DE NOVIEMBRE

LA MISERICORDIA SIGUE AMANECIENDO

"Por la misericordia de Jehová no hemos sido consumidos, porque nunca decayeron sus misericordias. Nuevas son cada mañana; grande es tu fidelidad."
Lamentaciones 3:22–23

Llegar a noviembre trae cierto peso. El año está avanzado, el cansancio se siente y muchas cosas que comenzaron con entusiasmo muestran desgaste. Permanecen oraciones sin respuesta, luchas repetidas y áreas donde todavía hace falta crecer. Sin embargo, Lamentaciones coloca el corazón en su lugar: seguimos aquí porque la misericordia de Dios no ha dejado de amanecer.

Estas palabras no nacieron en una temporada cómoda. Surgieron en medio de ruina, dolor y pérdida. Aun así, el profeta confesó que no habían sido consumidos. No porque el pueblo hubiese actuado siempre con fidelidad, sino porque Jehová continuaba siendo misericordioso.

Ese es el hilo que atraviesa nuestra vida. Cada mañana llega envuelta en paciencia divina. Cada día abierto demuestra que Dios todavía sostiene, corrige, llama y concede tiempo para volver a Él. Noviembre no debe comenzar con autosuficiencia ni con amargura, sino con asombro.

El corazón se acostumbra fácilmente al regalo. Respira, trabaja, resuelve y sigue adelante como si todo se sostuviera solo. Pero la Escritura nos recuerda que permanecer vivos, conservar la fe y recibir una nueva oportunidad no son asuntos automáticos.

La misericordia consuela, pero también llama a responder. Un nuevo amanecer no es permiso para continuar en piloto automático. Es una invitación a vivir con mayor humildad, gratitud y obediencia.

APLICACIÓN PARA HOY

Detente y reconoce que haber llegado hasta este mes ya es una misericordia inmerecida. Agradece por tres maneras concretas en que Dios te sostuvo durante el año y pídele que noviembre no pase sin mayor conciencia de su fidelidad.

ORACIÓN

Señor, gracias porque no he sido consumido. No llegué hasta aquí por mi fuerza, sino porque tus misericordias no han decaído. Líbrame de tratar tu gracia como algo normal y enséñame a vivir este mes con gratitud, reverencia y obediencia. En el nombre de Jesús. Amén.

PARA MEDITAR

¿Estoy recibiendo este nuevo mes como algo ordinario o como otra evidencia de la misericordia del Señor?

DÍA 306 — 2 DE NOVIEMBRE

SIGUES EN LAS MANOS DE DIOS

"He aquí que en las palmas de las manos te tengo esculpida."
Isaías 49:16

El alma puede sentirse olvidada aun después de haber aprendido mucha Biblia. El cansancio, la espera y el dolor nublan la percepción, y comienzan a surgir preguntas silenciosas: "¿Se habrá olvidado Dios de mí? ¿Seguirá viendo lo que ocurre? ¿Le importará esta situación después de tanto tiempo?".

Isaías responde con una imagen poderosa. Dios no dice solamente que recuerda a los suyos, sino que los tiene esculpidos en las palmas de sus manos. No se trata de una memoria frágil ni de un recuerdo pasajero. Es lenguaje de cercanía, pertenencia y cuidado permanente.

El corazón cansado suele interpretar a Dios desde la herida. Si una respuesta tarda, supone que Él se alejó. Si el dolor continúa, imagina que fue abandonado. Pero nuestras emociones, aunque reales, no poseen autoridad para cancelar lo que Dios ha declarado.

Este nuevo amanecer vuelve a demostrar que el Señor no te ha borrado de su cuidado. Su fidelidad sigue trabajando incluso donde todavía no puedes verla con claridad. Algunas misericordias llegan sin ruido y ciertas respuestas toman formas que no habíamos previsto.

La mano que corrige también sostiene. La mano que poda también protege. La mano que permite una espera continúa siendo la misma que grabó a sus hijos en ella.

APLICACIÓN PARA HOY

Lleva al Señor el área donde más te has sentido olvidado. Exprésale con sinceridad lo que experimentas, pero responde a tus emociones con la verdad de Isaías: continúas en sus manos y no has desaparecido de su cuidado.

ORACIÓN

Señor, perdóname por interpretar tu silencio como abandono. Gracias porque me tienes presente y no me has soltado. Afirma mi corazón en tu Palabra y ayúdame a confiar más en lo que has dicho que en lo que mis emociones sugieren. En el nombre de Jesús. Amén.

PARA MEDITAR

¿Estoy interpretando esta etapa solamente desde lo que siento o desde la verdad de que Dios continúa sosteniéndome?

DÍA 307 — 3 DE NOVIEMBRE

EL LAZO DEL TEMOR HUMANO

"El temor del hombre pondrá lazo;
mas el que confía en Jehová será exaltado."
Proverbios 29:25

El temor a las personas no siempre parece cobardía. Puede presentarse como diplomacia, prudencia o deseo de evitar problemas. Sin embargo, detrás de ciertas demoras y silencios se esconde el miedo a quedar mal, ser rechazado, perder aprobación o enfrentar una reacción incómoda.

Proverbios afirma que ese temor pone lazo. Atrapa al corazón y le quita libertad. Una vez que comenzamos a medirlo todo según la opinión ajena, dejamos de responder con limpieza a la voz de Dios. Editamos la verdad, suavizamos obediencias y posponemos decisiones claras para conservar cierta aceptación.

Esto puede suceder al hablar de Cristo, corregir algo en casa, abandonar una práctica popular o defender lo correcto. El temor humano rara vez nos saca del camino de una sola vez. Generalmente nos vuelve más lentos, divididos y negociadores.

La confianza en Jehová rompe ese lazo. No elimina toda incomodidad ni garantiza que todos aprobarán nuestras decisiones. Nos recuerda ante quién estamos realmente parados y qué opinión debe tener el mayor peso.

Vivir bajo el temor de Dios no significa actuar con arrogancia ni despreciar el consejo. Significa que la obediencia no queda secuestrada por las reacciones humanas.

APLICACIÓN PARA HOY

Identifica una decisión, conversación u obediencia que hayas retrasado por miedo a la reacción de alguien. Pide sabiduría para actuar correctamente, pero no permitas que la necesidad de aprobación controle tu respuesta.

ORACIÓN

Señor, perdóname por dar demasiado peso a la opinión de las personas. Líbrame del temor humano y dame un corazón respetuoso, pero libre para obedecerte. Que mi confianza en ti sea mayor que mi miedo al rechazo. Amén.

PARA MEDITAR

¿Qué estoy dejando de hacer o decir porque temo más la reacción de las personas que desagradar a Dios?

DÍA 308 — 4 DE NOVIEMBRE

LEVANTARSE TAMBIÉN ES PARTE DEL CAMINO

"Porque siete veces cae el justo, y vuelve a levantarse."
Proverbios 24:16

Algunas personas no se desaniman solamente por caer, sino porque pensaban que ya no lucharían con ciertas debilidades. Esperaban tener victorias más firmes y menos necesidad de volver a comenzar. Al descubrir nuevamente su fragilidad, la frustración habla más fuerte que la gracia.

Proverbios no trata la caída como algo insignificante. El justo cae, pero no convierte el suelo en su residencia. Vuelve a levantarse porque la obra de Dios continúa actuando en él. Su vida no queda definida por el tropiezo, sino por la misericordia que lo llama nuevamente a caminar.

A esta altura del año pueden sentirse con mayor peso las luchas repetidas y los procesos lentos. No todo cambia de inmediato ni toda madurez avanza en línea recta. Sin embargo, Dios sigue concediendo fuerza para levantarse con más humildad, vigilancia y dependencia.

El enemigo intenta convertir cada caída en una sentencia: "No has cambiado, nunca vencerás, esto te define". La Palabra responde con arrepentimiento y esperanza. Sí, hubo pecado y hace falta confesarlo. Pero también existe gracia para abandonar el hoyo.

La misericordia no fue dada para hacer las paces con la derrota, sino para volver a levantarnos sin depender del orgullo.

APLICACIÓN PARA HOY

Si has tropezado, reconoce la falta sin excusas y recibe la corrección del Señor. Busca ayuda cuando sea necesaria, elimina aquello que facilita la caída y da el próximo paso en obediencia.

ORACIÓN

Señor, conoces mis tropiezos y el cansancio de pelear con ciertas debilidades. No quiero utilizar tu gracia como excusa ni despreciarla como si no pudiera levantarme. Ayúdame a arrepentirme y caminar con mayor vigilancia. Amén.

PARA MEDITAR

¿Estoy permitiendo que una caída me lleve al arrepentimiento o la estoy convirtiendo en una razón para rendirme?

DÍA 309 — 5 DE NOVIEMBRE

LEVANTA LOS OJOS

"Alzaré mis ojos a los montes;
¿de dónde vendrá mi socorro?
Mi socorro viene de Jehová,
que hizo los cielos y la tierra."
Salmo 121:1–2

La ansiedad reduce el campo de visión. El problema parece ocuparlo todo, la mente gira alrededor de escenarios temidos y el alma termina contemplando casi exclusivamente aquello que la inquieta. El salmista responde levantando los ojos.

Los montes, el camino y los peligros eran reales. La fe no exige negar las dificultades. Sin embargo, el salmo impide que la mirada quede atrapada en ellas. Formula una pregunta y ofrece una respuesta: el socorro viene de Jehová, Creador de los cielos y de la tierra.

La ansiedad habla como si todo dependiera de una previsión perfecta. La Palabra recuerda que nuestra ayuda no nace primeramente del control, sino del Dios que gobierna aquello que nosotros no podemos manejar.

Levantar los ojos no siempre cambia inmediatamente las circunstancias, pero cambia la posición del corazón. El problema deja de ocupar el trono y vuelve a ser colocado delante del Señor.

Este amanecer representa otra oportunidad para dejar de hablar únicamente con la preocupación y comenzar a hablar con Dios acerca de ella. El alma se estrecha cuando solo mira alrededor; recupera perspectiva cuando vuelve a mirar hacia arriba.

APLICACIÓN PARA HOY

Nombra la preocupación que más ha dominado tus pensamientos. Haz lo que responsablemente te corresponde y entrega a Dios lo que no puedes controlar. Repite durante el día: "Mi socorro viene de Jehová".

ORACIÓN

Señor, mi ansiedad me hace mirar los problemas de tan cerca que pierdo de vista tu grandeza. Hoy levanto mis ojos y recuerdo que mi ayuda viene de ti. Dame sabiduría para actuar y descanso para confiar. En el nombre de Jesús. Amén.

PARA MEDITAR

¿Mi atención está dominada por aquello que me inquieta o dirigida hacia el Dios que continúa siendo mi socorro?

DÍA 310 — 6 DE NOVIEMBRE

LA CORRECCIÓN TAMBIÉN ES AMOR

"Porque Jehová al que ama castiga,
como el padre al hijo a quien quiere."
Proverbios 3:12

La corrección no siempre se siente amorosa. Puede incomodar, desmontar planes, exponer orgullo y tocar precisamente el área que preferíamos mantener intacta. Por eso el corazón inmaduro suele interpretarla como rechazo. La Escritura, sin embargo, enseña que Jehová corrige a quien ama.

Esta verdad cambia la manera de recibir ciertos tratos de Dios. Si pensamos que toda incomodidad significa enemistad, responderemos con resentimiento o autocompasión. Pero si comprendemos que el Padre también ama formando y limitando, el dolor adquiere otro significado.

Un padre amoroso no deja crecer al hijo sin dirección, límites ni advertencias. Corrige porque ve peligros que el hijo todavía no alcanza a percibir. Dios obra de manera semejante. Su disciplina no nace del fastidio, sino de su compromiso con nuestra santidad.

Al mirar el año, probablemente descubramos decisiones que el Señor frenó, planes que desarmó o actitudes que confrontó. Tal vez en el momento solo vimos molestia. Con el tiempo podemos reconocer protección y formación.

Otro amanecer nos permite recibir la corrección sin huir de Dios. En lugar de alejarnos ofendidos, podemos acercarnos y preguntarle qué desea producir mediante su trato.

APLICACIÓN PARA HOY

Examina alguna corrección reciente que hayas resistido. Pregunta al Señor qué quiere enseñarte y si existe una actitud, hábito o decisión que debes modificar. Recibe su disciplina como hijo, no como extraño.

ORACIÓN

Señor, perdóname por interpretar tu corrección como rechazo. Dame humildad para reconocer tu amor también cuando me confrontas, limitas o enderezas. No permitas que me endurezca; fórmame como hijo tuyo. Amén.

PARA MEDITAR

¿Estoy resistiendo una corrección que podría ser una expresión del amor formador de Dios?

DÍA 311 — 7 DE NOVIEMBRE

INTERCEDER ENSANCHA EL CORAZÓN

"Y oró Abraham a Dios; y Dios sanó a Abimelec."
Génesis 20:17

Las cargas personales pueden ocupar tanto espacio que apenas queda lugar para pensar en las necesidades ajenas. Resulta comprensible, porque algunas luchas demandan mucha energía. Sin embargo, Dios ensancha el corazón cuando nos llama a interceder por otros.

Abraham no era un hombre sin problemas. Venía de actuar con temor y de tomar decisiones poco gloriosas. Aun así, aparece orando por Abimelec. La intercesión no es privilegio de personas completamente resueltas. Es obediencia de creyentes que también están siendo formados, pero se niegan a vivir encerrados en sus propios asuntos.

Orar por otros nos saca del centro. Nos recuerda que no somos los únicos que esperan, lloran y necesitan misericordia. Mientras llevamos sus nombres delante del Señor, nuestro propio corazón recibe perspectiva.

La intercesión no manipula a Dios ni funciona como moneda para obtener respuestas personales. Es una expresión de amor. Une al cuerpo de Cristo y nos enseña a cargar espiritualmente a quienes atraviesan pruebas.

Este día puede utilizarse no solo para repetir nuestras peticiones, sino también para recordar a alguien que quizá lleva una carga silenciosa.

APLICACIÓN PARA HOY

Escoge una persona que esté atravesando enfermedad, espera, duelo o dificultad. Ora por ella de manera específica y sin prisa. Comunícale, si resulta apropiado, que la estás llevando delante del Señor.

ORACIÓN

Señor, perdóname por vivir demasiado concentrado en mis propias necesidades. Ensancha mi corazón y hazme sensible al dolor ajeno. Pon nombres delante de mí y ayúdame a interceder con amor, constancia y fe. En el nombre de Jesús. Amén.

PARA MEDITAR

¿Mi oración está dejando espacio para las necesidades de otros o gira casi exclusivamente alrededor de mis propias cargas?

DíA 312 — 8 DE NOVIEMBRE

UN LUGAR INMERECIDO EN LA MESA

"Y Mefi-boset dijo: ¿Quién es tu siervo, para que mires a un perro muerto como yo?"
2 Samuel 9:8

Mefi-boset era descendiente de una casa derrotada, estaba lisiado y vivía lejos de la corte. No tenía méritos que presentar ni capacidad para reclamar un lugar junto al rey. Sin embargo, David mandó a buscarlo, le devolvió posesiones y lo sentó permanentemente a su mesa.

La escena anticipa el evangelio. La gracia no espera que el ser humano se presente fuerte y digno. Lo busca en su ruina, lo llama desde el escondite y le concede un lugar que jamás habría podido conquistar.

Mefi-boset se describió como un perro muerto porque comprendía la distancia entre su condición y la bondad que estaba recibiendo. David actuó por fidelidad al pacto con Jonatán. De forma mucho más gloriosa, Dios recibe pecadores por la obra de Cristo y por el nuevo pacto sellado con su sangre.

Algunos creyentes continúan viviendo como si todavía estuvieran escondidos en Lo-debar. Han oído acerca de la gracia, pero siguen pensando que deben ganarse diariamente el derecho a permanecer cerca. Otros olvidan que llegaron por misericordia y comienzan a mirar con superioridad a quienes todavía están lejos.

Recordar la mesa del Rey destruye ambas actitudes. Humilla al orgulloso y consuela al avergonzado.

APLICACIÓN PARA HOY

Agradece por el lugar que recibiste por gracia. Renuncia tanto a la vergüenza incrédula que te mantiene lejos como al orgullo religioso que te hace pensar que merecías estar allí.

ORACIÓN

Señor, gracias porque me buscaste cuando no tenía méritos que ofrecer. Me hiciste lugar por medio de Cristo. Enséñame a descansar en tu gracia y a tratar con misericordia a otros que también necesitan ser llamados a tu mesa. Amén.

PARA MEDITAR

¿Vivo intentando ganarme un lugar delante de Dios o agradecido porque Cristo me recibió por gracia?

DÍA 313 — 9 DE NOVIEMBRE

AMISTADES QUE FORTALECEN LA FE

"Y Jonatán hizo jurar a David otra vez, porque le amaba, pues le amaba como a sí mismo."
1 Samuel 20:17

Algunas amistades llevan una marca santa. No se limitan a acompañar o entretener, sino que afirman, corrigen, protegen y fortalecen la fe. La relación entre David y Jonatán muestra una amistad libre de competencia destructiva.

Jonatán reconoció la mano de Dios sobre David. Humanamente, David representaba una amenaza para su futuro como heredero del trono. Sin embargo, en lugar de convertirse en rival, decidió amarlo y apoyarlo.

Una amistad piadosa no alimenta el ego ni empuja hacia la desobediencia. Recuerda el pacto, confronta con amor y ayuda a permanecer fiel cuando el temor o el cansancio nublan la identidad.

Dios suele utilizar personas como una de sus misericordias más prácticas. No siempre resuelven el problema, pero escuchan, oran y nos recuerdan de quién somos. Tales relaciones no abundan y jamás deberían tratarse con descuido.

La pregunta no consiste únicamente en saber si tenemos un Jonatán. También debemos preguntarnos si estamos siendo esa clase de amigo. La amistad cristiana no se mide solo por cercanía emocional, sino por la capacidad de ayudarnos mutuamente a caminar hacia Dios.

APLICACIÓN PARA HOY

Recuerda a alguien que haya fortalecido tu fe y exprésale gratitud. Examina también si tus palabras y consejos acercan a tus amigos a Cristo o simplemente confirman todo lo que desean escuchar.

ORACIÓN

Señor, gracias por las amistades que has utilizado para sostenerme. Dame relaciones limpias, fieles y centradas en ti. Hazme también una persona que fortalezca la fe de otros y no la debilite. Amén.

PARA MEDITAR

¿Mis amistades me acercan más a Dios y estoy ayudando yo a otros a caminar más cerca de Él?

DÍA 314 — 10 DE NOVIEMBRE

FE ENTRE CENIZAS

"Aunque él me matare, en él esperaré."
Job 13:15

Estas palabras no surgieron en un día agradable. Job habló desde la pérdida, el dolor físico, la incomprensión y el agotamiento. No tenía una explicación completa, pero todavía sabía a quién no quería soltar.

Esa es una fe profunda. No canta solamente cuando todo encaja, sino que permanece aferrada a Dios dentro de un cuarto lleno de preguntas. Job no negó su dolor ni fingió una serenidad plástica. Lloró, preguntó y expresó su confusión. Sin embargo, debajo de todo continuó existiendo una decisión: esperar en el Señor.

La fe verdadera no exige emociones perfectamente ordenadas. Puede venir acompañada de lágrimas, cansancio y silencio. Lo que la distingue es que, aun herida, sigue volviendo hacia Dios en lugar de abandonarlo.

Al acercarse el cierre del año pueden despertar duelos, ausencias y memorias difíciles. Job no ofrece respuestas livianas, pero acompaña al que sufre y le recuerda que es posible confiar sin comprender cada detalle.

La misericordia no siempre aparece como salida inmediata. En ocasiones se manifiesta como la fuerza necesaria para permanecer debajo del peso sin que la cuerda se rompa.

APLICACIÓN PARA HOY

Trae delante del Señor la situación que todavía no comprendes. No utilices frases prestadas. Háblale con verdad y reafirma una decisión sencilla: aunque no entiendas, no quieres alejarte de Él.

ORACIÓN

Señor, conoces mis preguntas, pérdidas y heridas. No quiero fingir delante de ti. Recibe mi dolor tal como es y sostén mi fe donde más tiembla. Enséñame a esperarte aun sin tener todas las respuestas. En el nombre de Jesús. Amén.

PARA MEDITAR

¿Mi dolor me está llevando a hablar con Dios más profundamente o a soltarlo precisamente donde más necesito aferrarme a Él?

DÍA 315 — 11 DE NOVIEMBRE

UNA HORA DE PROPÓSITO

"¿Y quién sabe si para esta hora has llegado al reino?"
Ester 4:14

La vida puede colocarnos en funciones que nunca habríamos solicitado. Aparecen responsabilidades inesperadas, lugares incómodos y decisiones cargadas de riesgo. Ester no estaba delante de una oportunidad para lucirse, sino ante una hora que exigía valor.

Su posición en el palacio podía parecer privilegio, pero se convirtió en responsabilidad. Mardoqueo le recordó que quizá había llegado al reino precisamente para aquel momento. El lugar que disfrutaba no debía utilizarse solamente para protegerse, sino para servir al propósito de Dios.

Esta verdad cambia la manera de mirar ciertas circunstancias. Algunas etapas que consideramos solamente cargas pueden ser escenarios donde el Señor desea utilizarnos. Una familia, un trabajo, una comunidad o una crisis pueden convertirse en la hora para hablar, actuar y servir con fidelidad.

Ester no controlaba el resultado. Debía decidir si respondería desde el miedo o desde la obediencia. La providencia de Dios no eliminó su responsabilidad; la hizo más urgente.

Tal vez hoy te encuentras en un lugar que no habrías elegido. Antes de tratarlo únicamente como problema, conviene preguntarle al Señor qué obediencia puede estar esperando de ti allí.

APLICACIÓN PARA HOY

Identifica el lugar de presión o responsabilidad que más te incomoda. Pregunta qué acto de valentía, servicio o verdad podría estar requiriendo Dios en esa situación.

ORACIÓN

Señor, ayúdame a reconocer tu propósito en los lugares donde siento presión. Líbrame de mirar solamente mi comodidad y dame valor para obedecer en esta hora. Utiliza mi posición, mis palabras y mis decisiones para tu gloria. Amén.

PARA MEDITAR

¿Estoy viendo mi situación solamente como una carga o también como una posible oportunidad de obedecer al Señor?

DíA 316 — 12 DE NOVIEMBRE

CONSTRUIR ANTES DE VER

"Por la fe Noé, cuando fue advertido por Dios acerca de cosas que aún no se veían, con temor preparó el arca."

Hebreos 11:7

Noé obedeció antes de ver. Todavía no existía el concepto de la lluvia, mucho menos había diluvio visible, pero ya existía una palabra de Dios. Entre la advertencia y el cumplimiento tuvo que trabajar durante mucho tiempo sin la validación de quienes lo rodeaban.

La carne prefiere resultados rápidos, confirmaciones externas y pruebas que silencien toda crítica. La fe, en cambio, continúa construyendo porque Dios habló, aunque el ambiente considere la obediencia exagerada o absurda.

Hebreos afirma que Noé preparó el arca con temor. No actuó desde histeria ni espectáculo, sino desde reverencia. Creyó la palabra antes de contar con un paisaje que la confirmara.

Algunas decisiones de santidad, perseverancia y orden parecen insignificantes mientras se realizan. Sin embargo, pueden estar construyendo protección para días que todavía no vemos. Cada tabla colocada en obediencia posee valor, aunque nadie aplauda.

Las pruebas grandes no crean convicciones desde cero; revelan las que fueron formadas durante los días comunes. Por eso no conviene esperar la tormenta para comenzar a obedecer.

APLICACIÓN PARA HOY

Continúa con la obediencia que Dios ha marcado aunque todavía no veas resultados. No midas su valor por la aprobación de otros. Pregunta cuál es la próxima "tabla" que debes colocar hoy.

ORACIÓN

Señor, dame fe para obedecer antes de ver. Líbrame de depender de la aprobación humana y enséñame a construir con reverencia aquello que me has indicado. Hazme constante en los días ordinarios. Amén.

PARA MEDITAR

¿Obedezco solamente cuando los resultados son visibles o también cuando la única garantía es la palabra de Dios?

DÍA 317 — 13 DE NOVIEMBRE

LA FRAGILIDAD NO CANCELA EL LLAMADO

"Y Jehová miró a Gedeón, y le dijo:
Ve con esta tu fuerza, y salvarás a Israel."
Jueces 6:14

Gedeón no parecía un héroe cuando Dios lo llamó. Estaba escondido y actuaba desde el temor. Precisamente allí lo alcanzó la palabra del Señor. Esto destruye la idea de que Dios utiliza solamente a personas que ya se sienten fuertes, listas y seguras.

El Señor no ignoró la fragilidad de Gedeón, pero tampoco permitió que ella definiera toda su identidad. Le habló desde una perspectiva superior a la que el propio Gedeón tenía de sí mismo. La fuerza decisiva no sería la del hombre, sino la presencia del Dios que lo enviaba.

A veces retrasamos la obediencia esperando sentirnos dignos, seguros o completamente preparados. Pensamos que primero debemos superar todas nuestras inseguridades y luego podremos servir. Gedeón comenzó mientras todavía estaba siendo formado.

Esto no convierte el miedo en virtud ni justifica la inmadurez. El llamado exigió que Gedeón avanzara, derribara altares y aprendiera a confiar. Pero no esperó a sentirse invencible para dar el primer paso.

Dios puede utilizar la fragilidad como escenario para que resulte evidente que la obra no depende del músculo humano.

APLICACIÓN PARA HOY

Identifica la obediencia que has frenado por sentirte insuficiente. No pidas sentirte grande; pide confianza en el Dios que llama. Da el siguiente paso con humildad y dependencia.

ORACIÓN

Señor, perdóname por conceder más peso a mis inseguridades que a tu llamado. No quiero usar mis debilidades como excusa. Afirma mi fe y enséñame a obedecer confiando en tu presencia. Amén.

PARA MEDITAR

¿Estoy esperando sentirme fuerte para obedecer o aprendiendo a caminar en la fuerza del Dios que me envía?

DÍA 318 — 14 DE NOVIEMBRE

DIOS NO OLVIDA LA ESPERA

"Y se acordó Dios de Raquel, y la oyó Dios, y le concedió hijos."
Génesis 30:22

Raquel conoció el peso de un deseo prolongado. Vio pasar el tiempo, enfrentó comparaciones y sintió la frustración de un anhelo que no llegaba. Entonces la Escritura declara: "Y se acordó Dios de Raquel".

La frase no significa que el Señor tuvo un lapsus mental o que la hubiera olvidado accidentalmente. Describe el momento en que decidió intervenir de manera visible. Dios había visto toda la espera, incluso durante el tiempo en que Raquel no podía reconocer movimiento alguno.

Una cosa es saber doctrinalmente que Dios ve y otra vivir con una petición que continúa sin respuesta. La demora llena al corazón de preguntas. Sin embargo, el Dios del pacto no pierde de vista a sus hijos ni se desentiende de sus historias.

La espera también puede formar algo que no crecería mediante una respuesta inmediata. Nos enseña dependencia, confronta nuestros ídolos y revela dónde estaba colocada la confianza.

Esto no significa que toda petición recibirá exactamente la respuesta deseada. Significa que la demora continúa bajo la sabiduría del Señor. Él sabe cuándo responder, cómo hacerlo y qué producir mientras esperamos.

APLICACIÓN PARA HOY

Presenta nuevamente la espera que más te pesa. Háblale con honestidad, pero no interpretes su demora como desinterés. Pídele que forme tu carácter mientras cumple su voluntad.

ORACIÓN

Señor, conoces las áreas donde el tiempo se ha vuelto largo. Ayúdame a no interpretar tu demora como olvido. Afirma mi alma en tu fidelidad y enséñame a esperar sin destruirme por dentro. En el nombre de Jesús. Amén.

PARA MEDITAR

¿Estoy tratando la demora de Dios como abandono o como un tiempo que todavía permanece bajo su mano sabia?

DÍA 319 — 15 DE NOVIEMBRE

EL BIEN QUE TODAVÍA NO SE VE

"Vosotros pensasteis mal contra mí, mas Dios lo encaminó a bien."
Génesis 50:20

José llegó a Egipto mediante celos, traición, mentiras y años difíciles. Le quitaron la túnica, lo arrojaron a un pozo y lo vendieron como mercancía. Si alguien hubiese observado solamente fragmentos de su historia, habría concluido que Dios había desaparecido.

El final reveló algo que el proceso escondía: la providencia continuó trabajando incluso en medio de decisiones pecaminosas. Los hermanos de José hicieron maldad real. Dios no llamó bueno a su pecado, pero tampoco perdió el control. Encaminó la historia hacia un propósito que José no podía imaginar mientras sufría.

Esto ofrece descanso a quienes cargan heridas provocadas por otros. No necesitamos minimizar el daño ni llamar bendición a la injusticia. Podemos reconocer que fue mala y, al mismo tiempo, creer que no posee autoridad para cancelar los propósitos de Dios.

Algunos pozos terminan siendo aulas. Ciertas etapas oscuras se convierten después en caminos hacia una misión mayor. Mientras estamos dentro, casi nada parece tener sentido. Por eso la fe aprende a no juzgar toda la historia desde el capítulo más doloroso.

Otro amanecer recuerda que Dios todavía escribe y que la última página no fue entregada a quienes nos hicieron daño.

APLICACIÓN PARA HOY

Lleva al Señor la parte de tu historia que todavía duele. No exijas comprenderlo todo ahora, pero reconoce que Él sigue siendo capaz de encaminar lo torcido hacia sus propósitos.

ORACIÓN

Señor, no quiero llamar bueno a lo que me hirió, pero tampoco quiero negar tu providencia. Toma las partes rotas de mi historia y encamínalas según tu sabiduría. Dame paciencia para esperar lo que todavía no puedo ver. Amén.

PARA MEDITAR

¿Estoy juzgando toda mi historia desde el pozo o dejando espacio para el bien que Dios todavía puede producir?

DíA 320 — 16 DE NOVIEMBRE

LA PUERTA QUE DIOS CERRÓ

"Y Jehová le cerró la puerta."
Génesis 7:16

Noé entró al arca por obediencia, pero Dios cerró la puerta. El Señor no solo dio la advertencia y el diseño; también selló el refugio. La seguridad final no descansó en la habilidad de Noé, sino en la fidelidad divina.

Esta escena une responsabilidad humana y cuidado soberano. Noé debía creer, construir y entrar. Dios se encargó de guardar. De manera semejante, somos llamados a obedecer, velar y perseverar, pero nuestra esperanza no descansa únicamente en la fuerza con que sujetamos a Dios, sino en la firmeza con que Él sostiene a los suyos.

El mundo consideró absurda la construcción del arca. Noé debió convivir con burlas y preguntas. Sin embargo, la obediencia no necesita aprobación social para ser correcta. Necesita una palabra del Señor.

Tal vez Dios no te pide construir una embarcación, pero sí mantener pureza en una cultura que se burla, perseverar donde otros abandonan o practicar una obediencia que parece exagerada.

La misma mano que cerró la puerta del refugio continúa siendo capaz de guardar a quienes confían en Él.

APLICACIÓN PARA HOY

Agradece al Señor por su poder para preservar. Entrégale el temor de no poder sostenerte y renueva tu decisión de obedecer, confiando en que Él guarda mejor de lo que tú puedes guardarte.

ORACIÓN

Señor, gracias porque no solo llamas, sino que también sostienes. Ayúdame a obedecer con reverencia y a descansar en tu fidelidad. Mi seguridad está mejor en tus manos que en las mías. Amén.

PARA MEDITAR

¿Vivo como si mi perseverancia dependiera únicamente de mi fuerza o descanso en el Dios que sabe guardar a los suyos?

DÍA 321 — 17 DE NOVIEMBRE

EL FUEGO REVELA LA LEALTAD

"El Dios nuestro a quien servimos puede librarnos… y si no, sepas… que no serviremos a tus dioses."
Daniel 3:17–18

Sadrac, Mesac y Abed-nego hablaron frente al horno. No sabían si Dios los libraría del fuego o los sostendría dentro de él. Sí sabían a quién no traicionarían.

Esta es una fe limpia: no adora solamente cuando la salida está garantizada. Reconoce que Dios puede librar, pero se niega a convertir la obediencia en una negociación. "Si haces lo que deseo, te serviré" no es adoración; es comercio religioso.

El horno reveló a quién pertenecían aquellos hombres. Las pruebas públicas no fabrican convicciones de la nada. Sacan a la luz lo que fue cultivado en secreto. Por eso no conviene esperar la crisis para formar una vida de fidelidad.

Dios decidió acompañarlos dentro del fuego. La llama no tuvo la última palabra y la presencia del cuarto hombre se volvió más visible precisamente en el horno.

No toda prueba terminará del modo que esperamos, pero ninguna puede separar al creyente de la presencia fiel del Señor. A veces su cuidado evita el fuego; otras veces sostiene dentro de él.

APLICACIÓN PARA HOY

Examina si tu obediencia está demasiado condicionada a recibir respuestas rápidas. Reafirma delante del Señor que deseas pertenecerle tanto en la liberación como durante la prueba.

ORACIÓN

Señor, dame una fidelidad que no dependa de resultados cómodos. Tú puedes librarme, pero también puedes sostenerme en medio del fuego. Forma en mí convicciones profundas y hazme permanecer fiel. En el nombre de Jesús. Amén.

PARA MEDITAR

¿Mi lealtad a Dios depende de que me libre rápidamente o permanece aun mientras desconozco el resultado?

DÍA 322 — 18 DE NOVIEMBRE

EL CUIDADO PUEDE LLEGAR DE FORMAS EXTRAÑAS

"Y los cuervos le traían pan y carne por la mañana, y pan y carne por la tarde."
1 Reyes 17:6

Elías descubrió que Dios no siempre provee mediante métodos elegantes o previsibles. Un arroyo escondido y unos cuervos se convirtieron en instrumentos de sustento. La provisión era diaria y obligaba al profeta a depender continuamente.

El corazón preferiría una seguridad más visible, abundante y controlable. Sin embargo, Dios algunas veces cuida de maneras que destruyen la autosuficiencia. Concede lo necesario sin proporcionar el tipo de reservas que permitirían olvidar al Proveedor.

Elías no recibió un banquete real, pero tampoco fue abandonado. Dios sostuvo su vida con suficiente pan para cada jornada. La provisión no siempre alimenta nuestras fantasías, pero sí cumple el propósito del Señor.

Algunas ayudas resultan tan sencillas o inesperadas que podemos menospreciarlas. Esperábamos una puerta grande y Dios utilizó una persona común. Deseábamos abundancia y llegó lo suficiente. Pedíamos una solución definitiva y recibimos fuerzas para hoy.

El cuidado de Dios no pierde valor porque no haya llegado envuelto como imaginábamos.

APLICACIÓN PARA HOY

Reconoce alguna provisión que hayas despreciado por parecer pequeña o extraña. Agradece por ella y pide un corazón más atento a la fidelidad del Proveedor que a la apariencia del instrumento.

ORACIÓN

Señor, perdóname por menospreciar tu cuidado cuando no coincide con mis expectativas. Gracias por cada forma visible y silenciosa en que has sostenido mi vida. Hazme agradecido y dependiente de ti. Amén.

PARA MEDITAR

¿Estoy reconociendo la provisión de Dios o despreciándola porque no llegó de la manera que yo habría escogido?

DÍA 323 — 19 DE NOVIEMBRE

PESADOS EN LA BALANZA DE DIOS

"Pesado has sido en balanza, y fuiste hallado falto."
Daniel 5:27

Belsasar celebraba como si nada estuviera por encima de su trono. Bebió, blasfemó y trató las cosas santas con insolencia. Entonces una mano escribió en la pared. No era un efecto dramático, sino una sentencia divina.

Esta historia produce temor reverente porque el corazón humano posee una gran facilidad para sentirse más sólido de lo que realmente es. La ausencia de consecuencias inmediatas puede confundirse con aprobación. La persona se acostumbra, se envalentona y supone que todo seguirá igual.

Dios da amaneceres inmerecidos, pero también examina corazones. Su misericordia no significa indiferencia moral. Pesa motivaciones, actitudes y maneras de tratar aquello que le pertenece.

Belsasar convirtió lo santo en entretenimiento. Esa irreverencia revelaba un interior vacío. Cuando las cosas de Dios pierden peso, el alma ya comenzó a degradarse aunque exteriormente continúe celebrando.

La confrontación divina puede ser una misericordia severa. Resulta mejor ser despertados ahora que continuar tranquilamente hacia la ruina. La Palabra actúa como martillo contra seguridades falsas para conducirnos al arrepentimiento.

APLICACIÓN PARA HOY

No asumas que todo está bien solamente porque no ha ocurrido una crisis. Pide al Señor que examine tu corazón y señale cualquier orgullo, irreverencia o apariencia sin realidad.

ORACIÓN

Señor, pesa mi corazón y examina mis caminos. Líbrame de vivir sostenido por apariencias y de tratar con ligereza lo que es santo. Gracias porque tu confrontación puede despertarme antes de que sea demasiado tarde. Amén.

PARA MEDITAR

Si Dios examinara hoy lo que existe debajo de mis formas visibles, ¿qué encontraría?

DÍA 324 — 20 DE NOVIEMBRE

DOS MONEDAS Y UN CORAZÓN ENTERO

"Esta viuda pobre echó más que todos."
Marcos 12:43

La ofrenda de la viuda parecía insignificante. Dos pequeñas monedas no producían el mismo sonido ni la misma impresión que las grandes cantidades depositadas por otros. Jesús, sin embargo, midió de manera diferente.

El Señor no observó solamente cuánto entró en el arca, sino cuánto corazón acompañaba la entrega. Los demás daban de lo que les sobraba; ella ofreció desde su necesidad. La cantidad era pequeña, pero el sacrificio era profundo.

Esta verdad se extiende más allá del dinero. Dios mira el tiempo, la obediencia, el servicio y la fidelidad silenciosa. Algo puede parecer poco ante los ojos humanos y ser precioso delante del cielo porque nace de amor sincero.

La viuda no compitió con nadie. No necesitó poseer la mayor suma para presentar una entrega hermosa. Eso libera a quienes viven midiéndose según los recursos, talentos o alcances de otros.

También nos impide utilizar la pequeñez como excusa. Tener poco no significa que nada pueda ofrecerse. Lo poco retenido continúa siendo poco; lo poco entregado entra en las manos de Dios.

APLICACIÓN PARA HOY

Identifica algo que puedes ofrecer hoy: tiempo, atención, ayuda, recursos o una obediencia concreta. No lo desprecies por parecer pequeño. Entrégalo con sinceridad y sin comparación.

ORACIÓN

Señor, ayúdame a darte lo poco o lo mucho con un corazón entero. Líbrame de medir mi entrega por la aprobación humana y limpia mis motivaciones. Recibe lo que hoy pongo delante de ti. Amén.

PARA MEDITAR

¿Estoy despreciando lo que puedo entregar porque parece poco o reconociendo que Dios también pesa el corazón?

DÍA 325 — 21 DE NOVIEMBRE

EL CÁNTICO DESPUÉS DEL MAR

"Jehová es mi fortaleza y mi cántico, y ha sido mi salvación."
Éxodo 15:2

Israel cantó después de cruzar el mar. Antes hubo miedo, gritos, un ejército acercándose y una ruta que parecía cerrada. Después contemplaron la intervención de Dios y la alabanza brotó del rescate recordado.

Se canta de manera diferente cuando uno sabe de qué fue librado. La alabanza deja de ser teoría y se convierte en testimonio. A esta altura del año también existen mares que quedaron atrás. Hubo momentos donde no sabíamos cómo se abriría camino y, sin embargo, aquí estamos.

El cántico no significaba que todas las pruebas habían terminado. El desierto todavía estaba delante. Precisamente por eso necesitaban cantar. La memoria de la salvación pasada fortalecería la fe para las dificultades futuras.

El alma necesita registrar la ayuda de Dios. No basta con recibirla y continuar corriendo. Conviene nombrarla, agradecerla y contarla. La memoria agradecida impide enfrentar la próxima prueba como si el Señor jamás hubiera intervenido.

Quizá no todo se resolvió como esperabas, pero existen suficientes huellas de su fidelidad para que el corazón no permanezca mudo.

APLICACIÓN PARA HOY

Recuerda una situación de este año donde Dios abrió camino. Agradécele con detalles y, si es apropiado, comparte ese testimonio con alguien que necesite esperanza.

ORACIÓN

Señor, has sido mi fortaleza y salvación. Perdóname por mi memoria corta. Hoy te alabo por los caminos que abriste y por las ocasiones en que me sostuviste cuando no veía salida. Amén.

PARA MEDITAR

¿Estoy enfrentando el presente como si Dios nunca me hubiera ayudado o cantando con memoria de su fidelidad?

DÍA 326 — 22 DE NOVIEMBRE

LA HUMILLACIÓN QUE ENCUENTRA MISERICORDIA

"Mas luego que fue puesto en angustias, oró a Jehová su Dios, humillado grandemente en la presencia del Dios de sus padres."
2 Crónicas 33:12

Manasés fue uno de los reyes más perversos de Judá. Promovió idolatría, derramó sangre y arrastró al pueblo hacia el pecado. Su historia parecía demasiado torcida para terminar en restauración. Sin embargo, la angustia quebró su arrogancia y finalmente se humilló delante de Dios.

Esto no convierte sus pecados en asuntos menores ni borra todas sus consecuencias. Tampoco ofrece permiso para endurecerse con la idea de arrepentirse más adelante. Muestra hasta dónde alcanza la misericordia cuando un corazón deja de justificarse y vuelve con quebrantamiento verdadero.

Algunas personas sienten que ya es demasiado tarde para regresar. Han desperdiciado tiempo, dañado relaciones y tomado decisiones vergonzosas. La Biblia no minimiza esa realidad, pero tampoco presenta a Dios como incapaz de escuchar al arrepentido.

La historia de Manasés llena de esperanza al que viene tarde, pero advierte al que todavía quiere posponer la rendición. Cada amanecer inmerecido es una puerta para humillarse hoy, no una garantía para continuar jugando con la paciencia divina.

El milagro no es pecar mucho y escapar fácilmente. El milagro es que Dios todavía recibe al corazón que finalmente abandona su orgullo.

APLICACIÓN PARA HOY

Deja de defender aquello que Dios ya ha señalado. Confiesa sin excusas y toma los pasos necesarios para reparar lo que sea posible. No esperes otra crisis para humillarte.

ORACIÓN

Señor, líbrame de justificar lo que debo confesar. Dame un corazón verdaderamente humilde. Gracias porque todavía escuchas al que vuelve quebrantado. Ayúdame a responder hoy y no seguir aplazando la rendición. Amén.

PARA MEDITAR

¿Qué domina más mi corazón: el deseo de proteger mi imagen o la necesidad de humillarme delante de Dios?

DíA 327 — 23 DE NOVIEMBRE

VIDA EN EL VALLE SECO

"Y pondré espíritu en vosotros, y viviréis."
Ezequiel 37:5

El valle de los huesos secos no ofrecía una imagen agradable. Todo allí hablaba de muerte, esterilidad y final. Ninguna estrategia humana podía devolver vida a aquel escenario. Precisamente allí Dios pronunció una promesa.

El Señor no se intimida ante lo que nosotros consideramos definitivamente perdido. Existen áreas personales, familiares y ministeriales que parecen haber perdido forma, fuerza y esperanza. Frente a ellas surge la tentación de resignarse.

Ezequiel no recibió instrucciones para fabricar vida mediante entusiasmo. Fue llamado a proclamar la palabra de Dios. La esperanza bíblica no consiste en negar la sequedad, sino en escuchar al Señor dentro del valle.

La vida no brota de nuestra capacidad para pensar positivamente. Procede de la voz divina y del soplo del Espíritu. Por eso podemos reconocer honestamente el estado del valle sin convertirlo en sentencia final.

Dios no siempre restaurará cada situación de la manera que imaginamos, pero ninguna ruina está fuera de su autoridad. La resignación no debe hablar más fuerte que su poder.

APLICACIÓN PARA HOY

Identifica el área que has declarado muerta o irrecuperable. Preséntala al Señor y pide una palabra verdadera, no fantasías. Mantente disponible para obedecer lo que Él indique.

ORACIÓN

Señor, conoces los valles donde solamente veo huesos secos. Yo no puedo producir vida, pero tu Espíritu sí. Háblame y rompe toda resignación que me impida esperar en tu poder. En el nombre de Jesús. Amén.

PARA MEDITAR

¿Estoy tratando mi valle como un final definitivo o como un lugar donde Dios todavía puede hablar?

DÍA 328 — 24 DE NOVIEMBRE

EL LLAMADO DESPUÉS DEL FRACASO

"Sígueme."
Juan 21:19

Pedro había fallado de manera pública y dolorosa. Negó a Jesús tres veces y quedó cargando la memoria de su cobardía. El Cristo resucitado no minimizó la falta, pero tampoco lo dejó enterrado bajo ella.

Jesús lo buscó, confrontó su amor y restauró su misión. Después volvió a pronunciar una palabra sencilla: "Sígueme". La gracia no solamente perdonó el pasado; volvió a colocar a Pedro en el camino.

El enemigo desea que el fracaso se convierta en identidad permanente. Repite la escena, exagera la vergüenza y susurra que ya no existe propósito. Cristo trata el pecado con verdad, pero luego llama al arrepentido a levantarse.

Pedro necesitaba más que alivio emocional. Necesitaba una restauración que lo devolviera a la comunión y al servicio. El Señor no archiva a sus hijos como piezas inútiles después de un tropiezo. Los corrige y puede utilizarlos con mayor humildad.

Las consecuencias y las lecciones permanecen, pero la vergüenza no tiene derecho a hablar más fuerte que la voz de Cristo.

APLICACIÓN PARA HOY

Si ya confesaste y trataste una falta, deja de girar eternamente alrededor de ella. Escucha nuevamente el llamado de Jesús y responde con una obediencia concreta.

ORACIÓN

Señor Jesús, gracias porque no me dejas encerrado en mis fracasos. Trátame con verdad, limpia mi culpa y vuelve a ponerme en camino. Quiero escuchar tu voz por encima de mi vergüenza y seguirte otra vez. Amén.

PARA MEDITAR

¿Estoy viviendo bajo la sombra de mis fallos o bajo la voz de Cristo que todavía dice: "Sígueme"?

DÍA 329 — 25 DE NOVIEMBRE

AGUA SIN VIENTO NI LLUVIA

"No veréis viento, ni veréis lluvia;
pero este valle será lleno de agua."
2 Reyes 3:17

Nos agrada que las respuestas de Dios lleguen acompañadas de señales evidentes. Queremos viento, lluvia, ruido y confirmaciones que todos puedan reconocer. Sin embargo, el Señor algunas veces promete provisión sin el espectáculo esperado.

El valle se llenaría de agua, aunque no aparecieran las señales naturales que normalmente la precedían. Esto obligaba al pueblo a confiar en la palabra de Dios más que en el método imaginado.

La fe puede perder bendiciones al insistir en que el Señor actúe de una sola manera. Algunas respuestas llegan silenciosamente: una puerta discreta, una conversación oportuna, una fuerza renovada o una provisión suficiente.

Dios no está obligado a seguir los patrones que tranquilizan nuestra lógica. Puede llenar valles sin viento ni lluvia. La ausencia de espectáculo no significa ausencia de intervención.

Muchas misericordias son menospreciadas porque no coincidieron con nuestras expectativas. Esperábamos algo extraordinario y recibimos ayuda sencilla, pero real.

APLICACIÓN PARA HOY

Revisa si alguna respuesta de Dios ha pasado inadvertida porque no llegó de la forma esperada. Agradece por la provisión concreta y renuncia a controlar la apariencia de su intervención.

ORACIÓN

Señor, perdóname por reconocer tu mano solamente en respuestas llamativas. Abre mis ojos para ver tu fidelidad silenciosa y enséñame a confiar en tu palabra más que en las señales que yo quisiera recibir. Amén.

PARA MEDITAR

¿Estoy reconociendo la respuesta de Dios aunque no venga acompañada del espectáculo que imaginaba?

DíA 330 — 26 DE NOVIEMBRE

LO POCO EN LAS MANOS DE JESÚS

"¿Qué es esto para tantos?"
Juan 6:9

Cinco panes y dos peces parecían insignificantes frente a una multitud. La pregunta de los discípulos continúa resonando: "¿Qué es esto para tantos?". También nosotros miramos nuestras fuerzas, recursos y capacidades, y concluimos que son demasiado pequeños para la necesidad.

Los panes no eran suficientes por sí mismos. Ese nunca fue el punto. Su valor cambió al ser puestos en las manos de Jesús. Una cosa es medir nuestros recursos aislados y otra entregarlos al Señor.

Esta verdad no alimenta fantasías de grandeza. Produce dependencia. El Reino no avanza porque seamos inmensos, sino porque Cristo continúa siendo poderoso.

El muchacho no alimentó a la multitud por su capacidad. Sin embargo, tampoco retuvo lo poco pensando que no valía la pena entregarlo. Lo poco guardado siguió siendo poco; lo poco ofrecido entró en una historia de multiplicación.

Podemos utilizar la insuficiencia como excusa para no servir, orar ni obedecer. El problema no siempre es la escasez, sino la incredulidad que subestima lo que Cristo puede hacer con una vida rendida.

APLICACIÓN PARA HOY

Pon delante del Señor lo que tienes: tiempo, recursos, experiencia o fuerzas limitadas. No prometas lo que no posees. Entrégale honestamente lo disponible y permite que Él decida cómo utilizarlo.

ORACIÓN

Señor, conoces lo pequeño de mis recursos. Perdóname por subestimar lo que puedo poner en tus manos. Recibe lo que tengo y úsalo según tu sabiduría. Quiero depender más de tu poder que de mi suficiencia. Amén.

PARA MEDITAR

¿Estoy midiendo lo que tengo solamente por su tamaño o también por las manos en las que puedo colocarlo?

DÍA 331 — 27 DE NOVIEMBRE

EL QUE VOLVIÓ A DAR GRACIAS

"¿No hubo quien volviese y diese gloria a Dios sino este extranjero?"
Lucas 17:18

Diez leprosos fueron limpiados, pero solamente uno regresó. Todos disfrutaron el beneficio; uno volvió conscientemente al Benefactor. Jesús señaló esa diferencia con una pregunta que continúa confrontándonos: "¿Dónde están los otros?".

Recibir misericordia no garantiza un corazón agradecido. Podemos disfrutar la salud, la provisión, el perdón y las oportunidades mientras seguimos adelante sin detenernos a glorificar a Dios.

La gratitud bíblica no consiste solo en sentir alivio. Regresa, se postra y reconoce la fuente. El leproso comprendió que el regalo no debía separarse de quien lo había dado.

Noviembre suele hablar mucho de agradecimiento, pero la costumbre puede convertirlo en una palabra superficial. Hace falta recordar con detalles las misericordias visibles e invisibles del año.

Dar gracias también protege el corazón de la arrogancia. Nos recuerda que no todo lo recibido fue producido por nuestra capacidad. Detrás de muchas cosas hubo cuidado, protección y gracia que no podíamos fabricar.

APLICACIÓN PARA HOY

Haz una pausa y vuelve al Señor con gratitud específica. Nombra personas, provisiones, correcciones y puertas que Él utilizó. No agradezcas solamente el beneficio; adora al Dios que lo concedió.

ORACIÓN

Señor, no quiero recibir tus bondades y seguir de largo. Hoy vuelvo para darte gloria. Gracias por lo que diste, por lo que evitaste y por las misericordias que apenas comienzo a comprender. En el nombre de Jesús. Amén.

PARA MEDITAR

¿Estoy disfrutando los beneficios de Dios sin regresar suficientemente a sus pies para agradecer?

DÍA 332 — 28 DE NOVIEMBRE

OJOS ABIERTOS EN LA MESA

"Y estando sentado con ellos a la mesa, tomó el pan y lo bendijo, lo partió, y les dio."
Lucas 24:30

Los discípulos de Emaús caminaban tristes y confundidos. Jesús iba junto a ellos, pero el dolor les impedía reconocerlo. Hablaban de los hechos correctamente en algunos aspectos, aunque los interpretaban desde la decepción.

Cristo no los abandonó por estar confundidos. Caminó con ellos, escuchó su versión y abrió las Escrituras. Luego, en la mesa, partió el pan y sus ojos fueron abiertos.

La tristeza puede distorsionar nuestra lectura de la realidad. Seguimos hablando de Dios, pero contemplamos todo desde una herida que todavía no ha sido procesada. El Señor se acerca con paciencia para corregir nuestra interpretación.

La restauración de Emaús entró mediante la presencia de Cristo y una Escritura bien explicada. El corazón comenzó a arder antes de que las circunstancias cambiaran. Comprendieron que Jesús no había perdido el control de la historia.

Al terminar noviembre pueden existir mesas marcadas por ausencias, cansancio o preguntas. Cristo continúa sabiendo acompañar, enseñar y devolver claridad.

APLICACIÓN PARA HOY

Lee Lucas 24:13–35 lentamente. Presenta al Señor la situación que estás interpretando solamente desde la tristeza y pídele que abra tus ojos mediante su Palabra.

ORACIÓN

Señor Jesús, gracias porque no abandonas al corazón confundido. Camina conmigo, corrige mi manera de interpretar los hechos y abre mis ojos para reconocerte donde pensé que estabas ausente. Amén.

PARA MEDITAR

¿Estoy leyendo mi camino únicamente desde la decepción o permitiendo que Cristo vuelva a explicarme la historia?

DÍA 333 — 29 DE NOVIEMBRE

PAN Y DESCANSO PARA EL CANSADO

"Y he aquí luego un ángel le tocó, y le dijo: Levántate, come."
1 Reyes 19:5

Elías había contemplado fuego caer del cielo, pero poco después terminó debajo de un enebro, agotado, temeroso y deseando morir. La escena destruye la idea de que una gran victoria espiritual elimina automáticamente la fragilidad humana.

Dios no comenzó con un sermón extenso. Tocó al profeta, le dio alimento y permitió que descansara. Después volvería a hablarle y a corregir su perspectiva. El Señor no aprobó su desesperación, pero tampoco lo aplastó por estar agotado.

Algunos cansancios no se resuelven con una frase fuerte. Requieren descanso, alimento, silencio, acompañamiento y una renovación gradual de la visión. El ser humano sigue siendo criatura y el agotamiento afecta la manera de pensar y reaccionar.

Esto no justifica toda pereza bajo el nombre de cansancio. Nos llama a reconocer honestamente nuestros límites y recibir el cuidado de Dios sin orgullo.

A veces el acto más responsable y espiritual no consiste en correr más, sino en detenerse para ser restaurado y luego continuar obedeciendo.

APLICACIÓN PARA HOY

Examina tu nivel real de agotamiento. Descansa si es necesario, aliméntate bien, habla con alguien maduro y presenta tu estado al Señor. No tomes decisiones permanentes desde un cansancio temporal.

ORACIÓN

Señor, conoces mi cansancio mejor que yo. Gracias porque no solo corriges, sino que también cuidas. Tócame, aliméntame, restaura mi perspectiva y vuelve a ponerme en pie. En el nombre de Jesús. Amén.

PARA MEDITAR

¿Estoy permitiendo que Dios trate mi cansancio o me estoy escondiendo dentro de él como si fuera mi destino final?

DÍA 334 — 30 DE NOVIEMBRE

PIEDRAS PARA RECORDAR

"Tomó Samuel una piedra··· y le puso por nombre Eben-ezer, diciendo: Hasta aquí nos ayudó Jehová."
1 Samuel 7:12

Samuel levantó una piedra porque el pueblo necesitaba recordar. La ayuda de Dios no debía quedar reducida a una emoción momentánea. Necesitaba una señal que permitiera decir con claridad: "Hasta aquí nos ayudó Jehová".

Terminar noviembre sin hacer memoria sería una forma de pobreza espiritual. El mes estuvo lleno de cuidado, corrección, provisión, consuelo y amaneceres inmerecidos. Algunas ayudas fueron visibles; otras solo se comprenderán con el tiempo.

El corazón humano posee memoria larga para las heridas y sorprendentemente corta para la bondad. Por eso debemos entrenarlo a recordar correctamente. No para vivir atrapados en el pasado, sino para conservar el lenguaje de la gratitud.

Levantar una piedra de memoria puede significar escribir, contar, orar o agradecer con detalles. Dar nombre a la fidelidad de Dios impide que la costumbre la borre.

"Hasta aquí" no significa que todo quedó resuelto ni que no existan asuntos pendientes. Significa que el Señor sostuvo la historia hasta este punto. En ocasiones su ayuda no pareció triunfo visible, sino preservación: no permitió que abandonaras, te perdieras o te endurecieras completamente.

Entrar a diciembre recordando cambia el clima del alma. Ya no avanzamos únicamente con cansancio acumulado, sino con evidencia de que Dios ha acompañado el camino.

APLICACIÓN PARA HOY

Escribe cinco maneras concretas en que Dios te ayudó durante noviembre. Incluye correcciones, personas, provisiones y fuerzas recibidas. Conserva esa lista como una piedra de memoria.

ORACIÓN

Señor, hasta aquí me has ayudado. Gracias por lo visible y por lo escondido. No quiero cerrar noviembre con memoria corta. Enséñame a recordar tu fidelidad con reverencia y gratitud. En el nombre de Jesús. Amén.

PARA MEDITAR

¿Qué hechos concretos grabaría hoy sobre mi piedra de memoria para declarar que hasta aquí me ayudó Jehová?

NUESTRO MENSAJE PARA TI EN DICIEMBRE

LA MISERICORDIA QUE TE TRAJO HASTA EL FINAL DEL AÑO

OTTO & MILKY MAÑÓN

Diciembre llega con luces, reuniones, cansancio y memoria. También trae preguntas abiertas, gratitudes pendientes, duelos que despiertan y la tentación de mirar el año únicamente desde lo que faltó, dolió o no salió como esperábamos. Por eso necesitamos entrar a este mes con una verdad firme: si hemos llegado hasta aquí, no ha sido por mérito, sino por misericordia.

Cada amanecer recibido durante el año fue inmerecido. Cada oportunidad para arrepentirnos, obedecer, amar mejor, pedir perdón y volver a Cristo fue una concesión de la paciencia divina. No llegamos al final porque respondimos siempre correctamente, sino porque las misericordias del Señor no decayeron.

Diciembre nos permite mirar el camino con mayor perspectiva. Podemos reconocer victorias y luchas pendientes, respuestas visibles y esperas prolongadas. El evangelio nos libra tanto del orgullo como de la desesperación. No permite que presumamos como si hubiésemos llegado solos, ni que concluyamos que Dios dejó de ser fiel porque algunas cosas continúan incompletas.

Al recordar bien, distinguimos mejor la mano del Señor. Vemos cuántas veces sostuvo lo que estaba por quebrarse, frenó daños mayores, dio paz, proveyó alimento, corrigió caminos y concedió fuerzas para seguir.

Este mes no debe vivirse en piloto automático ni reducirse a una temporada comercial. Es una oportunidad para terminar el año con el corazón más humilde, agradecido, limpio y atento a Cristo.

Las historias bíblicas de estos días nos recordarán que el Dios de Noé, Job, Ester, David, María y José sigue siendo el mismo. Su mano no perdió fuerza. Su fidelidad continúa siendo mejor que la nuestra.

Que diciembre se convierta en altar de memoria y esperanza. Memoria, porque necesitamos recordar correctamente. Esperanza, porque Dios todavía no ha terminado su obra.

Si hoy todavía hay luz, tiempo y evangelio, es porque la misericordia del Señor volvió a amanecer.

DÍA 335 — 1 DE DICIEMBRE

BELÉN: PEQUEÑA, PERO ESCOGIDA

"Pero tú, Belén Efrata…
de ti me saldrá el que será Señor en Israel."
Miqueas 5:2

Belén parecía insignificante. Era pequeña, sencilla y distante del brillo asociado con los grandes acontecimientos. Sin embargo, Dios la escogió para el cumplimiento de una promesa inmensa.

El cielo no necesita escenarios impresionantes para realizar su voluntad. Muchas veces utiliza lo humilde y secundario para dejar claro que la gloria le pertenece.

La venida de Cristo no fue una postal tierna, sino la entrada fiel de Dios en la historia. La promesa no murió durante los siglos de espera. Llegó en el momento señalado.

Belén también confronta nuestras expectativas. Los hombres habrían elegido una ciudad más importante, una llegada más visible y una presentación compatible con el poder humano. Dios escogió un pueblo pequeño.

Diciembre puede llenarse de apariencia y ruido. Belén corta esa tentación. Nos recuerda que la gloria real no siempre necesita espectáculo.

Dios continúa obrando en días comunes, hogares sencillos y personas cansadas. El tamaño del escenario no determina la grandeza de su fidelidad.

APLICACIÓN PARA HOY

Piensa en una parte sencilla de tu vida donde podrías estar despreciando la obra de Dios. Pídele ojos para reconocer su presencia.

ORACIÓN

Señor, gracias porque cumples tu palabra también en escenarios pequeños. Líbrame de medir tu obra según el brillo humano. En el nombre de Jesús. Amén.

PARA MEDITAR

¿Reconozco la fidelidad de Dios en los lugares modestos o solo espero encontrarla en lo impresionante?

DÍA 336 — 2 DE DICIEMBRE

EL COSTO DE DECIRLE SÍ A DIOS

"He aquí la sierva del Señor;
hágase conmigo conforme a tu palabra."
Lucas 1:38

Decirle sí a Dios suena hermoso hasta que aparece el costo. María recibió una palabra gloriosa, pero también una asignación cargada de preguntas, posibles malentendidos y consecuencias sociales.

Su respuesta fue limpia: "Hágase conmigo conforme a tu palabra". No entendía todos los detalles ni controlaba el mapa completo. Confiaba en el Dios que había hablado.

El corazón humano quiere obediencia sin incomodidad y rendición sin cambios profundos. María muestra otro espíritu. No negó el peso, pero tampoco permitió que el temor gobernara su respuesta.

Su sí no fue ingenuidad. Fue una fe consciente de que la voluntad de Dios podía alterar planes, reputación y tranquilidad.

La obediencia impulsiva dura mientras la emoción acompaña. La obediencia rendida permanece porque descansa en el carácter del Señor.

Diciembre necesita algo más que sentimiento religioso. Necesita personas dispuestas a decirle sí a Dios en las áreas concretas donde su palabra toca la agenda, los temores y los planes personales.

APLICACIÓN PARA HOY

Identifica una obediencia a la que has puesto condiciones por el costo que implica. Preséntala al Señor y responde con sinceridad.

ORACIÓN

Señor, tú conoces dónde me cuesta decirte sí. Dame una fe rendida, humilde y dispuesta a obedecer aunque no comprenda todos los detalles. En el nombre de Jesús. Amén.

PARA MEDITAR

¿Mi sí a Dios permanece cuando la obediencia altera mis planes?

DÍA 337 — 3 DE DICIEMBRE

LA OBEDIENCIA SOBRIA DE JOSÉ

"Y despertando José del sueño,
hizo como el ángel del Señor le había mandado."
Mateo 1:24

José no llenó la escena de discursos ni explicaciones interminables. Después de recibir dirección de Dios, se levantó e hizo lo que le fue mandado.

Su obediencia ocurrió en medio de una situación delicada. La reputación, el futuro y la tranquilidad estaban en juego. Aun así, respondió con sobriedad.

Vivimos en una época donde muchas personas sienten la necesidad de justificar cada decisión y convertir la obediencia en espectáculo. José ofrece otro modelo: escuchar, discernir y actuar sin protagonismo.

Esto no significa obedecer cualquier impulso o sueño. La dirección recibida por José era clara y procedía de Dios. Una vez confirmada, dejó de añadir retrasos innecesarios.

La santidad del silencio obediente resulta contracultural. No busca admiración ni se presenta como superior. Simplemente honra al Señor.

Algunas áreas de nuestra vida no necesitan más análisis, sino una respuesta concreta a lo que ya entendimos.

APLICACIÓN PARA HOY

Piensa en algo que sabes que Dios quiere y has retrasado mediante demasiadas explicaciones. Da hoy el primer paso.

ORACIÓN

Señor, líbrame de convertir la obediencia en un proceso interminable. Dame un corazón sobrio, limpio y dispuesto como el de José. Amén.

PARA MEDITAR

¿Estoy obedeciendo lo que Dios mostró o solamente hablando mucho sobre ello?

DÍA 338 — 4 DE DICIEMBRE

GLORIA EN MEDIO DE LA NOCHE

"Os ha nacido hoy, en la ciudad de David, un Salvador, que es CRISTO el Señor."
Lucas 2:11

Los pastores se encontraban trabajando durante la noche. No estaban en un templo importante ni en una ceremonia solemne. La gloria de Dios interrumpió una jornada común.

El anuncio fue claro: había nacido un Salvador. No un símbolo cultural ni un maestro inspirador, sino Cristo el Señor.

La palabra "Salvador" revela la gravedad del problema humano. Si Dios envió a su Hijo para salvar, entonces el pecado no podía resolverse mediante esfuerzo moral, tradición o religiosidad.

También revela la grandeza de la respuesta divina. El cielo no abandonó al hombre en su oscuridad. Entró en ella.

Los pastores muestran que la gracia puede sorprendernos durante la rutina. Dios se acerca al cansado, al sencillo y al que trabaja lejos de los escenarios importantes.

La noticia de Belén no debe convertirse en un dato conocido que ya no produce asombro. Cristo sigue siendo la necesidad central de nuestra vida.

APLICACIÓN PARA HOY

Aparta unos minutos para recordar de qué vino a salvarte Cristo. Agradécele por su encarnación y su obra redentora.

ORACIÓN

Señor Jesús, gracias porque viniste a salvar. Devuelve a mi corazón el asombro y líbrame de tratar tu nacimiento como una historia común. Amén.

PARA MEDITAR

¿Sigo viendo a Cristo como el Salvador que necesito o solo como una figura conocida de diciembre?

DÍA 339 — 5 DE DICIEMBRE

SIMEÓN ESPERÓ SIN AMARGARSE

"Ahora, Señor, despides a tu siervo en paz."
Lucas 2:29

Simeón esperó durante años el cumplimiento de una promesa. Su esperanza no dependía de impulsos rápidos, sino de la palabra de Dios.

Lo admirable no es solamente cuánto esperó, sino cómo llegó al final de la espera. No aparece amargado ni reclamando por la demora. Recibe al niño con paz.

Algunas esperas vuelven al alma más profunda; otras la vuelven áspera. La diferencia está en dónde descansa el corazón mientras pasa el tiempo.

Simeón no era gobernado por su reloj, sino por la promesa. Quien mide todo según su calendario termina frustrado. Quien aprende a esperar en Dios desarrolla una paz menos dependiente de la rapidez de las respuestas.

La demora no significa que el Señor olvidó. Puede estar preparando el momento, formando el carácter y purificando la esperanza.

Al recibir a Cristo, Simeón no se concentró en los años transcurridos, sino en la fidelidad que finalmente estaba contemplando.

APLICACIÓN PARA HOY

Presenta al Señor la espera más prolongada de tu vida. Pídele que no permita que la demora pudra tu carácter.

ORACIÓN

Señor, enséñame a esperar sin amargura. Hazme descansar en tu palabra y llegar al cumplimiento con un corazón limpio. Amén.

PARA MEDITAR

¿Qué está produciendo mi espera: paz confiada o resentimiento silencioso?

DíA 340 — 6 DE DICIEMBRE

ANA PERMANECIÓ

"No se apartaba del templo, sirviendo de noche y de día con ayunos y oraciones."
Lucas 2:37

Ana había conocido pérdida, viudez, años de soledad y largas temporadas de espera. En lugar de dejar que el dolor la endureciera, permaneció delante de Dios.

Sirvió, oró y esperó. Su fidelidad no fue llamativa, pero la colocó en el lugar donde finalmente vería al Mesías.

El sufrimiento suele intentar aislarnos o llenarnos de amargura. Ana eligió transformar el duelo en devoción.

Permanecer no significa negar el dolor. Significa llevarlo repetidamente a la presencia del Señor hasta que deje de gobernar la vida.

La fidelidad escondida tiene un peso que el mundo no sabe medir. Ana no poseía plataforma ni reconocimiento, pero su constancia fue vista por Dios.

Algunas personas sienten deseos de abandonar la oración, la congregación o el servicio porque están cansadas. La historia de Ana recuerda que permanecer también es una forma de fe.

APLICACIÓN PARA HOY

Identifica el área espiritual donde estás pensando aflojar. Pídele al Señor constancia y busca apoyo en la comunidad de fe.

ORACIÓN

Señor, no permitas que el dolor me aleje de tu presencia. Dame la perseverancia de Ana y un corazón que continúe buscándote. En el nombre de Jesús. Amén.

PARA MEDITAR

¿El dolor me está alejando de Dios o enseñando a permanecer más cerca?

DÍA 341 — 7 DE DICIEMBRE

EGIPTO TAMBIÉN FUE PROTECCIÓN

"Levántate y toma al niño y a su madre, y huye a Egipto."
Mateo 2:13

Egipto no parece una escena romántica de Navidad. Significa huida, desplazamiento e incomodidad. Sin embargo, allí estuvo la protección de Dios.

El cuidado del Señor no siempre se parece a permanecer donde deseamos. En ocasiones implica movernos, salir o atravesar una etapa inesperada para evitar un daño mayor.

José tuvo que obedecer con rapidez. La amenaza era real y la instrucción divina, aunque incómoda, era clara.

Esto corrige la idea de que la voluntad de Dios siempre produce comodidad inmediata. Algunas obediencias protegen precisamente porque interrumpen nuestros planes.

José, María y el niño no estaban huyendo fuera del cuidado divino, sino dentro de él. El desplazamiento no anulaba la presencia de Dios.

Algunas temporadas que parecen exilio temporal pueden formar parte de una providencia sabia. No debemos romantizar la incomodidad, pero tampoco despreciar el cuidado escondido dentro de ella.

APLICACIÓN PARA HOY

Presenta al Señor la etapa que no habrías escogido. Pregunta si existe una forma de protección o dirección que todavía no has reconocido.

ORACIÓN

Señor, ayúdame a no confundir incomodidad con abandono. Dame obediencia rápida y confianza en tu cuidado. En el nombre de Jesús. Amén.

PARA MEDITAR

¿Estoy despreciando una etapa difícil sin considerar que Dios también puede estar guardándome allí?

DÍA 342 — 8 DE DICIEMBRE

MARÍA GUARDABA EN EL CORAZÓN

"Mas su madre guardaba todas estas cosas en su corazón."
Lucas 2:51

María no comprendió inmediatamente cada escena relacionada con Jesús. Vio, escuchó y experimentó cosas santas cuyo sentido completo todavía no alcanzaba.

Su respuesta fue guardar. No descartó lo que no entendía ni lo trató con ligereza. Lo conservó en el corazón mientras esperaba mayor claridad.

El corazón moderno exige respuestas rápidas. Si algo no se comprende inmediatamente, se abandona o se trivializa. María enseña una espiritualidad más profunda.

Guardar significa tratar las obras de Dios con peso, memoria y reverencia. No permitir que pasen como otra información consumida rápidamente.

Algunas palabras, procesos y experiencias necesitan tiempo antes de revelar todo su significado. La fe no exige entender cada costura para continuar confiando.

En una época saturada de información, guardar se convierte en disciplina espiritual. Significa dar espacio interior a lo que Dios ha dicho y permitir que su luz siga madurando nuestra comprensión.

APLICACIÓN PARA HOY

Recuerda algo que Dios ha estado tratando contigo y todavía no comprendes completamente. Escríbelo y consérvalo en oración.

ORACIÓN

Señor, enséñame a guardar con reverencia lo que todavía no entiendo. Líbrame de vivir superficialmente delante de tus obras. Amén.

PARA MEDITAR

¿Guardo las palabras de Dios en mi corazón o dejo que pasen sin peso ni memoria?

DÍA 343 — 9 DE DICIEMBRE

PREPARAD EL CAMINO

"Preparad camino a Jehová; enderezad calzada en la soledad a nuestro Dios."

Isaías 40:3

Antes de la manifestación pública del Mesías apareció una voz en el desierto. Su tarea era preparar, confrontar y enderezar.

La llegada de Cristo no invitaba únicamente a la emoción, sino al arrepentimiento. Los montes de orgullo debían bajarse, los valles de apatía levantarse y los caminos torcidos corregirse.

Diciembre puede llenarse de recuerdos tiernos y dejar el corazón sin verdadera preparación. Celebramos el nacimiento mientras conservamos áreas que resisten el señorío de Jesús.

Preparar camino significa examinar la vida, confesar pecado, reparar daños y ordenar afectos. Cristo no viene para decorar nuestras torceduras, sino para gobernar.

La obra interior quizá no sea tan visible como las celebraciones externas, pero es mucho más importante. Dios ama demasiado como para llamar normal a lo que necesita ser enderezado.

Cada nuevo día ofrece una oportunidad de preparar mejor el corazón para recibir la palabra y presencia del Señor.

APLICACIÓN PARA HOY

Pregúntale a Dios qué monte, valle o camino torcido necesita atención. Da un paso específico de arrepentimiento.

ORACIÓN

Señor, prepara en mí camino para tu presencia. Baja mi orgullo, levanta mi apatía y endereza lo torcido. En el nombre de Jesús. Amén.

PARA MEDITAR

¿Qué parte de mi interior necesita ser preparada para recibir mejor a Cristo?

DÍA 344 — 10 DE DICIEMBRE

CÉSAR DECRETÓ, DIOS GOBERNÓ

"Aconteció en aquellos días, que se promulgó un edicto de parte de Augusto César."
Lucas 2:1

La historia del nacimiento de Jesús incluye un decreto político. Augusto pensaba en su censo, pero Dios estaba moviendo a José y María hacia Belén para cumplir la profecía.

Los poderosos creen dirigir completamente la historia. Sin embargo, sus decisiones continúan debajo de la providencia divina.

Esto no significa que todo gobernante actúe correctamente ni que debamos ignorar las consecuencias de sus decisiones. Significa que ningún decreto humano puede destronar al Señor.

El creyente no interpreta la historia como si los hombres escribieran la última línea. Dios puede utilizar incluso acciones motivadas por intereses humanos para encaminar su propósito.

Esta verdad produce paz sin fomentar ingenuidad. Nos permite participar responsablemente en la sociedad sin entregar el corazón al pánico.

César parecía ocupar el centro del mundo, pero terminó siendo una pieza dentro de un plan mucho mayor.

APLICACIÓN PARA HOY

Lleva al Señor la noticia o decisión política que más te inquieta. Ora con responsabilidad, pero recuerda quién gobierna finalmente.

ORACIÓN

Señor, gracias porque la historia permanece en tus manos. Dame sabiduría para actuar y paz para no vivir dominado por el temor. En el nombre de Jesús. Amén.

PARA MEDITAR

¿Leo la historia solamente desde el poder humano o desde la soberanía de Dios?

DíA 345 — 11 DE DICIEMBRE

EL NOMBRE JESÚS

"Y llamarás su nombre JESÚS, porque él salvará a su pueblo de sus pecados."
Mateo 1:21

El nombre del niño fue dado por el cielo. Jesús significa Salvador y declara claramente su misión: salvar a su pueblo de sus pecados.

Cristo no vino principalmente a mejorar modales, inspirar cultura o producir una celebración anual. Vino a tratar el problema más profundo del ser humano.

Diciembre puede llenarse de símbolos mientras evita hablar del pecado. Se celebra el nacimiento sin reconocer la necesidad de salvación.

El nombre Jesús contiene diagnóstico y esperanza. El pecado es más grave de lo que nuestro orgullo admite, pero la gracia es más poderosa de lo que nuestra culpa imagina.

No podemos reducir a Cristo a un ejemplo moral. Necesitamos su perdón, su justicia y su poder transformador.

Solamente quien acepta el diagnóstico puede adorar correctamente al Salvador. La Navidad pierde su centro cuando el hombre se considera suficientemente bueno.

APLICACIÓN PARA HOY

Confiesa con claridad un pecado que necesitas llevar a Cristo. Agradece que vino a salvar de manera real y completa.

ORACIÓN

Señor Jesús, gracias porque viniste a salvarme de mis pecados. No permitas que tu nombre se vuelva un dato religioso sin peso en mi vida. Amén.

PARA MEDITAR

¿Veo a Jesús como Salvador necesario o solamente como figura conocida de la Navidad?

DÍA 346 — 12 DE DICIEMBRE

GLORIA EN UN PESEBRE

"Y dio a luz a su hijo primogénito, y lo envolvió en pañales, y lo acostó en un pesebre."
Lucas 2:7

Pañales, pesebre y sencillez. Así quiso Dios introducir al Rey en el mundo. No mediante aparato imperial ni lujo cortesano.

Esto no fue falta de poder, sino elección divina. El mismo Dios que abre mares decidió acercarse de una manera que humillara el orgullo y atrajera a los quebrantados.

El pesebre demuestra que nadie está demasiado abajo para ser alcanzado por la gracia. Cristo descendió hasta nuestra condición sin participar de nuestro pecado.

También confronta nuestra obsesión con la apariencia. El mundo asocia gloria con grandeza visible. Dios colocó a su Hijo en un pesebre.

No todo lo humilde carece de importancia. La verdadera majestad puede habitar lugares que la mirada superficial desprecia.

Esto libera al creyente de la necesidad de producir siempre una imagen impresionante. Dios busca verdad, obediencia y humildad más que escenografía.

APLICACIÓN PARA HOY

Revisa si desprecias alguna persona, tarea o lugar por parecer pequeño. Pídele al Señor una mirada más parecida a la suya.

ORACIÓN

Señor, gracias porque te acercaste en humildad. Derriba mi orgullo y enséñame a reconocer tu gloria donde el mundo no la ve. Amén.

PARA MEDITAR

¿Busco la gloria solamente en formatos humanos de grandeza?

DÍA 347 — 13 DE DICIEMBRE

UN ALMA QUE ENGRANDECE AL SEÑOR

"Engrandece mi alma al Señor."
Lucas 1:46

María respondió a la gracia con adoración. Su cántico no gira alrededor de su propia importancia, sino alrededor de la grandeza de Dios.

La verdadera experiencia de la misericordia no infla el ego espiritual. Lo inclina. Cuando comprendemos que todo fue gracia, desaparece el deseo de convertirnos en centro.

El orgullo toma los favores de Dios y los utiliza para construir reputación. La humildad los devuelve en forma de alabanza.

Diciembre puede volverse sentimental y centrado en nuestras experiencias. El Magníficat reordena la mirada: el protagonista es el Señor que visita, salva y cumple su palabra.

Engrandecer a Dios no significa hacerlo más grande de lo que es, sino reconocer y proclamar su grandeza.

La adoración también protege la memoria. Nos ayuda a contar la historia destacando la fidelidad divina y no solamente nuestros esfuerzos.

APLICACIÓN PARA HOY

Alaba al Señor por quién es, no solo por lo que te dio. Nombra tres atributos suyos y agradece cómo los has visto este año.

ORACIÓN

Señor, engrandezca mi alma tu nombre. Líbrame de colocarme en el centro y enséñame a responder a tu gracia con adoración. Amén.

PARA MEDITAR

¿Mi respuesta a la gracia engrandece a Dios o alimenta mi propio protagonismo?

DÍA 348 — 14 DE DICIEMBRE

LOS MAGOS SE POSTRARON

"Y postrándose, lo adoraron."
Mateo 2:11

Los magos no se conformaron con información correcta. Caminaron, preguntaron, persistieron y finalmente se postraron delante de Cristo.

Muchos conocen datos verdaderos acerca de Jesús, hablan respetuosamente de Él y hasta admiran su enseñanza, pero permanecen a distancia.

La meta del evangelio no es producir curiosidad religiosa, sino adoración. Cristo no vino únicamente para ser estudiado; vino para ser reconocido como Rey.

La búsqueda verdadera soporta trayecto, preguntas y esfuerzo. Sin embargo, al encontrar a Jesús, no se queda en admiración intelectual. Se rinde.

Postrarse implica reconocer autoridad, entregar tesoros y abandonar la postura de espectador.

También nosotros podemos estar cerca de las cosas de Dios sin haber rendido áreas concretas de la vida. La distancia espiritual no siempre es geográfica; puede existir dentro del corazón.

APLICACIÓN PARA HOY

Pregúntate qué parte de tu vida todavía observa a Cristo desde cierta distancia. Entrégala conscientemente a su señorío.

ORACIÓN

Señor Jesús, llévame de la información a la adoración y de la admiración a la entrega. Quiero postrarme delante de ti con toda mi vida. Amén.

PARA MEDITAR

¿Adoro realmente a Cristo o mantengo una cercanía respetuosa pero distante?

DÍA 349 — 15 DE DICIEMBRE

RAHAB Y LA GRACIA SIN FRONTERAS

"Por la fe Rahab la ramera no pereció juntamente con los desobedientes."
Hebreos 11:31

Rahab no pertenecía al grupo que muchos habrían considerado digno. Su pasado era vergonzoso y su ciudad estaba bajo juicio. Sin embargo, la gracia entró en su casa.

Dios no se mueve solamente dentro de los perímetros que la religión orgullosa considera aceptables. Alcanza historias marcadas por pecado y las transforma.

Rahab no solo fue rescatada de Jericó. Terminó incorporada al pueblo de Dios y a la genealogía del Mesías.

La gracia no actúa únicamente como alivio momentáneo. Redime pertenencias, abre futuro y coloca vidas rotas dentro de una historia nueva.

Esto ofrece esperanza para quien piensa que su pasado lo descalifica. También confronta al creyente que considera ciertas personas demasiado manchadas para ser alcanzadas.

Diciembre recuerda que Cristo vino precisamente por pecadores. El pesebre ya estaba rodeado por una genealogía llena de misericordia.

APLICACIÓN PARA HOY

Agradece a Dios por no haberse detenido ante tu pasado. Ora por una persona cuya historia consideras difícil de redimir.

ORACIÓN

Señor, gracias porque tu gracia entra donde el orgullo religioso no quiere entrar. Dame esperanza para mí y misericordia para mirar a otros. Amén.

PARA MEDITAR

¿Creo realmente que la gracia de Dios puede alcanzar las historias más dañadas?

DíA 350 — 16 DE DICIEMBRE

LA DECISIÓN LIMPIA DE RUT

"Tu pueblo será mi pueblo, y tu Dios mi Dios."
Rut 1:16

Rut no tenía el futuro resuelto cuando pronunció estas palabras. No conocía el final de su historia, pero había tomado una decisión clara acerca de su pertenencia.

En una época donde muchos prefieren dejar todas las puertas abiertas, Rut cerró caminos con fidelidad. Eligió lealtad antes que comodidad y pertenencia antes que resultados visibles.

Dios no le prometió una ruta fácil. La condujo por una historia de trabajo, pérdida y providencia. Sin embargo, honró la dirección de su corazón.

La fe limpia no siempre posee panoramas hermosos. A veces solamente sabe a quién pertenece y continúa caminando.

La ambigüedad espiritual debilita. Queremos seguir a Dios sin renunciar completamente a ciertos caminos de regreso. Rut muestra la belleza de una decisión entera.

La lealtad continúa siendo una forma poderosa de adoración.

APLICACIÓN PARA HOY

Identifica un área donde tu compromiso con Dios sigue siendo ambiguo. Cierra la puerta que mantiene dividida tu obediencia.

ORACIÓN

Señor, dame un corazón leal como el de Rut. Líbrame de la obediencia a medias y afirma mi pertenencia a ti. En el nombre de Jesús. Amén.

PARA MEDITAR

¿Pertenezco a Dios con una decisión limpia o mantengo demasiadas puertas abiertas hacia atrás?

DÍA 351 — 17 DE DICIEMBRE

EL CÁNTICO DESPUÉS DEL SILENCIO

"Bendito el Señor Dios de Israel, que ha visitado y redimido a su pueblo."
Lucas 1:68

Zacarías conoció el silencio, la corrección y la espera. Al recuperar la voz, no la utilizó para hablar de sí mismo, sino para bendecir al Dios que visita y redime.

Su alabanza posee peso porque pasó por disciplina. No es entusiasmo liviano, sino adoración de un hombre que aprendió durante el silencio.

Dios puede utilizar temporadas donde nuestras palabras disminuyen para corregir incredulidad, ordenar pensamientos y profundizar la fe.

El cántico de Zacarías muestra que la corrección no tiene que terminar en resentimiento. Puede producir una alabanza más madura.

Al mirar este año, quizá recordemos silencios que nos incomodaron. También podemos reconocer cómo el Señor utilizó algunos de ellos para enseñarnos.

La alabanza con memoria tiene más verdad que la emoción instantánea. Nombra la redención, la paciencia y las visitas concretas de Dios.

APLICACIÓN PARA HOY

Recuerda una corrección o silencio que produjo crecimiento. Agradece al Señor por lo que formó mediante esa experiencia.

ORACIÓN

Señor, bendito seas porque visitas y redimes. Gracias por los silencios donde me corregiste y por la fidelidad que pude reconocer después. Amén.

PARA MEDITAR

¿Mi alabanza nace de una memoria profunda o se volvió rápida y superficial?

DÍA 352 — 18 DE DICIEMBRE

FORMADO EN EL DESIERTO

"Y el niño crecía, y se fortalecía en espíritu;
y estuvo en lugares desiertos."
Lucas 1:80

Juan el Bautista pasó años en lugares desiertos antes de comenzar su ministerio público. El tiempo oculto no fue desperdicio, sino preparación.

El corazón humano quisiera saltar directamente a lo visible, reconocido y productivo. Dios suele trabajar primero en raíces que nadie observa.

Los desiertos no siempre representan castigo. También pueden ser talleres donde se fortalece el espíritu, se reduce el ruido y se aprende dependencia.

La formación escondida evita que la voz pública sea más grande que el carácter interior. Juan necesitaba profundidad antes de ser escuchado por multitudes.

Algunas temporadas parecen atrasos porque no producen resultados visibles. Sin embargo, el cielo puede estar invirtiendo en áreas que serán necesarias más adelante.

No todo lo valioso se forma bajo aplauso. Mucho de lo esencial crece en silencio.

APLICACIÓN PARA HOY

Deja de despreciar la etapa oculta que atraviesas. Pregunta qué fortaleza, disciplina o dependencia quiere formar Dios allí.

ORACIÓN

Señor, dame paciencia durante los procesos escondidos. Fortalece mi espíritu y líbrame de buscar visibilidad antes de tener raíces. Amén.

PARA MEDITAR

¿Veo mi etapa oculta como atraso o como posible taller de Dios?

DÍA 353 — 19 DE DICIEMBRE

EL PADRE CORRIÓ

---

*"Y cuando aún estaba lejos, lo vio su padre,
y fue movido a misericordia."*
Lucas 15:20

El hijo pródigo regresó con un discurso preparado. Conocía su culpa y esperaba ocupar apenas el lugar de un jornalero. El padre corrió antes de escuchar toda la presentación.

La escena no minimiza el pecado. El hijo había desperdiciado, roto y herido. Sin embargo, la compasión del padre fue mayor que su ruina.

La misericordia de Dios no espera que arreglemos perfectamente nuestras palabras antes de acercarnos. Recibe al arrepentido que vuelve con sinceridad.

El padre corriendo rompe la lógica fría del orgullo religioso. No se muestra indiferente ni humilla al hijo delante de todos.

Esto no elimina la necesidad de arrepentimiento. El pródigo tuvo que levantarse y regresar. La gracia no lo alcanzó para mantenerlo en el país lejano, sino para restaurarlo en la casa.

Algunas personas continúan escondidas porque creen que ya se alejaron demasiado. El evangelio anuncia que la casa sigue abierta para quien vuelve.

APLICACIÓN PARA HOY

Deja de ensayar excusas. Regresa al Padre con confesión sincera y confianza en su misericordia.

ORACIÓN

Padre, gracias porque tu misericordia es mayor que mi ruina. Recíbeme, límpiame y enséñame a vivir nuevamente cerca de ti. Amén.

PARA MEDITAR

¿Imagino a Dios como un acusador frío o como el Padre que recibe al arrepentido?

DÍA 354 — 20 DE DICIEMBRE

LA ESTRELLA APUNTABA A CRISTO

"Y al ver la estrella, se regocijaron con muy grande gozo."
Mateo 2:10

La estrella era guía, no destino. Su valor consistía en conducir a los magos hasta Cristo.

Dios puede utilizar señales, consuelos, personas y circunstancias para dirigirnos. Es correcto agradecer por ellos, pero no debemos convertirlos en el centro.

Algunas personas se fascinan con experiencias religiosas, emociones o detalles secundarios y dejan de avanzar hacia Jesús.

Los medios se vuelven peligrosos cuando ocupan el lugar del fin. Una enseñanza, una canción o una experiencia espiritual cumple su propósito cuando nos acerca más al Señor.

Los magos no se quedaron contemplando el cielo. Continuaron hasta encontrar al niño y postrarse.

Diciembre contiene muchas luces, símbolos y tradiciones. Pueden ser útiles si apuntan hacia Cristo. Si lo reemplazan, se convierten en distracción.

APLICACIÓN PARA HOY

Examina si alguna experiencia, tradición o señal ocupa más atención que Cristo. Reordena el centro de tu adoración.

ORACIÓN

Señor, gracias por las señales que me guían, pero no permitas que me detenga en ellas. Llévame siempre a Cristo. Amén.

PARA MEDITAR

¿Las cosas alrededor de la fe me conducen a Jesús o terminan reemplazándolo?

DÍA 355 — 21 DE DICIEMBRE

PAZ EN UNA NOCHE ROTA

"Gloria a Dios en las alturas, y en la tierra paz."
Lucas 2:14

La paz anunciada en Belén no llegó a un mundo ordenado. Las naciones seguían enfrentadas, el pecado continuaba presente y el imperio ejercía su dominio.

La palabra de los ángeles no describía un ambiente perfecto, sino la reconciliación que Dios estaba trayendo por medio de su Hijo.

Muchas veces posponemos la paz hasta que cambien las circunstancias, se resuelvan las relaciones o lleguen las respuestas. Cristo ofrece una paz más profunda.

La paz bíblica comienza al ser reconciliados con Dios. Desde allí puede gobernar el corazón aun en medio de situaciones incompletas.

Esto no significa negar problemas ni evitar conversaciones necesarias. Significa que el ambiente no posee autoridad final sobre nuestra estabilidad interior.

El Príncipe de Paz vino. Por eso una noche puede continuar fría por fuera sin dominar completamente el alma.

APLICACIÓN PARA HOY

Identifica dónde has condicionado tu paz a un cambio externo. Entrégale esa condición a Cristo y descansa en su obra.

ORACIÓN

Señor Jesús, gracias porque trajiste paz verdadera. Haz que tu reconciliación gobierne mi corazón aun mientras algunas circunstancias siguen sin resolverse. Amén.

PARA MEDITAR

¿Espero tener paz solamente cuando todo cambie o la recibo primero de Cristo?

DÍA 356 — 22 DE DICIEMBRE

LA OFRENDA DE LOS POBRES

"Y le ofrecieron en sacrificio··· un par de tórtolas, o dos palominos."
Lucas 2:24

José y María presentaron la ofrenda permitida para las familias pobres. El Hijo eterno entró en una casa sencilla, sin lujo ni privilegio económico.

Esto no idealiza la pobreza, pero demuestra que la falta de abundancia no ahuyenta la presencia de Dios.

Cristo se acercó a personas que sabían lo que era contar recursos y vivir con sencillez. El evangelio no nació protegido por riqueza humana.

La ofrenda también muestra que la obediencia no espera condiciones perfectas. José y María presentaron lo que podían, según la Ley.

Dios no les exigió una apariencia económica que no poseían. Recibió su fidelidad dentro de la realidad de su hogar.

Muchas personas piensan que podrán servir mejor cuando tengan más tiempo, dinero o comodidad. La historia recuerda que podemos honrar al Señor ahora, con lo que realmente tenemos.

APLICACIÓN PARA HOY

Agradece por los recursos actuales y busca una manera concreta de obedecer sin esperar una temporada ideal.

ORACIÓN

Señor, gracias porque tu presencia no depende de abundancia humana. Enséñame a honrarte con sencillez y fidelidad en mi realidad actual. Amén.

PARA MEDITAR

¿Estoy esperando tener más para obedecer o sirviendo a Dios con lo que ya puso en mis manos?

DÍA 357 — 23 DE DICIEMBRE

EL CIELO CELEBRÓ Y EL MUNDO DURMIÓ

"Y repentinamente apareció con el ángel una multitud de las huestes celestiales."
Lucas 2:13

El cielo comprendía la magnitud de lo que estaba ocurriendo. Gran parte de la tierra continuó distraída.

Mientras nacía el acontecimiento más importante de la historia, el mundo seguía ocupado con sus asuntos. Esto demuestra que lo más valioso delante de Dios no siempre recibe atención humana.

A veces el cielo celebra aquello que la tierra ignora. Dios obra con gloria real en lugares donde no existe reconocimiento público.

La distracción espiritual no requiere odio abierto contra Dios. Basta vivir demasiado ocupado, entretenido o saturado para no percibir lo santo.

Diciembre puede llenarse de actividades y dejar poco espacio para contemplar a Cristo. El calendario puede estar organizado mientras el corazón permanece dormido.

Necesitamos vigilancia interior. La gloria puede estar cerca y aun así pasar inadvertida para una mente consumida por el ruido.

APLICACIÓN PARA HOY

Reduce una distracción innecesaria y aparta un tiempo para leer Lucas 2 con atención y reverencia.

ORACIÓN

Señor, despierta mi corazón. No permitas que la prisa y el ruido me vuelvan insensible a tu gloria. En el nombre de Jesús. Amén.

PARA MEDITAR

¿Estoy viviendo esta temporada con atención espiritual o demasiado distraído para reconocer lo santo?

DÍA 358 — 24 DE DICIEMBRE

LA NOCHE QUE CAMBIÓ LA HISTORIA

"Porque os ha nacido hoy… un Salvador."
Lucas 2:11

Algunas noches parecen pequeñas mientras ocurren. La gente duerme, el mundo continúa y nadie imagina que Dios está escribiendo un punto de quiebre.

Así fue Belén. No hubo ceremonia palaciega ni reconocimiento mundial. Sin embargo, el Salvador había nacido.

Dios no necesita el aparato del poder humano para hacer lo decisivo. Utilizó un pesebre, una madre cansada y unos pastores sorprendidos.

La víspera de Navidad puede quedar enterrada bajo cenas, horarios y tradiciones. Todas esas cosas pueden disfrutarse, pero ninguna debe ocupar el centro.

La noticia principal sigue siendo que nació un Salvador. No una emoción estacional ni un símbolo familiar.

Si retiráramos la decoración y el ambiente, Cristo seguiría siendo suficiente razón para adorar.

Esta noche merece menos prisa y mayor reverencia. Belén no solicita sentimentalismo vacío, sino asombro delante del Dios que entró en la historia.

APLICACIÓN PARA HOY

Aparta unos minutos antes de cualquier celebración para leer el relato del nacimiento y agradecer por Cristo.

ORACIÓN

Señor Jesús, gracias porque naciste para salvar. No permitas que el ruido me robe el centro de esta noche. Amén.

PARA MEDITAR

Si desapareciera todo el ambiente, ¿seguiría siendo suficiente para mí la noticia del Salvador?

DÍA 359 — 25 DE DICIEMBRE

EL VERBO SE HIZO CARNE

"Y aquel Verbo fue hecho carne, y habitó entre nosotros."
Juan 1:14

La encarnación no fue una idea hermosa ni una visita aparente. El Verbo eterno entró verdaderamente en la carne, el tiempo y la historia.

Dios no envió solamente instrucciones desde lejos. Vino a habitar entre nosotros. La gracia adquirió rostro, voz, manos y pies.

Esto da a la Navidad un peso inmenso. No celebramos únicamente el nacimiento de un niño, sino la humillación voluntaria del Hijo de Dios.

Cristo participó plenamente de nuestra humanidad sin pecado. Conoció cansancio, hambre, lágrimas y tentación. Se acercó para redimirnos desde dentro de nuestra condición.

La encarnación demuestra que Dios no abandonó al mundo. Entró en nuestro barro para llevarnos a su gloria.

Por eso la Navidad no debe reducirse a ternura atmosférica. Debe conducir a adoración doctrinal y gratitud profunda.

APLICACIÓN PARA HOY

Lee Juan 1:1–18. Agradece específicamente por la cercanía de Dios manifestada en Cristo.

ORACIÓN

Señor Jesús, gracias porque no te quedaste lejos. Te hiciste carne y habitaste entre nosotros para salvarnos. Recibe mi adoración. Amén.

PARA MEDITAR

¿Celebro solamente el ambiente navideño o la maravilla del Verbo hecho carne?

DÍA 360 — 26 DE DICIEMBRE

CRISTO SIGUE SIENDO EL MISMO

"Jesucristo es el mismo ayer, y hoy, y por los siglos."
Hebreos 13:8

Después del 25 disminuyen algunos mensajes, reuniones y luces. El ambiente cambia, pero Cristo no.

La necesidad que teníamos de Él antes de Navidad continúa hoy. Su misericordia, señorío y evangelio no pertenecen a una fecha comercial.

Algunas personas viven una emoción devocional durante un día y regresan inmediatamente a la sequedad acostumbrada. Esto revela cuánto dependía el corazón del ambiente.

El 26 de diciembre sirve como una prueba saludable. Muestra si estábamos aferrados a Cristo o únicamente a la temporada.

Jesucristo permanece igual. Cuando desaparece la emoción, continúa siendo suficiente. En los días comunes sigue siendo pan, verdad y vida.

La fe no se sostiene mediante una celebración anual, sino mediante comunión constante con el Señor.

Si sientes sequedad después de la fecha especial, no concluyas que todo fue falso. Utiliza esa sensación como llamado a buscar a Cristo más allá del calendario.

APLICACIÓN PARA HOY

Retoma una disciplina sencilla de oración y lectura. Busca a Jesús hoy sin depender del ambiente de ayer.

ORACIÓN

Señor Jesús, gracias porque eres el mismo hoy. No quiero buscarte solamente durante momentos especiales. Sé el centro de mis días comunes. Amén.

PARA MEDITAR

¿Qué queda de mi devoción cuando termina la emoción de la fecha?

DÍA 361 — 27 DE DICIEMBRE

LA ESPADA EN EL ALMA DE MARÍA

"Y una espada traspasará tu misma alma."
Lucas 2:35

Simeón anunció que una espada atravesaría el alma de María. La historia de Navidad no termina en ternura; apunta también hacia rechazo, dolor y cruz.

María fue favorecida por Dios y, al mismo tiempo, conoció sufrimiento profundo. Su dolor no negaba la gracia ni demostraba abandono.

Esto consuela a quienes piensan que la presencia de Dios debería eliminar toda herida. La Biblia presenta una realidad más honesta: la gracia y el dolor pueden coexistir durante una temporada.

El favor divino no siempre se experimenta como comodidad. A veces sostiene precisamente dentro de la espada.

No necesitamos fingir que una alegría cancela la tristeza ni que una herida elimina todas las razones para agradecer.

Dios sabe sostener corazones complejos, donde conviven fe, lágrimas, esperanza y preguntas.

La espada no tuvo la última palabra sobre María. El mismo Dios que la escogió la sostuvo durante todo el camino.

APLICACIÓN PARA HOY

Lleva al Señor la mezcla de gratitud y dolor que cargas. Deja de interpretar automáticamente la herida como ausencia de su cuidado.

ORACIÓN

Señor, tú conoces las espadas de mi alma. Sostén mi corazón y ayúdame a reconocer tu gracia aun dentro del dolor. Amén.

PARA MEDITAR

¿Pienso que una herida fuerte invalida el cuidado de Dios?

DÍA 362 — 28 DE DICIEMBRE

HERODES NO QUERÍA PERDER EL TRONO

"Y se turbó, y toda Jerusalén con él."
Mateo 2:3

Herodes escuchó del nacimiento del Rey y se turbó. El corazón que desea conservar su propio trono no celebra la llegada del verdadero Rey.

Esta reacción no pertenece solamente a Herodes. También nosotros podemos sentir resistencia cuando el señorío de Cristo toca áreas que hemos administrado solos.

Admirar a Jesús en teoría resulta fácil. Permitirle gobernar decisiones, dinero, relaciones, tiempo y deseos es otra cosa.

El yo interpreta la autoridad de Cristo como amenaza. El alma redimida aprende a verla como salvación.

El evangelio no viene a decorar nuestro trono personal, sino a derribarlo. Cristo no solicita un lugar secundario dentro de la vida; reclama el señorío.

La resistencia interior puede aparecer mediante demoras, excusas o incomodidad cada vez que la Palabra toca un territorio protegido.

Mejor rendir la corona falsa que continuar defendiendo un reino que nunca pudimos gobernar correctamente.

APLICACIÓN PARA HOY

Identifica el área donde más te incomoda perder control. Entrégala al señorío de Cristo con una decisión concreta.

ORACIÓN

Señor Jesús, perdóname por defender mi propio trono. Gobierna mi vida y enséñame la libertad de rendirme a ti. Amén.

PARA MEDITAR

¿Qué parte de mi vida todavía percibe el señorío de Cristo como amenaza?

DÍA 363 — 29 DE DICIEMBRE

HIZO LO QUE PODÍA

"Ha hecho lo que podía."
Marcos 14:8

La mujer del perfume derramó su ofrenda sobre Jesús sin esperar aprobación unánime. Algunos criticaron y calcularon el valor, pero el Señor defendió su acto.

Al final del año es fácil concentrarse únicamente en lo que no logramos, no completamos o no pudimos hacer. La frase de Jesús ofrece una perspectiva diferente: ella hizo lo que podía.

Esto no justifica pereza ni negligencia. Habla de una entrega sincera dentro de límites reales.

La mujer no poseía todo, pero entregó algo valioso con amor. Cristo conocía el corazón detrás del acto y lo pesó mejor que los críticos.

No todas las expresiones de devoción serán comprendidas por otros. Siempre existirán voces utilitarias que consideren exagerado aquello que nace de amor verdadero.

Dios no te pide omnipotencia. Pide fidelidad con lo que realmente puso en tus manos.

APLICACIÓN PARA HOY

Deja de compararte y pregunta qué todavía puedes ofrecer a Cristo antes de terminar el año: tiempo, generosidad, reconciliación o adoración.

ORACIÓN

Señor Jesús, líbrame de vivir paralizado por lo que no pude hacer. Enséñame a ofrecerte con amor lo que todavía está en mis manos. Amén.

PARA MEDITAR

¿Estoy obsesionado con lo que faltó o dispuesto a entregar lo que aún puedo?

DÍA 364 — 30 DE DICIEMBRE

NO FUE SUERTE

"Hasta aquí nos ayudó Jehová."
1 Samuel 7:12

Llegar a esta altura del año no fue simple suerte, coincidencia ni resistencia humana. Hasta aquí nos ayudó Jehová.

Existieron decisiones, esfuerzos y luchas reales. Sin embargo, por encima de ellos estuvo la ayuda del Señor: visible algunas veces y silenciosa en muchas otras.

Su ayuda llegó mediante consuelo, corrección, provisión, personas, frenos, palabra, noches atravesadas y nuevos amaneceres.

"Hasta aquí" no significa que todo terminó como deseábamos. Incluye asuntos pendientes y batallas todavía abiertas. Significa que Dios sostuvo la historia hasta este punto.

En ocasiones, la ayuda no tuvo forma de triunfo visible. Consistió en no dejarnos rendir, perdernos o endurecernos completamente.

La preservación también es misericordia. Continuar de pie, todavía creyendo y buscando a Cristo, ya constituye evidencia de su cuidado.

Antes de cerrar el calendario necesitamos levantar una piedra de memoria y devolverle a Dios el crédito.

APLICACIÓN PARA HOY

Escribe cinco maneras concretas en que Dios te ayudó durante el año. Agradécele por cada una.

ORACIÓN

Señor, hasta aquí me has ayudado. No quiero terminar el año con memoria corta. Recibe mi gratitud por todo tu cuidado. En el nombre de Jesús. Amén.

PARA MEDITAR

¿Puedo decir con sinceridad que hasta aquí me ayudó Jehová?

DÍA 365 — 31 DE DICIEMBRE

EL ÚLTIMO AMANECER TAMBIÉN ES INMERECIDO

"Jesucristo es el mismo ayer, y hoy, y por los siglos."
Hebreos 13:8

Llegaste al último amanecer del año. No porque controlaste todos los escenarios ni porque respondiste siempre correctamente, sino porque la misericordia de Dios sostuvo tu vida.

La mejor manera de cerrar no es mediante una lista de orgullo ni una tumba de culpa. Es mirando a Cristo.

Él fue el mismo durante enero, los días fuertes, las temporadas torcidas, las alegrías y los duelos. Permaneció fiel cuando tu ánimo cambió.

Nuestra consistencia no sostiene finalmente la historia; la suya sí. Esto no elimina la responsabilidad, pero destruye tanto la arrogancia como la desesperación.

Si miras solamente los aciertos, te inflas. Si observas únicamente los fallos, te hundes. Al mirar a Cristo, la gratitud y el arrepentimiento encuentran su lugar correcto.

El calendario cambiará. También cambiarán el cuerpo, las circunstancias y las emociones. Jesucristo permanecerá igual.

Si Dios concede un nuevo año, el mismo Señor continuará sosteniendo. Y si no lo concede, seguirá siendo el Rey fiel que recibe a los suyos.

APLICACIÓN PARA HOY

Aparta un tiempo para agradecer, confesar y entregar lo pendiente. Cierra el año con los ojos puestos en Cristo.

ORACIÓN

Señor Jesús, gracias por este último amanecer. Te entrego lo vivido, lo pendiente, lo doloroso y lo hermoso. Descanso en que tú sigues siendo el mismo. Amén.

PARA MEDITAR

¿Qué pesa más al cerrar el año: mis inconstancias o la fidelidad inmutable de Cristo?

PLAN ANUAL DE LECTURA BÍBLICA

Este plan recorre toda la Biblia en un año siguiendo el orden canónico. Está diseñado para leerse diariamente, con un promedio de tres a cuatro capítulos por día. En los años bisiestos, el 29 de febrero puede usarse para repasar, ponerse al día o dedicarlo a oración y meditación.

ENERO

1. Génesis 1–4
2. Génesis 5–8
3. Génesis 9–12
4. Génesis 13–16
5. Génesis 17–20
6. Génesis 21–24
7. Génesis 25–28
8. Génesis 29–32
9. Génesis 33–36
10. Génesis 37–40
11. Génesis 41–44
12. Génesis 45–48
13. Génesis 49–50; Éxodo 1–2
14. Éxodo 3–6
15. Éxodo 7–10
17. Éxodo 15–18
18. Éxodo 19–22
19. Éxodo 23–26
20. Éxodo 27–30
21. Éxodo 31–34
22. Éxodo 35–38
23. Éxodo 39–40; Levítico 1–2
24. Levítico 3–6
25. Levítico 7–10
26. Levítico 11–14
27. Levítico 15–18
28. Levítico 19–22
29. Levítico 23–26
30. Levítico 27; Números 1–3
31. Números 4–7

16. Éxodo 11–14

FEBRERO

1. Números 8–11
2. Números 12–15
3. Números 16–19
4. Números 20–23
5. Números 24–27
6. Números 28–31
7. Números 32–35
8. Números 36; Deuteronomio 1–3
9. Deuteronomio 4–7
10. Deuteronomio 8–11
11. Deuteronomio 12–15
12. Deuteronomio 16–19
13. Deuteronomio 20–23
14. Deuteronomio 24–27
15. Deuteronomio 28–31
16. Deuteronomio 32–34; Josué 1
17. Josué 2–5
18. Josué 6–9
19. Josué 10–13
20. Josué 14–17
21. Josué 18–21
22. Josué 22–24; Jueces 1
23. Jueces 2–5
24. Jueces 6–9
25. Jueces 10–13
26. Jueces 14–17
27. Jueces 18–21
28. Rut 1–4

MARZO

1. 1 Samuel 1–4
2. 1 Samuel 5–8
3. 1 Samuel 9–12
4. 1 Samuel 13–16
5. 1 Samuel 17–20
6. 1 Samuel 21–24
7. 1 Samuel 25–28
8. 1 Samuel 29–31; 2 Samuel 1
9. 2 Samuel 2–5
10. 2 Samuel 6–9
11. 2 Samuel 10–13
12. 2 Samuel 14–17
13. 2 Samuel 18–21
14. 2 Samuel 22–24; 1 Reyes 1
15. 1 Reyes 2–5
16. 1 Reyes 6–9
17. 1 Reyes 10–13
18. 1 Reyes 14–17
19. 1 Reyes 18–21
20. 1 Reyes 22; 2 Reyes 1–3
21. 2 Reyes 4–7
22. 2 Reyes 8–11
23. 2 Reyes 12–15
24. 2 Reyes 16–19
25. 2 Reyes 20–23
26. 2 Reyes 24–25; 1 Crónicas 1–2
27. 1 Crónicas 3–6
28. 1 Crónicas 7–10
29. 1 Crónicas 11–14
30. 1 Crónicas 15–18
31. 1 Crónicas 19–22

ABRIL

1. 1 Crónicas 23–26
2. 1 Crónicas 27–29; 2 Crónicas 1
3. 2 Crónicas 2–5
4. 2 Crónicas 6–9
5. 2 Crónicas 10–13
6. 2 Crónicas 14–17
7. 2 Crónicas 18–21
8. 2 Crónicas 22–25
9. 2 Crónicas 26–29
10. 2 Crónicas 30–33
11. 2 Crónicas 34–36; Esdras 1
12. Esdras 2–5
13. Esdras 6–9
14. Esdras 10; Nehemías 1–3
15. Nehemías 4–7
16. Nehemías 8–11
17. Nehemías 12–13; Ester 1–2
18. Ester 3–6
19. Ester 7–10; Job 1
20. Job 2–5
21. Job 6–9
22. Job 10–13
23. Job 14–17
24. Job 18–21
25. Job 22–25
26. Job 26–29
27. Job 30–33
28. Job 34–37
29. Job 38–41
30. Job 42; Salmos 1–2

MAYO

1. Salmos 3–5
2. Salmos 6–8
3. Salmos 9–11
4. Salmos 12–14
5. Salmos 15–17
6. Salmos 18–20
7. Salmos 21–23
8. Salmos 24–26
9. Salmos 27–29
10. Salmos 30–32
11. Salmos 33–35
12. Salmos 36–38
13. Salmos 39–41
14. Salmos 42–44
15. Salmos 45–47
16. Salmos 48–50
17. Salmos 51–53
18. Salmos 54–56
19. Salmos 57–59
20. Salmos 60–62
21. Salmos 63–65
22. Salmos 66–68
23. Salmos 69–71
24. Salmos 72–74
25. Salmos 75–77
26. Salmos 78–80
27. Salmos 81–83
28. Salmos 84–86
29. Salmos 87–89
30. Salmos 90–92
31. Salmos 93–95

JUNIO

1. Salmos 96–98
2. Salmos 99–101
3. Salmos 102–104
4. Salmos 105–107
5. Salmos 108–110
6. Salmos 111–113
7. Salmos 114–116
8. Salmos 117–119
9. Salmos 120–122
10. Salmos 123–125
11. Salmos 126–128
12. Salmos 129–131
13. Salmos 132–134
14. Salmos 135–137
15. Salmos 138–140
16. Salmos 141–143
17. Salmos 144–146
18. Salmos 147–149
19. Salmos 150; Proverbios 1–2
20. Proverbios 3–5
21. Proverbios 6–8
22. Proverbios 9–11
23. Proverbios 12–14
24. Proverbios 15–17
25. Proverbios 18–20
26. Proverbios 21–23
27. Proverbios 24–26
28. Proverbios 27–29
29. Proverbios 30–31; Eclesiastés 1
30. Eclesiastés 2–4

JULIO

1. Eclesiastés 5–7
2. Eclesiastés 8–10
3. Eclesiastés 11–12; Cantares 1
4. Cantares 2–4
5. Cantares 5–7
6. Cantares 8; Isaías 1–2
7. Isaías 3–5
8. Isaías 6–8
9. Isaías 9–11
10. Isaías 12–14
11. Isaías 15–17
12. Isaías 18–20
13. Isaías 21–23
14. Isaías 24–26
15. Isaías 27–29
17. Isaías 33–35
18. Isaías 36–38
19. Isaías 39–41
20. Isaías 42–44
21. Isaías 45–47
22. Isaías 48–50
23. Isaías 51–53
24. Isaías 54–56
25. Isaías 57–59
26. Isaías 60–62
27. Isaías 63–65
28. Isaías 66; Jeremías 1–2
29. Jeremías 3–5
30. Jeremías 6–8
31. Jeremías 9–11

16. Isaías 30–32

AGOSTO

1. Jeremías 12–14
2. Jeremías 15–17
3. Jeremías 18–20
4. Jeremías 21–23
5. Jeremías 24–26
6. Jeremías 27–29
7. Jeremías 30–32
8. Jeremías 33–35
9. Jeremías 36–38
10. Jeremías 39–41
11. Jeremías 42–44
12. Jeremías 45–47
13. Jeremías 48–50
14. Jeremías 51–52; Lamentaciones 1
15. Lamentaciones 2–4
16. Lamentaciones 5; Ezequiel 1–2
17. Ezequiel 3–5
18. Ezequiel 6–8
19. Ezequiel 9–11
20. Ezequiel 12–14
21. Ezequiel 15–17
22. Ezequiel 18–20
23. Ezequiel 21–23
24. Ezequiel 24–26
25. Ezequiel 27–29
26. Ezequiel 30–32
27. Ezequiel 33–35
28. Ezequiel 36–38
29. Ezequiel 39–41
30. Ezequiel 42–44
31. Ezequiel 45–47

SEPTIEMBRE

1. Ezequiel 48; Daniel 1–2
2. Daniel 3–5
3. Daniel 6–8
4. Daniel 9–11
5. Daniel 12; Oseas 1–2
6. Oseas 3–5
7. Oseas 6–8
8. Oseas 9–11
9. Oseas 12–14; Joel 1
10. Joel 2; Amós 1–2
11. Amós 3–5
12. Amós 6–8
13. Amós 9; Abdías 1; Jonás 1–2
14. Jonás 3–4; Miqueas 1–2
15. Miqueas 3–5
16. Miqueas 6–7; Nahúm 1
17. Nahúm 2–3; Habacuc 1
18. Habacuc 2–3; Sofonías 1
19. Sofonías 2–3; Hageo 1–2
20. Zacarías 1–3
21. Zacarías 4–6
22. Zacarías 7–9
23. Zacarías 10–12
24. Zacarías 13–14; Malaquías 1
25. Malaquías 2–4
26. Mateo 1–3
27. Mateo 4–6
28. Mateo 7–9
29. Mateo 10–12
30. Mateo 13–15

OCTUBRE

1. Mateo 16–18
2. Mateo 19–21
3. Mateo 22–24
4. Mateo 25–27
5. Mateo 28; Marcos 1–2
6. Marcos 3–5
7. Marcos 6–8
8. Marcos 9–11
9. Marcos 12–14
10. Marcos 15–16; Lucas 1
11. Lucas 2–4
12. Lucas 5–7
13. Lucas 8–10
14. Lucas 11–13
15. Lucas 14–16
16. Lucas 17–19
17. Lucas 20–22
18. Lucas 23–24; Juan 1
19. Juan 2–4
20. Juan 5–7
21. Juan 8–10
22. Juan 11–13
23. Juan 14–16
24. Juan 17–19
25. Juan 20–21; Hechos 1
26. Hechos 2–4
27. Hechos 5–7
28. Hechos 8–10
29. Hechos 11–13
30. Hechos 14–16
31. Hechos 17–19

NOVIEMBRE

1. Hechos 20–22
2. Hechos 23–25
3. Hechos 26–28
4. Romanos 1–3
5. Romanos 4–6
6. Romanos 7–9
7. Romanos 10–12
8. Romanos 13–15
9. Romanos 16; 1 Corintios 1–2
10. 1 Corintios 3–5
11. 1 Corintios 6–8
12. 1 Corintios 9–11
13. 1 Corintios 12–14
14. 1 Corintios 15–16; 2 Corintios 1
15. 2 Corintios 2–4
16. 2 Corintios 5–7
17. 2 Corintios 8–10
18. 2 Corintios 11–13
19. Gálatas 1–3
20. Gálatas 4–6
21. Efesios 1–3
22. Efesios 4–6
23. Filipenses 1–3
24. Filipenses 4; Colosenses 1–2
25. Colosenses 3–4; 1 Tesalonicenses 1
26. 1 Tesalonicenses 2–5
27. 2 Tesalonicenses 1–3
28. 1 Timoteo 1–3
29. 1 Timoteo 4–6
30. 2 Timoteo 1–4

DICIEMBRE

1. Tito 1–3
2. Filemón 1; Hebreos 1–2
3. Hebreos 3–5
4. Hebreos 6–8
5. Hebreos 9–11
6. Hebreos 12–13; Santiago 1
7. Santiago 2–5
8. 1 Pedro 1–3
9. 1 Pedro 4–5; 2 Pedro 1
10. 2 Pedro 2–3; 1 Juan 1
11. 1 Juan 2–5
12. 2 Juan 1; 3 Juan 1; Judas 1
13. Apocalipsis 1–3
14. Apocalipsis 4–6
15. Apocalipsis 7–9
16. Apocalipsis 10–12
17. Apocalipsis 13–15
18. Apocalipsis 16–18
19. Apocalipsis 19–21
20. Apocalipsis 22
21. Día de repaso, oración y meditación
22. Día de repaso, oración y meditación
23. Día de repaso, oración y meditación
24. Día de repaso, oración y meditación
25. Día de gratitud y adoración
26. Día para retomar lecturas pendientes
27. Día para retomar lecturas pendientes
28. Día para retomar lecturas pendientes
29. Lectura libre: Salmo 1; Salmo 19; Salmo 119
30. Lectura libre: Juan 1; Romanos 8
31. Lectura libre: Apocalipsis 21–22

NOTAS DE MI RECORRIDO BÍBLICO

"HASTA AQUÍ NOS AYUDÓ JEHOVÁ."

1 Samuel 7:12

Gracias por caminar con nosotros durante estos

365 amaneceres inmerecidos.

Este libro termina aquí,

pero la misericordia de Dios volverá a amanecer.

Sigue cerca de Cristo,

de su Palabra y de su iglesia.

Otto & Milky Mañón

aspirantes a siervos inútiles al servicio de

Iglesia Casa de Bendición Inc.

COLECCIÓN DE:

www.ingramcontent.com/pod-product-compliance
Lightning Source LLC
LaVergne TN
LVHW091248110826
845146LV00002BA/468

* 9 7 9 8 9 9 3 4 1 2 8 4 9 *